楚汉战争史

郑光霖 [著]

中国书籍出版社
China Book Press

图书在版编目（CIP）数据

楚汉战争史 / 郑光霖著. —— 北京：中国书籍出版社，2021.6
ISBN 978-7-5068-8469-3

Ⅰ.①楚… Ⅱ.①郑… Ⅲ.①楚汉战争 - 研究 Ⅳ.①K234.104

中国版本图书馆CIP数据核字(2021)第086032号

楚汉战争史

郑光霖　著

责任编辑	王志刚　刘　娜
责任印制	孙马飞　马　芝
版式设计	添翼图文
出版发行	中国书籍出版社
地　　址	北京市丰台区三路居路97号（邮编：100073）
电　　话	（010）52257143（总编室）（010）52257153（发行部）
电子邮箱	chinabp@vip.sina.com
经　　销	全国新华书店
印　　刷	北京九州迅驰传媒文化有限公司
开　　本	710毫米×1000毫米　1/16
字　　数	420千字
印　　张	30.5
版　　次	2021年6月第1版 2025年3月第4次印刷
书　　号	ISBN 978-7-5068-8469-3
定　　价	68.00元

版权所有　翻印必究

前 言

楚汉战争是中国历史上让无数读者极为着迷的一段历史，它的受众程度恐怕只有三国这段历史可以与之相媲美了。可值得注意的是，流传度越高的一段历史，其受众固然更广，但是不可避免的是，它很容易遭到人们各种各样的误读，以致产生不少误解。

当然，造成误解的原因不只是受众广，还有各种各样的原因，比如后代戏剧、小说将这段历史进行大量的文学化、通俗化，衍生出了诸如"萧何月下追韩信""霸王别姬"这些流传千古的典故，又比如出现了虞子期等虚构人物，使楚汉这段历史更显示出了一些戏剧性。还有司马迁在《史记》中对这段历史进行了极富文学色彩的叙事，从而造成了个别具体史实在某些地方是比较模糊、不清晰的。更为重要的是，关于这段历史的早期史书太过稀少，即便是有，所占篇幅也不是很大。关于楚汉战争史，比较早的原始史料有陆贾《楚汉春秋》、司马迁《史记》、班固《汉书》。其中班固的《汉书》在记叙楚汉战争史时，几乎是照抄司马迁的原文，只在一些地方进行了一些添加或改写。而司马迁的《史记》记叙楚汉战争史时所参考的主要史料则是《楚汉春秋》。可惜的是，《楚汉春秋》如今已经散佚，我们只能在《水经注》《太平御览》等书找到该书的零星佚文。由此可见，我们现在能够引为依据的原典几乎只有《史记》一书。传统史料的极度缺乏，为我们研究楚汉史增加了很大的难度。

正因为存在群众误读、文艺改编影响广泛、史书对一些问题记载不清楚、传统史料极度缺乏等原因，导致了一个现象——我们看上去好像非常了解楚汉史，可是对很多具体的问题实际上并不是很了解，甚至在很多地方几乎是找不到真正的唯一的答案。

为了厘清这一段历史，也是个人对这段历史比较感兴趣，按照自己的思考、研究，得以创作这部《楚汉战争史》。

我的楚汉史学习之路，是比较坎坷的。

我最早对楚汉史感兴趣，这得归功于司马迁的《史记》对这段历史的记载太过生动有趣，让我沉迷其中。我虽然从一年级开始就在阅读《史记》，可是那会儿毕竟还小，读《史记》这样的大部头还是比较懵懵懂懂的，小学的时候虽然粗浅浏览完了一遍，但是感觉并没有太大的收获。到了初一，我意识到了我小学的这种阅读模式是有误的，于是决定精读一遍《史记》。很可惜的是，我只精读了从秦始皇到汉景帝这段时期的相关记载，没能做到把整部《史记》都彻底精读下去，不过，这段往事却给我的学史之路打下了很深的基础。我还记得那段日子的晚上，我抱着岳麓书社出版的《史记》，仔细阅读，读到楚汉战争部分的时候，看到这一个个英雄，常常有热血沸腾之感。我至今记得，那时我读《史记·高祖本纪》，读到汉高祖还乡的时候，感慨英雄迟暮，竟然哭了出来。在我十几年的读史时光中，只有那一次，我是真的哭了。可以说，初一的这种经历让我彻底喜欢上了楚汉战争这段历史。

我这个人比较奇怪，不爱做笔记，但是爱写文章，好发议论。这是好事，也是坏事。写文章虽然是好事，可是我发出来的议论事前是没有笔记支撑的，是凭借我个人的感悟，一路写下来的，因此会就有很多观点是不成熟的、甚至具体到很多细节，只要读者足够仔细，是能发现出很多问题的。很可惜的是，这个毛病我至今没有改过来。我不喜欢这种按部就班、一板一眼的学习方法，尽管这种学习方法可能是相当有效的（这种学习方法导致了我在很多学科的学习上吃了很大的亏）。

我既然有这种思维习惯，那么读者就不难想见，当我遇到我最喜欢的楚汉史，我肯定也是不喜欢记笔记的，而是一股脑儿地就敲起键盘，开始写起文章。

我最早写楚汉史的文章大概是在初二、初三之交那会儿，那时我对楚汉史的具体脉络可以说是掌握得很好了，再加上当时读了一些网上所谓的"考证文章"，让我自信自己对楚汉史可谓是"熟知"了，于是便写起了最初版的"楚汉史"。这版的楚汉史，是由两篇文章组成的，分别叫《刘邦东进三大战役》《楚汉战争中的刘项韩》，这两篇文章字数合起来不超过六万字。我对《刘邦东进三大战役》（该文主要叙述戏下分封到雍国灭亡这段历史，该篇文章并未涉及戏下分封前的历史，鸿门宴也是一笔带过）还算满意，虽然我现在修改了我大量的论点，可是这篇文章确实为本书打下了很好的基础。不过，我对《楚汉战争中的刘项韩》（该文主要叙述韩信灭魏到刘邦称帝的历史）可谓是相当不满意！这篇文章受到了网上很多"历史观点"的影响，看上去好像处处引用史料，做了很多分析、考证，但是现在看来，完全是一派胡言，是极其糟糕的下等之作。当时我受到一些"网络史学家"的影响，对韩信这个人产生过极大的偏见，这篇文章中的韩信，几乎完全不符合他在历史当中的形象。对韩信的严重误读，我一直将其视为我个人的污点，我这一污点也曾经影响了一小部分人，至今都在忏悔自责。到了初三后，我就再也没有完整读过《楚汉战争中的刘项韩》这篇拙劣不堪的文章。

这两篇文章写完后，我自以为对楚汉史学习已经取得"阶段性成果"了，遂将其放在一旁，没有再去学习。我的历史学习范围相比以往更为广阔，开始学习先秦史（主要是春秋史）、世界上古史（主要是西亚史和古希腊史）、俄国史（主要是苏联早期史），这一时期，我也开始广泛阅读一些马克思主义著作（主要是斯大林和毛泽东的）。这种情况一直持续到了高二下的暑假。

那年暑假，我重新看了我初中写的那两篇文章，经过这几年的历史学习，我的历史观得到了进一步的健全，瞬间就判断出了我初中"苦心孤诣"写的这两篇文章，完全是上不得台面的，要是被一些专业人士看见了，那必然是贻笑大方的。出于这种心态，我决定重写楚汉史。

这一次的楚汉史，我不再是以两篇短文拼缀而成，而是拟作成一个系列。我将楚汉史的第二稿定名为《楚汉战争史略》。这一部稿子总共有八万多字，看上去字数比第一稿多了两万多字，但是在这一稿中，我做了一份《楚汉战争大事月表》约八千多字，文章脚注约一万多字（我的第一稿文章无脚注），这么一算，第二稿跟第一稿比起来，字数是差不多的。因此这一稿不在于扩写，而在于改写，我要以最真诚的态度对我的第一稿楚汉史做全方位的清算。

那年暑假，我写了大概三万来字，写完了从戏下分封到雍国灭亡这段历史。由于我认为我初中时候写的《刘邦东进三大战役》没有太大的问题，于是这一稿我很多地方基本上是对我初中的这篇文稿进行大段的抄录。当时我已经开始动笔，打算对后半段楚汉史进行全面的改写，纠正我初中犯下的这个错误，但是因为我即将升入高三，面对着高考的巨大压力，真可谓是"心有余而力不足"，我完全放弃了这个任务，《楚汉战争史略》的写作任务遂搁置下来了。

一直到2019年高考后的两三天，我才重新想起来这件事，遂着手进行改写。这次写作持续了一个多月，到7月17日宣告完稿。当时我对这一篇稿子感到非常满意，我认为这篇稿子虽然还有不足，但是至少已经让我摆脱了初中时期那种极其糟糕的历史思维，也算是对以前的错误进行了一个弥补。这时候的我认为，楚汉史的写作大概可以停下来，我又可以把许多精力花在对别的历史进行学习了。

我的这种想法到2019年11月底又改变了过来。当时我正在拜读田余庆先生的《说张楚》，便深深折服于田余庆先生的治学水平，田先生在这篇论文的末尾指出："秦楚之际风云诡谲，事态纷纭，它昭示于后人的历史结论，一是非张楚不能灭秦，二是非承秦不能立汉。灭秦和承秦，相反而又相成，其间都有楚作为中介。这就是本文主旨所在。"①读罢这篇论文，我深感全文无一字废话，字字珠玑，句句都大有文章。我忽然想到这篇论文中的一些思路和我此前的思考是一致的，但我又深深感到，我的很多思考是存在很严重的偏差的。现在看来，我的第二稿还是存在着极大问题的，于是我决定第三次重写楚汉史，真正为我的楚汉史学习画上一个句号。

跟以前不一样的是，我这一次并没有一拍脑袋就开始写文章了。一方面是当时面临着大一上学期的期末考，还有学校的各种活动，我无暇去写，另一方面则是我决定再系统地梳理一遍史料，更广泛地阅读一些学术界的研究成果（这一举动是我在写第二稿的时候就已经开始在做了）。一直到一月中旬，我才动笔开始写。

当时我的预定目标是，到新学期开始前，争取写到彭城之战，全部文稿的完成要等到2020年7月份。结果谁曾料想，2020年的疫情形势如此严峻，以致开学无望。我把握住了这个时机，开始进行写作。那个时候因为不能出门，所以，我每天除了吃饭睡觉，其他时间大多都用来写第三稿，有一段时间甚至是每天一万字的产出。最后我花了五十天左右，终于在2020年3月8日，完成了本书的文稿。

虽然写作只花了我五十天的时间，但是这背后是凝结了我从初一到大一对楚汉史的思考与学习。直到完稿之时，我才有勇气说出，我的楚汉史学习总算是取得了阶段性的成果，我终于可以把我的视野放到更广阔的历史天空上了。

我之所以要对我的写作过程进行如此详细的描述，而不是更多地

---

① 田余庆：《秦汉魏晋史探微（重订本）》28—29页，中华书局2011年版。

叙述楚汉战争史本身，其意不在炫耀自己。我曾经也是个很骄傲的人，尤其是小学的时候。那时候读书少，有了一些小见解，就自以为自己很了不起了，现在想来当初是相当幼稚的。随着阅读量的广泛和阅历的增加，尤其是我对哲学也进行了一定程度上的学习后，我越发觉得，自己只不过是宇宙中的一粒渺小的尘埃，放在茫茫人海中也只不过是一个不起眼的普通人罢了，我有什么资格认为我在某一方面有高于常人的能力呢？如果我真的这么想了，那真的就是彻底脱离了群众，把自己局限在一座小屋子里，而不能饱览这个世界的大好河山。苏格拉底在申辩的时候说："未经省察的人生没有价值"[1]，又说"我与他同是一无所知，可是他以不知为知，我以不知为不知。我想，就在这细节上，我确实比他聪明：我不以所不知为知"[2]。我服膺于苏格拉底的这番见解，将其作为人生格言，不断提醒自己，要承认自己无知，要无时不刻地反省自己，切不可骄傲自满。

关于这部著作，本质上来说不过就是一部军事史著作。楚汉战争是一场事关全局的全国性内战，要写好它，或者说写清楚它，就不能只写战争。如果只着眼于战争本身来讨论战争，那么我们是很难了解为什么最后夺得天下的会是刘邦，而不是项羽。"战争是政治的延续"，我在写这部著作时，就一直有意不把大部分笔墨都用来讨论战争，一定要把各方势力的决策部署以及相关背景都给说清楚，如果这块说不清楚，而去空谈战争，那就是只见其表，未见其里。

这部著作，我的本意是面向大众，而不是只给一部分人阅读。因此读者会发现，我在这部著作中很多地方会尽量用带有文学色彩的语言来描写，会把司马迁在《史记》中的那些人物对话逐句翻译（尽管这些对话很多都未必符合历史原貌），这主要就是希望读者在阅读这部著作

---

[1] 柏拉图：《游叙弗伦 苏格拉底的申辩 克力同》63页，商务印书馆1983年版。

[2] 同上书，64页。

的时候能够读得尽量舒服,而不至于被"劝退"。同时,由于我本人一直都志在学术(虽然我本人并非历史系专业的学生),所以,在正文中的不少地方也写得较为艰涩,这一部分不好读,我有时候看这一部分稿子,也会读得有些烦躁。我有时在想,在一部著作里,同时夹杂了这两部分迥然不同的文风,应该是一件坏事,那么要怎么改?是全盘通俗,还是完全用艰深晦涩的语言来写作?要做那种通俗化的叙事写作,完全不在我的能力范围内。我深知通俗化写史很容易把历史庸俗化,非有一定水平的人不可为之。至于全用艰深晦涩的语言,我虽然认为我能写出这样的一部著作,可是这么一来就不利于广大群众阅读这部著作。我思来想去,始终无法调和这对矛盾,只能做一种折中化的处理方法——"对立统一",让这两种文风既共存于同一本书,又相互对立,由读者来评判好坏。

必须指明的一点是,虽然我认为这部著作取得了一些阶段性的成果(这是相对于我来说),但是并不代表我对自己的这本著作特别满意。这部著作我自认为有很多地方是有问题的,比如关于秦郡的问题,我采纳了后晓荣在《秦代政区地理》中的54郡的说法,可是我去掉了"新秦中郡",改为"故鄣郡",这只能作为我自己的一家之言,而不能作为定论。关于秦郡数量、名称的讨论,学术界至今仍未有定论。我希望读者不要拘泥于我的观点,而能在种种说法中找出更加符合事实的一种观点,来驳倒我的一家之言。另外,还有关于临江国的历史问题,细心的读者应该能发现,我对临江国在楚汉之间的站队问题一直写得比较乱,这主要是由于史书和出土文物几乎没有关于临江国的记载,导致我只能进行一些主观推断,补出临江国的历史。相关的问题还有不少,我不再一一赘述。我想说的是,由于楚汉战争这段历史史料极度匮乏,我们几乎很难做出一种所谓的"盖棺定论"的说法,很多东西都只能靠"推断",而难以"实证",这种先天不足导致了这本书不管再怎么进行修改,都一定会有很多地方是有问题的。因此我希望读者在阅读本书的时候,能够以批判性、质疑性的思维来阅读,提出越多的疑问越好,这意味着我们真正从阅读学到了一种能力，而不是只做一种享受性的阅读。

当然，我还想对网上的或现实生活中的历史爱好者说一些话。如果你是真的热爱历史，热爱历史这一门学科或者科学，而不是只喜欢那些王侯将相、才子佳人，我觉得首先就要跳出一种思维，即所谓的"粉""黑"问题。我很担心有读者会在阅读本书后说我是"XX粉"或者"XX黑"。我坚信历史研究是一种主观见之于客观的过程，虽然我们不可避免地用我们的主观思维去描述客观的历史现象，不可避免地具有倾向性（表现为意识形态或者一些具体的立场），但是这绝不是"粉""黑"，或者是"吹"的问题。我很反感这种提法，因为在我看来这是庸俗化了历史，把这门伟大的科学给矮化为21世纪娱乐圈生态，这是我万万不愿意见到的。如果有读者看完这本书后认为我特别"粉"某个历史人物，或者"黑"某个历史人物，我都会深深感到自责，因为我并不想在书中做出这种拔高或者矮化某个历史人物的举动。我在初中深受部分"网络历史文章"的毒害（当然，我承认有一些网络历史文章是很优秀的），我不希望读者带有这种过分主观的倾向来阅读本书。

这本书是一部战争史，我知道很多历史爱好者阅读的历史书基本都是政治史或者战争史，因为这类历史比较"有趣"，而且最好研究。我希望读者看完这本书以后不要过分喜欢上这本书提到的任何一个历史人物。这些史书记载下来的所谓"英雄"，大多都只是那个时代统治阶级里的英雄。秦末汉初这段历史，在我看来，真正代表平民利益的英雄只有陈胜、吴广，其他诸如刘邦、英布、彭越等"普通百姓"出生的英雄人物，最后都是各自代表着统治阶级不同集团的利益而进行斗争。我们首先必须清楚地认识到他们都是各自不同利益集团的代表者，才能更客观地去审视这段历史。不要因为某个人"宽厚仁德"或者"智计百出"，我们就更加推崇、喜欢他，这不利于我们进行客观的历史分析。

最后，我还想说的是，由于我并非历史系专业出身的学子，没有经历过严格的历史学思维以及写作训练，本书所展现出来的历史思维及历史写作，都是这些年笔者通过自学积累起来的经验。这就不可避免地会出现一个问题，很多地方一定会不合历史学规范，甚至在部分地方出现思维混乱的状况。这些情况是一个非科班出身的作者几乎都会犯的错误，我诚挚希望如果有读者发现了本书的一些问题，并且想和笔者进行比较深入的探讨，可以发邮件到2372095508@qq.com。我衷心欢迎各位批评指正。

郑光霖

2020年6月6日于福建泉州

目 录

第一章　帝国土崩　项王分封 …………………………………… 1
　一、天下苦秦久矣 ……………………………………………… 1
　二、怀王之约 …………………………………………………… 8
　三、鸿门宴 ……………………………………………………… 16
　四、项羽主盟　戏下分封 ……………………………………… 44
　五、"戏下体制"的崩溃 ………………………………………… 67
　六、十九诸侯国疆域考（兼谈三个侯国、南越、东越）… 72

第二章　刘邦之国　筹谋北征 …………………………………… 87
　一、刘邦入汉中 ………………………………………………… 87
　二、韩信其人 …………………………………………………… 93
　三、汉中对 ……………………………………………………… 100
　四、汉中改制 …………………………………………………… 105

第三章　刘邦东出　闪击彭城 ……………………… 111
一、齐楚战争的爆发 ………………………………… 111
二、掩空击虚　还定三秦 …………………………… 114
三、项羽的谋划 ……………………………………… 130
四、天下混战 ………………………………………… 137
五、彭城大决战 ……………………………………… 153

第四章　大败之后　站稳脚跟 ……………………… 171
一、"捐关以东"战略的出炉 ………………………… 171
二、京索之战 ………………………………………… 181
三、巩固关中 ………………………………………… 186
四、刘邦、项羽战前的军事部署 …………………… 192

第五章　韩信平北　刘项对峙 ……………………… 202
一、韩信灭魏下代 …………………………………… 202
二、刘邦北征赵国事考 ……………………………… 219
三、井陉交锋　一战灭赵 …………………………… 224
四、徇赵胁燕 ………………………………………… 243
五、英布来归 ………………………………………… 251
六、明争暗斗 ………………………………………… 256
七、游军疲楚 ………………………………………… 272
八、夺回成皋 ………………………………………… 282

第六章　包围大成　鸿沟议和 ……………………… 296
一、韩信破齐 ………………………………………… 296
二、潍水之战 ………………………………………… 302

三、三足鼎立？二分天下？ …………………………………… 312
四、刘项广武对峙 ……………………………………………… 328
五、楚、汉大后方的得失 ……………………………………… 338
六、楚河汉界 …………………………………………………… 348

第七章 垓下决战 天下归一 ………………………………………… 357
一、固陵之战 …………………………………………………… 357
二、陈下之战 …………………………………………………… 364
三、垓下大决战 ………………………………………………… 369
四、乌江自刎 …………………………………………………… 381
五、汉并天下 …………………………………………………… 386

第八章 何以是汉兴楚亡？ …………………………………………… 397

附录 楚汉战争大事月表 ……………………………………………… 424
汉元年（义帝元年） 公元前206年 ………………………… 424
汉二年（义帝二年） 前205年 ……………………………… 432
汉三年 前204年 ……………………………………………… 442
汉四年 前203年 ……………………………………………… 447
汉五年（高帝五年） 前202年 ……………………………… 452

参考文献 ………………………………………………………………… 457
后　记 …………………………………………………………………… 467

第一章　帝国土崩　项王分封

一、天下苦秦久矣

亡秦必楚

秦二世元年（公元前209年）七月，屯长陈胜、吴广高呼"王侯将相，宁有种乎"，在大泽乡发动起义。陈胜、吴广诈称是自己其实是秦公子扶苏和楚将项燕，谋图复兴楚国。不久后，起义军便攻下陈县（今河南淮阳），陈胜在此自立为王，建号"张楚"，楚国正式复国。

陈胜起义后，先后派吴广、葛婴、武臣、邓宗、周文、宋留、周市等人各领一支兵马，扩大楚国的地盘。其中武臣这一支军队，在当年八月攻下了故赵国的首都邯郸，便自立为赵王，赵国复国。

九月，故齐国王族田儋击败陈胜大将周市，自立为王，齐国复国。不久以后，田儋便占领齐国全境。周市虽然没有占领齐地，但是也已占领魏地。周市见齐国已经复国，遂在同月，立故魏国的宁陵君魏咎为魏王，魏国复国。同一时期，武臣派大将韩广攻打燕地，韩广夺取燕国旧地后，便被拥立为燕王，燕国复国。

从秦二世元年七月至九月，在不到三个月的时间内，山东六国除了韩国以外，已经悉数复国，秦王朝的版图基本上缩回秦始皇统一前的样子。可是说到现在，我们不禁就要疑惑，为什么陈胜揭竿起义后，秦帝国竟然能瞬间土崩瓦解呢？

这一切我们都要从一个神秘的谶语开始说起。

楚国有一个叫楚南公的阴阳家曾经说过："楚虽三户，亡秦必楚。"这句谶语一直以来都在楚国境内秘密流传。在秦始皇统治时期，楚地百姓敢怒不敢言，他们仇恨秦国毁灭了楚国，但也自信总有一天楚国能够灭亡秦国。楚地百姓不肯服从秦王朝，秦始皇也是知道的，他常常说"东南有天子气"，曾两次东巡楚地，希望镇住楚地的"天子气"。秦始皇三十七年（公元前210年），秦始皇开始人生中的最后一次东巡，秦始皇的车队从咸阳赶往楚地的云梦泽。在这段长达1500千米的路程中，秦始皇仅仅用了一个半月便匆忙赶到，日均行驶速度为33.3千米。这哪里是在"巡幸"，分明是秦始皇担心楚人作乱，特意亲往楚地，威慑楚人。可是秦始皇的威慑并不能真正镇住楚人的反秦之心。当年秦始皇驾崩，翌年，陈胜便高举义旗，天下反秦。

天下人真的这么怨恨秦朝吗？

虽然秦末不少领袖总爱说"天下苦秦久矣"，但是事实上，并不是天下人都苦秦。我们检阅史书就能看出，秦地的百姓并不怨恨秦朝。甚至到后来刘邦打进关中后，我们也不曾见到秦地百姓起兵响应刘邦。莫说百姓，连那些不断征战的秦兵们也不愿背叛秦朝，真正想要叛秦的反而是帝国内的将领们。看来，"天下苦秦"一说并不能成立，那么我们改成"关东苦秦"能否成立呢？事实上"关东苦秦"也不能成立，至少就我们现在掌握的资料来看，真正仇视秦王朝的恰恰是楚人。与其说"天下苦秦"或者"关东苦秦"，不如说"楚人苦秦"来得更为合适。可是为什么其他五国并不那么痛恨秦朝，偏偏只有楚国最为痛恨秦朝呢？我们可以从各国法治化的程度来解答这个问题。

众所周知，自从商鞅变法后，秦法到秦始皇时期，一直被不断完善，秦国事实上是战国七雄中法治化程度最高的国家，秦人长久以来早就适应了秦法。尽管在秦二世时期，二世推行暴政，但是秦民长久以来

第一章 帝国土崩 项王分封

早就习惯被秦朝的严刑酷法所奴役，再严酷的法律，在一定的时间内他们也还能够接受。这就是为什么当天下人群起反秦的时候，秦国境内却一直没有什么动静。

不计秦国，七国内当属魏、韩二国法治程度最高，齐、燕、赵三国次于秦、魏、韩，楚国法治化程度最低。魏国经过了李悝变法，韩国经过了申不害变法，二国的法治化程度虽然不如秦孝公以后的秦国，但是也算是冠绝山东诸国。因此魏、韩二国能够适应秦王朝的统治，二国的反秦情绪并不那么强烈。这两个国家内，真正想要复国的不是百姓，而是张良等旧贵族势力。法治化程度较弱的齐、赵、燕三国，并不是很能接受秦王朝的酷法，我们从史书就已经可以看出，这三国的人民是希望燕、齐、赵复国的，但是也仅仅是复国而已。燕、齐、赵三国向往的是恢复战国时代的割据地位，而不是灭亡秦朝。其中由于燕国在地理上最为偏僻，所以，燕国的这种情绪也更为强烈。

那么法治化程度最低的楚国呢？楚国法治化程度最低，也势必最不能够忍受秦朝的严刑峻法，相比于关东地区另外五个诸侯国，楚人的这种不满情绪是最为严重的。楚人长久以来都有自己独特的风俗文化，不独是和秦国格格不入，跟另外五国相比，也是差异极大，他们完全无法接受别人来统治楚人。正如陈苏镇先生所指出的那样："秦灭楚后，不仅楚本土人民'私好、乡俗之心不变'，原吴、越、陈、蔡、宋、鲁等地人民也都仍以楚人自居，对秦政表现出极大反感。这种对楚的认同和与秦的对立，表明战国末年的楚不仅是一个地缘国家，更是一个文化区域，一个在政治和政治文化传统上与北方各地特别是关中秦地存在较大差异的地域单元。"[①] 正是由于"楚俗"与"秦法"之间的格格不入，正是由于这种巨大的文化差异，导致了楚人对秦人的极其不满。再加上当年秦惠文王诓骗楚国、秦昭襄王私自扣留楚怀王至死、白起在鄢郢之

[①] 陈苏镇：《〈春秋〉与"汉道"：两汉政治与政治文化研究》36—37页，中华书局2011年版。

战夺取楚国半壁江山，甚至最后楚国就是被秦将王翦所灭。在政治上，在历史上，楚国与秦国之间，又有着无数的仇恨。可以说，在山东六国内，只有楚国最怨恨秦国，必置秦于死地。

因此，当陈胜这个楚人一举起义旗，就立刻得到了楚人的支持。陈胜定都于陈（战国后期楚国曾在此立都），建号"张楚"；吴广诈称自己是项燕，这些举措正是为了得到楚人的响应，事实上，楚人也果然纷纷起兵支持陈胜（如刘邦、项梁、陈婴、吴芮等）。齐、赵、燕三国虽无意灭秦，但是也不满秦朝的统治，他们对于楚人的同情，在客观上就已经达到了削弱秦朝的目的。魏、韩二国的百姓虽然容易接受秦朝统治，但是旧贵族们毕竟不肯屈服于秦朝统治者。因此魏咎在周市的拥戴下复兴魏国，而韩国旧贵族张良也聚众起兵反抗。[1]由此，在陈胜的号召下，楚人群起响应。而在楚国强大的号召力下，山东各国又纷纷支持陈胜的张楚政权。

看来，在张楚王陈胜的领导下，"楚人亡秦"这一历史伟业很快就要被陈胜所完成。可是我们都知道，日后灭亡秦国的乃是刘邦、项羽，而非陈胜。那么为什么陈胜最后会走向失败呢？

从农民起义到六国王政复兴

陈胜、吴广起义虽然是打着扶苏、项燕的旗号复兴了楚国，但是在本质上这次起义还算是一场农民起义。可是在当时的历史条件下，这场

---

[1]田余庆先生说："旧韩有张良聚众而韩国名号却未出现，我想是由于颍川密迩陈地，陈胜不允许另立韩王以分楚势之故。"（《秦汉魏晋史探微（重订本）》24页，中华书局2011年版）田余庆此说甚是，韩国迟迟未能复国应该是受到了陈胜的掣肘。另外，我想韩国一直未能复国可能还是由于此处是秦国的军事重镇，秦国决不能轻易放弃此地而让韩国复国。

农民起义注定不能是一场纯粹的农民起义。

陈胜称王，本意并不在于通过复兴六国，然后再团结六国共同伐秦。陈胜的本意是像秦始皇那样，一统天下，因此陈胜难以忍受王政复兴。

根据《孔丛子》的记载，陈胜曾与孔子的后人孔鲋（时任张楚国博士）有过这么一番对话。孔鲋建议陈胜应该要"兴灭继绝，以为政首"，这样才能让山东六国团结一致。陈胜直接拒绝了"继绝"的主张。[①]显然，陈胜是赞成"兴灭"，而拒绝"继绝"的。

什么是"兴灭继绝"呢？"兴灭继绝"的全称为"兴灭国，继绝世"。"兴灭国"指的是复兴已经灭亡的山东六国，"继绝世"指的是让六国贵族后裔继承君位。

陈胜起义，建号"张楚"，事实上做的就是"兴灭国"，因此他不会就这件事跟孔鲋进行讨论。陈胜要跟孔鲋讨论的是"继绝世"的问题，他是反对六国王政复兴的。陈胜绝无法容忍其他人搞复国运动。

当时陈胜的大将葛婴，由于不知道陈胜已经称王，遂拥立襄强为楚王。在得知陈胜称王后，葛婴遂杀死襄强回来报告，结果被陈胜诛杀。由此我们已经可以看出陈胜对"继绝世"是持完全反对的态度的。

但是后来的事情出乎了陈胜的意料。陈胜大将武臣自称赵王，另一员大将周市拥立魏咎称魏王。武臣的大将韩广自称燕王，田儋在齐地自称齐王。陈胜尽管极不情愿"继绝世"的发生，但是面对这种情况，他也只能被动接受。

陈胜不知道，或者是他不愿意承认，一旦完成了"兴灭国"，无论他的主观意愿如何，"继绝世"都必然开启。"兴灭国"是为"继绝世"服务的，如果没有"继绝世"，那么"兴灭国"是没有任何意义的。可以说，在当时那个时代，六国复国是时代的主流，这不是历史的倒退，而是历史的惯性在左右着这个时代的发展。陈胜尽管有心做第二个

[①]傅亚庶：《孔丛子校释》432—433页，中华书局2011年版。

秦始皇，但是他最终也无法摆脱历史惯性的制裁。

陈胜虽然承认了赵、魏的复国，但是那并非出于陈胜的主观意愿，他不愿意当纵长。武臣、魏咎这些人大概也是知道这一点的，所以在后来秦将章邯东伐张楚的时候，我们并未见到赵、魏有任何军事行动，这给了章邯各个击破的机会。

秦二世二年（公元前208年）十一月，章邯大破张楚将领周文率领的西路军，周文兵败自杀。不久后，假王吴广被部将暗杀。十一月至十二月间章邯在消灭周文、田臧、李归、邓说、伍徐、蔡赐等张楚军队后，陈胜已经势孤，再无回旋的余地。十二月，章邯大破陈胜，斩张楚将领张贺，陈胜出逃，被庄贾暗杀。张楚国亡，历时仅六个月。

陈胜的失败证明了在当时想要靠一己之力完成秦始皇那样一统天下的伟业几乎是完全不可能的事。在"兴灭国"后，非"继绝世"不可。而这样一来，秦末的农民战争事实上就已经变质了，这场战争性质开始逐步转为旧贵族的复国运动，即六国王政复兴。

早在秦二世元年九月，旧楚国贵族项梁、项羽叔侄就已经在会稽郡起兵。由于当时陈胜尚在，故项梁叔侄名义上还是拥护张楚政权的。

秦二世二年十二月，陈胜遇害。翌月，秦嘉拥立景驹为楚王，延续楚国法统。当年四月，①项梁以秦嘉背叛陈胜为名，攻打景驹政权。不久，项梁就消灭了景驹、秦嘉势力，此后又逐步平定了楚国境内的各股反抗势力，楚国境内现在只剩下项梁一股势力了。

当时，居巢（今安徽巢湖东北）人范增前往薛县（今山东滕县东南）对项梁说道："陈胜的失败是理所当然的。秦朝消灭山东六国，其中楚国是最无辜的国家。自从楚怀王进入秦国没再回来后，楚国人到现在都还在思念他，因此楚南公才说'楚虽三户，亡秦必楚'，陈胜率先起义，不立楚国王族后人称王，却自立为王，他的局面不会长久。现在

---

① 当时以十月为一年的岁首，九月为一年的岁末（如遇闰月，则后九月是岁末），历法与现在不同。

第一章 帝国土崩 项王分封

您在江东起兵，楚地的将领们纷纷争先恐后地投奔将军，是因为将军一家世代为楚将，希望您能够立楚国王族后人称王呀。"

项梁听了这番话后，觉得范增所言有理，遂在民间寻得一位据说是楚怀王后人的牧羊人熊心。秦二世二年六月，项梁拥立熊心为楚怀王，定都盱台（今江苏盱眙东北），自称武信君，国事皆决于项梁。

自项梁拥立楚怀王熊心后，已经说明"兴灭国"后必须要"继绝世"，六国贵族后代皆可继绝世。至此，轰轰烈烈的六国复国运动展开。

秦二世二年端月（即正月），赵王武臣被杀后，赵臣张耳、陈馀拥立故赵王族赵歇为赵王。当年六月，旧韩国贵族张良游说项梁，项梁遂立韩国王族后裔横阳君韩成为韩王，韩国复国。同月，齐王田儋战死；魏王魏咎战败自焚，魏国灭亡。六月到八月内，齐国连续换了三个君主（田儋、田假、田市），不过，他们都是田齐王室。同年九月，魏咎弟魏豹复国，称魏王。

至此，山东六国全部复国，六国王政也已经全部完成了复兴。在六国当中，只有燕王韩广并非燕国王族后裔（这也许是由于燕国王族已经尽死于秦灭燕之战中了，或者远遁他方）。那六国王政复兴后，六国是否就能一举灭秦？事实却并非如此。

秦二世二年六月，秦将章邯在临济之战大破魏、齐、楚联军，齐王田儋战死，魏王魏咎自焚。章邯一战就灭亡魏国，迫使齐国退出反秦战争，声威大震。当年九月，章邯更是在定陶之战一举袭杀楚国实际领导人项梁，震动天下。当时项羽、刘邦正在围攻陈留（今河南开封陈留镇），听说项梁战死，大惊，立刻解围东归。至此，反秦战争进入低谷期。

二、怀王之约

怀王立约

楚怀王熊心自从被项梁拥立后，就一直是傀儡国君，国家大事全部都由项梁处理。如果是换成普通的君主，也许就安安稳稳地当个傀儡之主，可是熊心却不想被项梁操控，他想要正式亲政。因此在项梁战死后，楚怀王决定以楚国君主的身份正式亲政，力挽狂澜。

当初，项梁把都城定在盱台，执掌朝政，这里应该安插了不少项梁的旧部。熊心如果想要亲政，就不能够乖乖待在盱台。因此，熊心在听闻项梁死后，决定迁都彭城（今江苏徐州）。

根据《史记·项羽本纪》的记载，在定陶惨败后，"怀王恐"[1]。事实上，楚怀王又怎么可能会恐慌呢？彭城在盱台之北，距离定陶并不会太远。楚怀王要是真的害怕了，那肯定要躲得远远的，不可能会向北走。熊心这么一做，一来摆脱了项梁旧部的控制，二来稳定了楚国臣民恐慌的心情，向人们展示自己有能力可以拯救危局。

项梁之死不会给熊心带来恐慌，却让项羽真真切切地感到了恐慌。项羽、刘邦、吕臣等楚将在得知项梁战死后，立即回到了彭城。熊心下令，吕臣驻扎于彭城城东，项羽驻扎于彭城城西，刘邦驻扎于砀县（今河南永城芒山镇）。

熊心明白，要想亲政，就要把项梁旧部的势力逐渐削弱。项羽、

---

[1] 司马迁：《史记》304页，中华书局1959年版。

吕臣、刘邦三人都是项梁的部将，按理来说，这三个人的军权都应该被夺。但是熊心并没有这么做，他选择了分化瓦解项梁旧部的力量。熊心一面夺走项羽、吕臣的军队，归由自己统率；一面封刘邦为武安侯，拜为砀郡长，统领楚国砀郡的所有军队。熊心之所以会厚待刘邦，也许是看重了他是一个"宽大长者"，比较好控制，当然，之后的历史会证明楚怀王看走了眼。

当初在定陶之战的时候，宋义曾劝项梁不要轻敌，项梁没有听取宋义的建议，后来果然兵败身死。项梁死后，熊心意识到了宋义也是可以争取的对象。熊心在与宋义交谈后，认定此人可以用来压制项羽，遂重用之。至此，熊心夺了项羽、吕臣兵权，重用刘邦、宋义，算是分化瓦解了项梁旧部的势力，又培植了自己的嫡系，终于能够彻底掌控楚国的国政，现在楚怀王要着眼于楚国国外的事务了。

当初项梁在世的时候，与魏、齐、韩三国结盟，在外交上取得不小的成就。但是经过临济之战、定陶之战，魏国灭亡，齐国退出战争，韩王韩成吓得跑回彭城，"合纵"事实上已经破灭。楚怀王必须再组织新的合纵，来对抗秦国。

在项梁战死的当月，楚怀王拨给故魏王魏咎弟魏豹数千军队，支持魏豹复国。后来魏豹果然利用了这支军队复兴魏国，称魏王。楚怀王通过援魏得到了魏国的归附。

定陶之战后，章邯认为项梁已死，楚国再无名将，于是决定讨伐他认为的六国中最后一个还有实力的赵国。秦二世二年（公元前208年）后九月，秦军讨伐赵国，大破赵军，赵歇、张耳逃至巨鹿（今河北鸡泽东北）固守，向各国发出了求援信。当时燕国、齐国见赵国即将亡国，纷纷派兵支援。熊心也准备抓住这个机会，通过支援赵国，一举得到赵、燕、齐三国的归附，成为真正的诸侯纵长。

这时候的熊心雄心勃勃，他不仅要解赵国之难，还打算一举灭了秦国。只要熊心能够做完这两件事，那么他的王位不仅能够彻底稳固下来，还能够成为当之无愧的天下共主，号令天下。

当时，熊心打算兵分两路，一路北救赵国，击溃秦朝章邯、王离军，然后西入函谷关灭秦；另外一路随北路军救赵，然后向西进击，攻打秦朝重点防守的魏、韩二国故地，最后西入函谷关灭秦，同时，这支西路军还要协助韩成复兴韩国。

熊心确实有野心，可是他的手下们却并无抢先入关的心思。当时章邯已经灭亡张楚、魏国，大破齐国、楚国，击垮赵国，俨然已经天下无敌。楚国将领们都不打算北征或者西进。但是当时却有两个人无比渴求入关灭秦，一个是项羽，另一个就是刘邦。

项羽想要入关，既不是由于他特别迫切要为叔父报仇，也不是他想在关中建立基业，而是另有所图。项羽明白自己现在的兵权已经被怀王收走，要想再掌军权，提升个人威望，就必须抓住这次机会，统军伐秦。至于刘邦，他并不是故楚国的元老，而是楚国国内的普通将领。刘邦即便是再努力，终其一生也不过是一员楚将罢了，但是这次如果自己能够率先入关，自己就不是一员普通的将领了，而是一方诸侯。这样一来，刘邦就能够实现阶级跃升，万人瞩目。

熊心经过一番考量，认为无论是北路军还是西路军，都应该让自己的亲信将领作为统帅，于是熊心定宋义为北路军统帅，刘邦为西路军统帅。至于项羽，则充任宋义的次将。项羽得知这个决定后，立即表示自己愿意和刘邦一起伐秦。不过，之后熊心与楚国元老们商量后认为，项羽并不适合与刘邦一同西征，遂继续保持原计划不变。

后世多有人据此认为熊心故意打压项羽，将灭秦之功直接送给了刘邦。笔者并不同意这种说法。事实上，当时的刘邦，总兵力大约只有一万五千人。[1]这一支不到两万人的兵力，不仅要独自面对秦帝国在魏、韩二国故地重兵，而且还要面对关中内秦帝国一直没有出动的京师军。

---

[1] 刘邦的西路军主要由三千沛县兵、六千砀郡兵、五千楚军组成，详见李开元著《汉帝国的建立与刘邦集团：军功受益阶层研究》158-160页，生活·读书·新知三联书店2000年版。

第一章　帝国土崩　项王分封

秦帝国的主力部队虽然在北边的赵国，可是关中、魏、韩是帝国的腹地，秦二世即使再昏庸无道，也不会不重视这些地区。至于北路军，主将宋义被授予上将军，号为卿子冠军，项羽为次将，范增为末将，诸别将尽属宋义。我们由此可知，熊心应该是把楚国大部分的兵力都配置到了北路军上。熊心不让项羽和刘邦作战，反而让他和宋义作战，并不能据此认为熊心打压项羽。

那么熊心打压了项羽没有呢？毫无疑问是打压了。无论是北路军还是西路军，统帅均不是项羽。项羽即便是跟随刘邦入关，那又能如何呢？在熊心看来，灭秦的可以是宋义，也可以是刘邦，因为这两个人都是自己的部将，但是项羽绝对不能成为灭秦的统帅。

既然如此，熊心为什么不让项羽从刘邦西入呢？我想主要是出于两方面的考虑。第一点是因为项羽残暴，不利于收揽民心；第二点则是因为项梁在世的时候，项羽经常和刘邦一同出征，这两个人应该算是有些情谊的，如果让项羽跟从刘邦，那么刘邦很有可能就会被项羽策反过去。这两点中，尤以第二点最为关键（毕竟刘邦也屠城），因此项羽只能从宋义，而不能从刘邦。

在熊心定下灭秦救赵复韩的战略目标后，遂与诸将共同约定，谁先进入关中，谁就能够在关中地区称王。同时，熊心还要求，入秦后不得烧杀掳掠，以宽大示人。[1]而这就是历史上著名的"怀王之约"。

从"怀王之约"的历史背景中，我们可以很明显地看出，楚怀王与诸将作出这一约定其实是比较被动的，说是要一举灭亡秦朝，可是当时又有几个人会相信秦朝真的会灭亡呢？刘邦的西路军不过一万多人，这支军队势单力薄，如何破秦？宋义、项羽军队虽然较多，但是他们的对手是秦朝第一名将章邯，这支军队又真的能破秦主力，从而灭秦吗？毫

---

[1]《史记·高祖本纪》记载怀王与诸老将讨论时，诸老将曾说："秦父兄苦其主久矣，今诚得长者往，毋侵暴，宜可下。"（357页），后来刘邦十罪项羽时也说："怀王约入秦无暴掠。"（376页）由这两条史料可知，对秦人宽大处理也是怀王之约的内容之一。

无疑问，"怀王之约"的激励性作用远大于其现实意义。可是，楚怀王既然已经与大家约定了，那么就还是有兑现的可能的。因此我们对"怀王之约"进行评价的时候，要跳出当时的历史环境，从整个历史的发展来对"怀王之约"进行评价。

李开元先生对"怀王之约"的评价较为精当，他说："首先，就性质而言，怀王之约不仅是楚国君臣间之约，而且是反秦各诸侯国间的公约，就内容而言，怀王之约不仅规定了对于秦国的战争策略、战后处理方案，而且规划了未来的政治秩序和国际局势。在这种意义上，我们可以说，怀王之约，乃是王政复兴的政治大纲。"[①]如果说陈胜是因为"兴灭国"而上位，那么熊心就是因为"继绝世"而上位。基于此，熊心相当明白"继绝世"的重要性。秦朝一旦灭亡，在关中的秦地上设置一个"关中王"，那么战国七雄的格局就得以重现，王政复兴也就正式完成，而熊心则能据此称帝，成为天下共主。同时，"怀王之约"又激励着大家西征灭秦，起到了鼓舞士气、振奋人心的作用。无论是对于当前的反秦战争，还是战后局势的构建，抑或是熊心本人的权威，都是完全利好的。

但是，我们同时也要注意到，任何事物都是有两面性的。"怀王之约"不可能全是优点，而没有任何隐忧。事实上，隐忧就在于怀王说的那句"先入关中者为王"。熊心这么一说，激发了不少人对关中王的觊觎之心，如楚将刘邦、赵将司马卬。同时，如果有人的功绩要比首先入关灭秦还大，那又该怎么办呢？从这一方面来看，"怀王之约"又为日后的种种冲突矛盾埋下了隐忧。

[①] 李开元：《汉帝国的建立与刘邦集团：军功受益阶层研究》130页，三联书店2000年版。

第一章　帝国土崩　项王分封

宋义、项羽与刘邦

在"怀王之约"前，受到熊心重点提拔或打压的共有四人：宋义、刘邦、项羽、吕臣。其中，吕臣的兵权在被楚怀王收走后，就被怀王拜为司徒，其父吕清被拜为令尹，以示安抚。至此，吕臣基本上不再参与军事。楚国国内现在较有实力的军事将领还剩下宋义、项羽、刘邦三人。

在这三个人中，宋义的地位最为显赫。东汉荀悦在《前汉纪》中记载："（项）梁益轻秦，有骄色，故楚令尹宋义谏曰"[1]，如果荀悦记载无误，那么宋义在楚国还没灭亡前就已经是楚国的令尹了，可谓是德高望重，而且宋义在当时还有"知兵"之誉，此人能为熊心所用，那必然是遏制项羽的不二人选。

项羽的祖父是楚国最后一位名将项燕。项氏一族世代为将，可以算得上是楚国后期的一个贵族了。项羽年轻的时候，力能扛鼎，才气过人，会稽郡的子弟已经颇为敬畏项羽。秦二世二年（前208年）九月，项羽随叔父项梁起兵，斩杀会稽郡守殷通。在刘邦投奔项梁后，项梁就常让项羽与刘邦一同征战，直至项梁败死。项梁死后，熊心亲政，项氏一族的权力开始被削。项羽不甘心被熊心和宋义统属，他一直在等待机会，准备夺走宋义身上的军权。

跟宋义、项羽这样的贵族相比，刘邦的身份最为低微。刘邦的祖父曾是丰邑的县令，到了刘邦父亲这一代，就已经是个平民了，但是家境还算比较殷实。刘邦年少时羡慕在山东六国盛行的游侠风气，仰慕魏国

---

[1] 台湾商务印书馆编：《景印文渊阁四库全书》303册209页下、210页上，台湾商务印书馆1986年版。

的信陵君魏无忌。但是在刘邦去魏国大梁（今河南开封西北）时，信陵君早已去世多年，刘邦遂投入信陵君的门客张耳门下。楚国灭亡后，刘邦不再是楚民，而成为了秦民，需要遵守秦国的法律。刘邦遂参加了秦帝国在地方上小吏的考试，并成功通过考试，后来成为了泗水亭长。在刘邦年轻时，结交了不少朋友，如萧何、曹参、周勃、卢绾、樊哙、夏侯婴等人，萧何、曹参、夏侯婴和刘邦一样，都是秦吏，其中萧何是沛县的主吏掾，曹参地位稍低，是沛县的狱掾，夏侯婴则负责在沛县内驾车接送使臣、宾客。周勃则是以编制养蚕器具为生，同时还给有丧事的人家做吹鼓手，后来周勃从军，当了一名弓弩手。樊哙平时则以屠狗为生。卢绾和刘邦同年同月同日生，与刘邦交情最好。从刘邦的前半生中我们可以看出，刘邦三教九流无所不交，丰富的人生阅历为刘邦将来的事业打下了很好的基础。

秦二世元年（前209年）七月，陈胜起兵，当时刘邦已经在芒砀山落草为寇。九月，在萧何、曹参、樊哙等人的谋划下，刘邦率众前往沛县。后来刘邦又用心理战瓦解了沛县父老的斗志，成功占据了沛县。陈胜死后，刘邦归顺楚王景驹，后来又归顺了项梁，成为项梁帐下的一员大将，之后经常和项羽共同征战。

以上便是巨鹿之战前宋义、项羽和刘邦的简历，那么这三个人率兵出征后，又都会发生什么事呢？

宋义在统领大军出征后，行至安阳，不再进军，一连停留四十六日。同时，宋义又派儿子宋襄前往齐国出任齐相。为了给儿子送行，宋义还离开安阳，一路将儿子送至齐国边境的无盐（今山东东平东），并且置酒高会，暂时停留在那里。当时项羽主张渡河攻秦，而宋义却认为应该先让秦赵相斗，然后楚军再攻打秦军。结合宋襄出任齐相一事，宋义很有可能是想先让秦赵先互相争斗，这段时间内宋义争取到齐国的支持，最后再出兵伐秦。

宋义想得很好，但是他忽略了一点，那就是他对于军队的掌控力。当时宋义前往无盐，亲自为宋襄饯行，已经完全脱离了军队，而这正好

第一章 帝国土崩 项王分封

给了项羽以可乘之机。秦二世三年（公元前207年）十一月，项羽利用士兵对宋义不满的情绪，发动兵变。项羽进帐直接杀死了宋义，获得了士兵们的支持。在项羽强大的威慑力下，大家一致尊项羽为假上将军。项羽一面派桓楚将宋义"造反被诛"的事报告给楚怀王，一面派人杀死宋襄。宋义已死，北路军完全倒向了项羽，熊心无可奈何，只能拜项羽为上将军。至此，楚怀王的威权开始逐步丧失。

项羽掌握了北路军的军权后，于秦二世三年（前207年）十二月，在巨鹿大破秦军；端月，俘虏秦将王离，威震天下，诸侯率军归属项羽指挥；二月，项羽又大破章邯。至此，战争进入到了项羽率领诸侯联军与章邯统率的秦军对峙时期。山东六国终于走出了项梁战死的阴霾。六月，项羽再一次击败章邯。章邯在国内备受权臣赵高猜忌，而支持他的李斯早在去年已被夷灭三族，在外自己又屡战屡败，已经无力坚持下去。当年七月，章邯正式宣布投降项羽。

在巨鹿之战时，刘邦一直没有西进，而是在配合宋义、项羽北上救赵。在项羽大破章邯后，刘邦遂率领军队正式西进伐秦。二月，刘邦袭陈留；三月，刘邦夺开封；四月，刘邦攻颍阳（今河南襄城北颍阳镇），不久后，刘邦、张良等占领颍川郡全境，韩国复国；七月，刘邦取南阳郡；八月，刘邦兵临武关，逼至关中。秦王朝的灭亡只是时间问题了。

为了抢在项羽之前进入关中，刘邦派魏人宁昌前往秦国，见到丞相赵高，希望赵高杀死秦二世，迎接刘邦入关，届时刘邦、赵高瓜分关中。赵高同意了刘邦开出的条件，不久便杀了秦二世。

秦二世遇弑后，赵高一面拥立子婴继位为秦王，一面派人来见刘邦。子婴甫一继位，便设谋诛杀赵高，为国除害。也许是刘邦已经得知了赵高被杀的消息，因此怀疑赵高派来的使者有诈，遂决定用武力消灭秦国。八月，刘邦破武关；九月，刘邦下峣关，于蓝田（今陕西蓝田西）大破秦军。蓝田之战后，秦军无力再与刘邦作战，灭亡已成定局。

也许谁都没有想到，仅仅一年的时间，便攻守易势。秦王朝的主力被项羽摧毁，而刘邦的大军即将抵达咸阳（今陕西咸阳东），秦朝的灭亡已成定局。

三、鸿门宴

入咸阳

义帝元年（公元前206年）十月，刘邦的大军到达霸上（今陕西省西安市东），距离秦王朝的都城咸阳仅仅只是一步之遥了。据说在这个时候，还出现了"五星聚于东井"这种神奇的星象。这一星象在刘邦称帝后被人附会为是"受命之符"，其实在当时来看，这一星象更印证的是秦王朝的覆亡已经无可避免了。[1]

一个多月前，秦王子婴刚刚杀死赵高，正欲大展拳脚，但是此时刘邦已经兵至霸上。刘邦并不愿意再开战端，而是令人劝子婴投降。山穷

---

[1] 班固《汉书·天文志》云"此高皇帝受命之符也。"（1301页，中华书局1962年版）又引张耳故客的话"东井秦地，汉王入秦，五星从岁星聚，当以义取天下"（1301页）。该段颜师古引孟康言注解道："岁星先至，先至为主也。"（1302页）颜师古又在《汉书·高帝纪上》引应劭语注解："东井，秦之分野。五星所在，其下当有圣人以义取天下。"（《汉书》23页）从这些相关记载来看，这次星象在后来被汉王朝赋予了不少神秘色彩，被认为是上天授命于刘邦的证明，但这只是事后的附会之说罢了。但根据《汉书·天文志》的说法"凡五星所聚宿，其国王天下"（1286页），这一星象所预示可以"王天下"的国，不可能是当时已经山穷水尽的秦王朝。对于当时的人来说，这一星象的出现所预示的很可能是楚国政权的复兴与秦帝国的覆灭。

水尽之下，子婴除了选择投降，已经别无他法。这位秦王走出咸阳，在轵道旁，手捧天子玺符，投降了刘邦。子婴在位仅仅四十六天，这个帝国自统一至此，也不过短短十五年，便戛然而止了。

子婴归顺后，众将劝刘邦应该立即诛杀子婴。刘邦这个时候展现出了他宽容的一面。刘邦认为，子婴已经投降于他，杀之不祥。更何况当年怀王派他作为西征的统帅，正是因为想要贯彻"入关无暴掠"的意图，不杀他，也是遵守了怀王的约定。于是刘邦下令将这位故秦王交给属下官吏看管，并不许为难于他。

料理完子婴的事情后，刘邦立即进入秦都咸阳。咸阳，自秦孝公十二年（公元前350年）定都，至此已经过了144年，经过多代秦国君主的经营，君王们居住的场所自然是奢华万分，这样的场面，刘邦哪儿见到过？

根据《史记·留侯世家》的记载，刘邦进入秦国的宫殿，见到"宫室帷帐狗马重宝妇女以千数"[①]。刘邦从秦二世二年（前208年）后九月开始一直到现在，已经连续在外征战一年多，转战千里，还没怎么休息过。现在看到秦宫的奢华，再加上珍宝、美女的诱惑，也消磨了刘邦不少的英雄心。刘邦决定自己就待在秦宫不走了，反正按照"怀王之约"，他迟早也要当秦王嘛。正所谓上行下效，既然刘邦都如此了，那他的那些手下又怎能落后？他们纷纷争抢着金银财宝，并将它们瓜分掉。

秦宫固然诱人，但是还是有几个明白人不为所动。刘邦的得力战将、贤成君樊哙力劝刘邦应该走出秦宫，但是在兴头上的刘邦哪里听得下这番忠告。在这个时候，还是张良发挥了关键的作用。张良指出，刘邦能灭亡秦朝，那是秦朝无道所致，如果现在就沉溺于享乐之中，那就是助桀为虐。刘邦向来对张良都是言听计从，张良如今这般劝谏，倒也点醒了刘邦。刘邦立即下令封还秦宫的珍宝，离开咸阳，还军霸上（当

[①] 司马迁：《史记》2037页，中华书局1959年版。

然，诸将们已经抢掠的珍宝，就被诸将们占有了，并没有再送返①）。

在这里我们还要提到一个重要的插曲。在刘邦和诸将们都急着瓜分秦宫的财宝时，刘邦的心腹萧何却不为所动。萧何不去争抢财宝，他反而去丞相府和御史府，寻找秦王朝的律令和图书收藏起来。那么为什么萧何不去找财宝，偏偏要赶紧搜集这堆图书呢？

萧何搜集图书可不是一件小事情，这件事对西汉王朝产生了至关重要的影响。班固曾经这样评论"沛公具知天下厄塞，户口多少，强弱处，民所疾苦者，以何得图书也"。②东汉著名学者王充也这么评论过"萧何入秦，收拾文书，汉所以能制九州者，文书之力也"。③那么这批文书究竟是何方神圣，以至于能够发挥出这么大的作用？

我们知道，秦朝是一个重视"吏道"的国家，正所谓"吏道以法令为师"④，在一个讲究吏道的政权里，法令、文书的作用是不言而喻的。秦国专门设置过"书府"，用来保存秦国的法律文书，有人专门看守。而且官员如果有事，必须要进行书面请示，不可以口头请示上级，或者说是托人转达。⑤在这种情况下，秦帝国的法令、官员的行政报告都集中在书府里面，这是秦帝国最重要的一笔"宝藏"。只要夺得了这些"宝

---

①关于抢掠的财宝，没有再归还这段，梁玉绳在《史记志疑》中有过精彩的分析，兹引全文如下："范增曰：'沛公入关，财物无所取。'沛公谓项伯曰：'吾入关，秋毫不敢有所近，籍吏民，封府库，而待将军。'樊哙谓项羽曰：'沛公入咸阳，毫毛不敢有所近，封闭宫室，还军霸上。'又《高纪》谓'沛公封秦重宝财物府库'，是高祖之不取秦宝物，皆张良、樊哙一谏之力，而曹无伤'珍宝尽有之'语，徒以媚羽求封耳。但《萧相国世家》云'沛公至咸阳，诸将皆争走金帛财物之府，分之'，然则曹无伤之言未尽虚妄，谢项羽之玉璧，与亚父之玉斗，高祖何从得之？可知非毫无所取也。"（梁玉绳：《史记志疑》201页，中华书局1981年版）

②班固：《汉书》2006页，中华书局1962年版。

③黄晖：《论衡校释（附刘盼遂集解）》591页，中华书局1990年版。

④班固：《汉书》3397页，中华书局1962年版。

⑤详见阎步克著《士大夫政治演生史稿》214-215页，北京大学出版社2015年版；阎步克《波峰与波谷：秦汉魏晋南北朝的政治文明（第二版）》42页，北京大学出版社2017年版。

藏",并且加以利用,那么刘邦集团便不是依附在楚怀王之下的一股普通的势力了,而能够组成新政权。

那些平日里打打杀杀的武将们怎么会知道这批文书多么重要?只有萧何这种秦朝文吏出身的人,才能准确发现这批文书的价值。刘邦在起兵前是秦王朝的一名亭长,也是一名标准的"吏",他自然知道这批文书对他而言意味着什么。所以,刘邦归还了那些财宝美女,却把这批文书留了下来。他知道,在未来组织新政权的过程中,这批文书将发挥很大的作用。而王充说的"汉所以能制九州者,文书之力也",这话也确实并非虚言。

刘邦等人出咸阳,除了带走这批秦王朝的文书,其他便也什么都没做了。这实在是出人意料,秦与山东六国有着血海深仇,尤其是楚国,但是刘邦这次入城秋毫无犯,已经收服不少秦人的人心了。

当年十一月,刘邦把秦地诸县的豪杰们召集到霸上来,宣布要悉除秦法,只留下三章,其原则为"杀人者死,伤人及盗抵罪"①。当然,这并不是说以后只用"法三章"和这句话来治国了,它具有非排他性,它们只是用来维持当时的社会治安,至于日常的军事、行政功能还在日常运转。不过,对于百姓来说,他们最迫切看到的就是刘邦从社会治安层面上对秦法进行简化,缓解社会矛盾。

不仅仅是"约法三章",刘邦这次还对父老们表示,他是按照"怀王之约"来到关中的,秦地的吏民们可以照常办事。这次大军前来,只是为父老乡亲们除去祸害,而不会大肆掳掠,希望百姓们不要恐慌。至于还军霸上,这是为了等待诸侯们前来,再次确认"怀王之约"罢了。

---

①以往有不少人认为"杀人者死,伤人及盗抵罪"就是"法三章",但是宋洁提出了不同的看法。宋洁在其论文《"约法三章"新证——兼证"汉承秦制"之开端》经过仔细分析后认为:"'约法三章'之中有其具体的律文规定。'杀人者死,伤人及盗抵罪'应看作是对'约法三章'核心内容和法律原则的一种体现,是刘邦对袭用部分秦律的一种限定。"(《文史》2019年04期,36页)笔者从此说。

刘邦又是"约法三章",又是这番表示,还派人跟着秦吏们到秦地各个地方告谕当地的百姓。秦人大喜过望,他们已经忍受了秦王朝细密严苛的法律很久了,现在刘邦入关,施行宽仁之政,百姓们纷纷拿着酒肉要去犒劳军队。孰料刘邦又说:"我们的军粮还有很多,便不劳烦百姓们了。"百姓们听后愈发高兴,就怕刘邦当不上秦王。

项羽入关

让我们把视线从刘邦军转向项羽联军。秦二世三年(公元前207年)七月,项羽和章邯在殷墟会盟,收编了章邯手里二十万秦军,并擅自封章邯为雍王,简直不把"怀王之约"放在眼里。八月,项羽任命降将司马欣、董翳为上将,统率秦军的降兵,作为前锋部队先行。[1]

在收降章邯后,项羽已经是一片坦途,再也没有一股秦军可以对他造成什么威胁了。但令人诧异的是,在这一时期,项羽行军速度明显放缓。一直到章邯投降的三个月后,即义帝元年(公元前206年)十月,项羽的诸侯联军才到达河南,而这个时候,刘邦已经接受了子婴的投降,接管秦地。

通过巨鹿之战,项羽不仅成为诸侯联军的盟主,而且还收编了章邯的二十万秦军,入关灭秦的壮举,舍他其谁?基于这点,项羽其实并不是很把"怀王之约"放在心上,在项羽看来,自己手握这支雄兵,就算刘邦已经先入关,也要乖乖对自己称臣,而非反抗自己。[2]

---

[1]《史记·项羽本纪》载:"(项羽)使司马欣为上将军,将秦军为前行。"(310页)又同书《秦楚之际月表》载:"(八月)(项羽)以秦降都尉(董)翳、长史(司马)欣为上将,将秦降军。"(773页)。

[2]关于项羽对"怀王之约"的态度,详见张梦晗《败亡与重生:"亡秦必楚"的历史探究》,中国社会科学院研究生院2018年博士学位论文,99-100页。

第一章　帝国土崩　项王分封

比起刘邦是否已经入关这个问题，项羽目前更关心的是秦朝降军的问题。义帝元年（公元前206年）十一月，这时的刘邦已经与秦民"约法三章"，大收人心，而项羽的大军才刚刚抵达新安（今河南省洛阳市新安县）。由于诸侯联军们对于秦人恨之入骨，在秦军归降的这五个月来，不断虐待、侮辱这些降兵们。降兵们偷偷聚集在一起，讨论着：章邯将军骗我们这些人投降诸侯联军，现在如果能够入关破秦，那是最好不过了。但是如果不能，诸侯们把我们这些人带回山东，秦国一定会把我们的父母妻子全部杀光！

降兵们的不满情绪已经越来越严重了，如果任由这一形势不断发展下去，很可能会酿成一场兵变。当时一些将领们已经探知了这些降兵们不安的情绪，并禀报项羽。比起抢着入关，这些降兵们应该如何安置，是项羽最大的问题。出人意料的是，该如何处理这件事情，项羽并没有询问副将范增，而是找来在巨鹿之战中立过大功的英布和蒲将军。

项羽、英布、蒲将军三人经过反复商议，最终认定，一定不能留下这二十万降兵！他们认为，降兵人多势众，而且心里尚不服气。如果军队一旦到了关中，他们不肯听从命令，届时局势必然危险。不如直接把他们全部杀死，只留下章邯、司马欣、董翳三人。

我们现在已经无法得知诸侯联军是否已经得知刘邦入关了。不过，我们从秦军降卒的怨言来看，项羽等人此时应该还不知道子婴已经投降了刘邦。那么在这种情况下，一旦到了关中，项羽在和秦军交锋时，二十万秦军突然倒戈，将给项羽造成极大的压力。即便是假定他们已经知道刘邦入了咸阳，但是一旦这二十万人倒向刘邦，则项羽的地位很有可能要遭受重大的挑战。从这个角度来看，这二十万秦军确实是重大的隐患。

项羽、英布、蒲将军三人作战向来勇猛无敌，这种武勇精神反映到了对待降兵的问题上，他们居然只能用屠杀来解决问题，逞着一时的武勇之气，作此短视之谋，这是项羽性格的致命弱点。而这等军国重事，居然没有范增的参与，很有可能是项羽知道范增会反对自己，于是故意把他撇在一旁，只与自己的心腹军官商议。

不论如何，三人主意已定，这场惨绝人寰的屠杀行动便立即展开。在十一月的一个晚上，项羽等人在新安城南，诈坑二十万秦军，将他们悉数屠杀殆尽。

曾经有人质疑过这场新安大屠杀的真实性，认为这是西汉政权为了抹黑项羽而编造出来的谎言，但是终究不能拿出什么有力的证据，而且现存下来的史料也并没有自相矛盾，而是清晰地指出了，项羽等人在夜晚要诈，并且击杀、坑死了这些降兵。甚至后来楚汉荥阳之战中，刘邦还把这次屠杀作为项羽的罪状之一，史书并未记载项羽有任何反驳。在笔者看来，这场大屠杀并没有任何可质疑的地方，如果是要对死难的人数进行一番辩驳，但是受限于史料，很显然也无法得到什么新线索。

从这次新安大屠杀可以很明显地看出项羽集团的短视，在刘邦已经"约法三章"结好秦人的时候，项羽却屠杀二十万降卒，秦地的百姓们如何能不恨项羽？项羽在秦地已经失去了民心，说明自己已经失去了在这里的统治基础，要想在这里建立自己的基业，已经是不可能的了。

就在项羽在新安进行大屠杀的前后，刘邦大概已经知悉了项羽这段时间内的军事动向了。当他听说项羽早在去年七月就已经擅自封章邯为雍王，简直是怒不可遏。根据"怀王之约"，王关中的只能是刘邦自己，主持分封者是楚怀王熊心。但是项羽在巨鹿之战后，显然已经把自己当成了主持分封者，而把关中提前许诺给了章邯。这么一来，刘邦这一年来千里转战的成果算是白费了。

这个时候，正好一个叫解生[①]的人对刘邦说："秦地的富庶，十倍

[①]司马贞《史记索隐》在《史记·高祖本纪》中说："《楚汉春秋》云解先生云'遣守函谷，无内项王'。"（364页）《楚汉春秋》系刘邦大臣陆贾所撰，司马迁作《史记》时，曾大量参考该书，史料价值极高。由此可知，这位向刘邦提出建议的谋士叫解生。"鲰生"则是刘邦对解生的侮辱性称呼，意为一个浅陋无知的小人。《史记集解》中，裴骃引服虔语："鲰音浅。鲰，小人貌也。"（312页）此说甚是。但是臣瓒说："《楚汉春秋》鲰，姓也。"（312页）这是臣瓒对《楚汉春秋》的误读，鲰和解二字不通，因此鲰绝无可能是姓。因此，综合各家史料可知，此人为解生，后来项羽攻进函谷关，刘邦大怒，才骂这个人为鲰生。

于天下，并且拥有地形上的优势。现在我听闻章邯投降了项羽，项羽封他为雍王，让他在关中称王。现在只要项羽的大军到来，沛公您恐怕就要失去关中了。不如立即派兵守住函谷关，不要放诸侯军队进来。同时，征发关中的军队来扩充自己的实力，抵抗诸侯联军。"刘邦正在气头上，听到解生提出可这么一条"妙计"，便也欣然同意了，派兵把守住函谷关，不让诸侯联军入关。

新安大屠杀后，也许是项羽已经得知刘邦进入咸阳，诸侯联军很明显加快了行军速度。在屠杀后没几天就兵临函谷关下。项羽本来以为，刘邦会打开函谷关的大门，迎接诸侯军进关，没想到这时候函谷关大门居然是紧闭的。项羽大怒，派遣当阳君英布率军攻打函谷关。

关于项羽派遣英布攻打函谷关，《史记》《汉书》的记载并没有太大的差别。二书都记载项羽派遣英布走间道（即小道）击破函谷关下的守军，然后大军得以进入函谷关。[1]但是这个记载过于奇怪，刘邦只是让守将闭关，不要放诸侯军队进来，为何关下还会有刘邦的军队？而且刘邦军队和项羽军队如果在函谷关已经发生火并，刘邦何以在鸿门宴之前还会发出"为之奈何"的惊叹？[2]《史记》《汉书》二书的记载殊不可解。幸好唐代类书《艺文类聚》卷六引了一条《楚汉春秋》的佚文，方才解答了这一难题。该书引《楚汉春秋》佚文云："项王大将亚父（笔者按：即范增）至关，不得入，怒曰：'沛公欲反耶？'即令家发薪一束，欲烧关，关门乃开。"[3]

《楚汉春秋》的成书年代早于《史记》《汉书》，而且从这段行文来看，也更加符合整件事的逻辑。项羽所派遣的人是亚父范增，而非英布。范增来到关下，斥责守关将领说："刘邦难道想造反吗？"从道义上占据了上风。而后又派人做出要火烧函谷关的举动。其实函谷关何等

---

[1] 见《史记》2599页，中华书局1959年版；《汉书》1982页，中华书局1962年版。
[2] 司马迁：《史记》311页，中华书局1959年版。
[3] 欧阳询等：《史记》311页，《艺文类聚》102页，上海古籍出版社1965年版。

坚固，一束柴薪怎么可能能把函谷关给烧了？范增只是做做样子，威胁守关将领，而非真的想烧关。守将在道义上理亏，项羽又据说有四十万大军，在这种情况下只得打开关门，放联军进入。

在范增的筹划下，项羽联军兵不血刃就进入了函谷关，然后大军一路西进，到达了咸阳附近的戏水西岸，与刘邦军驻扎地霸上遥遥相对。

当时项羽的诸侯联军，有四十万人，号称百万大军，驻扎在戏西旁的鸿门；可是刘邦只有十万军队，号称二十万大军。两相对比，刘邦更显得势单力孤。更何况项羽现在已经来到鸿门，离咸阳只是咫尺之遥，周围无险可守。这么一对比，刘邦阵营里面就有人坐不住了。

这个坐不住的人就是左司马曹无伤。刘邦由于是楚怀王的部将，因此刘邦军队当时实行的是楚制。根据楚国的官制，令尹和司马并称"二卿"，地位不相上下，其中司马专掌军事。司马之下又有左、右司马为司马的副手。[①]由此可见，这个曹无伤乃是刘邦手下的重要军事人物，平时可能也颇受刘邦的信任。但是现在项羽四十万大军压境，虽然二军并未正式交战，但是形势明显不利于刘邦。为了向项羽邀功请赏，曹无伤决定背叛刘邦。

曹无伤在某一天秘密派人到项羽的营帐，对项羽说："刘邦打算在关中称王，并立故秦王子婴为相，把秦宫的珍宝全都占为己有。"

曹无伤说刘邦打算在关中称王，这个确系事实。至于说要立子婴为相，恐怕是曹无伤的夸大之词。不过，曹无伤作为刘邦集团内部的高级军职人员，我们似乎可以判定，刘邦可能确实打算重用故秦王子婴，以此来达到收揽人心的效果。至于"珍宝尽有之"，已经可以断定是夸大之词，不过，刘邦集团也确实掳掠了不少秦宫珍宝。可以说，曹无伤的这份告密内容，夸大之词是有不少的，但是大体上还是符合事实，而且透露出很重要的一个信息——刘邦打算遵守"怀王之约"，自王关中，而不是臣服于项羽。

[①]左盲东；《楚国官制考》，《求索》1982年01期，119页。

项羽得到曹无伤的密报后，勃然大怒，他恼怒的未必是刘邦抢先入关，占尽风头，他气愤的是刘邦居然不肯服从他的号令。就在这时，亚父范增又来火上浇油。他对项羽说："刘邦还在山东的时候，就沉湎于美女、财宝。现在他入关后，不贪求财宝，不迷恋美女，他的志向不小啊！我让人去望刘邦那里的云气，都是龙虎的形状，呈现出五彩的颜色，这是天子之气啊！我们应立刻攻打刘邦，不要错过时机。"[1]

　　在曹无伤的密报和范增进言的推动下，项羽越发愤怒。他来不及思考太多，便立即下达军令：明天犒劳军队，为我击败刘邦！[2]

项伯夜见刘邦

　　笔者每每读到鸿门宴这段历史时，总能从字里行间体会到项羽此时的复杂情感。当年项羽曾数次和刘邦并肩作战，甚至在楚怀王定刘邦统领大军西征时，项羽也站出来表示想和刘邦一起西征。这两个人之间应

---

[1] 范增的这段话笔者译自《史记·项羽本纪》。《水经注·渭水三》引《楚汉春秋》的佚文，与《史记》稍有不同。该佚文云："项王在鸿门，亚父曰'吾使人望沛公，其气冲天，五色采相缪，或似龙，或似云，非人臣之气，可诛之。'"（陈桥驿：《水经注校证》462页，中华书局2007年版）笔者认为，《史记》《楚汉春秋》中范增的这番话很可能并非事实，乃是出于后来对刘邦的神话而有意添加上去的（比如什么"天子之气""非人臣之气"）。但是范增劝项羽诛杀刘邦，是比较可信的。

又日本学者泷川资言在《史记会注考证》中说："《汉书·高纪》无虎字，愚按是史家假托之也，亚父恐无此言"（《史记会注考证》卷七27页，文学古籍刊行社1955年版）。此语可谓卓识。但是泷川资言可能没有看到过《楚汉春秋》佚文，又感这番话尚未周到。

[2]《史记·项羽本纪》的记载顺序是：曹无伤告密——项羽下军令——范增劝项羽杀刘邦，《资治通鉴》从之，但这一个排序有点儿奇怪。《汉书·高帝纪》将顺序改为：曹无伤告密——范增劝项羽杀刘邦——项羽下军令。笔者从《汉书》说。

该是有深厚的情谊的。抛开后面笔者要分析的那些政治原因，项羽本人的情感因素未必不能说没有起到任何作用。由于之前刘邦闭关，再加上现在的曹无伤告密和范增进言，刘项之间的嫌隙已经越来越大，但是项羽应该不乐意自己真的和刘邦火拼，在冷静下来后，他应该希望这件事情能和平解决，于是他派项伯夜见刘邦。[1]

这位项伯，他的名字其实叫作项缠，是项羽的堂叔[2]。项伯当时官居左尹，在项羽阵营是个举足轻重的人物，让他去会见刘邦，可谓实至名归。但是项伯这个人毕竟有点儿私心。当年秦朝还没灭亡的时候，他和张良有过交往。后来有一次，项伯杀了人，是张良保全了他的性命。虽说现在项羽有希望这件事能和平解决的意图，但是大战在即，如果此行不能说服刘邦，按照现在的形势，刘邦必败，那么老故人张良的安全如何能够保证？想到这里，项伯决定在见刘邦之前，先去找张良，劝他脱离刘邦阵营。

项伯到了刘邦的军营中，先跑去见了张良，将项羽军中内部的计划

---

[1]项伯夜见刘邦事，很多人都认为是项伯私自去见的，其实这点值得商榷。《史记·项羽本纪》中并没有明言项伯是偷偷跑来的。这是有一些旁证的，比如刘邦说："愿伯具言臣之不敢倍德也。"（312页）如果项伯只是私自来告密，刘邦何敢让项伯这般说？这岂不是暴露了项伯私见刘邦这一事情？后面项伯"具以沛公言报项王"（312页），项羽也没有表现出任何异常的反应。可见，项伯应该是项羽特地派出去的一位密使。

[2]关于项伯与项羽的关系问题，泷川资言在《史记会注考证》中引中井积德语："季而字伯，不知何缘故？"（《史记会注考证》卷七27页）泷川资言并没有做出解释，说明泷川氏也不知这是何种缘故。

按：《史记·项羽本纪》载："其（项羽）季父项梁，梁父即楚将项燕。"（295页）同书又云："楚左尹项伯者，项羽季父也。"（311页）又《史记·高祖功臣侯者年表》射阳侯条云："（项缠）为楚左尹，汉王与项羽有郄于鸿门，项伯缠解难。"（891页）。

由上引史料可知，项伯此人，名缠，字伯。既然他的字是伯，又云为项羽季父，确实奇怪。更何况，项羽的季父是项梁，这个也是有明确记载的。看来项伯此人并不是项羽的亲叔叔，而是堂叔。明白了这一层，我们可以更好地了解项伯此人。此人与项羽的血缘关系并不会太近，因此考虑问题未必会站在项羽的角度考虑，而是会站在项氏宗族的角度考虑。

第一章　帝国土崩　项王分封

全都告诉了张良，希望张良能跟他一起走。项伯将项羽军中的机密计划全盘告知虽是无心，但是毕竟听者有意。张良得知这些军事计划后，认为必须先把这些事情告知刘邦。于是张良先稳住项伯，对他说："我替韩王护送沛公入关，沛公现在遭遇这般危急的状况，我擅自逃走那是不义，我不能不告诉沛公。"

辞别项伯后，张良立即前往刘邦的营帐中，将项伯所告诉他的军事机密，悉数告知刘邦。很明显，刘邦并没有跟项羽火并的打算，直至目前，他可能还没有做好相应的军事部署。在听到这些军事机密后，刘邦大惊，只能问张良："为之奈何？"

张良问道："是谁替沛公您设下这等计策的？"①

刘邦回答说："是鲰生这个浅陋无知的小人对我说，守住函谷关，不要放诸侯进来，这样我就能在秦地称王了。因而我才听了他的这番话。"

张良听了这番回答后，直接问了刘邦一个问题："沛公您的军队能比得上项羽的军队吗？"

张良这番话说出口，毕竟还是有点儿刺中刘邦心中敏感的神经。尽管刘邦内心不是很愿意承认他现在确实不如项羽，但是实力就摆在面前。刘邦倒也是实事求是，沉默良久后，说道："那当然是比不上，现在我该怎么办呢？"

张良要的就是刘邦这句话，他立即说："请您去见项伯，说您不敢背叛项羽。"

这句话史书中借张良之口说出，看似只是云淡风轻的一句话，其实里面蕴藏着太多的玄机了。刘邦和项羽同是楚怀王熊心的手下，要说称臣，刘邦和项羽都只能对怀王称臣。项羽在楚怀王的任命中，只不过是楚国的上将军。现在要刘邦向项羽称臣，是何等困难的一件事情？但是

---

① 张良这句话出自《史记·项羽本纪》，但是《史记·留侯世家》稍有不同，《留侯世家》中，张良说的是："沛公诚欲倍项羽邪？"（2038页）。

· 27 ·

局势已经发展到了这个地步，项羽挟强兵想要逼迫刘邦就范，如果刘邦不愿意就范，那最后的结局自然也只能是被项羽火并。前几天刘邦还是风光一时无两的灭秦功臣，现在摆在刘邦面前的，却是不能不屈辱地求和。

刘邦开口问道："您怎么会和项伯有故交呢？"从刘邦这句看似在猜忌张良的话中，我们可以明显地品读出来，刘邦已经就范了，除了向项羽称臣，他已经别无出路了。

张良把自己和项伯的往事告知了刘邦。刘邦看出来了，这位项羽的左尹，只要能够妥善拉拢过来，将能够保全他。因此刘邦说："您替我把项伯叫进来，我要像对待兄长那样对待他。"①

张良将项伯叫进刘邦的营帐后，刘邦先是捧了一杯酒向项伯祝酒，然后又与项伯约为儿女亲家。最后，刘邦说："我入关以来，一点儿东西都不敢据为己有，我登记关中的吏民，封存府库，是为了等待项将军的到来啊！我派遣将领把守函谷关的原因，是为了防备其他盗贼的进来和一些意外的变故。我日日夜夜都在盼望项将军的到来，怎么敢反叛他呢？希望您对项将军详细说明我不敢背叛他的恩德。"

刘邦这段话看似委曲求全，实际上蕴含了很大的政治智慧。他"籍吏民，封府库"，当真是要等待项羽吗？岂有这等可能？正如曹无伤所说的，刘邦这是要"欲王关中"。但是在刘邦的三言两语中，却变成了是为了恭迎项羽的到来。而刘邦派人把守函谷关这件事，最让项羽恼怒，也给范增一个杀刘邦的口实（沛公欲反耶？）。但在刘邦的自我辩解中，却成了是为了迎接项羽的前来，自己先加强当地的治安。三言两语中，言辞看似卑微无比，但是刘邦成功地让项羽变成了理亏的一方，

---

①按：张良和刘邦讨论项伯的这一系列对话，均见自《史记·项羽本纪》，但是《史记·留侯世家》并没有这段记载。这段对话大概是司马迁对当时局势进行的一个合理的想象。由于这段对话比较符合当时的局势，于是笔者便也将其写进正文里面。

第一章　帝国土崩　项王分封

自己则占据了道义上的优势。这等智慧，又有几个人能做到？

被刘邦这么一说，项伯也觉得有道理。再加上自己本来也不希望刘项火并，现在自己又和刘邦约为姻亲，自然要想方设法保全刘邦。项伯立即对刘邦说："明天早晨你不能不早来向项将军谢罪。"在得到刘邦的允诺后，项伯当夜立即回到项羽的军营中，把刘邦刚才的那番话全部告诉了项羽。

项伯复述完刘邦的话后，接着对项羽说："沛公如果不先打下关中，您怎么敢进入呢？现在人家立有大功，你却要攻打他，这不符合道义啊，不如好好对待刘邦。"

项伯的这番话正刺项羽的内心。项羽在冷静下来后，已经不希望和刘邦火拼，现在得知刘邦打算向自己称臣谢罪了，更不愿意大动干戈。再说了，项伯说得确实没错，刘邦名义上确实是灭秦首功，项羽要是杀了这么一位大功臣，那岂不是要尽失人心？思来想去，项羽便也同意了项伯这番见解。

笔者写到这里，关于刘邦、张良、项伯、项羽等人的对话和互动，全是来自《史记·项羽本纪》。在《史记·留侯世家》中，也有项伯夜见刘邦这一段情节，但是与《项羽本纪》稍有不同。而且从《楚汉春秋》的佚文来看，该书似乎并无项伯夜见刘邦这一段情节。[1]

在这里，笔者并非要做一番疑古之论，因为在史料不足的情况下，单纯的疑古是疑不出什么新的证据的。在鸿门宴前夜的这一番密谈中，刘邦、项伯、张良三人究竟交谈了什么，我们是难以探知真实情况的。太史公在这里只能是做了一番合理的想象。笔者之所以会不厌其烦地详细描述三人的这次密谈，是因为如果不详细说明，读者可能对鸿门宴的背景难以有充分的认识。更何况，司马迁的这番想象，我们可以负责任

---

[1]《水经注》引《楚汉春秋》佚文云："项王在鸿门，亚父曰：吾使人望沛公，其气冲天，五色采相缪，或似龙，或似云，非人臣之气，可诛之。高祖会项羽，范增目羽，羽不应。樊哙杖盾撞人入，食豕肩于此，羽壮之。"（462页）

地说，是最合理的想象结果，可能离历史真相并不会差距太大，因而笔者自感有必要写下这一节，来介绍鸿门宴的背景。

有惊无险鸿门宴

关于鸿门宴，可以说是中国历史上最有名的一场宴会。通过太史公在《史记·项羽本纪》中的精彩演绎，这次宴会的详细情况老百姓已经是家喻户晓了。为了保持叙述的连贯与完整，笔者不厌其烦，也来讲讲鸿门宴上发生的事。

其实从上节的叙述中我们已经可以发现，刘邦已经承诺要向项羽称臣，并且得到了左尹项伯的担保，项羽本人也很认可这次密谈的成果。可以说，刘邦自己亲自前来谢罪，应该不至于发生什么意外，为何在鸿门宴上刘邦还是会发生意外呢？

因为在这些人当中，还有一个人不愿意看到刘项和好，那就是范增。在范增的运作之下，这次鸿门宴将会比想象中的惊险万分。

密谈结束后的第二天一早，刘邦就从军中点出一百多名骑兵，选出樊哙、夏侯婴、靳强、纪信四员大将，再加上张良随从，率众前往项羽的驻军地点——鸿门。

刘邦时刻记得自己这次来见项羽，是为了要向项羽称臣。见到项羽后，刘邦便说："臣与将军勠力同心，共伐秦国，将军在河北作战，臣在河南作战，但是我没有料到竟然能够先入关破秦，得以在这里再见到将军您。现在有小人进谗言，想让我和将军生出嫌隙。"刘邦这话，直接表明了自己称臣的意图，但是又绵里藏刀：既然我已经称臣了，那么项羽也该透漏下告密的那个"小人"究竟是谁？

对于项羽来说，这个曹无伤并无太大用处，既然刘邦已经称臣，那不如就卖个顺水人情。于是项羽说："这是你的左司马曹无伤说的，不然我怎么会这么生气呢？"说完，项羽便把刘邦留了下来，打算摆个宴席，款待一下他。

说到摆宴席，鸿门宴上每个人的座位自然是值得我们好好关注一番了。司马迁在《史记·项羽本纪》中这么记述这次鸿门宴的座位："项王、项伯东向坐，亚父南向坐。亚父者，范增也。沛公北向坐，张良西向侍。"①

鸿门宴上的座次，太史公突记一笔，自然会引得许多人来关注、解读。比如有一种说法就是，鸿门宴上的座次反映了刘邦居于最卑位，表示臣服于项羽这一历史。②但是现在也有一些学者对这一说法提出了质疑，他们认为鸿门宴的座次中，刘邦并非处于最卑位。③

笔者也认为刘邦并非处于卑位。按《史记集解》在《孝文本纪》中引如淳语："或曰宾主位东西面，君臣位南北面。"④由此可见秦汉时期的宴席分为宾主席和君臣席两种。鸿门宴如果是君臣席的话，刘邦北向坐，为何项羽不南向坐？项羽不南向坐，这个宴席如何能成君臣席？如果把鸿门宴理解为宾主席，就能很好理解了。最尊的项羽东向坐，最卑的张良西向侍。那范增和刘邦的座次尊卑该怎么评定呢？

《史记·孝文本纪》记载汉文帝在辞帝位的时候这般说："代王西乡让者三，南乡让者再……遂即天子位。"⑤汉文帝一开始是西向让，

---

①司马迁：《史记》312页，中华书局1959年版。
②如余英时《说鸿门宴的座次》，见其著《余英时文集·第一卷 史学、史家与时代》70-77页，广西师范大学出版社2004年版。泷川资言在《史记会注考证》中写道："鸿门座次，首项王、项伯，次亚父、次沛公也。"（卷七30页）可见泷川资言的看法和余英时相同。
③如汪少华《与余英时先生论鸿门宴座次尊卑》（《华东师范大学学报（哲学社会科学版）》2001年01期，117-118页，123页）、刘德增《板櫈、座次与合餐——秦汉坐席、座次与分餐纠正》（《民俗研究》2014年06期，32-39页）。但二人观点有所不同，汪氏认为鸿门宴位次尊卑依次为：东向、南向、北向、西向。刘氏则认为应该是：东向、北向、南向、西向。
④司马迁：《史记》417页，中华书局1959年版。
⑤同上书，416页。

说明西向位置确实较卑。后来则是南向让，虽然还是"让"，但已经是表示可以接受帝位的姿态了，这可说明南向位置较尊。由此可见，在当时，东向、南向较尊，北向、西向较卑。因此《史记》记载的"东向、南向、北向、西向"这个顺序确实没有错。由于刘邦向项羽称臣，他的位置虽然不是处于最卑位，但也确实是居于卑位，表示臣服于项羽了。

一开始范增已经和项羽约好，当他举起自己的玉玦，就把这个作为杀死刘邦的暗号。可是昨夜在项伯的斡旋下，刘项的嫌隙已经弥合得差不多了。现在刘邦又来向自己谢罪、称臣，项羽也实在不想杀死刘邦。对于项羽来说，现在这场宴会的意义就只是来招呼好刘邦，而不是杀了他。

但是范增并不甘心，他数次向项羽使眼色，又三次举起了他手中的玉玦。项羽却假装不知道，默然不答。范增眼见这场鸿门宴已经快变成和平的盛宴，他打算用自己一人之力，搅乱这场宴会。

宴会还在继续，但是范增已经坐不住了。他起身走出营帐，找到了项羽的堂弟项庄，让他进入营帐中，以舞剑为名义杀了刘邦。

项庄听从了范增的建议，进入营帐中敬酒。敬酒后，项庄说："将军和沛公饮酒，但是军中没有什么可以用来娱乐的，就请让我舞剑助兴吧。"在得到项羽的同意后，项庄开始拔剑起舞，打算趁机杀了刘邦。项伯一看情况不妙，也拔剑起舞，用自己的身体挡住刘邦，导致项庄无法击中刘邦。

在一旁观看的张良见状不妙，离席出走，走到了军营门口。在军营门口处的樊哙看到张良，问道："现在情况怎么样了？"张良将事情的经过告诉了樊哙，樊哙立刻持剑带盾，要闯入宴席中。在营帐外的卫士拦住樊哙，不让他入内。樊哙便用盾牌撞倒了这群卫士，闯入宴席当中，瞪大双眼，怒视项羽。《史记》甚至夸张地说樊哙"头发上指，目眦尽裂"[1]。

----

[1] 司马迁：《史记》313页，中华书局1959年版。

第一章　帝国土崩　项王分封

　　一个大汉突然闯了进来，即便是勇冠三军的项羽看了，不免也会有些忌惮。项羽本能地直起身子，按剑问道："这位客人是做什么的？"

　　一旁的张良介绍道："这是沛公的骖乘樊哙。"

　　一看是刘邦的手下，项羽心中的疑虑便减少了一些，于是先后赐酒肉给樊哙。樊哙吃完后，项羽又问："壮士，还能喝酒吗？"

　　樊哙知道自己这次闯入宴席之中，并不是为了吃喝，而是为了保护刘邦。于是樊哙说："臣连死都不怕，一杯酒有什么好推辞的！秦王有虎狼之心，杀人唯恐不能杀光，处罚人唯恐不能够用尽酷刑，因此天下人都背叛了秦朝。楚怀王之前和诸将立约：'先入关中的人称王。'现在沛公击败了秦朝，进入咸阳，秋毫无犯，又封闭了秦朝的宫室，将军队退回霸上，来等待将军。派遣将领把守函谷关，是为了防备其他盗贼的出入和一些意外的变故。沛公如此劳苦功高，却没有得到封侯的奖赏，①却听信小人的谗言，打算诛杀功臣。这样做只是将亡秦的政策接续下来罢了，臣私以为将军不能采取这种做法。"

　　樊哙这番话和前夜刘邦对项伯说的话何其相像？而且樊哙更是指出了，像刘邦这般功劳大的人如果不赏，恐怕真的就要"亡秦之续"了。项羽其实早就没有杀死刘邦的意图，被范增这么一闹，自己已经有点儿骑虎难下。现在被樊哙这么一说，项羽一时沉默了下来，并没有回应樊哙的这番话，只是让樊哙坐下。但是我们可以看出，事实上项羽是认同樊哙的这一番话的，并且在项羽的默许之下，这场鸿门宴的气氛已经逐渐缓和了下来。

　　樊哙坐下来不久后，刘邦便以上厕所为名，把樊哙叫了出去，打算偷偷离开鸿门（张良应该也出来了）。但是刘邦仍有顾虑，他问："现在出来，我们还未告辞，这该怎么办？"

　　樊哙不拘泥于这些寻常礼节，立即说道："做大事就不要拘泥于这

---

①这段《史记·项羽本纪》有误，秦二世三年，怀王迁都彭城后，就已经封刘邦为武安侯，怎么能说"未有封侯之赏"呢？应该是"未有封王之赏"为妥。

些小礼节，行大礼就不要躲避小责备。现在对方就好比是刀和砧板，我们就好比是鱼肉，还要辞别做什么呢？"局势已经如此，如果不赶紧离开，恐怕范增还会有后招儿，因此刘邦听从了樊哙的建议，同时，他把张良留下来善后。

张良问道："沛公您带了什么来呢？"

刘邦说："我带了一双白璧，想要献给项将军；还有一双玉斗，要送给范增。恰逢他正在发怒，我不敢进献，请您为我献上去吧。"

安排完这些事后，刘邦带上樊哙、夏侯婴、靳强、纪信，五人持剑带盾，骑马出行。为了防止军队追击，能够快速回到霸上，五人不走大道，选择走芷阳小道，回到霸上（如果走大道，从鸿门到霸上要走四十里；如果是走芷阳小道，只有二十里的路程）。

而与此同时，由于刘邦等人许久不再回来，项羽便派都尉陈平去把刘邦找回来。陈平，阳武户牖乡（今河南兰考）人，相貌英俊，少时家里贫困，与兄长陈伯相依为命。等到陈平长大后，娶了户牖富户张负孙女为妻。从此以后，陈平的阶级地位得以提升，阅历也愈发丰富。陈胜起兵后，陈平前往投靠魏王魏咎。章邯投靠项羽后，项羽率军略地至黄河边上，陈平这才投靠了项羽。在鸿门宴时，陈平为项羽手下的尉[1]，成为项羽手下的一名武官。

陈平是日后著名的智谋之士。史书未曾明言刘邦逃席后，陈平找到过刘邦。但我们不妨大胆猜想一下，或许陈平已然洞悉刘邦已经逃席，但是自己并不打算紧急追寻刘邦。因为项羽毕竟没有诛杀或者扣留刘邦的意图，将他追回来，可能亚父范增又要施展别的毒计。陈平便也睁一只眼闭一只眼，从容让刘邦逃走。因为陈平的不作为，导致史官无事可

---

[1]《史记·项羽本纪》云："项王使都尉陈平召沛公。"（314页）但是梁玉绳在《史记志疑》中指出："徐广谓一本无'都'字，是也。考世家，陈平以击降殷王拜都尉，在汉定三秦之后，而定三秦在汉元年八月，鸿门之会在十二月（笔者按：此时以十月为一年岁首，十二月在八月之前），则平此时不但未为都尉，并未赐爵为卿，乃为尉也。"（202页）梁玉绳考证甚是，笔者今从之。

记,这也许就是《史记》只简单记载"项王使都尉陈平召沛公"的原因所在。

在陈平的有意纵容下,刘邦逃出鸿门。等到张良推算刘邦大概已经回到霸上时,便回到项羽的军帐中①,对项羽说:"沛公不胜酒力,不能够当面辞别将军。他让臣奉上一双白璧,再拜献给将军;还有一双玉斗,再拜献给范将军。"②

项羽问了一句:"沛公在哪里?"

张良答道:"听闻将军有意要责备沛公,他便脱身离去,现在已经回到霸上了。"

项羽本身就没有诛杀刘邦的意思,既然刘邦已经安全回去,自己又得到了一双玉璧,那刘邦擅自逃席这件事,也就睁一只眼闭一只眼,让它过去了。但是范增倒是极其恼怒,他将玉斗放在地上,拔出自己的佩剑,将玉斗撞碎。然后范增怒骂道:"唉!这小子不值得和他谋划天下!夺取将军天下的人,一定是沛公刘邦,我们这些人都要被他俘虏了。"

刘邦回到霸上后,立即让人将叛徒曹无伤诛杀。其实诛杀曹无伤,不只是刘邦的意志,也是项羽的意志。刘邦已经对项羽俯首称臣,项羽为了补偿刘邦,以曹无伤的性命作为交换。这场惊心动魄的鸿门宴,以曹无伤被杀,画下了一个圆满的句号。

---

①《太平御览》引《楚汉春秋》佚文云:"沛公脱身鸿门,从间道至军。张良、韩信乃谒项王军门。"(李昉 等:《太平御览》第三卷1122页,河北教育出版社1994年版)这段记载颇为奇怪。日后赫赫有名的大将军韩信,当时是项羽手下的郎中,如何能与张良一同进献白璧和玉斗?如果是韩国王族后裔韩信(即韩王信)呢?他这时候确实在刘邦帐下,但当时他已经是一员将领。参加鸿门宴的汉军将领只有樊哙、夏侯婴、靳强、纪信四人,并无韩信名。这段记载殊为怪异,不知是《楚汉春秋》记错,还是后人传抄时出现的衍文。因而笔者在正文中只记张良,不记韩信。

②不知为何,《史记·项羽本纪》中说"玉斗一双,再拜奉大将军足下"(314页)。但是时范增并非大将军,而是上将军项羽的副将。《汉书·高帝纪》中,班固将这句话给删掉。故而笔者在这里便称范增为范将军。

漫谈鸿门宴

笔者按照《史记·项羽本纪》和其他史料的相关记载讲完了整场鸿门宴的经过。鸿门宴这段故事，一直以来都是群众耳熟能详的故事，如果只是单纯地讲故事，倒也没有多大新意。因此在叙述完鸿门宴上的故事后，笔者另设一节，来探讨两个问题：1.鸿门宴这段故事可信度如何？2.项羽为何不杀刘邦？

《史记·项羽本纪》中关于鸿门宴的记载，几乎可以说是《史记》最经典的篇章之一，一直以来都为群众津津乐道。但是我们需要注意的是，鸿门宴实在是太过于生动，仿佛司马迁本人身临其境一般，因此历来有不少人认为鸿门宴这段历史不可信，比如吕思勉先生便说过："（鸿门宴）诙诡几类平话。"[1]

其实，吕思勉先生的这段话并非全不可取。鸿门宴的故事确实过于传奇，而在鸿门宴上发生的具体情况，史官一般是不会记载下来的。而且从已知的史料来看，鸿门宴这段故事很可能是层累起来的一段历史故事。那么笔者为何会这样认为呢？

《汉书·司马迁传》说："汉兴伐定天下，有《楚汉春秋》……（司马迁）述《楚汉春秋》，接其（笔者按：指五帝至秦始皇）后事。"[2]可见，司马迁叙楚汉时事，多采《楚汉春秋》的记载。唐人刘知几在《史通》中曾如此形容《楚汉春秋》与《史记》之间的关系："譬夫行不由径，出不由户，未之闻也。"[1]《楚汉春秋》亡佚于南宋时期，

---

[1] 吕思勉：《秦汉史》42页，商务印书馆2010年版。
[2] 班固：《汉书》2737页，中华书局1962年版。
[3] 台湾商务印书馆编：《景印文渊阁四库全书》685册124页上。

在唐朝的时候全书尚能得见。刘知几肯定是在看了《楚汉春秋》和《史记》全书后方有此喻,可见二书的关系紧密。

在笔者看来,二书联系之密切,甚至可以与《史记》《汉书》的关系相比。众所周知,《汉书》有大量的记载是抄《史记》的,其实从现在的佚文来看,《史记》也有大量情节是抄《楚汉春秋》的,尤以鸿门宴为典型。

《楚汉春秋》中关于鸿门宴的佚文,现存四条,散见于《史记三家注》《水经注》《艺文类聚》《太平御览》等书。从四条佚文来看,与《史记·项羽本纪》雷同度极大。笔者做了张表格,供读者对比:

书别序号	《楚汉春秋》佚文	《史记·项羽本纪》
1	《艺文类聚·卷六》:沛公西入武关,居于霸上,遣将军闭函谷关,无内项王。项王大将亚父至关,不得入,怒曰:"沛公欲反耶?"即令家发薪一束,欲烧关,关门乃开。	函谷关有兵守关,不得入。又闻沛公已破咸阳,项羽大怒,使当阳君等击关。项羽遂入,至于戏西。
2	《史记索隐》:解先生曰:"遣守函谷,无内项王。"	鲰生说我曰:"距关,毋内诸侯,秦地可尽王也。"

（续表）

3	《水经注·渭水三》：项王在鸿门，亚父曰"吾使人望沛公，其气冲天，五色采相缪，或似龙，或似云，非人臣之气，可诛之。"高祖会项羽，范增目羽，羽不应。樊哙杖盾撞人入，食豕肩于此，羽壮之。	范增说项羽曰："沛公居山东时，贪于财货，好美姬。今入关，财物无所取，妇女无所幸，此其志不在小。吾令人望其气，皆为龙虎，成五采，此天子气也。急击勿失。"……范增数目项王，举所佩玉玦以示者三，项王默然不应……（樊）哙即带剑拥盾入军门。交戟之卫士欲止不内，樊哙侧其盾以撞，卫士仆地，哙遂入……樊哙覆其盾于地，加彘肩上，拔剑切而啖之。
4	《太平御览·卷三百五十二》：沛公脱身鸿门，从间道至军。张良、韩信乃谒项王军门曰："沛公使臣奉白璧一双，献大王足下；玉斗一双，献大将军足下。"亚父受玉斗，置地，戟撞破之。	沛公已去，间至军中。张良入谢，曰："沛公不胜杯杓，不能辞，谨使臣良奉白璧一双，再拜献大王足下；玉斗一双，再拜奉大将军足下。"……亚父受玉斗，置之地，拔剑撞而破之，曰："唉！竖子不足与谋。夺项王天下者，必沛公也，吾属今为之虏矣。"

· 38 ·

第一章 帝国土崩 项王分封

　　四则史料相对比下来，除了第一条史料记载完全不同外，另外三则史料基本相同，甚至有些语句就是沿用《楚汉春秋》的记述。由此我们可知《史记·项羽本纪》中关于鸿门宴的记载的蓝本源自于《楚汉春秋》。

　　《楚汉春秋》一书，系西汉开国功臣陆贾所撰，叙秦末至汉文帝时事。这本书是汉代开国以来第一部史书，很有可能被汉代统治者所阅读，且是《史记》重点参考书之一，史料价值极高。可惜这本书在南宋时期已经亡佚，如今只剩下一些佚文，供我们所研究。

　　但是读者可能已经发现了，虽然《史记·项羽本纪》中关于鸿门宴的记载是以《楚汉春秋》作为基本框架的，但是里面还是有一些内容和《楚汉春秋》不同。最大的不同就是《楚汉春秋》中无项庄舞剑一事和《史记》对樊哙的记载过于详细。

　　项庄舞剑的史料来源今已不可考，我们难以知悉这件事究竟是《楚汉春秋》记载下来的，还是司马迁采访鸿门宴参与者的后代、采撷民间一些比较靠谱的传闻。因此项庄舞剑一事笔者在此存而不论，以俟有识之士研究。

　　至于樊哙闯帐一事，引出了关于鸿门宴的另一段史源——樊他广口述史料。

　　在鸿门宴上出场的人物，史书内有名有姓的人有：项羽、刘邦、项伯、范增、张良、樊哙、夏侯婴、靳强、纪信、项庄、陈平等十一人。整则故事的叙事角度是站在刘邦阵营的立场上来叙述的，而刘邦阵营中，在鸿门宴一事上作用最为突出的有张良和樊哙二人。史书并未记载司马迁和张良这一支的后人有过什么联系，但是司马迁倒是说过自己和樊哙孙子有过往来。《史记·樊郦滕灌列传》记载："余与（樊）他广通，为言高祖功臣之兴时若此云。"[1]

　　樊哙的一生中，最辉煌的时刻便是在鸿门宴中的表现，他当年在

---

[1] 司马迁：《史记》2673页，中华书局1959年版。

鸿门宴上的一系列表现，应该是樊家人世代相传的历史记忆。在司马迁采访樊他广的时候，樊他广一定绘声绘色地讲述了自己的爷爷当初在鸿门宴上有着如何如何的精彩表现，而这些都被司马迁忠实地记录了下来，不然很难解释为何鸿门宴中会有樊哙大量的话语（而不是张良、范增），以及叙述视角经常会集中在樊哙的角度上。由此可见，樊他广的口述史料是鸿门宴的第二史料来源，它弥补了《楚汉春秋》中关于樊哙的简略描写，使得整个故事更加精彩。

目前我们可考的鸿门宴的史料来源便是《楚汉春秋》和樊他广的口述史，其中应该还掺杂了不少司马迁个人的"历史想象"[1]。在这三重的作用之下，构成了"鸿门宴"这则中国历史上脍炙人口的经典故事。但是这件事情的真实性究竟是如何呢？

笔者认为，鸿门宴故事中，大体的故事框架是可信的，但是特别具体的一些历史细节我们需要谨慎对待。鸿门宴故事中的发展脉络：项羽入关与刘邦对峙——曹无伤告密——项伯夜见刘邦——刘邦亲自向项羽称臣——项庄舞剑——樊哙闯帐——刘邦逃席。这一系列的故事发展，其实是可信的。但是再具体到一些历史细节，不免就有些奇怪了。

很明显的一点是，"好奇计"的范增，在鸿门宴上，不仅没有使出什么"奇计"，反而不断在使用阴险而又普通的计策，并且范增仿佛是个暴躁老头儿，在张良献玉斗后，不仅把玉斗击碎了，还要怒斥项羽一番（值得注意的是，《楚汉春秋》佚文中并无范增怒斥项羽这一段）。这样的范增，实在不怪劳幹先生说："范增号称谋士，但只会劝项羽杀刘邦……这种只会猜忌别人，不会自己建立基础的人，其智慧实在劝高帝都关中的娄敬之下。"[2]吕思勉先生也质疑道："七十老翁，有如是其鲁莽者乎？其非实录，不待言矣。[3]"

---

[1] 其中最为显著的一点就是，项伯、张良、刘邦三人的密谈是绝难被记录下来的，但是司马迁的描述实在太过绘声绘色，仿佛亲临其境。

[2] 劳幹：《秦汉简史》19页，中华书局2018年版。

[3] 吕思勉：《秦汉史》43页，商务印书馆2010年版。

第一章 帝国土崩 项王分封

　　笔者同意两位史学前辈的意见。我认为鸿门宴中关于范增的描述，实在有些难以置信，而且从上述笔者做的表格可以看出，《史记·项羽本纪》中关于范增的一些言行，在《楚汉春秋》佚文中是不见记载的。笔者认为，范增的人物形象从汉初到汉武帝时期，在一定程度上被"层累构建"起来，离历史真实已经有些距离。

　　不独是范增的人物形象，就连项羽的形象也在很大程度上被矮化。鸿门宴上，项羽仿佛就是一个旁观者，他总是在被动地应对整件事情。刘邦集团用自己的智慧在鸿门宴上上演了一出又一出的好戏，但是项羽仿佛并没有什么举动，笔者认为这实在难以置信。

　　正如陈金霞所说的"（项羽）先是供出告密的曹无伤，再是犹豫不决是否杀刘邦，最后任刘邦等人逃走，好像处处被动。而真实的历史是主动权掌握在项羽手里，他不动声色地设了一场宴会，兵不血刃地获得了关中统治权和刘邦的服从，是最大的赢家。可惜，这只能读史者自己揣摩。"[1]笔者赞同这种说法，其实只要重新再厘清一遍鸿门宴的事情，我们就能发现出一些不同了。

　　正如笔者在前面分析过，项伯夜见刘邦一事，不可能是项伯自作主张，应该是得到了项羽的授意。项羽通过项伯，成功使刘邦答应向自己称臣，从而使得自己在事实上已经基本将楚怀王熊心架空。项羽将曹无伤告发出来，其实不过是送刚向自己称臣的刘邦一个顺水人情而已。在鸿门宴前，项羽已经没有杀害刘邦的心思了。鸿门宴上的惊险，其实是范增自己的预谋，项羽在宴会中不置一词，事实上已经表明了自己的态度，不是一直在犹疑，而是自己根本就没有杀害刘邦的打算。包括事后刘邦逃席也是一个道理，项羽要是真的想抓住刘邦，刘邦焉能轻松逃席？项羽不置防备，任刘邦出逃，事后接受了张良的白璧，也就打了个马虎眼，让这件事情不了了之。

　　在鸿门宴前后，项羽迫使刘邦向自己称臣，彻底架空楚怀王；而自

---

[1]陈金霞：《论〈史记〉"鸿门宴"真相》，《社科纵横》2012年05期，68页。

己则顺手卖了一个曹无伤，饶刘邦一命。鸿门宴这件事情，怎么看都是项羽占据主动地位，并且获利最大，而不是一个处处被动的愣头青。

当然，指出项羽、范增遭到一定程度上的矮化，并不意味着刘邦集团在鸿门宴上没有值得夸赞的地方。刘邦有勇有谋，能屈能伸；张良、樊哙等人发挥的作用也极为显著。刘邦集团以自己的隐忍换来了一个相对安稳的状态，至少这股势力是保住了，没有遭到清算。对于刘邦集团来说，这已经算是个圆满的结局了。

总而言之，《史记·项羽本纪》中的鸿门宴故事的史料来源主要来自西汉功臣陆贾的《楚汉春秋》和樊哙之孙樊他广的口述回忆，其中应该还夹杂了一些民间传言以及司马迁进行了一定程度上的"历史想象"，多重作用之下，最终才形成鸿门宴这一脍炙人口的经典历史故事。而鸿门宴这一情节，由于是站在刘邦集团的立场上来写的，不可避免地对项羽集团的主要人物进行了一定程度上的矮化，其中一些极其机密和细节的地方，未必是历史事实，但是我们完全可以肯定，这一故事的基本框架完全是符合历史事实的，而且有着很深远的历史意义。

厘清了鸿门宴的可信度问题，接下来我们还要再探讨一个问题，这个问题也是人们所津津乐道的：即项羽不杀刘邦是否有错？

其实国人读历史，往往有一种错误的思维，就是喜欢以果溯因。并不是说读历史完全不能够以果溯因，但是我们须知，历史的发展进程是不断变化的。如果是一个"原因——结果链"极其单一的历史事件，我们以果溯因，自然是一个很可行的办法。但是当我们要着手解决一个复杂的历史问题时，以果溯因不仅解决不了问题，还会让我们对历史造成一些新的误读。我们如果粗暴地来看，最后是刘邦击败了项羽，所以鸿门宴上项羽不杀刘邦那是错误的。这种看法实际上是不符合当时的历史进程的。至少在笔者看来，当时项羽有五个不可以杀刘邦的理由：

第一，刘邦乃是名义上的灭秦首功，刘邦不但无过，而且应该奖赏。当时可是有一大批诸侯跟着项羽入关的。如果项羽在鸿门宴上杀掉已经称臣的刘邦，这让其他同在鸿门驻扎的诸侯怎么看待？在当时，项伯说:"今人有大功而击之,不义也,不如因善遇之。"①樊哙也说:"劳苦而功高如此,未有封侯之赏,而听细说,欲诛有功之人。此亡秦之续耳,窃为大王不取也。"②这两个人的话其实都是颇有道理的,秦朝刚灭亡两个月,就滥杀功臣,这是把天下再推到内战的边缘,这显然是诸侯们所不乐见的。

第二,刘邦的势力虽然不如项羽,但是至少坐拥十万军队,加之刘邦又受到秦民的拥戴。刘邦敢率百余骑亲往鸿门,想必对自己的军队已经有了足够的部署。刘邦军队并非是以刘邦一人的威望而笼络起来的,就算杀了刘邦,刘邦集团也会迅速拥戴新领袖与项羽抗衡。

第三,项羽当时急于架空楚怀王,主持分封。与分封天下比起来,杀刘邦简直是一件不值一提的小事,项羽也无心去像范增那样琢磨着怎么杀死刘邦。

第四,正如笔者之前所说的,项羽这个人还是比较重感情的,他和刘邦当年毕竟也曾是并肩作战、患难与共。项羽的个人情感极大程度上影响了他的决策。

第五,最后一点也是最为根本的原因,刘邦已经向项羽称臣了。刘邦的妥协意味着刘邦背离了楚怀王政权,转而拥戴上将军项羽。刘邦集团这样做,等于把对关中地区的统治权让给了项羽。刘邦称臣以后,环顾全国,反对项羽主盟天下的诸侯可能只剩下一个已无实权的楚怀王熊心了。刘邦的称臣对于项羽来说意义重大,既然如此,项羽也就不必杀掉刘邦了,毕竟杀了他,除了带来害处,也不见得有什么收益。

综上五点分析,笔者认为,在公元前206年12月的这次宴会上,项羽不杀刘邦,对于自身集团利益,不仅没有带来什么坏处,而且还得到了极大的好处。如果项羽听信了范增的建议,在鸿门宴上擅杀刘邦,可能天下又要迎来一场新的混乱。正如劳幹先生所说的:"项羽不杀刘邦正

---

① 司马迁:《史记》312页,中华书局1959年版。
② 同上书,313页。

是英雄见地，范增的阴谋反为小气。"①

鸿门宴前后，刘邦对项羽称臣，关中地区的统治权从刘邦转移到了项羽的身上。那么接管关中之后的项羽，又将做出哪些事呢？

四、项羽主盟　戏下分封

怀王之约转向项羽主盟

公元前206年12月，刘邦集团主动向项羽称臣，主动将关中地区的统治权让给项羽。项羽随即率领诸侯军进入咸阳。

项羽虽然卖了曹无伤，但是他还记得曹无伤所说的"沛公欲王关中，使子婴为相"。曹无伤乃是沛公刘邦的左司马，是刘邦集团的核心军职人员。他的情报虽然有些夸大的地方，但是恐怕还是反映了一些实情。况且，项羽早已将章邯许为雍王，章邯是未来秦地的统治者。如果子婴还活在这个世上，他的故秦王招牌，不仅能为刘邦服务，更能为他自己服务。再说了，项羽作为楚人，与秦人有着深仇大恨。这些因素的存在使得项羽必须立刻把这位故秦王除去，不仅要除去，而且要对秦国王室赶尽杀绝。

项羽进入咸阳之后，便下令将故秦王子婴以及故秦国诸公子宗族全部杀死，以绝后患。接下来，项羽对咸阳开始进行惨无人道的报复。项羽对咸阳进行了大规模的屠城，对秦朝宫室进行大规模的焚毁。诸侯联军掳掠秦民，并且抢夺当地的金银财宝，然后诸侯们互相瓜分这次的

---

①劳幹：《秦汉简史》17页，中华书局2018年版。

"胜利果实"。

这场大火据说烧了整整三个月还未熄灭，这不免有些夸张了，但是项羽的这次暴行却是不容辩白的。咸阳经过这次大规模的人为毁灭，已经不复当年荣光。不说那些珍宝、建筑，就说图书，便因项羽的这把大火毁灭掉了不少。多亏当初萧何及时保护秦代的文书，否则这批文书一旦被焚毁，中国古代政治的发展可能又要走回头路，不免还要再摸索很多年。

在这场屠杀狂欢过后，项羽开始着手处理主盟天下的事情了。尽管在鸿门宴后，诸侯事实上已经全部服从项羽的号令，可是战后利益的分配始终还是按照"怀王之约"来的。项羽如果要想达到主盟天下的目的，只有两条路可以走，一是迫使楚怀王对"怀王之约"的内容做出修改，二是宣布"怀王之约"不具有任何生效的能力。从史实来看，项羽这个时候应该还不曾打算要和怀王撕破脸皮，他希望楚怀王将"怀王之约"的内容作出修改，这样他主盟天下也才能更加名正言顺。

项羽很有可能按照自己的意见拟了一份新的"怀王之约"，并派使者告诉怀王。当项羽的使者风尘仆仆地赶到楚都彭城，出乎大家意料的是，楚怀王在看了项羽的奏报后，只说了一句："如约。"也就是说，楚怀王不肯修改"怀王之约"的内容，还是坚持按照一开始的约定。

楚怀王熊心不是个愿意受到摆布的人，他可能做梦都不曾料到项羽在短短一年内，居然连续做了杀宋义、破王离、服诸侯、收章邯、坑秦军、降刘邦等事情，威风已经彻底盖过了自己。其实在这种情况下，不少君主会选择向项羽这种权臣妥协，但是怀王不愿意妥协。他也许知道，在这种情况下否决项羽的提议，很可能会招致众叛亲离，但他还是义无反顾地选择这条路。

"从楚怀王的角度来说，"怀王之约"或许是限制项羽的最后机会，因此他义无反顾地给出'如约'的答复。不仅对项羽的赫赫战功视而不见，而且错误地将自己置于一众功勋战将的对立面，结果招致项羽及其属下的集体背叛。"①确实,怀王的这一答复不仅使得项羽不满,也导致其他诸侯的武将们滋生不满的情绪。楚怀王坚守"怀王之约"的内容,届时分封,必然不会给这些勋将进行分封。因此这些军功将领们为了自身利益,必然会继续站在项羽这一边,反对"怀王之约"。

"怀王之约"本是楚怀王与诸将的约定,在秦国灭亡后七国王政复兴。可是在项羽巨鹿一战大获全胜后,形势发生了极大的变化。项羽挟诸侯之军入关中,迫使刘邦称臣。截至此时,"怀王之约"事实上已经无法生效了,如果想要让它继续生效,确实要对它的内容进行一定程度上的修改。可是一旦修改"怀王之约"的内容,则楚怀王的权柄便不复存在,这是一个楚怀王绝无法解决的矛盾。

其实当时的有识之士已经看出,"怀王之约"已经难以生效了。魏人陈馀在陈胜称王前主张复立六国之后,"诸侯亡而得立,以德服之"②。但是到了巨鹿之战后期,陈馀在写信劝秦将章邯投降的时候,却是表达了这一番观点:"将军(章邯)何不还兵与诸侯为从,约共攻秦,分王其地,南面称孤。"③章邯身为秦将,又曾击溃"有功德"的张楚王陈胜,于山东诸侯而言,实有大罪,何以归顺后居然能裂土封王?那就是因为陈馀已经看出巨鹿之战后,"怀王之约"已经难以生效,断不可行了。

事实上,局势发展到了这一步,已经证明了"怀王之约"即将被扫入历史的垃圾堆中,楚怀王已无法再掌握权柄。既然如此,主持战后分封仪式的那便不会是楚怀王,而只能是项羽。

项羽可能没有想到,楚怀王竟然会拒绝他的提议。既然局势已经发展到了这般地步,项羽只能着手修正"怀王之约"的内容。

为了修正"怀王之约",项羽做了两件事情:一、宣布楚怀王不具

---

① 张梦晗:《败亡与重生:"亡秦必楚"的历史探究》,中国社会科学院研究生院2018年博士学位论文,101页。
② 司马迁:《史记》2573页,中华书局1959年版,魏人张耳也是持这一意见。
③ 同上书,《史记》308页。

有主持分封的合法性；二、对"怀王之约"进行曲解。

在收到楚怀王"如约"的答复后，项羽召集众将（应该包括向项羽称臣的诸侯），发表演讲："怀王者，吾家武信君（笔者按：武信君即项梁）所立耳，非有功伐，何以颛主约？天下初发难，假立诸侯后以伐秦。然身被坚执锐首事，暴露于野三年，灭秦定天下者，皆将相诸君与籍力也。怀王亡功，固当分其地王之。"①

项羽这番演讲表明了几个观点：1.楚怀王不得主盟；2.项羽不承认王政复兴是战后的格局；3.能称王者应当由有军功者为王，无军功者需贬抑，包括楚怀王。

项羽这场演讲，句句针对楚怀王，句句针对着"怀王之约"。"怀王之约"本质上是承认战后七国王政复兴。项羽并非战国旧王族之后，也没有率先进入关中，在"怀王之约"中已无利可图，要想利益最大化，必须宣布楚怀王是非法的，能获得土地的是有军功的将领。这样一来，不仅项羽能称王，而且其他将领也可以称王。这样一来，大家自然就愿意听从项羽的号令，而非楚怀王。

历史发展至此，不得不让人又回想起陈胜称王。陈胜破陈后，当地的豪杰父老劝陈胜称王的说辞是："将军身被坚执锐，率士卒以诛暴秦，复立楚社稷，存亡继绝，功德宜为王。"②陈胜"伐无道，诛暴秦"是为功，"复立楚社稷"是为德。后来楚怀王定"怀王之约"，主张七国王政复兴，其实只是强调有德为王，而摒弃了军功的重要。项羽如今废"怀王之约"，则是只强调了"功"，而摒弃了复七国之德。而功德兼有，那就要等到五年后刘邦称帝了。

战国旧王族复兴已成泡影，有军功者称王成为时代的主流。但尽管如此，项羽依然不能擅自主盟。虽然"怀王之约"已不可能真正生效，但是其影响力尚在，有军功者固然可以称王，可已经称王的六国贵族

---

① 班固：《汉书》1809页，中华书局1962年版。
② 司马迁：《史记》2573页，中华书局1959年版。

呢？还有那个入关灭秦的刘邦呢？这两个问题该怎么处置？

已经称王的六国贵族，就让他们继续称王，这个倒是好办。可是刘邦的问题，倒确实难以处理。项羽在与亚父范增进行长久的商议后，决定对"怀王之约"进行曲解。二人密谋后认为：既然是在秦地称王，偏远的巴蜀地区也算是秦地，那就让刘邦在巴蜀地区称王。

既宣布"怀王之约"无效，又不得不对"怀王之约"进行一定的曲解，看上去似乎特别矛盾，但其实一点儿也不矛盾。面对"怀王之约"这一有广泛影响力，但事实上是无法生效的约定，项羽这么进行处理，已经是最优解了。

戏下分封

公元前206年12月，项羽在关中宣布"怀王亡功"后，七国王政复兴事实上已经不可能实现，按军功封王已经成为时代的需求。但是按照军功封王，具体要怎么分呢？这是摆在项羽眼前最为急迫的任务。

关于项羽的这次分封，后来陈馀的手下夏说曾有过这番评论："项羽为天下宰不平，尽王诸将善地，徙故王王恶地。"夏说这话说得不错。项羽反对七国王政复兴，主张按军功分封，其结果必然是将"故王"们的封地改为"恶地"，把好地方腾出来留给有军功的将领们。夏说的这番话，反映了项羽在整个戏下分封中所秉持的分封原则。

在讲述项羽分封之前，我们要来看看秦亡之后，天下都有哪些国家。

截至秦二世二年（公元前208年），战国时代的山东六国（楚、齐、赵、魏、韩、燕）已经全部复国。笔者做了一张表格来简单说明一下这六个国家的基本情况。

第一章　帝国土崩　项王分封

国名	国君	身份	称王原因
楚	熊心	据说为故楚王族，楚怀王之后，牧羊人	项羽叔父项梁于民间求得楚怀王后人熊心，立为楚王
齐	田市	故齐王族 前代齐王田儋子	齐王田儋死后，齐人立田假为王。齐将田荣怒，逐田假，立田儋子田市为齐王
赵	赵歇	故赵王族	赵王武臣被杀后，张耳、陈馀求得故赵王族赵歇，立为赵王
魏	魏豹	故魏王族 前代魏王魏咎弟	魏王魏咎自焚后，魏豹复攻魏地，自立为魏王①
韩	韩成	故韩王族	因为韩成是故韩王族，项梁便从张良议，立为韩王
燕	韩广	故秦上古卒史，为秦吏，非故燕王族	赵王武臣遣故秦上古卒史韩广略燕地。夺取燕地后，被故燕国贵人豪杰拥立为燕王

由上述表格我们已经可以清楚看到，山东六国之王政复兴，除燕国外，俱以六国王族后人为君。燕国的例子比较特殊，可能是燕国旧王族已经被秦人屠尽，或是远遁他方。但是韩广之立也是有故燕国贵族的支持的，也体现着燕国遗老之意志。

从这张表格我们还可以发现，当时的六国国君，除了魏王魏豹、燕王韩广以外，其他四王并没有任何军功，只因是六国王族后人便被拥立

---

① 《史记·魏豹彭越列传》载："项羽已破秦，降章邯，豹下魏二十馀城，立豹为魏王。"（2590页）但同书《秦楚之际月表》载："（二世二年九月）魏豹自立为王，都平阳，始。"（768—769页）笔者今从《秦楚之际月表》说。

为王。对于项羽来说，这几个诸侯王必须将他们置于偏远地区，让他们管理"恶地"，即便是有军功的魏豹、韩广，也要把"善地"让出来，这样才能做到无差别地打击山东六国的君主。

既然王"恶地"的是六国诸侯王，王"善地"的是有军功的将领们，那么这个按军功分封的原则是怎么算的呢？别急，我们先来看看，项羽这次分封究竟是怎么搞的？

公元前206年12月，项羽在戏下主持分封仪式。在戏下，诸侯们共同尊楚怀王熊心为义帝，作为天下共主。这一举动象征着秦朝灭亡之后，继而代之的政权是楚国。这一年也被称为"义帝元年"[1]。

项羽在戏下，将天下从七大诸侯国（也就是山东六国加上秦国）分为十九个诸侯国，具体情况如下：（详细情况见下页表格）

项羽将怀王之楚一分为四：楚长安侯鲁公项羽自称西楚霸王，建西楚国；楚当阳君英布为九江王，建九江国；楚鄱君吴芮为衡山王，建衡山国；楚柱国共敖为临江王，建临江国。

又将故秦国一分为四：楚武安侯砀郡长刘邦称汉王，建汉国；故秦少府章邯称雍王，建雍国；故秦长史司马欣为塞王，建塞国；故秦都尉董翳为翟王，建翟国。

又将赵歇之赵一分为二：赵王赵歇为代王，建代国；赵相张耳为常山王，建常山国。

又将田市之齐一分为三：齐王田市为胶东王，建胶东国；齐将田都为齐王，建齐国；齐将田安为济北王，建济北国。

又将魏豹之为一分为二：魏王魏豹为西魏王，建西魏国；赵将司马卬为殷王，建殷国。

又将韩成之韩一分为二：韩王韩成仍为韩王，韩国建制尚存；赵相张耳嬖臣申阳为河南王，建河南国。

---

[1]《史记·秦楚之际月表》载："（正月）义帝元年，诸侯尊楚怀王为义帝。"（775页）

第一章　帝国土崩　项王分封

又将韩广之燕一分为二：燕王韩广为辽东王，建辽东国；燕将臧荼为燕王，建燕国。

除了尊义帝，分封诸侯王外，项羽还分封了两个功臣为列侯。一个是赵国的成安君陈馀，项羽将南皮（今河北省沧州市南皮县北）旁三县分给陈馀，为南皮侯；还有一个是鄱君吴芮的猛将梅鋗，被封为十万户侯，封地不详。另有巨野盗彭越、穰侯王陵、齐相田荣等，或是割据一方，或是曾有大功，但是并未被封。

国名	国王	身份	国都	领土①
楚	熊心（义帝）	故楚怀王	彭城（今江苏省徐州市），后改为郴县（今湖南省郴州市）	无
西楚	项羽	楚长安侯、鲁公、上将军	江都（今江苏省扬州市）②，后迁都彭城	四川郡、薛郡、砀郡、东郡、淮阳郡、南阳郡、东晦郡、会稽郡、故鄣郡
九江	英布	楚当阳君、将军	六县（今安徽省六安市北）	九江郡
衡山	吴芮	楚鄱君	邾县（今湖北省黄冈市西北）	衡山郡

---

①关于项羽分封十九诸侯国之具体疆域考证，详参十九诸侯国疆域考一节。
②关于义帝都彭城，项羽都江都一事，详参"戏下体制"的崩溃一节。

· 51 ·

（续表）

临江	共敖	楚柱国	江陵（今湖北省荆州市江陵县）	南郡、长沙郡、巫黔郡、洞庭郡、苍梧郡
汉	刘邦	楚武安侯、砀郡长	南郑（今陕西省汉中市），后迁都栎阳（今陕西省西安市阎良区）	巴郡、蜀郡、汉中郡
雍	章邯	故秦少府	废丘（今陕西省兴平市西）	咸阳以西的内史地区、陇西郡、北地郡
塞	司马欣	故秦长史	栎阳	咸阳以东的内史地区
翟	董翳	故秦都尉	高奴（今陕西省延安市东北）	上郡
代	赵歇	故赵王	代县（今山西省忻州市）	代郡、雁门郡、太原郡、云中郡、九原郡
常山	张耳	赵相	襄国（今河北省邢台市）	邯郸郡、巨鹿郡、恒山郡、清河郡、河间郡
胶东	田市	故齐王	即墨（今山东省平度市东南）	即墨郡、胶西郡
齐	田都	齐将	临淄（今山东省博州市临淄区北）	临淄郡、琅邪郡、城阳郡

第一章 帝国土崩 项王分封

（续表）

济北	田安	齐将	博城①（今山东省泰安市东南）	济北郡、博阳郡
西魏	魏豹	故魏王	平阳（今山西省临汾市西南）	河东郡、上党郡
殷	司马卬	赵将	朝歌（今河南省鹤壁市淇县）	河内郡
韩	韩成	故韩王	阳翟（今河南省禹州市）	颍川郡
河南	申阳	故赵相张耳嬖臣	洛阳（今河南省洛阳市）	叁川郡
辽东	韩广	故燕王	无终（今天津市蓟州区）	右北平郡、辽西郡、辽东郡
燕	臧荼	燕将	蓟县（今北京市宣武区西）	广阳郡、上谷郡、渔阳郡

项羽分封，立了十九个诸侯王，除了项羽和另外五位旧王（田市、赵歇、魏豹、韩成、韩广），项羽还立了十三位诸侯王，分别是：英布、吴芮、共敖、刘邦、章邯、司马欣、董翳、张耳、田都、田安、司马卬、申阳、臧荼。其中，英布一直就是项羽集团的核心成员；张耳、田都、田安、臧荼在巨鹿之战后从项羽；殷墟会盟后，章邯、司马欣、董翳从项羽；项羽略地至河内，司马卬从项羽；项羽略地至河南，申阳、吴芮②从项羽；项羽略地至关中，刘邦从项羽。因此，另外十三位诸侯王中，有十二位明确记载与项羽颇有渊源。

---

① 虽然史书记载济北国都城为"博阳"，但是根据后晓荣考证，应该叫"博城"，详见后晓荣氏著《秦代政区地理》，285-286页，社会科学文献出版社2009年版。
② 吴芮从项羽入关，史书有记载。但是史书并未言及吴芮参与救赵，故不会是在巨鹿之战后从项羽。《汉书·吴芮传》记载，吴芮将领梅鋗曾在南阳和刘邦有过军事合作。至项羽略地至河南时，吴芮可能也率兵从南阳北上至河南，跟随项羽入关。

至于临江王共敖，史书并未言及其从入关，也未言明其与项羽有故。灭秦战争时，共敖攻克南郡地区，因此为王。共敖有可能是占领南郡后，北上从项羽入关，但是史书阙载。也有可能共敖并未从项羽入关，但是因为与项羽私交甚好，故而被封为王。如果共敖与项羽没有任何关系的话，就算其略地南郡，项羽也并不会封他为王（参考陈馀、田荣的例子）。共敖与项羽必然有些渊源，可惜史书没有提供更详细的记载。

由上述分析我们可以看出，项羽所建之十八诸侯王，除了五位旧王（其中魏王魏豹也随项羽入关），另外十三位诸侯王都是附从项羽的。由此可见，军功并非是封王最基础或者说是最重要的一个条件，是否附从项羽才是封王的硬指标，接下来才是军功。

或许有人会问，项羽所立的十八位诸侯王中，排除五位旧王，另外十位确有军功在身，可是章邯、司马欣、董翳三人身为秦朝降将，又无军功，怎么能够称王呢？

其实，章邯等三人我们并不能说他们没有军功在身。在殷墟会盟，章邯归附项羽后，战事并非结束了。项羽之后还略地河内、河南，在这中间，应该还是会遭遇一些抵抗的，章邯等人也许在这一时期也立过一些军功。当然，最根本的还是，章邯等三人率二十万军队归顺，这本身就是他们最大的军功了。他们三个人，受土称王，也未尝不可。

行文至此，读者会发现，我用大量篇幅阐述了项羽是如何分封的，那么这次分封就只是明确诸侯国、诸侯王吗？其实，我们细究史书，并非如此。这次戏下分封的主要内容，笔者根据史书的相关记载，总结出了以下八条：

一、戏下分封明确了各诸侯国、诸侯王及他们统治的都城、辖地。

二、尊楚怀王熊心为义帝，作为天下共主，并改纪年为义帝元年。

三、义帝虽然是天下共主，但是协调各诸侯国之间的关系，由西楚霸王项羽处理；（史书虽然没有明确提到过这一点，但是这个必然为当时之准则）。

第一章　帝国土崩　项王分封

四、各诸侯王不得挑战西楚霸王的霸权，如有挑战者，视为叛逆，可出兵征讨。后来田荣叛乱即为明证；同时，诸侯国之间不得无故自相火并，后来项羽阵营的武涉就指责刘邦"今汉王复兴兵而东，侵人之分，夺人之地"[①]。

五、西楚霸王外出征战时，有向其他诸侯国征兵的权力，诸侯国有向霸王提供军队的义务。如《史记·黥布列传》记载项羽曾在讨伐田荣、彭城之战时，要求九江国派兵。

六、各个诸侯国都是高度自治的，各国可以独立纪年、任命官员，西楚霸王不干预各国内政。如刘邦当汉王后，封萧何为丞相、韩信为大将军，这些核心职务是汉王自己任命的，而非西楚霸王。诸侯国在其境内征兵训练，也未见西楚有过任何干涉。

七、各诸侯国的军队应该是有固定军队人员的要求。如刘邦灭秦后已经有十万军队，但是在他当了汉王后，军队被裁减到只剩下三万人。

八、十九诸侯国，其政区制度并没有恢复战国时代的制度，而是沿用秦之五十四郡，以秦郡为基础，进行统治。

从以上八条内容我们可以看出，义帝熊心之楚帝国虽然存在，但是只是名义上存在的，实际上并没有任何作用。天下之核心在于项羽的西楚国，项羽以霸主自居，位于十八诸侯国之上。但是这一时期，项羽又无力干预其他国家的内政，只能统辖其西楚九郡之地。虽说西楚国可以向他国征兵，但是在高度自治的诸侯国体制下，征兵是难以实现的。如项羽两次向九江王英布征兵，结果都不尽人意。

戏下分封本质上是一种在各方相互妥协下进行的分封。各个诸侯王并没有实力对项羽发出挑战（以汉王刘邦最为典型），但是西楚霸王项羽也无力对各诸侯国进行管辖，这是一种在相互妥协之下不得不做出的权宜之计。在这一权宜之计下最大的损失者是山东六国的六位旧王，还有一些被少封和漏封的军功将领。我们从这里已经可以明显看出，这次

---

① 司马迁：《史记》2622页，中华书局1959年版。

分封效果其实并没有那么好，反对声音是很大的，而且这种相互妥协的体制，随着各个诸侯国实力的不断消长，必然要发生破裂。这个因戏下分封而形成的体制，笔者将其形容为"戏下体制"。

那么我们该如何看待"戏下体制"呢？

"戏下体制"评析

项羽的这场戏下分封，历来都有不少人对其进行分析。20世纪90年代前，对项羽分封评价多持否定意见。比如著名史学家漆侠曾说："项羽这样一个旧贵族，自革命内部同六国残余势力呼应、勾结起来，把无数革命人民以鲜血头颅夺取来的胜利果实，攘归于封建割据势力……项羽把时代的车轮拖回到战国分崩离析的局面中去，是反历史客观发展的，因而也是为人民所反对的。"[1]即便是极其推崇项羽的史学家翦伯赞，也这般评价戏下分封："天下大局，又回复了战国时代的局面，商人地主的政权消灭了，旧贵族的政权复活了。这在中国史的发展过程中，当然是一个历史的逆转。历史的逆转，在整个历史向前发展的运动中，只是一个回旋，所谓项羽的封建，在中国史上，不过是一幅滑稽的插图而已。"[2]台湾"三军大学"出版的《中国历代战争史》也认为："考其（项羽分封不数月而瓦解）所以致此者，实由其恢复封建，而开历史倒车故耳。"[3]

但是其实，我们现在再去回味项羽所创建的"戏下体制"，并不能简单地说这就是历史的倒退。

其实，前辈们已经敏锐地发现了项羽分封的一个问题——就是历史

---

[1] 漆侠：《漆侠全集》第一卷，195–196页，河北大学出版社2009年版。
[2] 翦伯赞：《秦汉史》116–117页，北京大学出版社1999年版。
[3] 台湾"三军大学"编：《中国历代战争史》03册，11页，军事译文出版社1983年版。

第一章 帝国土崩 项王分封

回到了战国时代,此话倒是不虚。李开元先生曾将陈胜起义到汉景帝时期这段历史称为"后战国时代"[1],这番见解甚是高明。其实,中国历史的分裂局面已经延续了五百多年了,秦王朝迎来的大一统也不过是秦始皇统治时期的最后11年而已。人们习惯了分裂时代,而非统一时期,所以从秦二世到汉景帝时代,人们表现出来的各种社会意识,其实带有很强的战国时代的社会意识。这并不是说陈胜起义后历史倒退了七十年之久,而是说历史存在着一种惯性。统一只是这段战国时代中的小插曲,要想让统一意识在人们的脑海中巩固下来,需要一个政权能长久地发展经济,满足广大人民的生活水平。秦王朝无法完成这一历史任务,其统一注定只能是一种过渡。既然统一只是一种过渡,而这种统一只维持了11年,整个社会风气、社会意识,是不可能会摆脱战国时代的那种风气的。历史发展到了这个地步,无法往所谓的"更进步"的方向前进,只能惯性地继续发展。只有了解了这一点,我们才能更好地去探讨项羽的"戏下体制"的得失。

"戏下体制"中最重要的地方无疑是项羽尊义帝与分封,而这一点历来为人诟病甚多。但是1989年,田余庆先生在《说张楚》一文中提出了一个新的见解,并被大家广泛接受。该见解是:"项羽不会自安于楚王而长久地与诸侯王并立,不会眼看着业已空出的帝位而毫不动心。"[2]此说甚为公允。项羽在戏下尊熊心为义帝,并改元为义帝元年,就是要以楚帝取代秦帝,以楚之法统取代秦之法统。义帝熊心业已被架空,没有太大的作为。只要项羽杀死义帝熊心,再找个合适的机会,项羽便能够成为楚帝。

正如之前所说的,在"戏下体制"内,项羽和各个诸侯王是一种互相妥协的关系。在这种相互妥协的体制下,项羽尽管能架空义帝,实现

---

[1] 李开元:《汉帝国的建立与刘邦集团:军功受益阶层研究》74页,生活·读书·新知三联书店2000年版。
[2] 田余庆:《秦汉魏晋史探微(重订本)》27页,中华书局2011年版。

"政由羽出",但是要想成为楚帝,却是一件相当困难的事。项羽只能够在"戏下体制"中尽可能地将自身利益最大化,以求得在日后争衡天下、缔造帝业的过程中能够拥有更大的优势。

我们先来看项羽定都彭城一事。项羽定都彭城,而不是定都关中,历来为人诟病甚多。其实,我们只要细想一下便可清楚,项羽之前在新安坑杀二十万秦军,入关后又大肆屠杀。此等作为,如何能在关中站稳脚跟?但是项羽一旦选择定都在彭城,则有六个好处:

一、项梁起兵之初,楚王景驹、秦嘉驻军于彭城之东,抵抗项梁,后为项梁所破。彭城在很早就被项氏集团所攻取。秦二世二年九月,楚怀王又把楚国都城从盱台迁都至彭城。楚国、项氏在彭城有较大的影响力。

二、《史记·货殖列传》记载:"彭城以东,东海、吴、广陵,此东楚也。"[1]秦汉之时,楚地曾被分为南楚、西楚、东楚三个文化区。其中西楚与东楚是以彭城作为分界线。战国后期,楚国中心不断东移[2]。楚国的"西楚"与"东楚"的地位愈发提高,"南楚"的地位则不如"西楚"与"东楚"。在这种情况下,定都彭城,可举东西楚之势,整合楚国之实力,何乐而不为?

三、彭城经济地理意义重大。彭城及其附近地区,不仅经济发达,还是块极其优渥的产粮地区。加之彭城是秦代重要的驰道三川—东海道的一个枢纽,附近又有泗水流经,且地势平坦开阔。可以称得上是水陆交通便利,运粮方便。以经济入手,再加上后勤运输的考虑,定都彭城实在算不上是失策。

四、定都彭城可以促使项羽更好地掌控西部诸侯国地区。苏轼曾这般说过彭城的地形"其地(徐州)三面被山,独其西平川数百里,西走梁、宋,使楚人开关延敌,真若从屋上建瓴水也"[3]。彭城的西部是数百

---

[1] 司马迁:《史记》3267页,中华书局1959年版。
[2] 详见张梦晗《败亡与重生:"亡秦必楚"的历史探究》,中国社会科学院研究生院2018年博士学位论文,33—47页。
[3] 顾祖禹:《读史方舆纪要》第三册1389页,中华书局2005年版。

里平原，这为项羽控制西部地区起了重要的作用。项羽为了遏制刘邦，设了三秦王守关中（雍王章邯、塞王司马欣、翟王董翳）。其中，塞王司马欣之塞国，处咸阳之东，靠近山东地区（即崤山以东的地区，非今山东省）。司马欣曾经和项梁有旧，与项氏一族交好，应该颇为项羽信任。项羽以司马欣为塞王，应该是让他作为耳目，可以随时把消息通报项羽，便于项羽可以很好地掌控三秦和巴蜀地区。西楚与三秦之间又隔着三川地区，控三秦需先控三川。三川地区主要有河南国。河南王申阳曾把叁川郡的土地献给项羽，向其称臣，因此项羽让申阳当河南王，可以很好地将塞国和西楚国联络起来。这么一来，项羽就可能以彭城控三川，再进而控制三秦，从而遏制巴蜀地区的刘邦。

五、彭城距离齐地较近，项羽分齐为三，分化了齐国的势力。但是西楚与齐接壤，项羽不便再用他国遏制齐国之势力，只能亲自遏制。彭城离齐国距离较近，定都于此，可以推见项羽欲以西楚之力来制衡齐国。

六、项羽都彭城，还考虑到了军队的"思乡"情结。项羽于楚地起兵，其军队当多为楚人，贸然在关中称王，只怕军士不服。当时曾有一个叫韩生[①]的人劝项羽都于关中。项羽却说："富贵不归故乡，如衣绣夜行，谁知之者！"[②]项羽以此为由，拒绝了韩生的提议。后来韩生斥责楚人"沐猴而冠"，被项羽烹杀。论者多以此批判项羽目光短浅、残忍嗜

[①]《汉书·项籍传》作韩生，《史记正义》引《楚汉春秋》佚文和扬雄《法言》云："说者是蔡生"（《史记》315页），未知孰是，暂从《汉书》。

[②]《史记》315页。这句话其实并非项羽所创，而是秦汉时期的一句俗语。如《华阳国志》记载，刘邦曾说过："富贵不归故乡，如衣绣夜行耳。"（任乃强：《华阳国志校补图注》14页，上海古籍出版社1987年版）《汉书·朱买臣传》中，汉武帝也说过："富贵不归故乡，如衣绣夜行，今子何如？"（2792页）《后汉书·景丹传》中，汉光武帝说过："夫'富贵不归故乡，如衣绣夜行'，故以封卿耳。"（范晔：《后汉书》773页，中华书局1965年版）"富贵不归故乡，如衣绣夜行"在史书中四次出现，时间跨度从秦末一直到东汉初年，应是秦汉时期大家常用的一句俗语。汉高帝、汉武帝、汉光武帝这种雄才大略的君主也说过这种话，并没有被人批判为目光短浅、"沐猴而冠"，项羽反倒蒙受这种非议，倒显得有些不公了。

杀。项羽在这件事上，确实展现了他暴虐残酷的一面，但是说他目光短浅，倒不免有些冤枉他了。后来刘邦到汉中之国，由于他的士兵都是崤山以东的人，出现了"诸将及士卒多道亡归，士卒皆歌思东归"。[①]刘邦的军队因远离故乡出现大量叛逃的状况，谁能说项羽定都关中就不会出现这种情况呢？项羽一旦定都关中，士兵们不但不乐意跟随，哗变的可能性反而还会增大。在这种情况下，选择回到楚地，定都彭城，是一个势在必行的举措。

综上所论，彭城在政治上有较大的影响力，经济又颇为发达，定都于此，还可安抚士卒之心。从战略上进行考虑，彭城可以整合东楚与西楚，制衡齐国，又可控制三川、三秦、巴蜀。可以说，都于彭城，真正做到了举天下之形势，这也颇合项羽诸侯盟主的身份。

但是要做到自身利益最大化，仅仅定都彭城是不够的，还需要有别的措施。前面说过，"戏下体制"是诸侯王之间相互妥协而形成的一种暂时性的体制。项羽能成为诸侯盟主，只是因为现阶段项羽实力最强，但是这一实力是会不断变化的，并不是永恒不变的。要想维持自己的实力，就要让十八诸侯国之间相互制衡。我们来看看项羽是怎么制衡各路诸侯国的。

一、项羽采用分土政策，将战国七雄故土割裂，进行分封。这点前面已经详细讲过，不再赘述。其中，战国中后期最强大的三个国家：秦、楚、齐，它们的领土被割裂得最多。秦和楚都被分为四国，齐被分为三国。这三个超级大国的实力无法整合到一块，便难以形成强有力的作战能力，无法对西楚国造成太大的威胁。

二、项羽的西楚国，是故楚国其中一部分，另有临江、衡山、九江三国尚存，项羽需要以自己一国之力压制这三个国家的发展。西楚国和衡山、九江二国以淮河为界，遏其发展。南阳郡又在项羽自己的手上，共敖的临江国如果想要北上，必然受阻。但是项羽如果从南阳盆地沿汉

[①] 司马迁：《史记》367页，中华书局1959年版。

水而下，对临江国则有地理上的优势。项羽不仅要西楚一国制衡南楚三国（临江、衡山、九江三国均位于南楚），还要让南楚三国互相制衡。衡山王吴芮和九江王英布有姻亲，二国可能不会互相制衡，但是衡山国对临江国确实可以起到制衡的作用。衡山国首都邾县，位于衡山国和临江国的交界地区。临江北进不成，如果想要东进，必然会引起衡山、九江二国的激烈反抗。但是临江又据有上游优势，衡山、九江二国如果想逆长江而上，攻打临江国，倒也是难事。项羽通过举西楚、东楚之地，制衡南楚三国，又让南楚三国互相制衡的战略意图，便可达到。

三、项羽的西楚国，不仅要处理和南楚三国的关系，还要处理与三齐国（齐国、胶东国、济北国）之间的关系。彭城地近齐国，项羽都于彭城，本来就有着以西楚国之力而制衡三齐的意图。否则定都于此，岂不是把自己暴露在了齐国的眼皮子底下吗？项羽制三齐国，和制南楚三国一样，不但要以本国之力制，还要让对方相互制衡。田市为齐王，结果如今改封胶东王；田都反倒成为齐王。这必然是引发冲突的导火索，二王为了权势而引发齐地之间的混战，应该是在所难免的。二王为了争夺对齐地的统治，相互混战，使齐国之势愈弱，则楚在东方之势愈强，项羽可谓是打得一手好算盘。

四、项羽的西楚国，不全是楚地。项羽曾经侵夺魏豹的东郡、砀郡，以其为西楚国领土，又在魏国的河内郡设立了殷国。项羽这么一搞，魏国成了西魏国，魏豹仅王河东、上党二郡。魏从战国时代的中原强国，沦落为一个受尽挤压的小国。西魏之北部、东部，有常山国、代国虎视眈眈，南面又有河南国、殷国的制约。西魏国与殷国以太行山为界，与河南国以黄河为界。有黄河、太行之险，魏豹想要火并河南国、殷国，其实是一件难事。而且西魏、河南、殷三国俱弱小，便于项羽更好地控制三国。但是这也不是说魏豹的西魏国就是处处受到挤压的。西魏国的河东郡，占据着黄河渡口，这等于把三秦国中的翟国的东出之路给阻断了。西魏国据有黄河险要，这是它赖以遏制关中的重要地理优势，但是由于国力弱小，西魏只能自守，而难以有所扩张，这在之后的楚汉战争中得到了充分的证明。

五、常山国、代国、燕国、辽东国四国位于北疆，尤其是辽东与燕，过于僻远，难以对中原有较大的影响力。三晋大地上，由于魏、韩地区受到项羽的侵损，国力过弱，导致赵地上的常山国和代国实力凸显起来，成为北方最强大的国家。史书并没有什么线索可以让我们来思考项羽是如何制衡赵地的。不过，从后来陈馀袭破张耳，仍拥立赵歇为赵王来看，代王赵歇和常山王张耳之间可能是有一些矛盾的，项羽也可能正是利用二人之间的矛盾来削弱代国和常山国的实力。再者，由于当时匈奴崛起，燕、代之地多受侵略。匈奴的强势崛起，迫使常山国、代国、燕国、辽东国较少参与中原地区的角逐。

六、项羽将秦地一分为四，我们先看他是怎么对三秦国（雍国、塞国、翟国）进行制衡的。章邯、司马欣、董翳作为秦人，在殷墟投降项羽，在新安坐视二十万秦军被屠而没有什么表现，在咸阳又坐视项羽的诸侯军在当地进行大屠杀。秦人已经恨透这三个人了，让他们在这里称王，项羽心里没有什么小算盘实在令人难以相信。章邯作为当世一流名将，曾经在定陶之战击杀项羽叔父项梁，项羽应当是痛恨此人的。当初之所以选择迫降章邯，是因为项羽并无吞掉二十万秦军的把握。如果将章邯等人封在好地方，凭借章邯的实力，想要让雍国成为一方霸国，并非难事。将章邯等三王置于关中，那就削弱了章邯等人的实力。再者，项羽一开始只把巴郡和蜀郡封给刘邦，后来又把战略要地汉中郡封给了刘邦。很可能也是有让刘邦遏制章邯、司马欣、董翳的意图。而且，当时匈奴崛起，侵夺秦之河南地，雍、翟二国北境形势日蹙。种种原因限制住了章邯，让他再难有所作为。

七、项羽对于自己的老战友刘邦格外重视。汉国仅有巴郡、蜀郡、汉中郡三郡之地，可称为战略要地的只有汉中郡。汉中郡以北是雍国、塞国，以东是临江国和西楚国的南阳郡。以刘邦三郡之实力，必不可能贸然与西楚开战。刘邦如果要想有所发展，要么北击三秦，成帝秦之业；要么东讨临江，实现"跨有荆益"，雄霸西南。刘邦之汉国受到雍、塞、西楚、临江四国挤压，无论是北击三秦，还是东讨临江，在此前的历史上都还没有人完成过。更何况根据记载，刘邦的汉国军队总数，当时只有三万人。仅仅三万军队，确实难以外出征战，只能凭借地缘优势，死守汉国的领土。因此，如果雍国、塞国、临江国有吞并汉国的野心，刘邦可击退之。但是如果刘邦想拿这三万人开疆拓土，实在是一件前无古人的难事。项羽又以彭城控三川，进而以三川控三秦，最后再以三秦控巴蜀。项羽想让刘邦遏制周边势力发展，又想让刘邦永无出头之日。

读者们细看便可发现，"戏下体制"虽然是不得已而进行的相互妥协，但是西楚国总是处处强人一等。项羽也利用了这一优势，让十八诸侯国相互制衡，以确保西楚国实力最为强大。这种战略是不是特别高明？确实特别高明。但是我们却能洞悉出这种战略的致命漏洞——均势政策只对西楚国有利。

十八个诸侯国之间或互相制衡，或被西楚国制衡，国力俱弱，只有西楚国一国独霸。在这种情况下，诸王心中能完全毫无怨言吗？即便目前慑于项羽的兵威，不敢有所发作，日后也必然是要发作的。项羽这种均势政策不但无法做到战后秩序的重建与平衡，反而是加速第二次全面内战的爆发。

同时，我们还要注意到，项羽在"戏下分封"中仍然出现了一些纰漏，即少封陈馀，不封田荣，漏封彭越、王陵，这些纰漏成为了一个个火药桶，共同点爆了之后的全面内战。

陈馀在灭秦战争的过程中，和常山王张耳功劳差不多，却因为他没有追随项羽入关，竟没有封王之赏，只是得到了南皮旁三县的封地，当了个南皮侯。陈馀便因此事大怒道："张耳与馀功等也，今张耳王，馀独侯，此项羽不平。"[1]齐相田荣曾是重建齐国的重要人物，是齐国的实际领导人。由于定陶之战，田荣不肯出兵，结果最后项梁败死（客观来说，项梁败死其实和田荣没有太大的关系），项羽因此痛恨田荣。在项

---

[1] 司马迁：《史记》2581页，中华书局1959年版。

羽分齐为三时，王位没有田荣的份儿。田荣因此对"戏下体制"极为痛恨。彭越在巨野有万余人的军队，没有归属。穰侯①王陵在南阳有数千兵马，也没有归属。项羽不仅没有封他们为侯，甚至没有收编他们的军队，致使他们后来归附田荣、刘邦。

我们现在再回过头来看看对"戏下体制"，应当如何进行一个比较合理的总评？

我们知道，对"戏下体制"作出负面评价，主要是认为该体制复辟了战国时代，乃至西周时期的分封制。笔者认为，回到战国时代是真，恢复西周分封制倒是值得商榷的一件事。

李开元曾经指出："王国分封，则是秦所没有的，不但秦没有，战国、春秋直到周殷皆没有"②，此说甚允。周公推行的分封制，是"分封亲属而扩展周的疆土和统治势力"③。西周的封建制度建设和支撑着这一制度平稳运行的经济基础，与项羽时代均不相同。更何况，西周的封建，其封君是要"筚路蓝缕，以启山林"，所分封的是尚未获得的土地。项羽之分封，是对已获得的领土进行一次大规模的瓜分。这种情

---

①《史记·高祖本纪》云"至丹水，高武侯鳃、襄侯王陵降西陵"（360页），《汉书·高帝纪上》则云"至丹水，高武侯鳃、襄侯王陵降"（20页），"西陵"二字疑为衍文。至于"襄侯王陵"，《史记集解》曾引用韦昭说"汉封王陵为安国侯，初起兵时在南阳，南阳有穰县，疑'襄'当为'穰'，而无'禾'，字省耳"（361页）。臣瓒、司马贞均认为，王陵确为襄侯无误，其封地在江夏襄县，而且项羽后贬韩王韩成为穰侯，则王陵不应为穰侯（361页）。颜师古则在《汉书注》认为这个"襄侯王陵"不是西汉开国功臣"安国侯王陵"（21页）。梁玉绳在《史记志疑》中认为"襄侯王陵"就是"安国侯王陵"，又云"穰侯者，或沛公初封之，或陵聚党时自称之（笔者按：亦有可能是楚怀王所封），均未可知……若项羽封韩成（笔者按：中华书局1981年版作"韩城"，有误，应为"韩成"）为穰侯，在汉元年四月以后，陵实先之。江夏则更不相接"（219页）。全祖望、何焯、泷川资言俱赞同梁说（《史记会注考证》卷八31页）。今笔者亦赞同韦昭、梁玉绳说，认为王陵应为"穰侯"。

②李开元：《汉帝国的建立与刘邦集团：军功受益阶层研究》103页，生活·读书·新知三联书店2000年版。

③杨宽：《西周史》374页，上海人民出版社2003年版。

第一章 帝国土崩 项王分封

况,不要说西周没有,在项羽之前的中国历史,也是未曾出现的。贸然说项羽的分封是恢复西周的封建制度,实在经不起推敲。

正如笔者前面所说,项羽之王国分封,确实是回到了战国时代。但是在秦王朝的统治下,历史发挥了其惯性作用,回到战国时代在某种意义上说是必然的。但是这个回到战国不是说把一切都恢复成战国的模样。如果我们把"戏下体制"下的中国比喻为一个人,那么人们心中的"战国时代社会意识"是这个人头脑中的思想,王国分封所表现出来的恢复战国时代的倾向是其皮肉,但是秦王朝已经奠定下来的制度基础则是撑起这个人的骨架。

这个时代之所以被称为"后战国时代",而不是战国时代,正是因为撑起当时中国,撑起这次王国分封的,是秦朝的制度基础。有统一的秦帝国穿插在其间,彻底回到过去已经是一件不可能的事情了。项羽的分封,必须立足于秦的基础上进行分封,而非把制度先改回战国时代,再来分封。

我们现在再来看看秦始皇二十六年,当时的丞相王绾给秦始皇的提议:"诸侯初破,燕、齐、荆地远,不为置王,毋以填之。请立诸子,唯上幸许。"[1]论者多以为这是王绾要复辟周代封建。其实,我们细细一读,就可以发现,王绾这个建议和项羽分封是一样的,就是对已征服的领土进行一次大规模的瓜分,这不是回到西周,而是针对天下统一后,该用什么行政制度来治理国家。秦之中央集权大一统仅仅运转了11年,就出现了陈胜吴广起义,导致帝国覆灭。项羽不得不思考王绾的这个建议,以秦郡为基础,众建王国,回复战国,却又不是复辟战国时代。

这是一种"折中古今,调和现实"[2]的方案。项羽的王国分封,是以秦郡为基础,但是却又不是实行秦的郡县制,是顺应了战国时代的社

---

[1] 司马迁:《史记》238-239页,中华书局1959年版。
[2] 李开元:《秦崩:从秦始皇到刘邦》349页,生活·读书·新知三联书店2015年版。

会意识，同时却没有恢复战国的社会形态；和西周的封建制度、春秋的霸主政治有点儿相像，但是他们之间至多只是在理念上有些相似，整体的制度建设又完全不同。

"戏下体制"反映了中国自秦走向汉的历史演变趋势。从秦代的郡县制走向汉代的郡国并行制，其间正是"戏下体制"在其中起着过渡作用。中央集权的郡县制度帝国崩溃后，"戏下体制"在郡县制的基础上进行大规模的王国分封，为日后的郡国并行制帝国的形成打下了基础。这个体制虽然是在特殊的历史条件下所形成的特殊产物，但是对中国从秦到汉的历史转变发挥了不可磨灭的作用。

"戏下体制"体现出了一种新的封爵标准，即按军功分封。虽然项羽在这次大分封中并没有做到彻底按照军功分封，但是他给后来人，尤其是给刘邦，演示了一遍分封的流程和方法。这一体制虽然不过数月便彻底瓦解，但是没有"戏下体制"的实验，就不会有后来刘邦成功的大规模王国分封。

"戏下体制"是主盟者项羽在与诸侯们的相互妥协的情况下，巧妙利用自己的军威，构造出了一种相互制衡的均势政策，它最终的导向是——"戏下体制"的最终受益者只能是项羽和西楚国。王子今先生曾指出"项羽是以松散的军事联盟首领的身份确定这一政治格局的。他的权威只是建立在军事实力强大的基础之上，没有民心的支持，他所分封的十八诸侯很快就不再服从这一权威"。[1]依靠军事霸权建立的体制，最后终究要在战争上走向崩溃。"戏下体制"独利项羽，不利诸侯，最后必然将项羽引向覆灭的深渊。

"戏下体制"中，项羽说是按照军功分封，但是军功仅次于项羽的刘邦，却被封于偏远的巴蜀之地。这种分封不是彻底按照军功进行的，项羽本人的态度是影响分封最大的因素。这也表明了，无论这种分封的构思看起来多么的巧妙，最终都不可避免地要走向崩溃。

---

[1] 王子今：《秦汉史：帝国的成立》92页，中信出版集团2017年版。

笔者每每重读史书，按照历史地图推想当时项羽分封的场景，常常称赞项羽构建"戏下体制"的巧妙构思。但是又想到，一种新的统治天下的体制，如果只为一人，只为某个小规模的特定的既得利益集团所服务，这种体制又怎么能说是一种很巧妙的体制？又怎能相信这个集团的领导者项羽能够稳定整个天下秩序？我更愿意相信，项羽所构建的这一体制是为了促进全面内战的爆发，而不是为了休养生息，恢复和平。

秦帝国已经瓦解，其宗室也惨遭屠戮。但是暴秦虽殁，天下亦难安宁，新一轮的全面内战即将爆发。

五、"戏下体制"的崩溃

义帝元年[①]（公元前206年）十二月，项羽在戏下开始进行大规模的王国分封。根据《史记·秦楚之际月表》的记载，当年十二月和次年正月，项羽分封了各个诸侯国；二月，各国诸侯王正式称王；三月，诸侯王们皆罢兵，离开戏下，纷纷就国。

在"戏下体制"中，一点儿好处都没拿到的无疑就是义帝熊心了。现在除了"义帝"的空名，熊心已经什么都没有了。熊心只能在楚都彭城中，等待着命运最后的裁判。

在戏下分封中，一开始义帝的都城是彭城，项羽则把自己的都城定在江都。此事今本《史记》不见。陈直先生在《史记新证》中指出"《秦楚之际月表》'义帝元年二月，项羽都彭城。同月又都江都（武

[①] 戏下分封中，项羽尊楚怀王为义帝，改元为义帝元年，这点在《史记·秦楚之际月表》中有所体现。但是后来刘邦统一天下，西汉官方不再用"义帝元年"，而是改称为"汉元年"。由于这节叙述"戏下体制"崩溃，故以义帝元年纪元，以后各节，均以"汉元年"来称呼公元前206年，以避免出现纪年上的混乱。

英殿本，据宋刻）'。此条重要史料，细字夹杂在表文内，学者多不注意"。①李斯在《项羽"都江都"考论》中说："宋元以降的多种版本《史记·秦楚之际月表》中均有'都江都'三字，此为孤本传抄错讹的可能性不大。"②由此可见，项羽都江都应该是确有其事，只是不知为何今本《史记》漏掉了这句话。

江都，即今天的江苏省扬州市。如果是作为一个普通的诸侯国，定都于此是个不错的选择。但是项羽作为诸侯盟主，以江都作为西楚国的首都，实在是一个下策。那么为什么项羽一开始会定都在这里呢？我觉得，主要是因为当时的彭城是义帝熊心的都城，项羽若先定都在彭城，那就要和义帝共处一朝。项羽和义帝之间，势如水火，项羽决然不想与义帝共事，因而先提出在江都定都，以作为权宜之计。

但是项羽以江都作为首都，确实不利于主盟天下。他选择在江都定都，只不过是由于还没商议出要把义帝迁居到哪里。一旦商议出来，义帝离开彭城，项羽便也就要把都城从江都改为彭城了。

《史记·秦楚之际月表》载"（二月）（义帝）徙都江南郴"。又，同月"西楚主伯，项籍始，为天下主命，立十八王。都彭城"。③由此可见，项羽一旦决定将义帝从彭城迁往郴县，就立即把西楚国都城从江都改为彭城。可见都江都确实是一个权宜之计。

义帝元年二月，义帝熊心被项羽从彭城赶出后，三月，项羽便宣布诸侯罢兵，各自前往自己的封地之国。但是项羽并不急着之国，他在前往彭城前，还要再做一件事——逮捕韩王。

在当初项羽入关的时候，不少诸侯都随着项羽入关了，因此得到封王之赏。可是只有韩王韩成跟随刘邦入关，这不免令项羽有些不满。当然，不随项羽入关并非是惹怒项羽的根本原因。项羽真正不满韩成的原

---

① 陈直：《史记新证》27页，中华书局2006年版。
② 李斯：《项羽"都江都"考论——从"西楚霸王"名号说起》，《秦汉研究》2013年，163页。
③ 司马迁：《史记》777—779页，中华书局1959年版。

因是，他的封地实在是太好了。

韩成的韩国，封地仅有一郡，那就是颍川郡。颍川郡这个地区，在楚汉之时，被称为是"天下劲兵处"[1]。韩成毕竟不是项羽所信任的人，让他在这里统治，着实令他不放心。因此项羽以韩成没有军功为借口，不让他前往韩国，而是带他回到西楚都城彭城。不久，又废韩成为穰侯，韩国陷入无主状态，事实上归于西楚管辖。

分封之后，受到贬抑的刘邦勃然大怒，打算率兵进攻项羽，与他决一雌雄。周勃、灌婴、樊哙等元老苦苦劝谏刘邦，不要现在就与项羽交锋。萧何也站出来劝谏刘邦，对他说："您虽然要到汉中郡这种险恶的地方称王，但那不是比死了还要好吗？"

刘邦不知道是不是明知故问："怎么会死呢？"

萧何直言相对："现在我们的士兵不如项羽的多，百战百败，除了一死还能如何？《周书》说：'天予不取，反受其咎。'俗语又有'天汉'一说，这个名称多么美好啊。能够屈居于一人之下，却能在其他诸侯之上伸张志向的人，是商汤、周武才能做到的啊。臣希望大王您能到汉中郡之国，休养生息，招揽贤才，收用巴郡和蜀郡的赋税，然后率军回到三秦，这样一来，天下可图。"

周勃、灌婴、樊哙作为武人，估计当时只是直言相劝，并未对之后的局势做出更进一步的规划。因此刘邦仍然在迟疑，并未立即做出决断。在这一时刻，萧何指出，南入汉中，是为了以后北击三秦。这一番话语正合刘邦的心意，与其现在被项羽打败，不如再像之前鸿门宴那样，忍受一时的屈辱，为未来的还定三秦，做好充足的准备。

刘邦能如此豁达，但是远在东边的田荣就坐不住了。田荣作为齐相，听闻齐王已经从田市变成了田都，而自己竟然没有封王之赏，不由

---

[1] 据《史记·韩信卢绾列传》，汉高帝五年，刘邦与韩王信剖符，命其为韩王，封地就是颍川郡。高帝六年，刘邦考虑到颍川郡"北近巩、洛，南迫宛、叶，东有淮阳，皆天下劲兵处"（2633页），又考虑到韩王信有勇有谋，于是把韩王信迁于太原以北。可见韩地在当时确实多出精兵。

生出反叛之心。在北方，陈馀听闻张耳受封为常山王，而自己居然只是一个南皮侯，越想越不对劲儿，大怒道："张耳和我功劳相当，现在张耳当了常山王，我居然只是一个南皮侯！"陈馀和田荣一样，也决意摧毁"戏下体制"，起兵反抗。

最先动手的是田荣。义帝元年四月，齐王田都刚到齐国不久后，田荣就发兵攻打田都。田都不敌，逃往楚国。这时候，胶东王田市还没有到胶东国之国。田荣打算留下田市，让他继续做傀儡齐王。

谁曾料想，比起田荣，这位胶东王更害怕的人是项羽。田市的亲信们鼓动田市应该立刻前往胶东国，否则将会有危险。田市听从了这一建议，立刻前往胶东国的都城即墨。

听闻田市逃往胶东国，田荣大怒，立刻派兵追杀胶东王田市。义帝元年五月，胶东王田市被杀。现任齐王田都已经被赶跑，前任齐王田市被杀。田荣如今已经兼并齐国和胶东国的地盘，于是索性自称齐王，公开对"戏下体制"发出挑战。

义帝元年六月，刚当上齐王的田荣，决定完成三件大事：统一三齐、插手赵国内政、粉碎项羽军事霸权。

当时彭越的军队在巨野（今山东省菏泽市巨野县北）附近游荡，没有归属。田荣看中了彭越这支万余人的军队，派人赐给他将军印，令他北征济北国。彭越接受田荣的任命，立即率军讨伐济北国。同月，彭越灭济北国，杀济北王田安。这位日后令项羽极为头痛的名将，仅用一个月就消灭了一个国家，这颗将星已经冉冉升起。田荣仅仅花了不到三个月，就统一了整个齐地，彻底破坏了"戏下体制"，这是项羽完全没有想到的。他也许设想过齐地内部会有一场腥风血雨，但是没想到这么快齐地就走向了统一。

统一三齐后，齐国国势如日中天。南皮侯陈馀派遣亲信张同、夏说去见田荣，希望田荣能够派兵增援陈馀，帮助陈馀赶走常山王张耳，构建齐赵同盟。田荣自知齐国一国之力未必能够对抗项羽，但是齐赵一旦建立同盟，自己的胜算就大大加强了。于是他派遣军队支持陈馀夺权。

第一章 帝国土崩 项王分封

陈馀在获得了田荣的支持后，立即发兵攻打常山王张耳。在支援陈馀的同时，田荣又让刚刚立下奇功的彭越，南下攻楚，公开向西楚霸王叫板。八月，彭越大破楚将萧公角，项羽领兵击败彭越，决定亲自北征，讨伐齐国。在出征前，为了防备刘邦东进，项羽立郑昌为韩王，抵抗刘邦（在一个月前，项羽就已经杀了穰侯韩成）。

就在齐楚双方已经剑拔弩张的时候，远在边陲的燕地也发生了大事。原来，故燕王韩广一直不服项羽改封他为辽东王，因此一直死皮赖脸，不肯前往辽东国就国。韩广这么做，势必引起新任燕王臧荼的不满，燕国和辽东国之间的内战爆发。义帝元年八月，燕王臧荼击杀辽东王韩广，辽东国亡，臧荼就此统一燕地。

就在韩广被杀的同月，汉王刘邦也正式兴兵还定三秦[1]。短短一个月的时间，汉军不断击败雍国、塞国、翟国三国军队。义帝元年八月，刘邦灭了塞、翟二国，还定三秦战役正式结束。雍国虽然没有灭亡，但是核心地区已经被汉军占领，几乎已无实力反扑。关中之地，为刘邦所据，已成定局。

---

[1] 还定三秦时间，《史记》《汉书》记载各异，《史记·高祖本纪》云："八月，汉王用韩信之计，从故道还，袭雍王章邯。"（368页）《史记·淮阴侯列传》同。《史记·秦楚之际月表》云："（八月）邯守废丘，汉围之。"（783页）按，刘邦出故道与章邯败走废丘事在同一月，《史》《汉》无异。故可知，《史记》各处记载均认同八月出兵。后司马光《资治通鉴》亦从司马迁说。然班固在《汉书·高帝纪上》云："五月，汉王引兵从故道出袭雍。"（31页）又《汉书·异姓诸侯王年表》云："（七月）邯守废丘，汉围之。"（368页）然《异姓诸侯王年表》云项羽于正月自称西楚霸王，此记载有误（项羽自称西楚霸王，是在二月）。后面该表把不少历史事件都提早一月记载，记载发生了严重的错误。因而班固在《年表》的这一记载应该也是被"提早一月"记载了，该表中提出的七月出兵，其实应该是八月出兵。但是将《史记》《汉书》进行对比，可知《年表》记载抄《秦楚之际月表》，不可作为独立史料看待，先摒弃。东汉荀悦《前汉纪》中从班固说法，赞同刘邦五月出兵。五月说与八月说均无其他更可信史料予以支撑，只能以常理推断。笔者认为，刘邦前往汉中之国后，事务庞杂，尤其是"汉中改制"一事，不可能短短一个月的时间就能够处理完毕。四月到七月这段时间内，刘邦应当在整军经武、修理内政，一直到八月才准备充足，正式北击三秦。故笔者从《史记》说。

义帝二年（公元前205年）十月，南皮侯陈馀彻底击败常山王张耳，张耳势蹙，投降汉王刘邦。陈馀遂将代王赵歇迎回，改常山国为赵国，赵歇继续任赵王，陈馀则当了代王。陈馀又以张耳新败，赵国国政不稳为借口，留在赵国主持朝政，任命亲信夏说为代相，主持代国国政。虽然这时候表面上赵地还是分为两个国家，但是实际上已经合为一个国家了。继齐地、秦地、燕地统一后，赵地也完成了统一。

同月，韩太尉韩信（非大将军韩信）破韩国，韩王郑昌投降，很快，河南王申阳也投降了刘邦。不久后，义帝熊心在郴县被暗杀，"戏下体制"至此宣告崩溃。"戏下体制"从义帝元年三月开始，到义帝二年十月彻底崩溃，仅仅运转了八个月。

在这短短的八个月中，齐国、胶东国、济北国、塞国、翟国、辽东国、常山国、韩国、河南国等九国被灭。义帝熊心、齐王田都、胶东王田市、济北王田安、辽东王韩广、韩王韩成被杀，塞王司马欣、翟王董翳、常山王张耳、韩王郑昌、河南王申阳丢失王位。

"戏下体制"的崩溃，宣告着项羽苦心建立起来的霸权彻底粉碎。此后西楚虽然还掌握着霸权，但是已经不是诸侯盟主了。西边的汉国、东边的齐国、北边的赵国，在强人刘邦、田荣、陈馀的运作下，纷纷对西楚的霸权提出挑战。

天下，再次大乱。

六、十九诸侯国疆域考（兼谈三个侯国、南越、东越）

史书中并未详细记载项羽所封诸侯国的具体领土，这并不是说我们无法探明这些诸侯王们所据有的领土。要知道，项羽分封是以秦郡为基础进行分封的。只要我们先讨论明白秦郡的问题，再一个个进行详细的辨析，则十九诸侯国的疆域便能很清楚地了解了。可是难点在于，秦郡至今依旧是个众说纷纭，难以盖棺定论的问题。

司马迁在《史记·秦始皇本纪》说，秦始皇统一天下后，"分天下以为三十六郡，郡置守、尉、监。"①殊为可惜的是，司马迁并没有记载下秦三十六郡的具体名字，给后世的研究造成了不小的麻烦。后世班固在作《汉书·地理志》时，为补这一缺憾，补齐三十六郡。南朝刘宋时期，裴骃又在《史记集解》中提出三十六郡的新说。二家说法都颇具影响力，但是现在看来都不免有些缺憾，不能成为定论。自班固一直到清代乾嘉学派，不少学者又提出了各种各样的观点，可是一直没有较为系统性的整理。

从秦郡的考证中，又出现了一个问题。那就是"三十六郡"到底是反映秦始皇二十六年（公元前221年）的情况，还是反映秦亡的情况呢？班固在《汉书·地理志》中支持前者，而裴骃则支持后者。这一问题，又使得秦郡问题颇为复杂难解。

上世纪初，王国维先生作《秦郡考》一文，始出新意，认为截至秦亡时，秦代已有48郡。王国维这篇著作考证详实，颇值得称道。但是在1947年，谭其骧先生发表《秦郡新考》，证秦实有46郡，既非36郡，也非48郡。葛剑雄给《秦郡新考》一文以很高的评价，他指出："《秦郡新考》可谓三百年学术争论的总结，因为对本文的结论学术界基本不再有异议。"②谭其骧主编的《中国历史地图集》在1982年正式出版，把秦郡数量修正为48郡，进一步完善了自己的观点。③

但是从20世纪70年代末以来，我国的秦汉考古取得重大进步。大量考古资料陆续出土，有力推动了我国秦郡考证的进一步发展。2009年，后晓荣的《秦代政区地理》一书出版。他指出，截至秦末，秦朝共设立

---

①司马迁：《史记》239页，中华书局1959年版。
②谭其骧：《长水粹编》7页，河北教育出版社2000年版。
③《中国历史地图集》中的秦郡不止46郡，已经增至48郡，多出了鄣郡和庐江郡二郡。

了54郡。这本书极大地推动了秦郡研究。笔者也基本信从54郡说，认为秦始皇二十六年，始皇帝置36郡，但是到了秦末，整个帝国已经有54郡了。[①]笔者现据后晓荣该书，兹录54郡于下：

统一初年置郡（即秦三十六郡）					
汉中郡	上郡	巴郡	蜀郡	河东郡	陇西郡
北地郡	南郡	南阳郡	上党郡	太原郡	叁川郡[②]
东郡	巫黔郡[③]	云中郡	雁门郡	颍川郡	邯郸郡
钜鹿郡	上谷郡	渔阳郡	右北平郡	潦西郡[④]	潦东郡
砀郡	四川郡[⑤]	薛郡	九江郡	会稽郡	代郡
长沙郡	临淄郡	琅邪郡	广阳郡	淮阳郡[⑥]	九原郡
统一后拓地置郡					
闽中郡	桂林郡	象郡	南海郡	新秦中郡	
统一后分地置郡					
河间郡	河内郡	衡山郡	恒山郡	东晦郡[⑦]	清河郡
济北郡	即墨郡	城阳郡	胶西郡	博阳郡	洞庭郡
苍梧郡					

[①]关于后晓荣对秦郡的具体考证，参见后晓荣著《秦代政区地理》一书。
[②]"叁"是"三"字异写。
[③]巫黔郡即黔中郡，出土的秦代封泥中有"巫黔右工"，可知在秦代应作巫黔郡。
[④]"潦"是"辽"字异写。
[⑤]四川郡即泗水郡，《史记》又作泗川郡。出土秦代的封泥有"四川太守"，可知秦代应作四川郡。
[⑥]淮阳郡即"陈郡"，但在秦代这个地方应作淮阳郡为妥。
[⑦]东晦郡即东海郡，"晦"通"海"，后晓荣原书作东海郡。由于出土秦代封泥有"东晦司马"和"东晦都水"，笔者仍写东晦郡。

第一章　帝国土崩　项王分封

在后晓荣的54郡说中，笔者不赞同其中的"新秦中郡"一说。目前并无相关文献资料有过"新秦中郡"此地。《史记》中的"号曰新秦中"和《汉书》的"名曰新秦"，现在看来，恐怕还不能作为特别有力的证据。目前的出土文物，也没有证据支持"新秦中郡"的说法。对此笔者保持怀疑的态度，不认可"新秦中"为郡名。

笔者主张的另外一郡为"故鄣郡"①。周振鹤在《西汉政区地理》曾讨论过："鄣郡当为秦郡，裴骃《史记集解》数秦三十六郡，有鄣郡之目；《续汉书·郡国志》丹阳郡刘昭注曰：'秦鄣郡'，可以为据。鄣郡乃分会稽郡西部置，其后会稽或仍旧称，或称吴郡。"②此说甚是。故鄣郡当于始皇帝在统一全国后某年，从会稽郡析出。

笔者从后晓荣的秦末有54郡说，去其新秦中郡，补上故鄣郡，集合成54郡。在确定秦郡的数量后，我们便可以此作为蓝图，对项羽所封诸侯国进行详细考证。

（一）汉国

由于后来刘邦夺取天下，故史书详细记录了汉国的疆域，并无异议。

《史记·项羽本纪》云："立沛公为汉王，王巴、蜀、汉中，都南郑。"③据此可知，汉国共辖三郡：巴郡、蜀郡、汉中郡。

（二）雍国、塞国、翟国

项羽"三分关中"，故三秦王所掌控的领土是整个秦地的领土。当

---

①关于"鄣郡"的名称问题，辛德勇先生认为应叫"故鄣郡"，见其著《建元与改元：西汉新莽年号研究》242-247页，中华书局2013年版。但也有人提出反对意见，见李昊林《秦鄣郡非"故鄣郡"辨正》，《中国历史地理论丛》2019年03期，159-160页。笔者暂从"故鄣郡"一说。
②周振鹤：《西汉政区地理》256页，人民出版社1987年版。
③司马迁：《史记》316页，中华书局1959年版。

时匈奴崛起，冒顿单于夺取"河南地"（即河套地区），秦之疆域从秦始皇长城缩至秦昭襄王长城。故而三秦之疆域较小。三秦领土虽小，但是它们所辖地区，却是秦地最为核心的区域。

秦地共置三郡，分别为陇西郡、北地郡、上郡。同时，秦地的京师称为内史，乃是京畿重地，不能算是郡，但是从行政区划的意义上来说，和郡相当。理解了这一层，我们研究三秦国具体疆域，便有所凭依。

翟国之疆域，记载最为清楚。《史记·项羽本纪》说董翳"王上郡"，同书《秦楚之际月表》说："（翟地）属汉，为上郡。"[1]因而翟国之疆域较为明确，仅有上郡一郡之地（需要注意的是，翟国的上郡，仅据有秦昭襄王长城以内的领土，以外的领土尽被匈奴所侵占）。

至于塞国的领土。《史记·项羽本纪》说司马欣"王咸阳以东至河"，同书《秦楚之际月表》说："（塞地）属汉，为渭南、河上郡。"检之《汉书·地理志》，可知汉武帝太初元年，渭南郡更名为京兆尹，河上郡更名为左冯翊[2]。但是左冯翊与京兆尹并非完全与塞国领土重合。周振鹤指出，汉初之渭南郡的弘农、上雒、商县三县在汉武帝元鼎六年被割与弘农郡。则塞国之领土，当是《汉书·地理志》中河南郡、河上郡的总和，再加上弘农、上雒、商县三地（也就是秦内史地区的东部）。

关中地区，除去塞、翟二国之土，余下的就归雍国所有。《史记·秦楚之际月表》说："（雍地）属汉，为陇西、北地、中地郡。"[3]其中，内史西部地区被刘邦更名为中地郡。由是我们可知雍国领土占据着内史西部、陇西郡、北地郡。

至此，我们探明三秦国的疆域。雍国辖内史西部、陇西郡、北地郡；塞国辖内史东部；翟国辖上郡。这也没有什么争议。

---

[1] 司马迁：《史记》，316，783页，中华书局1959年版。
[2] 司马迁：《史记》316页，783页，中华书局1959年版；班固：《汉书》1543页、1545页，中华书局1962年版。
[3] 司马迁：《史记》788页，中华书局1959年版。

（三）齐国、胶东国、济北国

三齐国的疆土争议，主要在于齐地郡数的争议。现据后晓荣《秦代政区地理》，认为齐地在秦末共置七郡：临淄郡、琅邪郡、济北郡、即墨郡、城阳郡、胶西郡、博阳郡。那么，我们该如何考订三齐之领土？

济北国的领土最为明确，《史记·项羽本纪》载："（田）安为济北王，都博阳。"[1]由这段记载可知，田安的济北国，当辖有济北郡、博阳郡二郡。

胶东国的领土，据《史记·秦楚之际月表》："（胶东王田市）都即墨"。[2]因此可知田市辖有即墨郡。又据后晓荣《秦代政区地理》，即墨郡为胶东郡之讹。[3]可知胶东国仅即墨郡一地。这个即墨郡为胶东郡之讹，与胶西郡隔胶水为界。胶水以西为胶西郡，以东为即墨郡。因此胶东国之领土，西至胶水，东到大海。

探明济北国与胶东国之领土，便能得知齐国之具体疆界。除去济北郡、博阳郡、即墨郡三郡，齐国领土共辖有临淄郡、琅邪郡、城阳郡、胶西郡。

至此，我们可探明三齐国的疆域。齐国辖临淄郡、琅邪郡、城阳郡、胶西郡；胶东国辖即墨郡；济北国辖济北郡、博阳郡。齐地资料较少，因此颇具争议，这个仅为一家之言。

（四）常山国、代国、南皮侯国

《史记·项羽本纪》载："（张）耳为常山王，王赵地，都襄国。"[4]由此条记载可知，张耳的封国是在赵地。在秦三十六郡中，赵地有云中郡、雁门郡、邯郸郡、钜鹿郡、代郡、九原郡。后来秦始皇从钜鹿郡中析出河间郡和清河郡，又从邯郸郡中析出恒山郡。

---

[1] 司马迁：《史记》，317页，中华书局1959年版。
[2] 同上书，779页。
[3] 后晓荣：《秦代政区地理》106页，社会科学文献出版社2009年版。
[4] 司马迁：《史记》316页，中华书局1959年版。

韩信日后在井陉与赵之主力交战，这个井陉，即在恒山郡。又，常山之都襄国在邯郸郡。则邯郸郡与恒山郡为常山国之地明矣。恒山、邯郸二郡在西，钜鹿、清河、河间三郡在东。恒山、邯郸二郡既然是常山地，那么钜鹿、清河、河间自然也是常山国的领土。

河间郡内被黄河切分为二。黄河之东有南皮周围三座县城。由于黄河穿切而过，他们天然地独立于河间郡之外，呈割据之势。因此后来项羽分封的时候，把南皮三县封给陈馀，作为他的封地。

常山国和南皮侯国的领土既已明晰，则我们便可推出代国疆域。常山国以北的云中郡、雁门郡、代郡、九原郡四郡尚无归属，则必为代地。另，太原郡亦为代地，具体论述详见下面分析西魏国的疆域。

至此，我们可以探明常山国、代国、南皮侯国的疆域。常山国疆域包含邯郸郡、恒山郡、钜鹿郡、清河郡以及去除掉南皮三县的河间郡。代国疆域包含云中郡、雁门郡、代郡、九原郡、太原郡。南皮侯国疆域包含南皮三县。

（五）燕国、辽东国

《史记·秦楚之际月表》云："（辽东王韩广）都无终。"[1]

无终为右北平郡的郡治，则右北平郡及以东的辽西、辽东二郡必为辽东国领土。故辽东国当有右北平郡、辽西郡、辽东郡三地。另，故燕地尚有广阳郡、上谷郡、渔阳郡三郡，可知其为燕国领土。

（六）韩国、河南国

《史记·秦始皇本纪》云："（秦王政）十七年，内史腾攻韩，得韩王安，尽纳其地，以其地为郡，命曰颍川。"[2]

---

[1] 司马迁：《史记》779页，中华书局1959年版。
[2] 同上书，232页。

又韩王韩成被杀后，项羽以郑昌为王。韩太尉韩信（不是大将军韩信）灭韩国，被刘邦封为韩王。汉高帝五年，刘邦称帝后，与韩王信剖符，明确他的封地在颍川郡。

韩亡时，其地被置为颍川郡。韩王信当上韩王后，封地也在颍川郡。故可推知韩国辖有颍川郡。

《汉书·高帝纪》云："河南王申阳降，置河南郡。"同书《地理志》云：河南郡，故秦叁川郡，高帝更名。①由此可知，河南国辖有叁川郡。

至此，我们可以探明韩国、河南国疆域。韩国辖颍川郡，河南国辖叁川郡。

（七）西魏国、殷国

《史记·项羽本纪》云："（司马）卬为殷王，王河内，都朝歌。"又同书《秦楚之际月表》云："降汉，卬废。为河内郡，属汉。"②由此可知，殷国领土仅有河内郡一郡。

相比之下，西魏国的领土倒显得有些棘手。

《史记·高祖本纪》云："（韩信）遂定魏地，置三郡，曰河东、太原、上党。"同书《秦楚之际月表》云：汉将信虏（魏）豹。属汉，为河东、上党郡……汉将韩信斩（代王）陈馀。属汉，为太原郡。同书《淮阴侯列传》又云："信遂虏豹，定魏为河东郡。"③

河东郡为西魏国的领土自不必说。那么另外两郡呢？

河东郡内的平阳县，是西魏国的都城。《淮阴侯列传》说的"定魏为河东郡"，可能是以河东郡代称河东郡和上党郡。这样一来，《淮阴侯列传》和《秦楚之际月表》的说法就能互通了。但是最棘手的问题在于，太原郡究竟是西魏国的疆域，还是代国的？

---

①班固：《汉书》33页，1555页，中华书局1962年版。
②司马迁：《史记》316页，786-787页，中华书局1959年版。
③同上书，372页、788-789页、2613页。

《史记·曹相国世家》载："（曹参）从韩信击赵相国夏说军于邬东。"①邬县在太原郡南，曹参在这里击败代军，可证此地为代国领土。那么为什么《高祖本纪》会把太原郡记为西魏领土呢？

周振鹤先生在《西汉政区地理》中提出了一个很有趣的观点："定魏地后仅置河东、上党二郡，太原之置在破代之后，因为下魏破代二事接踵而来，故《史记》一并提及。"②此说甚是，汉二年九月，韩信灭西魏。一个月后，即当年的后九月，韩信又灭代国。韩信灭西魏不久后，又在太原郡击杀了夏说，吞并代国的太原郡。由于韩信在短时间内取得如此重大的胜利，因此《史记·高祖本纪》将三郡一并提及。

另，中华书局1959年版的《史记》，在该书《高祖功臣侯者年表》的祝阿侯条如此断句："（高邑）以将军定魏太原，破井陉，属淮阴侯"。③按照上面的分析，太原郡属代国管辖，不为魏地。疑此处断句有误，应作"定魏、太原"。

但是还有一个小问题，《史记·郦生陆贾列传》中，郦食其说汉击破西魏国，得三十二城。《曹相国世家》则说得西魏国五十二城，这又是怎么一回事呢？如果说西魏国有五十二座城池，绝无可能仅有河东、上党二郡。赵志强认为，"三""五"二字，字形相近，容易将"三"讹为"五"。④此说甚是，笔者从之。

至此，我们可以探明西魏国和殷国的疆域。西魏国辖有河东郡、上党郡二郡；殷国辖有河内郡。

---

①司马迁：《史记》，2027页，中华书局1959年版。按，《史记》这里记载有误，夏说为代相国，而非赵相国。

②周振鹤：《西汉政区地理》249页，人民出版社1987年版。

③司马迁：《史记》955页，中华书局1959年版。

④关于"五十二县"与"三十二城"的问题，详见赵志强《秦汉地理丛考》，陕西师范大学2013年博士学位论文，44-48页。关于太原郡的问题，其属于代国，而非西魏，现在已经成为了学术界的共识。具体可参见周振鹤《西汉政区地理》248-249页；赵志强《秦汉地理丛考》37-41页；郭丛《楚汉之际至汉初代国辖域及相关问题》，《中国历史地理论丛》2019年03期，52-54页。

（八）九江国、衡山国、临江国

《汉书·英布传》云："（英）布遂剖符为淮南王，都六，九江、庐江、衡山、豫章郡皆属焉。"①

衡山王吴芮名为衡山王，辖有衡山郡无疑。汉高帝五年，英布与刘邦剖符，为淮南王。当时的吴芮已经被徙为长沙王，刘邦便将衡山故地也分与英布。

又《水经注·淮水》云："（淮水）又东北迳寿春县故城西。县，即楚考烈王自陈徙此，秦始皇立九江郡，治此，兼得庐江、豫章之地，故以九江名郡。"②故知庐江郡和豫章郡是后来汉高帝从九江郡析出（《汉书·地理志》明确提及豫章郡是高帝所置）。因此，汉高帝五年时，英布的淮南国中的九江、庐江、豫章三郡，在秦末当为九江郡一郡。由此可知，高帝时期英布的淮南国，乃是楚汉之际九江国与衡山国的总和。九江国辖九江郡一郡，衡山国辖恒山郡一郡，明矣。

《史记·秦楚之际月表》载："汉虏（共）骜。属汉，为南郡。又同表云：分临江为长沙国。"③

由这段记载可知，义帝元年，项羽所置临江国，相当于高帝五年的南郡加上长沙国领土。

《汉书·高帝纪》云："其以长沙、豫章、象郡、桂林、南海立番君芮为长沙王。"④当时豫章郡为淮南王英布封地，象郡、桂林郡、南海郡三郡为南越国所得，俱为刘邦虚封。吴芮仅能得到长沙郡一地。

今人周振鹤认为，《高帝纪》中的豫章郡乃是武陵郡之讹。⑤此说甚是。《史记·汉兴以来诸侯王年表》云："汉独有三河、东郡、颍

---

① 班固：《汉书》1886页，中华书局1959年版。
② 陈桥驿：《水经注校证》707页，中华书局2007年版。
③ 司马迁：《史记》796页，中华书局1959年版。
④ 班固：《汉书》53页，中华书局1962年版。
⑤ 周振鹤：《西汉政区地理》119–120页，人民出版社1987年版。

川、南阳，自江陵以西至蜀，北自云中至陇西，与内史凡十五郡。"[1]由此可知，武陵郡必不属汉帝国直辖，此郡为汉高帝所置，自然不当被南越国侵占。既然如此，此地只能归属长沙国。又《续汉书·郡国志四》言："武陵郡，秦昭王置，名黔中郡，高帝五年更名。"[2]由此可知巫黔郡（黔中郡为巫黔郡之讹）实为武陵郡，为长沙国领土。

后晓荣在《秦代政区地理》指出："汉武陵郡地域大概沿袭秦黔中郡而来，今从秦洞庭郡所辖地域看，相当于传统的秦黔中郡之东南地……文献说明秦巫黔郡确实曾经分郡，但其所谓分置长沙郡，实为统一后分置洞庭郡之误。"[3]洞庭郡在秦代从巫黔郡中分出。从洞庭郡辖地来看，也不当为汉帝国或南越国之领土，为长沙国所辖无疑。

另有苍梧郡，其地在五岭以北，则必不为南越国所辖，也当是长沙国的领土。

由此可以推知，汉高帝五年，吴芮长沙国共辖长沙郡、巫黔郡、洞庭郡、苍梧郡四郡。这四郡再加上南郡，则为临江国的领土。

至此，我们可以探明九江国、衡山国、临江国的疆域。九江国辖九江郡，衡山国辖衡山郡；临江国辖南郡、长沙郡、巫黔郡、洞庭郡、苍梧郡五郡。南楚三国事，史书记载不甚清晰，关于南楚三国疆域情况，仅为笔者一家之言。

（九）西楚国（兼说穰侯国）

《史记·项羽本纪》云："项王自立为西楚霸王，王九郡，都彭城。"[4]

由于《史记》明确指出，西楚国疆域有九郡之地，但是未曾明言具体为哪九郡，由此引来了不少的争论。笔者先举出《史记》已明确记载过的几郡。

---

[1] 司马迁：《史记》802页，中华书局1959年版。
[2] 范晔：《后汉书》3484页，中华书局1965年版。
[3] 后晓荣《秦代政区地理》109—110页，社会科学文献出版社2009年版。
[4] 司马迁：《史记》317页，中华书局1959年版。

第一章　帝国土崩　项王分封

《史记·曹相国世家》："（曹参）东击龙且、项它定陶，破之。东取砀、萧、彭城。"

《史记·绛侯周勃世家》："籍已死，因东定楚地泗水、东海郡，凡得二十二县。"

《史记·樊郦滕灌列传》："（樊哙）攻邹、鲁、瑕丘、薛。项羽败汉王于彭城。项羽败汉王于彭城，尽复取鲁、梁地。"①

按：定陶位于东郡，砀位于砀郡，萧县、彭城均位于四川郡（即泗水郡），邹、鲁、瑕丘、薛均位于薛县。又，项羽收复的"梁、鲁地"即指东郡和薛郡。根据这三条史料，西楚国必有东郡、四川郡（泗水郡）、东晦郡（东海郡）、砀郡、薛郡五郡。

《史记·樊郦滕灌列传》又记载："（灌婴）破吴郡长吴下，得吴守，遂定吴、豫章、会稽郡。"②豫章郡为淮南国领土，但在垓下之战后，豫章郡尚被西楚所占，于是灌婴率军平定。吴郡和会稽郡，谭其骧认为是两个不同的郡。③笔者认为吴郡和会稽郡当是同一郡。会稽郡被分出故鄣郡后，有时被称为会稽郡，有时也被称为吴郡（这种情况也出现在淮阳郡）。笔者认为，《樊郦滕灌列传》这条记载中的"会稽"可能是"故鄣"之讹。因此我们又知会稽郡和故鄣郡实为西楚国的领土。

另，还有淮阳郡也是西楚国的领土。淮阳郡在史书中常被写为陈郡。淮阳郡在楚汉战争后期曾经爆发了一场陈下之战，由是我们可知此地为项羽所辖。最直观的证据是《汉书·高帝纪》的记载："（项）羽败，利幾为陈令，降。"④史书提及此郡，往往令人误以为此郡名字叫作陈郡。但是现在考古出土的秦代封泥和汉代简牍已经可以证明此地叫作淮阳郡。⑤《史记·高祖功臣侯者年表》故城侯条记载："（尹恢）以右

---

① 司马迁：《史记》2025页、2067页、2655页，中华书局1959年版。
② 同上书，2671页。
③ 谭其骧：《长水集（上）》95页，人民出版社1987年版。
④ 班固：《汉书》58页，中华书局1962年版。
⑤ 后晓荣《秦代政区地理》82-84页，社会科学文献出版社2009年版。

· 83 ·

丞相备守淮阳。"①尹恢以此功封侯，当与楚汉陈下之战密切相关，可见淮阳一称，并非高帝十一年才出现，文献资料和考古资料都已确证秦代和楚汉战争时，此处一直叫作淮阳郡。

另有南阳郡，笔者也认为应该是项羽所属。谭其骧先生认为"其时南阳实为王陵所据"，因此认为南阳郡不为西楚所辖。②笔者认为王陵之众不可能虎踞一郡土地，但是却无封王之赏。《史记·陈丞相世家》载"（王）陵亦自聚党数千人，居南阳，不肯从沛公。"③王陵仅数千人之众，南阳又是大郡，要想统治此地几乎不可能。尚有一例可以证明：彭越在巨野泽中附近，有一万余人的军队，但是巨野泽这块土地，名义上还是西楚国的地盘。彭越尚且不能自雄，何况王陵？笔者在《项羽主盟戏下分封》一章的脚注中，已经考证当时的王陵应为穰侯。南阳郡内有穰县，王陵应该是以这里作为自己的封地。以数千人之众，在穰县割据自雄，确也有可能。从后面来看，王陵当时未曾归附项羽或者刘邦，在戏下分封时，王陵有没有被明确为穰侯？史书并没有详细说明。不过，就当时的情况来说，我们称王陵的这股割据势力为"穰侯国"应该是不过分的。但是王陵这个"穰侯国"毕竟仅仅只有一县之地，不能对南阳郡形成统治。此地不属王陵，也不属其他诸侯王，为西楚国领土，明矣。

至此，我们已经探明了西楚国九郡领土，分别为：四川郡、砀郡、薛郡、东郡、东晦郡、会稽郡、故鄣郡、淮阳郡、南阳郡。

（十）南越国、东越

秦末，天下混乱，中原地区征战不休。在这一时刻，一些新政权的产生成为历史的必然。

---

① 司马迁：《史记》918页，中华书局1959年版。
② 谭其骧：《长水集（上）》95页，人民出版社1987年版。
③ 司马迁：《史记》2059页，中华书局1959年版。

秦二世元年（公元前209年），陈胜吴广起义动摇了整个秦帝国的统治。当时远在帝国南陲的南海尉任嚣即将病逝，密召龙川令赵佗，让他负山阻海，据地自雄。任嚣死后，赵佗成了南海尉。赵佗上任后，绝五岭之道，与中原隔绝，又诛杀了秦朝在南海郡的官吏们，安插了自己的亲信，控制了南海郡。赵佗后来又出兵讨伐桂林郡和象郡，并将其攻克。至汉三年（公元前204年），赵佗统一了五岭以南的地区，自称南越武王，割据一方。

东越之地，在秦始皇一统天下后，曾在这里置闽中郡。陈胜吴广起义后，越族首领无诸和摇追随吴芮反秦。在戏下分封的时候，项羽并没有封无诸和摇为王，二人因此怀恨在心，后来随刘邦反楚。无诸和摇虽然没有被封王，但是闽中郡太过偏远，西楚国和九江国都没把这里作为领地，南越国当时正在忙于夺取桂林郡和象郡，也没有兼并闽中郡。于是无诸和摇便在闽中郡一带据地自雄。

至此，我们已经探明南越国和东越疆域。南越国辖有南海郡、桂林郡、象郡三郡，东越人则盘踞闽中郡。

（十一）台侯国

根据《史记·项羽本纪》，项羽曾经封鄱君吴芮的将领梅鋗为十万户侯。十万户之封极其惊人。日后刘邦手下，功第一的萧何，封邑不过八千户；功第二的曹参，也才一万六百户。刘邦平定天下后，也只是让张良自择三万户封邑，却没有让他自择十万户封邑。秦汉之时，封邑达到十万户之多的侯爵，仅文信侯吕不韦一人，他在河南洛阳有十万户封地。梅鋗并非吕不韦这种权倾朝野的权臣，如何能有十万户之多的封邑？

梅鋗这个"十万户侯"，必不可能是项羽实封，只能是虚封。如前所述，当时的天下已经被项羽及其他诸侯瓜分完毕，绝无可能有十万户之多的地区分给梅鋗。项羽所说的"十万户"，很有可能指的是当时的南越地区。当时的南越地区，赵佗早已断五岭之道，中原地区的人难以进来。项羽之意已经昭然若揭，只要能打下南越，梅鋗就能做名正言顺的"十万户侯"，如果不行，那这永远都只是一张空头支票。

清代郝玉龄曾在《广东通志》中记载过梅鋗的封地，"（梅）鋗为（吴）芮将，功最多，封十万户，为列侯，食台以南诸邑，谓之台侯。"①清人记载，离秦汉时期已久，大概这些记载是一些学者根据世代相传的传说记载下来，史料价值有限。但是若项羽果真封梅鋗为台侯，则与"十万户"之说自洽。台城大概在今天的广东省江门市台山市，此地正好在南越国的边界附近，那么所谓的"台以南"正好指的就是南越国，项羽大概就是把这个地方封给梅鋗。

这个台侯国注定是有名无实的。梅鋗作为吴芮手下的第一猛将，曾经帮助刘邦打下析县、郦县，又追随刘邦一路攻到武关，因此被项羽迁怒，只给了"十万户侯"这样一个有名无实的爵位，既是惩罚他，也可能是为了削弱吴芮的势力。

从后来的历史我们知道，赵佗一直牢牢据有南越国的领土，梅鋗并没有与赵佗决一死战。这个台侯国，永远都不会成为实封的侯国。

经过以上的论述，我们已经能够大致探明各诸侯国的疆域。秦时54郡，其中南越国所辖3郡和东越所辖1郡没有参与楚汉战争，另外十九诸侯国和南皮侯国、穰侯国所辖的50郡和内史，将参与争衡天下，楚汉战争的序幕即将拉开。

---

① 台湾商务印书馆编：《景印文渊阁四库全书》564册4页下。

第二章　刘邦之国　筹谋北征

一、刘邦入汉中

　　刘邦的人生，经常出现大起大落的境况，尤其是这次。义帝元年十月刘邦入关中，但是十二月项羽破关后，被迫在鸿门宴向其称臣。戏下分封后的刘邦，一开始仅得巴郡和蜀郡，军队从十万人被裁减到仅剩三万，形势极为糟糕。

　　巴蜀地区在秦代是专门流放犯人的场所。大名鼎鼎的文信侯吕不韦，在晚年时，被嬴政下令迁居蜀地。长信侯嫪毐被夷三族后，他的舍人们也都被流放到蜀地。为什么巴蜀地区在秦代多用来流放犯人呢？这主要是因为巴蜀地区是中国典型的盆地地形，四川盆地与外部地区之间由于交通运输条件较差，呈现出一定的封闭性。要想从巴蜀这样的盆地北上，是极端困难的一件事情。因而秦代多将犯人流放至此，就是考虑到居巴蜀者极难出去。

　　刘邦此人志在天下，否则他也不会一直卖力地西征灭秦，更不会入关之后和秦民"约法三章"。现在贬他到巴蜀地区为王，刘邦岂能甘心？一旦到了巴蜀，日后又怎能够出来？好在，刘邦阵营里有人能和项羽阵营的重臣搭上话。

　　之前在鸿门宴的时候，刘邦已经看出来，自己可以利用张良把项伯变成自己人。在鸿门宴上，项伯执行的虽然是项羽的命令，促成刘邦对项羽称臣，但是自己因为张良一事，弱点已经暴露无遗。尽管项伯本质上并不想当刘邦的间谍，但是被刘邦抓住软肋的他，已经不自觉地成为

"间谍"。

之前说过,刘邦入关并没有真正做到"财物无所取",还是拿了不少的。刘邦这时又拿出了一百镒黄金、二斗珍珠,将这些财宝拿给张良。张良心领神会,将这些财宝全都送给项伯,鼓动项伯在项羽面前说好话,让项羽把汉中郡也赐给刘邦。

项伯收到了这些金银财宝,已经是"吃人嘴短,拿人手软",更何况自己和张良有故交,还在鸿门宴前和刘邦约为亲家。项伯思考了一番后,便也答应了张良的请求。他在项羽那边不断鼓动,项羽一时心软,将汉中郡分给了刘邦。

其实从当时的形势来看,项羽也必须心软。在秦王子婴投降刘邦前夕,刘邦已经派遣将领郦商攻克蜀郡和汉中郡,①这块地区实际上已经是归属于刘邦的地盘了。既然刘邦已经实际掌控汉中郡,这块地区再不给刘邦,恐怕也会惹得许多麻烦。

我们现在再来看这件事,一开始汉国的领土并无汉中郡一地,这块地方应该是要给雍王章邯的。项羽不打算把汉中郡给刘邦,可能是不希望刘邦得到这么一块战略要地。毕竟空有巴蜀,而无汉中,不但不能北进,反而会被北方的关中政权所破。项伯对项羽的一番劝说,史书虽然没有进行记载。不过,笔者进行一番推断,项伯很可能是这么劝项羽的:章邯一旦得到汉中,那么秦地的力量对比就失衡了,章邯的势力将远强于刘邦,届时将不是刘邦北灭章邯,而是章邯南扫刘邦。但是刘邦一旦得到汉中郡,进可攻退可守,其势力与章邯相当,则关中均势之策已成。这样一来,相互制衡,岂不美哉?更何况,汉中郡已经事实上被刘邦占领,如果轻易分给章邯,定然是在制造祸端。项羽很可能正是基于这等考量,才把汉中郡也赐予刘邦。

汉中郡是一块战略要地,自古以来,守蜀者如果没有得到汉中,其

---

① 《史记·樊郦滕灌列传》记载:"(郦商)别将攻旬关,定汉中。"(2660页)又同书《高祖功臣侯者年表》曲周侯条云:"别定汉中及蜀"(893页)。

第二章 刘邦之国 筹谋北征

政权的覆灭只是时间上的问题；一旦得到汉中，进可攻退可守，强可龙骧虎视，进图中原；退可偏霸西南，称雄一时。中国历史上国力最盛、最有进取心的据蜀政权当属公孙述的成家和刘备的蜀汉，无独有偶，二国都据有汉中郡这一战略要地。

汉中郡的战略价值虽然重要，但是要想轻易地进出汉中却不是一件轻易的事情。汉中郡和内史之间以秦岭作为分界线，要想翻越秦岭绝非易事，日后诸葛亮五次北伐，大军翻越秦岭出击曹魏，后勤供给往往成为一个令人头疼的问题。这也难怪刘邦即便获得了汉中郡，一开始也要气得直接和项羽决战，幸好在萧何的力劝之下，刘邦才忍下了这一时之忿。

当时从关中通往汉中主要有五条道路，由东到西分别是：子午道、傥骆道、褒斜道、陈仓道（又叫故道）、祁山道。这五条道路中，祁山道和陈仓道太过迂远，尤其是祁山道，刘邦断无可能选择从这两个地方通行。傥骆道在当时无甚记载，我疑只是一条普通小道。因此史家在针对刘邦南下之国的路线的争执，常聚焦于子午道和褒斜道之间。关于这两条道路的争执，不少学者已经有过不少争论，笔者不再过多赘述。笔者认为，刘邦南下之国，应当从杜县南行，在这一段路程中，刘邦走的是子午道。然后刘邦沿着秦岭北坡一路西行，沿着斜水向南走褒斜道进入汉中。[①]当时汉国国都在南郑，子午道路程既长又迂，而且远离南郑，

[①]关于刘邦走的是子午道还是褒斜道，史家历来颇有争议。如辛德勇认为刘邦是走子午谷至汉中之国，详见辛德勇著《历史的空间与空间的历史》95-109页，北京师范大学出版社2005年版。笔者赞同晏波的观点，刘邦当时走子午道，然后沿着秦岭北坡西行，最后沿着斜水南入褒斜道。相关考证可见晏波论文《刘邦赴汉中所过栈道新解》，《史林》2010年02期，101-104页。关于刘邦走褒斜道之国，笔者可再补充一个证据。后来刘邦走完"蚀中"后，立即烧毁栈道，说是为了"备诸侯盗兵袭之，亦示项羽无东意"。如果所谓的"诸侯盗兵"要袭击汉国，必要找一个便捷的通道，而且离汉都南郑较近，而褒斜道正好符合这个条件。如果是子午道，道路难行，加之远离南郑，"诸侯盗兵"走这里完全获得不了什么好处。从这里也可以推知，刘邦走的路当是褒斜道。

很难想象刘邦会走子午道之国。褒斜道路程较短，比起子午道又较为便捷，且直通南郑，当是刘邦南下之国的不二选择。刘邦之所以一开始要走一段子午道，则是由于戏下距离入蜀通道最近的地方是子午道，无奈之下，只能先走一段子午道。

刘邦的军队，已经从十万人被裁减为三万人。但是楚人还有其他一些诸侯国的人仰慕刘邦的为人，又有数万人跟随着刘邦一同前往汉国。刘邦的大军自戏下出发，前往杜县，抵达杜县以南后，并未接着走子午道，而是沿着秦岭北坡一路西行，最后沿着斜水走褒斜道，终于抵达汉中郡的郡治南郑。

张良跟随刘邦走完了这一段道路。自从刘邦的西征军到达叁川、颍川一带时，张良就以韩国申徒的身份，一直追随刘邦征战。灭秦国、还军霸上、夜见项伯、鸿门宴、请得汉中郡……张良在这段时期屡立奇功。虽然他现在并不能说是刘邦真正的臣子，但是却胜似刘邦的臣子。如果不是自己心中还有复兴韩国的心愿，他甚至有可能打算就跟刘邦一起进入汉国了。

可是现在项羽以韩王韩成没有军功作为借口，不让他之国，而是将其挟持，带往西楚都城彭城。张良眼见韩成被挟持，也只能前往彭城。张良在去往彭城前，随刘邦一路南行到达汉中郡，可见他已经把刘邦当成自己真正的主君了。于是在离开之前，张良便再为刘邦设下一策："大王为何不烧掉所经过的这段栈道，向天下人表示自己没有再回来的打算，以此来稳住项王的内心。"刘邦听从了张良的建议，在张良离开以后，他立刻下令将这段路程中所经过的栈道全部烧毁（这个栈道包括一整段褒斜道栈道，还有自杜县到秦岭北坡的一小段子午道栈道）。

烧绝栈道之后，刘邦总算来到了汉王国的国都南郑。尽管目前处境窘迫，但是毕竟自己从砀郡长升格为汉王了，不能不对灭秦时立下赫赫战功的元勋们加官进爵。刘邦拜萧何为丞相，周苛为御史大夫，曹参、周勃、卢绾、郦商、孔聚等人为将军，夏侯婴为太仆，樊哙、灌婴等人为郎中，其他随从人等各有封赏。汉王除了授予这些人官职，在就国

第二章 刘邦之国 筹谋北征

前，还特地授予有重大功绩者以爵位之赏，兹列表如下：

姓名　　　爵位	入汉前爵位	入汉后爵位
曹参	执珪	建成侯
吕泽	不详	侯
周勃	不详	威武侯
樊哙	重封	临武侯
郦食其[①]	不详	侯
郦商	封	信成侯[②]
夏侯婴	封	昭平侯
陈豨	不详	侯
周定	不详	周信侯
靳歙	封	建武侯
周緤	不详	侯，食邑池阳
傅宽	卿	封
灌婴	执帛	执珪
蛊逢	不详	执珪

封赏已毕，众人各司其职。但是面对着这个新兴的王国，刘邦却始终都无法高兴起来，摆在他面前的，还有许多纷杂的事务，最重要的两件事就是：将士离心、定位不明。

[①] 郦食其音通"历异几"。《史记正义》为《史记》中"郦生食其者"作注道："历异几三音也。"（《史记》2691页）。
[②] 《史记·樊郦滕灌列传》记载在灭秦时，郦商就已被封为信成君，但是在刘邦为汉王后，又说"汉王赐商爵信成君"（2660页），殊不可解。信成君乃是"号"，不应为"爵"，笔者认为是司马迁误把侯记为君，当作"信成侯"才是。

· 91 ·

刘邦的军队大多为崤山以东的人士，打了这么久的仗，他们一直不能回乡探亲。刘邦就算是在关中称王，这些士兵们可能也颇有怨言。更别说现在刘邦不是在关中称王，而是在偏远的巴蜀地区称王。在刘邦南入南郑的一路上，众多士兵已经纷纷逃亡，甚至连跟随他征战的将领们，也有不少人选择了逃亡。①汉国甫一建国，便呈现这种崩溃的态势。

虽然在就国前，丞相萧何已经给刘邦指出了应该如何发展，就算来到了南郑也还是有希望的。但是面对这种景象，刘邦也许已经有些沮丧了，也许认为将士离心，以后又如何能够发展？将士离心事小，但是由此引发的定位不明却是一件大事，幸好在这时，又有人站了出来。

这个人就是韩国将军韩信（不是日后的大将军韩信②），他作为韩国的将军，在这个时候理应和张良一样，前往彭城。但也许是经过这段时间的相处，使得这位韩国将军认为刘邦比起韩成，更有资格成为自己的主君，于是不顾自己韩将的身份，前来追随刘邦。现在看到主君忧心忡忡，便向刘邦建言献策："项羽把将领中有功的人封为诸侯王，可是您却被封到南郑，这是将您给贬谪了。现在您的军吏士卒都是崤山以东的人，日日夜夜都盼望着能够回到家乡。如果趁着这个锋芒正盛的时候出兵，将能够建立大功。假如等到天下平定，人人都安宁下来的时候，就不可再出兵了。不如您下定决心，定好策略，率军东进，与诸侯们争夺天下。"

这位韩将军可谓是说清楚了当前的要害。现在天下尚未安定，在这个时候起兵叛乱，或许尚有图强图霸的机会，如果专心内政，或是意志消沉，那么天下将彻底与汉王无缘了。事实上确实如此，汉王刘邦也决定应该振作起来，整军经武了。

在就国的这一路上，逃跑的人实在是太多了。刘邦意识到，自己想

---

① 《史记·淮阴侯列传》甚至略带夸张地说："至南郑，诸将行道亡者数十人。"（2611页）。

② 《汉书》误把这位韩国将军韩信，当成了大将军韩信，这点其实是误解。不过由于二人同名，确实很容易造成一些混乱。

要北击三秦，就要大量征召汉国当地的人民，把他们武装成士兵作战，这样自己才能够有足够的作战兵力。

在这个时候，巴郡阆中人范目来找汉王了。范目被刘邦才略所吸引，自信刘邦能够夺取天下。他看出了刘邦现在急缺兵源，于是他前往南郑去见刘邦，对他说应该要招募大量的賨人作为军队。賨人是什么呢？其实就是日后赫赫有名的板楯蛮。根据《后汉书·南蛮西南夷列传》的记载："阆中有渝水，其人（即賨人）多居水左右，天性劲勇。"[①]賨人天性劲勇并非虚言，据《华阳国志》的记载，他们"专以射虎为事"[②]，如此彪悍，可见一斑，着实是优秀的兵源。

范目作为阆中人，平常当经常与賨人相处。现在刘邦得知有賨人这股优秀的兵源，便令范目回到巴郡，给他征召賨人，充作士兵。

可是逃散的并不只有士兵，还有大量的将军。士兵能在短时间内征召到，可是将军却难以在短时间内征召并培养起来。就在这时，萧何向刘邦推荐了一位国士无双的大才——韩信。那么这位韩信究竟是何许人士呢？

二、韩信其人

落魄半生

韩信，东晦郡淮阴县（今江苏省淮安市）人，大约生于公元前228

[①]范晔：《后汉书》2842页，中华书局1965年版。
[②]任乃强：《华阳国志校补图注》14页，上海古籍出版社1987年版。

年。①韩信在史书里仿佛是孑然一人，我们对他的家庭几乎是一无所知。更为奇怪的是，这位一出场就是个贫困无依的人，竟然还"不能推择为吏，又不能治生商贾，常从人寄食饮，人多厌之者"②。我们很难想象，韩信是个寻常人家的孩子，他更像是一个落魄贵族③，在家道中落后，不能从政、务农、经商，不得已只能寄食为生。

在游侠之风盛行的战国时期，寄食并非一件不光荣的事情。后来大汉帝国的开国皇帝刘邦，以前也经常到大嫂家寄食。虽说这种寄食现象是当时的一种社会风气，可日子一久，总也是有人会觉得心烦。

韩信孤苦无依，又不能务农，自然成为社会闲散人员，一路漂泊，来到了淮阴下乡的南昌亭。当时的南昌亭长可能和刘邦这个泗水亭长一样，颇慕战国游侠风气。但不一样的是，刘邦是蹭饭吃，这位南昌亭长是接待人吃饭。韩信几个月以来，一直找南昌亭长寄食，这位亭长倒也是热情接待了。可是这位亭长的妻子看不下去了，韩信已经来了几个月了，在这里白吃白喝的，什么事情都不干。于是亭长的妻子以后便早早做饭。韩信按照平常开饭的时间去蹭饭，结果亭长一家人已经吃完饭了。韩信这个人心中是有几分贵族式的傲气的，他知道亭长一家人已经不欢迎他了，一气之下，再也不去亭长家里寄食。

淮阴这里有淮河流经，自古以来就是个水网密布的地方，很多人都会在这里漂洗衣物。韩信在南昌亭待不下去，便来到城下钓鱼解闷。有一个漂母见到韩信饥肠辘辘，便拿饭给韩信吃。韩信像当初对南昌亭长那样，把漂母当成了寄食的对象，一连数十天来找漂母蹭饭吃。这数十

---

①韩信生年，见李开元著《楚亡：从项羽到韩信》，3页，生活·读书·新知三联书店2015年版。

②司马迁：《史记》2609页，中华书局1959年版。

③其实，司马迁在《史记》中也向我们暗示了韩信很有可能就是贵族后裔。漂母曾对韩信说："吾哀王孙而进食"（2609页），《史记索隐》引刘德语解释"王孙"一词："秦末多失国，言王孙、公子，甚是也。"（2610页）韩信这种不事生产，日常在大街上佩剑游荡的作风，确实像是一个破落贵族的模样。

日的"蹭饭生涯",让韩信心生感激,他对漂母说:"我以后一定对你会有重赏!"谁知这位漂母却如此回答韩信:"大丈夫竟不能养活自己。我是可怜你这个王孙,才给你饭吃的,哪里希望得到你的回报呢?"

大概韩信之后也没有一直去找漂母蹭饭了,他选择在淮阴县的市集内游荡。韩信出行,喜爱随身带剑。但是作为一个孤苦无依、家境贫寒的人,仗剑随行不仅无法散发高贵的气质,反而会惹人注意。有一日,淮阴县中一个胆大的人站了出来,怒斥韩信:"你虽然长得还挺人高马大的,喜欢携带刀剑,其实你就是个胆小鬼!"这人这么一说,周围的人也都纷纷起哄了,几个人一同侮辱韩信,对他说:"你如果能杀死我,就一剑刺过来;如果不刺死我,就从我的胯下钻过去。"周围的人众目睽睽,他们都在看着韩信接下来会有什么样的举动。这一切韩信都看在眼里,最后他选择了从这些人的胯下匍匐钻了过去。大家纷纷嘲笑韩信,觉得这个人确实就是个胆小鬼。

这是《史记·淮阴侯列传》开头记述的三个小故事,后来这三个故事都演化成了成语,分别是:昌亭之客、一饭千金、胯下之辱,足见这三个故事是多么脍炙人口。为了深入了解韩信这个传奇人物,司马迁也是花了很大的力气的。司马迁曾经亲自跑到淮阴进行实地考察。据说韩信母亲去世的时候,韩信因家贫不能安葬母亲,于是找到了一块宽敞的坟地,安葬母亲,好让坟墓旁可以安葬万户人家。司马迁实地考察后,发现这一传言是真的。他又采访了一些淮阴本地人,笔者前述的三个小故事,大概都是司马迁经过采访得知的一些世代相传的小故事。

司马迁在《淮阴侯列传》开头的这三则小故事中已经很好地刻画了韩信这个人物形象。司马迁虽然没有点明韩信的身份,却无时无刻不在暗示我们,韩信应该就是一个落魄贵族。即便韩信不是一个落魄贵族,他身上也沾满了落魄贵族才会具有的气质。韩信四体不勤,五谷不分,而且也不能任吏,不会做工、经商。可以说,韩信几乎无法自立于社会。但是韩信却从来不去学这些技艺,而是一直外出寄食。他与生俱来地有一股傲气,不愿意做一般人会做的事情,要做就做常人所不能做的事情。如果有人看不上他,那便转头离去,另择明主。

韩信虽然心比天高,却也善于审时度势。在胯下之辱的时候,韩信没有一剑刺死侮辱他的少年,并非是因为他胆怯,而是因为他明白,这个时候刺死这个少年,并没有任何用处。一旦刺死他,就算不被周边的人报复,也要接受严苛的秦法的制裁。韩信并非项伯这种有背景的人,一旦杀了人,那便是万劫不复。韩信很冷静,这种时候,除了妥协,别无选择。

韩信的这两种性格很鲜明地在日后表现出来。一方面,他心比天高,渴望指挥百万雄兵,裂土封王;另一方面,他用兵时又心思细密,考虑到方方面面。司马迁用三个小故事就已经揭示出了韩信的破落贵族的性格对他日后的作为带来的影响。

淮阴本地人曾经对司马迁说过,韩信这个人还是平民百姓的时候,他的志向就同别人不一样。这不免让人想起陈胜的"燕雀安知鸿鹄之志哉"?韩信虽有鸿鹄之志,但是一直苦于没有施展抱负的时机。一直到秦二世二年(公元前208年),机会终于来了。

那一年,项梁的起义军渡过淮河北上,路经淮阴,韩信参加了起义军,但是一直默默无闻。项梁死后,项羽虽然任韩信为郎中,但是也确实并未特别在意韩信。韩信曾经数次向项羽献策,可是项羽始终都没有采纳韩信的这些建议。在项梁、项羽军中任职的这段时间内,韩信终于不用再像以前那样到处寄食了,可是自己心中的鸿鹄之志一直未得伸展。

也许是在鸿门宴上,韩信见识到了刘邦的风采,看着项羽不肯重用自己,于是就萌生了去意。公元前206年4月,刘邦前往南郑。韩信决定赌一把,做"慕从者"中的一员,离开项羽集团,追随刘邦。

第二章 刘邦之国 筹谋北征

将星升起

韩信投奔刘邦之后，刘邦让他做了连敖。刘邦军中采用楚国官制，连敖就是楚官，大概是一种中级军官。刘邦集团中后来不少功侯都曾经做过连敖，日后凭借着战功逐步被提拔起来。但是韩信是个心比天高的人，他想要做的是独当一面的大将，而不是想和其他普通的将领一样，通过积攒功劳逐级被提拔。虽然刘邦待韩信不薄，但韩信心中却仍生去意。

后来不知为何，韩信在连敖的任上犯了死罪，同他一起被判死刑的还有十三个人。大概是这些人不想再待在刘邦帐下，于是萌生了去意，可惜在逃跑的过程中被汉军士兵逮捕，被判了死刑。

在刑场上，另外十三个人已经被处死，轮到韩信。韩信这时抬头一看，发现监斩的是太仆夏侯婴。夏侯婴乃是刘邦的老乡，刘邦集团的核心成员之一。韩信立刻大喊："汉王难道不想夺取天下吗？为何要斩杀壮士！"大概韩信长得威武。夏侯婴听了这番豪言壮语，又对韩信的相貌感到惊奇，于是下令释放了他，并与他进行了密切的交流。夏侯婴在与韩信交流过后，认定此人是一个不可多得的大才，于是将他推荐给刘邦。

夏侯婴作为刘邦的亲信，亲自保荐韩信，刘邦也给了夏侯婴一个顺水人情，拜韩信为治粟都尉。大概是刘邦并没有见到韩信，只是听了夏侯婴的一番话后便提拔了韩信，所以并未察觉到韩信有什么过人之处。但是平心而论，刘邦对于韩信已经算得上是火箭提拔了。韩信刚投降没有多久，就混到了治粟都尉。这个职务大概类似于现在的后勤部长，是专门管理粮草的。

职务当得高，能遇见大人物的机会自然就多。治粟都尉需要打理粮草，自然而然地，韩信见到了当时汉国的丞相萧何。萧何在和这个年轻人的一番谈话中，认定这个人有大才。于是便向刘邦多次推荐韩信，可是这回刘邦却没有听萧何的话，不肯提拔韩信。刘邦听夏侯婴的话，提拔韩信为治粟都尉，但是萧何是刘邦更为亲近的人，为何刘邦就不听萧何的呢？

原来，《史记·高祖功臣侯者年表》淮阴侯条记载："萧何言为大将军"[1]，看来萧何所推荐的不是普通职务，而是韩信一直都梦寐以求的大将军。这是个一人之下万人之上的职务，即便是当时战功最为显著的曹参，刘邦也未授予其大将军一职。现在，韩信这个年轻人，才刚刚来自己这里没几天，就想当大将军这个职务。这也难怪刘邦不肯听从萧何的话了。

这么多年来，韩信心里头的傲气，一点儿也没有消减。他料想，萧何已经多次向刘邦推荐自己，可是刘邦至今却仍没有任命自己做大将军。韩信自感在刘邦这里也没有出头之日，于是选择离开了汉国。

听说韩信出走，萧何也顾不上处理政务，立即外出追赶韩信。丞相外出许久，却不见踪影。当时有人觉得萧何也跟别人一样选择了逃亡，赶忙向刘邦报告。萧何保存秦朝的文书档案，又力劝刘邦要忍一时之忿，南下汉中，休养生息。他是刘邦集团内最为重要的人物。失去了萧何，这纷繁的行政事务，不知该给谁来处理了。萧何的逃亡无疑是这些日子内，给刘邦带来的最大的打击。

可是过了一两天，萧何却主动回来找刘邦了，并且声称自己失踪的这一两天是为了寻找韩信。

这番话刘邦自然是不信的，这些日子里，不说逃亡的士兵，光将领们就已经逃走了十几个。可是这十几个人，萧何一个也没有去追寻，却只追寻韩信一人。

面对刘邦的质疑，萧何说出了那句千古流传的名言："诸将易得

---

[1] 司马迁：《史记》913页，中华书局1959年版。

第二章 刘邦之国 筹谋北征

耳。至如信者,国士无双。"①萧何进一步提醒刘邦:如果汉王只想在汉中称王,那确实不需要用到韩信,如果想要争夺天下,不可不用韩信。

萧何的一番话说进了刘邦的心坎里。自己当年在楚国的地位和项羽相当,后来按照"怀王之约",自己理应当秦王。可是却在鸿门宴上被迫称臣,臣服于项羽,又被贬到汉中郡。在戏下分封结束的那会儿,刘邦就已经打算向项羽拼命,只是被萧何拦了下来。现在逃亡的将士越来越多,北击三秦已经是刻不容缓的大事了。萧何现在既然推荐了韩信,那不妨试一试,让他当个将军。

谁知萧何却指出:"韩信被任命为将军,必然不会留下。"

翻遍史书,在韩信拜将前夕,汉国内于史可考的将军只有曹参、周勃、卢绾、郦商、孔聚、纪成等十几位将军。比起这些将领,韩信并无任何军功,也不是丰沛人士,被任命为将军已经是破格提拔,如果要任命为大将军,那必然引发全军上下的议论,乃至不服。现在刘邦还不知道韩信的真实水平,贸然任命他做大将军,没有过人的胆识是无法做出这个决定的。

刘邦最后还是决定任命韩信为大将军。我们已经无法想象,刘邦当时是做了怎样激烈的思想斗争,才决定下达这样一份人事任命的。刘邦的这种大气魄,已经不是其他人所能企及的了。②

尽管如此,萧何依旧提醒刘邦,千万不要对韩信骂骂咧咧,一定要以礼待之,选择一个良辰吉日,斋戒设坛,搞得隆重一点儿。刘邦同意了萧何的建议。刘邦这个人向来是很厌恶繁琐的礼节的。后来刘邦称

---

① 司马迁:《史记》2611页,中华书局1959年版。
② 笔者在这里是针对《史记·淮阴侯列传》所叙述的故事进行评析,但是这段故事恐怕未必可信。刘邦自有识人之明,在不知道韩信的具体能力,甚至还没见过韩信的前提下,贸然任命他为大将军,实在是一件反常无比的事。李开元先生说这种"不合情理的细节,断然不可当真,只能理解为历史故事的传奇色彩"(见《楚亡:从项羽到韩信》37页)。此说甚是。但是笔者苦于没有别的史料能够进行参考,又不敢妄下推断,以坏古史真意。于是叙事只能继续采用《淮阴侯列传》的记载。

帝，叔孙通按照古礼，制定了一整套礼节。结果刘邦把复杂的礼节给删掉了，只留下简单的。刘邦对称帝的礼节尚且如此随便，可是现在登坛拜将的礼节却听从萧何的话，搞得这么隆重，可见他心里是多么迫切地想要还定三秦，和项羽一决雌雄。

关于登坛拜将的一些细节，《水经注》有所记载："水北有韩信台，高十余丈，上容百许人。相传高祖斋七日，置台设九宾礼，以礼拜信也。"[①]传言虽然未必为真，但是韩信台在当时古迹尚存，可以容纳一百多号人应是不假。可见为了拜韩信为大将，刘邦确实做到了以礼相待。

当时汉王并没有公布谁将会被登坛拜将。因此诸位将军们议论纷纷，都觉得自己能当大将。结果谁料，最后登上这个拜将坛的，居然是治粟都尉韩信，以至达到了"一军皆惊"的效果。

上述的这些故事皆见于《史记·淮阴侯列传》，这段故事描绘得如此生动，想必里面应该掺杂了不少淮阴本地人的历史叙述，而后又被司马迁进行了一定的文学创作。但是这件故事是真实可信的，却也无疑。登坛拜将是韩信人生的转折点，在此以前，他要么是穷困潦倒，要么就是郁郁不得志。现在登坛拜将，志向已达，韩信便要开始展示他一生所学，谱写属于自己的人生传奇。

三、汉中对

韩信已经被刘邦拜为大将军，可是刘邦现在还不知道韩信能为他未来的大业做出什么规划。二人为北击三秦、东讨项羽，进行了一次著名

[①]陈桥驿：《水经注校证》647页，中华书局2007年版。

的对话，史称"汉中对"。

南宋时期，朱熹曾经说过："尝欲写出萧何、韩信初见高祖时一段，邓禹初见光武时一段，武侯初见先主时一段，将这数段语及王朴《平边策》编为一卷"[1]，其中萧何见高祖，指的正是之前萧何劝刘邦应该"收用巴蜀"，而韩信见高祖这段，则是本节所要讲的"汉中对"。

在"汉中对"以前，刘邦并没有一个清晰的战略规划。刘邦此前征战数年，只是为了灭亡秦国，以求在关中称王，在被项羽改为汉王后，也未见刘邦有何战略规划。虽说在韩将军韩信和范目的劝说下，刘邦已经着手准备还定三秦，可是整体的战略规划，清晰的战役部署，却还是没有任何头绪。

刘邦问道："萧丞相数次向寡人推荐将军，不知道将军有何计策？"

韩信跟张良一般，并未直接阐明计策，而是带开导性质地问道："现在您打算引兵向东，争夺天下，对手难道不是项羽吗？"

刘邦说："对的。"

韩信接下来问道："大王自己料想一番，您与项羽在勇猛、强悍、仁厚、兵力上相比，谁更厉害？"

刘邦虽然并不情愿承认自己不如项羽，但是沉默良久后，还是承认了这一点。韩信也说："我也认为大王不如项羽。"接下来，韩信正式进入主题，向刘邦分析局势，大概分成两部分：（一）对楚汉二国强弱进行分析；（二）对汉国北击三秦的可行性进行分析。

针对西楚国目前的霸权，韩信认为是"其强易弱"，项羽的霸权看似强大，但是很容易就转入颓势。韩信分为三个方面进行分析：

（一）韩信当初在项羽身边任郎中，算是贴身近侍，根据韩信自己的观察，项羽虽勇，却不善使人，这不过是匹夫之勇。项羽有小仁小爱，但是到了给手下论功行赏时，却不忍封赏，这不过是妇人之仁。一开始韩信对刘邦说，项羽据有"勇悍仁强"的优势。但是韩信准确把握

---

[1] 黎靖德编：《朱子语类》，转引自《景印文渊阁四库全书》702册722页。

了项羽的匹夫之勇和妇人之仁两大性格弱点，指出他的勇与仁带有极大的局限性。暗示刘邦，这种所谓的优势，只要能够稍加利用，便能转变为劣势。

（二）项羽在戏下分封时举动失措。项羽称霸天下，可是一不定都关中，二不遵奉义帝之约，三任用亲信做诸侯王。诸侯们看到项羽逐义帝于郴县，便也纷纷逐其故主。项羽的"强"是优势，他凭借着自己兵力上的优势，开创了"戏下体制"，但是这一体制如前文所述，是一种只对自身有利，而对他人不利的分封体制，这样一来必然引起诸侯们的不满。项羽的"强"，看上去好像压制住了一切反对的声音，但是这只是暂时的，这一优势也可以转变为劣势。

（三）项羽所过之地，无不残灭，天下多有怨愤之心，百姓不肯亲附项羽。项羽虽"悍"，但是他用自己的"悍"做出了这么多伤天害理的事情，看上去是强大的，实际上这种"悍"也能转变为劣势。

韩信寥寥数语，指出项羽强于刘邦，在于"勇悍仁强"四个方面，接着分别指出项羽这四大优势其实是有极大缺陷的，是很容易利用这些缺陷将项羽的优势转为劣势，所以才叫作"其强易弱"。

韩信对刘邦指出，要想击败项羽，方法就是反其道而行之。这颇像后来刘备对付曹操，采用的"每与操反，事乃可成尔"[1]的策略。韩信特别向刘邦指出反其道而行之的三大方法："任天下武勇，何所不诛！以天下城邑封功臣，何所不服！以义兵从思东归之士，何所不散！"[2]

这个讨伐项羽的三大策略我们具体来分析一下。前面刘邦已经承认自己在"勇悍仁强"上不如项羽。可是在韩信分析项羽的"勇悍仁强"随时都会转变为劣势后，似乎一切又迎来了新的希望。那么项羽能由强变弱，则刘邦必能由弱变强。"任天下武勇"乃是刘邦一以贯之的方

---

[1] 陈寿：《三国志》955页，中华书局1971年版。
[2] 司马迁：《史记》2612页，中华书局1959年版。

略，现在韩信再对刘邦强调这件事，指出一旦利用好这一点，敌人将被击溃，这是在"勇"与"悍"上增强我方优势。实行分封制，把天下分给有功之臣，其本意就是按军功进行分封。能分得公平，让大家心悦诚服，这被认为是有德。项羽因为分得不公平，倒使诸侯生出怨愤之心。而刘邦只要能将"天下城邑封功臣"，分得好了，那么他将能在"仁"上占据优势。刘邦手下汉军之思乡心切，不说韩信，就连刘邦自己都能够感受出来。一旦利用好士兵这种思乡的情绪，并能够充分地将其调动起来，那么这就是一支常胜之师。这样一来，刘邦在"强"上便也能占据优势了。一旦做到这三点。"勇悍仁强"将从对项羽有利转变为对刘邦有利，将从对西楚国有利转变为对汉国有利。

在分析完西楚国这一最终对手后，韩信紧接着分析刘邦当前的对手——章邯。韩信指出，章邯等三秦王具有两大弱点：第一是章邯征战多年，秦人死伤无数，再加上项羽的新安大屠杀，只有三秦王活了下来，秦人对此三人是痛入骨髓。第二是项羽强封这三人在秦地称王，秦人皆不拥戴。

章邯在军事上才能极为出众，刘邦直接与他交锋，未必是他的对手。韩信的这番分析，并不着眼于应该如何对付章邯，而是分析章邯如何不得人心，而这正是章邯最大的弱点。韩信紧接着指出，刘邦灭秦入关时，秋毫无犯，又与秦人"约法三章"，且秦人都知道义帝之约的事，他们都迫切期待刘邦在关中称王。但是在戏下分封，刘邦却不得称王于关中，秦人无不痛恨。军事上刘邦未必是章邯的对手，可是在人心向背上，章邯已经彻底输给了刘邦。韩信这一番分析切中要害，章邯不得民心，即便他的军事能力再高，那也无法弥补他的劣势。

韩信的这个"汉中对"，我们现在再对他的这番见解做一个总结。韩信指出，刘邦想要占有天下，最大的敌人就是项羽和章邯。项羽是远敌，章邯是近敌。刘邦要占有天下，需要先打败这两个人。可是刘邦在军事才能上未必能稳胜章邯，在"勇悍仁强"上更是不如项羽。在我方之实力完全不如敌方的时候，就应该仔细探讨敌方之优势与劣势，对其劣势加以充分利用，而对方之优势则尽量转化为劣势。

远敌项羽，其"勇悍仁强"，冠绝天下，看上去是"此诚不可与之争锋"的劲敌。但是项羽的"勇悍仁强"，皆有重大的局限性，在这种情况下，就要充分利用对方的局限性，一旦利用起来，其优势就能够转化为劣势。这时调动我方资源，制定新的战略方针，将我方之劣势转化为优势，这种战略方针就是韩信所建议的"大王诚能反其道"。一旦这种战略方针被贯彻下去，敌方尽管能够在一开始占尽优势，但是时间一久，其优势将慢慢消退，劣势将不断显现。我方之劣势则会慢慢消退，优势将愈发明显。这一点，将在后来的楚汉荥阳之战得到明显的体现。而韩信的"汉中对"无疑也暗示了一点，对付项羽这种强悍的对手，需要有一个战略相持的过程。消灭项羽，只能在战略相持阶段击败之，而不可用闪击战的做法直接将其消灭，这一点在后来的楚汉彭城之战得到了充分体现。

近敌章邯，论军事能力，除了项羽以外，天下估计再也没有人能够完全自信可以彻底击败章邯。可即便是项羽，虽然能利用军事和政治上的优势迫降章邯，但是却不能击溃章邯。面对这种强悍的军事对手应该找出他最大的弱点，并利用这点击溃之。在当初的秦楚巨鹿之战，项羽正是利用秦朝国内政局阴晴不定，并加之以军事打击，最终迫降章邯。虽有军事打击作为辅助手段，但是章邯最大的弱点始终在政治上。在与项羽对决时，章邯受到国内权臣赵高的掣肘。如今刘邦如果要击败章邯，也应当从政治思维出发，寻找章邯的弱点，而这一弱点就是——秦民。三年征战，加之新安大屠杀，项羽不怀好意地把章邯分封在秦地，章邯已经无力发展自强。而这，就是这位旷世名将最大的弱点，只要能够抓住这一点，三秦之亡，那是不言自明。这在不久后的还定三秦之战就能充分体现出来。

总而言之，近敌章邯，可以用闪击战的方法迅速将其击溃，占据优势。而远敌项羽，论其"勇悍仁强"，皆强于刘邦，对其不可以用闪电作战，只能在相持作战中逐步发现其弱点，并加以利用最后再一举击溃。而这，正是韩信在"汉中对"中为刘邦所规划的天下大局。

平心而论，《史记》中记载"汉中对"的内容，肯定是有一定的修饰和删节。史书无法把韩信每句话的内容都纷纷记录在案，只能将他的战略战术分析进行一定的修饰删节，才有了我们今天所看到的"汉中对"的文本内容。但是仅凭这一文本内容，我们已经可以想见两千年前，韩信在"汉中对"里蕴含了怎样的智慧。

在当时的战略分析中，韩信应该不仅仅向刘邦阐述了项羽和章邯的劣势，可能还向刘邦阐述了应该如何充分发展自身，最终如何调动我方所拥有的资源来击败项羽和章邯。面对迫在眉睫的还定三秦之战，韩信应该也具体阐述了该怎么对汉军进行一定的改革，汉军应用何等作战方针，以达到对三秦"传檄而定"的效果。只是这些内容现在史书里均未有相关记载，殊为可惜。

四、汉中改制[1]

刘邦拜韩信为大将军的时间，史料上并没有具体记载。荀悦在《前汉纪》中将此事置于四月，即刘邦到汉中之国的当月，笔者赞同荀悦这一观点。从四月韩信被拜为大将军开始，一直到八月刘邦发动还定三秦之战，汉国进行了长达三个月的备战改制时间。

在刘邦当汉王以前，自己的官位不过是楚国的砀郡长，但是这位砀郡长，几乎所有的时间都在和秦国交战。刘邦在这段时期，确实没有表

---

[1] "汉中改制"一事，史书中并未明确提及，但是此事在历史上真实存在过，当无疑义。具体可详见李开元著《汉帝国的建立与刘邦集团：军功受益阶层研究》37—43页，263页，生活·读书·新知三联书店2000年版。

现出惊人的行政经验。虽然有萧何尽心竭力,努力把刘邦集团从一个楚国砀郡地方政权转化为汉王国政权,但是尚不尽如人意,需要进行一场大规模的改制,完成这一转化。而这场改制是为军事目的服务的,它必须要在最大程度上调动整个汉王国的军事作战能力,以保证日后的北击三秦和东破项羽的战略目标的达成。

《汉书·高帝纪》曾记载:"天下既定,命萧何次律令,韩信申军法,张苍定章程,叔孙通制礼仪,陆贾造新语。"[1](《史记》相应的记载中没有"陆贾造新语")这五件事情,班固将其并列,可见确是西汉初年的重要变革。其中,"萧何次律令"事在汉高帝五年(公元前202年)以后[2],"张苍定章程"事在高帝五年(公元前202年)后[3],"叔孙通制礼仪"事在高帝七年(公元前200年),"陆贾造新语"事当

---

[1] 班固:《汉书》81页,中华书局1962年版。

[2] 关于"萧何次律令"一事,史书未曾记载是何时发生的,我们只能够通过一些蛛丝马迹来进行推断。按照《汉书·刑法志》的记载,萧何在颁布《九章律》的时候已经官至相国。可是萧何是在高帝十一年韩信被杀后才升为相国的。刘邦在汉元年颁布的"约法三章"并不足以管辖整个社会,这种法律沿用了十一年是一件难以想象的事情。笔者认为,根据《汉书·高帝纪》的记载,"天下既定,命萧何次律令"应当指的是高帝五年后萧何颁布《九章律》。为何?因为《汉书·高帝纪》的这条记载是有自己史源的。西汉中期桓宽所著的《盐铁论》一书中说:"高皇帝时,天下初定,发德音,行一切之令,权也,非拨乱反正之常也。其后,法稍犯,不正于理……三章之法不可以为治。故令不得不加,法不得不多。"(王利器:《盐铁论校注(定本)》594页,中华书局1992年版)由此可知,《汉书·高帝纪》和《盐铁论》之间可以互证。刘邦当年与秦民"约法三章",一直沿用到楚汉战争结束后,已经"不可以为治"了,因此刘邦令萧何编《九章律》代替"约法三章"。经过这么一番梳理,萧何的《九章律》是在刘邦消灭项羽后就开始着手做的事情,大概在高帝五年就已经颁布,至迟在六年应该也就会正式施行了。

[3] 高帝五年九月,张苍从刘邦平燕王臧荼叛乱,被拜为北平侯。按《汉书·律历志》记载"汉兴,北平侯张苍首律历事"(955页),定章程一事应在此时开始。因为平臧荼后,张苍先当一个月的计相,又以北平侯的身份当了四年的主计。高帝十一年,张苍又以北平侯的身份居于相府,领主郡国上计。一直到高帝十二年,刘邦子刘长为淮南王,张苍外出任淮南相,至此张苍才告别了主持上计这一职务。所谓的定章程或者律历,应该就发生在高帝六年至十一年。

第二章　刘邦之国　筹谋北征

在高帝十二年（公元前195年）左右①。考订这四件事发生的时间，读者可能会认为，"韩信申军法"一事和这四件事情并列，可能也是在高帝五年后才会发生，但是笔者认为，这件事几乎不可能发生在刘邦灭项羽之后。

高帝五年正月，刘邦称帝，韩信改封为楚王，兵权被夺。六年（公元前201年）十月，韩信被贬为淮阴侯，连楚王国的兵权也被夺去。从高帝六年十月到十一年正月，韩信一直未能掌兵。即使是他在当楚王的时候，也只能掌握楚国的军队，而不能掌握汉帝国的军队，所谓的"申军法"，并不可能在刘邦称帝以后实现。至于刘邦任汉王期间，除了在还定三秦以前和彭城之战后的一段时间，其他时候刘邦几乎都在不断征战，不可能让韩信进行大规模的"申军法"。彭城之战后，刘邦主要是在战略和一些政策上做了一定的改变，也不涉及"军法"。所谓的"韩信申军法"，只能发生在汉元年（即义帝元年，公元前206年）的四月至八月。

"韩信申军法"一事，用李开元先生的话来说是："对汉之军队进行全面整顿，重新确定关于军队的法律制度。"②那么，韩信的这次改制，具体内容究竟如何呢？

在韩信当大将军以前，如果我们仔细阅读过刘邦对其手下的封爵记录，是可以清晰发现刘邦军队主要是采用楚制，赏爵主要用楚爵。但是在这之后，我们几乎看不到楚制的踪迹，反而是秦制占据了主导地位。如果我们细细品读，则可知道韩信所推动的"申军法"，主要的内容当是将汉国的制度从楚制改为秦制。但这个改革应该不是悉用秦制，如果

---

①按《史记·郦生陆贾列传》《汉书·陆贾传》的记载，陆贾是先出使南越国，然后才有"造新语"一事。陆贾出使南越国事在高帝十一年五月，当年七月淮南王英布叛乱。这段是时间内，陆贾恐怕还在往返路程中，未得见到刘邦。高帝十一年七月至次年十月，刘邦亲征英布，料想并无闲心赞同陆贾的"马下治天下"一说。故陆贾"造新语"一事当在高帝十二年发生。

②李开元：《汉帝国的建立与刘邦集团：军功受益阶层研究》42页，生活·读书·新知三联书店2000年版。

秦制中有所不适的地方，也应该将其摒弃。

　　为什么要变楚制为秦制呢，并不只是因为战国时代，秦国的军制是最适合作战杀敌的，还因为，刘邦起于巴蜀，一旦还定三秦成功，凭借着他在关中的声望以及关中的险要地形，其大本营非在关中不可。既然客观形势要求刘邦必须都于关中，那么他想要进一步发展，就必须入乡随俗。以楚制来统治秦地，且不论作战效果如何，其统治效力都会大大降低。刘邦居于秦地，必用秦制。一旦采纳秦制改组军队，改组汉王国，那么刘邦集团就会出现"秦制化"的趋势。"秦制化"成功之后，刘邦集团将能很好地利用关中这块地区作为大本营，很好地利用秦人为自己提供赋税兵丁，也将能很好地利用秦军东出攻楚。这恐怕才是"汉中改制"更大的一个目的。这个目的只要能达到，将很好地把秦国的军制融入于汉国。既然形势要求刘邦集团做出改变，那么在韩信的建议和主持下，刘邦集团也就顺利进行了改变，在后来的楚汉战争中，汉军爆发出的强大的战斗力，实在是与"汉中改制"密切相关。这次改制，也为刘邦集团在日后赢得楚汉战争奠定了很好的制度基础。

　　当然，"汉中改制"并不是只有韩信改军制，汉国的丞相萧何也参与到改制的工作中，主要负责改革政制。韩信"申军法"是为了让汉国的军制"秦制化"，而萧何的工作则是要让汉国的政制"秦制化"，只有军制和政制都"秦制化"了，汉承秦制才算是真正完成。

　　那么萧何是怎么改制的呢？由于史料缺乏，我们几乎完全不知道萧何在这段时期内都干了一些什么事。根据笔者的推测，萧何主要是干了两件事情：第一件事是继续推行"约法三章"，第二件事情则是清查王国内的户口、人口，登记成册。

　　关于"约法三章"究竟推行了多久，史学界众说纷纭。有说推行时间少则两月多则两年的，有说推行了三个月的，也有说在整个楚汉战争时期都得到了推行的，笔者比较倾向于最后一种说法。桓宽在《盐铁论》中已经很清楚地记载了："高皇帝时，天下初定，发德音，行一切之令，权也，非拨乱反正之常也。其后，法稍犯，不正于理……三章之

第二章 刘邦之国 筹谋北征

法不可以为治。故令不得不加，法不得不多。"①可见，在西汉人看来，"约法三章"确实沿用了整个楚汉战争时期，一直到刘邦称帝之后才"令不得不加，法不得不多"，而且"约法三章"主要涉及的范围是社会治安层面法律的减省，而不是对整个国家机关正常运行的法律也减省了。无论是从西汉人的观点，还是从"约法三章"的执行范围来看，它应该是一直沿用到刘邦称帝后。因此，萧何改制我认为主要就是继续向汉国境内的百姓宣扬汉王国减省严刑峻法的仁政，获得民心。

至于清查户口、人口一事，史书不载，但也是有迹可循的。根据《史记·高祖本纪》的记载，汉二年五月左右时，"萧何亦发关中老弱未傅者悉诣荥阳"②。"傅"指的就是傅籍制度，按照当时的法律，成年人是要被纳入傅籍之中的，如果萧何不进行户口清查、整理，是不可能建立起傅籍制度的。但是这毕竟是汉二年五月的记载，不是还定三秦前后的记载。那么史书还有没有别的什么蛛丝马迹呢？有的。根据《汉书·高帝纪》的记载："（刘邦）留（萧）何收巴蜀租，给军食。"③这条史料是刘邦在还定三秦前夕下的命令。那么既然要收"租"，那肯定要对汉国的户口进行清查、整理。同时，根据《后汉书·南蛮西南夷列传》的记载："至高祖为汉王，发夷人还伐三秦。"④从这条史料我们可以看出，当时汉国的征兵制进行得相当彻底，还征集到了一些"夷人"。如果没有进行一次比较彻底的户口清理、统计，我们很难想象刘邦能够征集不少"夷人"作为士兵。李开元先生指出："可以推想，汉初的户籍整理，开始于汉二年（公元前205年）四月至八月（笔者按：李开元先生这里有误，应是汉元年），即刘邦抵汉中就国时。其整理之实行，当随刘邦军队之推进而在各地展开。至迟到汉二年五月，蜀汉关中

---

① 王利器：《盐铁论校注（定本）》594页，中华书局1992年版。
② 司马迁：《史记》324页，中华书局1959年版。
③ 班固：《汉书》30页，中华书局1962年版。
④ 范晔：《后汉书》2842页，中华书局1965年版。

地区的户籍整理,已经基本完成。"①此说甚允。看来,清查户口、人口,建立傅籍制度正是萧何在"汉中改制"所作的任务。

在此之后,萧何没有停下改制的步伐,他在后来还"为令约束,立宗庙、社稷、宫室、县邑"②,基本上完成了整个"汉承秦制"的改革。

在韩信、萧何的主持下,"汉中改制"迅速开展,不仅整个汉国的面貌焕然一新,而且汉国也开始进入了全面军事总动员阶段,还定三秦战役的爆发已经是不可避免的了。而就在汉国进行"汉中改制"的时候,齐楚战争已经全面打响了。

---

①李开元:《汉帝国的建立与刘邦集团:军功受益阶层研究》29页,生活·读书·新知三联书店2000年版。
②班固:《汉书》2007页,中华书局1962年版。

第三章 刘邦东出 闪击彭城

一、齐楚战争的爆发

汉元年（公元前206年）六月，齐王田荣在连续消灭田都、田市、田安三股势力以后，如愿以偿地统一了三齐之地。此刻他又招安了盘踞在巨野一带的彭越，联合了南皮侯国的君主陈馀，缔结了齐赵同盟。这一三方同盟的缔结，使得田荣不会再仅仅满足于统一三齐，势必要求其迅速出击，挑战项羽的霸权，摧毁"戏下体制"。

齐国之地理形势，在高帝六年（公元前201年）十二月，田肯曾对刘邦这么说："夫齐，东有琅邪、即墨之饶，南有泰山之固，西有浊河之限，北有勃海之利。地方二千里，持戟百万，县隔千里之外，齐得十二焉。固此东西秦也。"①齐地靠海，坐拥鱼盐之利，富甲天下，又有泰山、黄河可倚为屏障。战国中期，齐国和秦国曾是当时天下最强大的两个国家。据有齐地，足可自霸一方。这也是秦朝末年，齐王田市、齐相田荣自霸齐地，不肯参与讨伐章邯的原因之一。

但是我们必须注意到，齐地虽有险要，被冠以"东秦"之称，其实它并不如关中那般险要。山东地区位于我国地形的第三阶梯，主要的地

---

① 司马迁：《史记》382-383页，中华书局1959年版。田肯称关中为"西秦"，齐地为"东秦"。

形区是低山丘陵。山东地区的附近有黄河、泰山、泗水，其所能倚靠的险要，也仅这几处。再加上齐地内部地区多低山丘陵，缺乏战略纵深。一旦其所布置的几道防线被突破，则齐地便无险可守。后面的项羽伐齐之战、韩信灭齐之战，以及此前的乐毅破齐之战，都充分体现出了山东地区的这种弱点。

清人顾祖禹曾经说过："山东以自守则易弱以亡，以攻人则足以自强而集事。"①这一观点颇有道理。齐地一旦只依靠泰山、黄河带来的险要，苟且偷安，则不免覆亡，战国时期齐的灭亡和后来齐王田广丧国都已经充分体现了这一点。那么齐地"攻人"的优势体现在哪里呢？这是由于山东地区位于中国地形第三阶梯的东部沿海地区。第三阶梯平均海拔在500米以下，多平原、丘陵。山东地区仅倚黄河、泰山、泗水，足以构成保护山东的防线，而其四周多平原，从而凸显山东地区的险要。四周多平原，则其地理条件要求齐国可以对外进行扩张发展。这正是据有山东地区的统治者自守易弱，攻人易强的奥秘所在。

促使田荣开疆拓土的原因，并不只是齐国的地理条件。要知道，在秦末，田荣主政下的齐国，也是苟安一方的。之所以现在田荣要开始主动出击，是因为他一举击败了田都、田市，已经破坏了项羽在齐地进行的分封。更何况，项羽定都彭城，本身就有以西楚制衡齐地的目的在内。如今齐国的政治平衡已经被打破，就算田荣不出兵，项羽也会出兵。在这一现实的政治形势下，田荣不能不摆出一副有所作为的模样。

田荣深知，凭齐国一国之力，是根本无法和强大的西楚抗衡的。既然田荣杀田都、田市，已经打破了"戏下体制"下的脆弱的政治平衡，那么为了彻底消灭项羽，就必须粉碎"戏下体制"。在这一思路的指引下，田荣拉拢了并未在"戏下体制"下获益的彭越和陈馀。拉拢彭越是为了让他消灭济北国，并主动对西楚国发动挑战。拉拢陈馀是为了让他击灭常山国、代国，统一赵地。一旦统一之齐赵同盟真正实现，加之有

---

①顾祖禹：《读史方舆纪要》1436页，中华书局2005年版。

第三章 刘邦东出 闪击彭城

彭越的巨野军团的支持，田荣对抗项羽将更加有底气。

除了彭越和陈馀，田荣知道，在"戏下体制"中损失最大的其实是汉王刘邦。因此田荣也派出使者，希望和汉国结盟，刘邦大概也是接受了田荣的邀请。①至此，齐赵汉三国同盟缔结，楚之东、北、西三面，俱已形成反楚之强大势力，这时候形势对田荣来说无疑是极其有利的。

田荣在军事上拉拢彭越，击杀田安，统一三齐，将分裂之齐整合为一体；又利用外交手段，缔结齐赵汉三国同盟，造成天下反楚之势的形成。除了这两个方面，田荣还在政治上试图有所作为，他深知夺取天下不能没有人才的帮助。结果田荣在招揽人才上出现问题了。

田荣在当了齐王后，开始招贤纳士。根据《汉书·蒯伍江息夫传》记载："初，齐王田荣怨项羽，谋举兵畔之，劫齐士，不与者死。"②齐国的士人，跟从田荣的就罢了，如果有不愿出山，要当隐士的，一律处死。在这一情况下，势必激发齐国政权和当地士人的矛盾。田荣这一糟糕的政治措施，给自己的集团带来了极为恶劣的影响。田荣集团的漏洞也逐渐暴露了出来。尽管田荣在内政治理上已经出现了严重的漏洞，但他很可能也并未在意，毕竟齐地的英杰已经被他这种"强盗式"的方法聚于一堂。现在应该做的就是，制定同盟作战计划。

齐王田荣派将军彭越率其部众进攻西楚国的东郡、砀郡（此地为故魏国的领土，被项羽侵吞作为"西楚九郡"中的两郡），彭越军团从大本营巨野泽南下攻击济阴（今山东省菏泽市定陶区东南），而后一路向东南进击萧县（今江苏萧县东南），最后东攻楚都彭城。彭越军团当是联盟伐楚的前锋部队，齐王田荣所率的齐国军队则为后续支援部队。

南皮侯陈馀率南皮侯国的军队及齐国援军渡过黄河，向西南方向进击，消灭常山国，统一赵地。陈馀作为齐国及彭越盟友，在统一赵地之

---

① 后来在刘邦还定三秦的前夕，已经回到汉国的张良把田荣和彭越的反书寄给项羽，刺激项羽讨伐田荣。可知田荣确实拉拢过刘邦，而刘邦应该也已经答应缔结同盟，否则不可能有田荣和彭越的反书。

② 班固：《汉书》2166页，中华书局1962年版。

后，应要负责支援齐国及彭越相应的士兵、粮草。

史书虽然没有记载田荣、彭越是如何鼓动汉王刘邦造反的，但是我们如果从当时的形势出发，进行合理的推测，刘邦集团的任务应当是：汉王刘邦率其国之军队北击三秦，并在击败三秦之后，负责牵制韩地的西楚附从国及一部分西楚军队，为齐国和彭越军团消灭项羽创造有利条件。

不得不说，田荣的整个战略构思确实非常巧妙，也具有很大的可行性，而且也得到了很好的贯彻。汉元年（公元前206年）七月，齐将彭越在杀死济北王田安后，就接到齐王田荣所下的命令，立即率军南下，进攻西楚国东郡的济阴地区，并一路南下，直逼彭城。

彭越接到王命后，率领所部一举攻破济阴地区，并且占领了东郡、砀郡的十几座城池[①]，彭越略地速度之快令人咋舌。在攻略十几座城池后，彭越军团正式进入四川郡，攻打彭城西部屏障萧县。

就在齐楚战争已经日趋白热化之际，汉国也蠢蠢欲动，开始有所动作。

二、掩空击虚　还定三秦

汉、雍二国战前军事部署

公元前206年4月，诸侯们纷纷之国；5月，齐相田荣造反；6月，田

[①] 根据《史记·魏豹彭越列传》记载，田荣败死后，刘邦东略地至外黄，彭越率其部众归顺。刘邦说："彭将军收魏地得十余城"（2592页），可知在齐楚战争时期，彭越占领了东郡、砀郡中的十几座城池。

第三章 刘邦东出 闪击彭城

荣自称齐王；7月，田荣统一三齐，并与彭越、陈馀、刘邦结成同盟，共同挑战西楚之霸权。就在这风风火火的三个月内，汉王刘邦拜韩信为大将军，一面进行"汉中改制"，一面同意和田荣缔结军事同盟。如今，田荣已经彻底把局势给搞乱了，这正好是刘邦北击三秦的大好时机。

自从刘邦采纳韩信的"汉中对"后，就对这位大将军信任有加。刘邦把军事部署的权力全部放手交给韩信，军事行动该如何部署，就听从韩信的安排。截至公元前206年8月，一切部署行动已经安排妥当，就等着汉王正式下令还定三秦。

史书虽然没有记载章邯在这一时期的一切军事动向，但是我们推想一下，这位秦朝历史上最后一位名将自然不会选择束手待毙，我们从史书中一些只言片语，可以大概还原当时章邯的军事部署。

《史记·高祖功臣侯者年表》平棘侯条记载："（林挚）斩章邯所署蜀守。"[1]日后还定三秦之战，历时不到一个月，章邯处处被动挨打。想必章邯应该不会在战争爆发后才临时任命一个"蜀郡郡守"，这应该是在战争爆发前就已经任命的。可见不独刘邦想要吞并章邯，王于关中，章邯也颇想消灭刘邦，在关中称霸。

但是如之前所述，项羽让章邯在秦地称王是个不怀好意的举措。由于章邯率领秦军征战三年以及在新安大屠杀上突然失声，秦地百姓已经很怨恨这位雍王了。正如韩信在"汉中对"中所分析的，秦民对章邯是"痛入骨髓"。章邯在这种情况下，绝无对关中进行军事总动员，从而征讨刘邦的可能。尽管章邯安排了一个蜀郡郡守，但是以雍国当时的国力而言，只能固守，决不能主动进攻。

从日后的战役动态进程来看，章邯当在汉中和关中之间的五个关口全都设置军队驻守。其中，章邯主要依托雍国之废丘、塞国之咸阳，以及在渭水一带构筑防线。

从地图上看，雍国之军事重镇废丘、鳌县、郿县、陈仓，塞国之军

---

[1] 司马迁：《史记》933页，中华书局1959年版。

事重镇咸阳、栎阳,俱在渭水北岸。《汉书·高惠高后文功臣表》须昌侯条记载:"雍军塞渭上"①。自汉中进入关中的五条通道,其北口处俱通向渭水南岸。章邯只能据渭水北岸固守,而不能在渭水南岸建立军事据点,可见雍国实力确实有限,只能摆出消极防御的态势来应对将来之汉军。

雍国实力既然有限,那么五条通道,章邯必须有所取舍,只能在一部分地方以重兵把守,而不能面面俱到。五条道路中,离关中腹地较近的无疑是褒斜道、傥骆道、子午道,其中以褒斜道最为便捷,当初汉王刘邦正是从此处进入汉中称王的。这三条道路都不能不严加把守。

褒斜道之南口处是汉都南郑,刘邦如果从这里出兵,最为便利。因此雍军需在褒斜道之北口处郿县严加把守。郿县西有陈仓,东有鳌县、废丘,一旦发生战事,则雍国之东西两侧兵力都能汇集过来夹击汉军。褒斜道这种易行之道路,章邯不能不对其进行重点防御。至于傥骆道、子午道,地近废丘、咸阳,此处是雍国、塞国的政治、军事要地,而且离函谷关较近,可以随时通报情况给远在西楚国的项羽。章邯更要严防汉军从这两条道路对关中进行袭击。

相比之下,在西边的两条道路,雍军的防御就比较薄弱了。关于陈仓道的防御,史书确有记载"雍军塞陈",陈仓附近有军事重镇雍县、汧县,而且又有地形优势,是兵法上所说的"死地"。如果刘邦自陈仓道而出,攻打陈仓,便是自入死地,从日后的战争态势来看,章邯并未在陈仓布置太多的军队。章邯恐怕正是自恃陈仓险要,于是未曾设置重兵防范。而最西边的祁山道,路程漫长迂远,加之走过祁山道后,又有陇山的阻隔,刘邦绝无可能从这里出兵,祁山道上雍军的部署应该也不会太多。

---

①班固:《汉书》603页,中华书局1962年版。《史记·高祖功臣侯者年表》相应的记载为:"雍军塞陈"。(959页)后来的还定三秦之战,战事俱发生于渭水北岸,可见雍军确实沿着渭水一带构筑起一整条防线,《汉书》的表述会更为精当。

第三章　刘邦东出　闪击彭城

　　从我们以上的分析可以看出，章邯的"渭水防线"具有明显的重东轻西的特点。这既是因为东部地区是雍国的政治、经济、军事中心，也是因为东部更靠近西楚国，可以随时得到来自项羽的支援。章邯被动布置防线，实在是不得已的一项军事行动。

　　那么在雍国大力部署"渭水防线"的时候，韩信这会儿要怎么部署汉军的军事行动呢？

　　韩信的用兵特点向来是速战速决，绝不和敌人持久作战。韩信如果和章邯持久作战，那么只要项羽的援军赶到，形势将大不利于汉军。毕竟在"汉中对"的规划里，章邯和项羽是要被各个击破的，而不是两方强强联手。所以道路最为难行、漫长的祁山道绝不可行。那么，主攻方向是褒斜道吗？

　　从日后韩信的北伐可以看出，他决不打无把握之战。知己知彼，然后制定相应的作战方略，击溃对手，是他的指挥风格。韩信应当明白，雍国、塞国集主力于关中东部，而且，褒斜道最近又最为便利，章邯必然要抢先扼守住这条谷口。如果走褒斜道强攻郿县，那么绝不利于汉军速战速决。褒斜道不是最佳选择，至少对于韩信来说，确是如此。除了褒斜道，更东边的傥骆道、子午道，也就更不能作为最佳的进攻路线了。这样一来，只剩下陈仓道可以进攻。

　　陈仓道，在当时又叫作故道。陈仓前有大散关和渭水，后有山塬，东靠雍县，西临汧县，而且在当时，陈仓道是一条比较难行的道路，《史记·河渠书》说："抵蜀从故道，故道多阪，回远"[①]，可见陈仓道之迂远难行，绝不如褒斜道便利。虽然章邯在这里的军事力量较为薄弱，但是比起祁山道，章邯也对陈仓做了足够的重视。在军事争夺中，陈仓城是可以被称之为"死地"的，要想从这里突破，直逼关中，几乎是一件不可能的事情。

　　东汉及三国时期，针对陈仓的争夺战就有两起。一起爆发于东汉中

[①] 司马迁：《史记》1411页，中华书局1959年版。

平五年（公元188年），王国率领叛军围攻东汉的陈仓城。东汉的军事统帅皇甫嵩在分析当时的局势后敏锐指出："（王）国今已陷受害之地，而陈仓保不拔之城，我可不烦兵动众，而取全胜之功。"[1]后来王国连续围攻陈仓八十多天，仍然不能攻陷，不得已而撤退。皇甫嵩引兵追击，斩首万余。另外一起则爆发于蜀汉建兴六年（公元228年），诸葛亮第二次北伐，走陈仓道，围攻陈仓。在此之前，曹魏大将军曹真料到诸葛亮会攻打陈仓，已经有所防备。诸葛亮围攻二十多天不克，粮尽而退。

从王国围攻陈仓之战以及诸葛亮第二次北伐这两起战例可以看出，面渭背塬的陈仓并不可能顷刻之间一举攻克，稍有不慎就会陷入旷日持久的围城战当中。那么韩信为什么要选择攻打陈仓这一个兵家上的"死地"呢？

第一点自然是我们说的，陈仓故道，比起东边的三条道路来说，防守较为薄弱，更便利韩信突破。第二点就是因为陈仓道既偏又远，而且难行。章邯自然不会把注意力放在陈仓故道上，这样对于韩信来说，反倒更为有利。第三点，既然在陈仓的兵力少，而汉国则是倾国之力远征，那么在军事上形成了"以镒称铢"的态势，汉国将会形成压倒性的优势。第四，一旦攻打陈仓道，祁山道上的救兵如果想要支援，必然受困于陇山的阻隔，这样一来，救兵抵达的时间将受到极大的延迟，这就有利于汉军在此期间攻下陈仓。

关于走陈仓道，现在还有一种颇为流行的观点是，当时汉水上游的略阳一带，曾有一个天池大泽。天池大泽的储水抬高了水道，导致当时汉水上游的水路通航较为便捷。因此当时的陈仓道是可以从水路通行，直达陈仓的。但是后来在高后二年（公元前186年）发生武都大地震，引发当地的山崩地变，从而使得这一带地区航运不便。但是现在已经有学者质疑这一说法，认为自全新世以来，现今嘉陵江与汉江水系已经基本

---

[1] 范晔：《后汉书》2305页，中华书局1965年版。

第三章　刘邦东出　闪击彭城

稳定下来。[①]笔者赞同这一说法,当时的陈仓道绝非易行之处,汉军北上行军的道路应当是比较艰难的。

尽管从陈仓道行军确实较为困难,但是它有我们所说的四点优势,那么要完成这一项军事任务并非不可能。只不过还需要加上一系列的军事行动,配合下去,才能保证偷袭陈仓顺利实施。韩信的这一系列军事行动,在后面笔者会进行详细分析,这里只大概讲一下具体的部署:

一、汉军主力部队由汉王刘邦统率,率主力部队出陈仓道北上。范目率领由賨人组成的大军充作前锋部队。

二、将军曹参独立率领一支部队先走祁山道,扫清祁山道附近援救陈仓道的雍国援军。

三、大将军韩信独立率领一支军队抢修褒斜道的栈道,假装要出褒斜道直攻郿县,以此来迷惑章邯。

四、丞相萧何留守大后方,负责向大军提供粮草。

五、刘邦和韩信最终在关中顺利会师,共同清剿三秦中的残余势力。

韩信的部署,环环相扣。刘邦也对这一整套作战方略言听计从。只是行军作战,战场上的局势将会千变万化。能否成功战胜章邯这个老奸巨猾的对手,不仅要看韩信的战役部署,还要看在战争过程中,实际的军事统帅刘邦应该如何指挥。还定三秦之战,注定是一场艰难无比的战役。

[①] 关于武都大地震导致古汉水上游水系变迁的考证,可以参看周宏伟《汉初武都大地震与汉水上游的水系变迁》,《历史研究》2010年04期,49-69页。而针对该文的一些质疑,可参看杨霄《汉初武都大地震与汉水上游的水系变迁之管见——与周宏伟先生商榷》,《历史地理》2016年02期,229-239页。笔者赞同杨霄的说法,认为当时的今嘉陵江以及汉江水系已经基本稳定,绝非是因为武都大地震而引发后来大规模的水系变迁。

还定三秦的军事统帅

刘邦、韩信与章邯的这场对决，毫无疑问是楚汉战争史上最重要的战役之一，可是极为奇怪的是，史书的相关记载却语焉不详。上节中笔者所述的汉、雍二国在战前的军事部署，是从后面的战役进程，以及当地的地形条件推断出来的，未必百分百符合历史原貌。不只是战前部署，就连整场战役过程，史书记载也相当简略，完全不如后面的彭城之战、荥阳之战等战役。因此以下的战役动态演进，以及军事统帅，笔者也只能靠尽量合理的推测，来还原整场战役。

在正式讲述这场战役之前，我们必须先注意一点，这次还定三秦之战中的汉军主帅是谁？

不少著述都认为当时出陈仓道的是韩信，而非刘邦。比如《中国历代战争史》就作如下表述："大将军韩信，率将军周勃、太仆夏侯婴、中谒者灌婴（笔者按：原书作"灌英"，有误）、右骑将傅宽、骑都尉靳歙等，统兵约十万，以为本队。汉王则居本队与大将军同行。"[1] 李开元的《楚亡：从项羽到韩信》一书说："顺利进军的汉军主力，在韩信的指挥之下，沿渭河东进，直逼废丘。"[2] 但是笔者认为在当时的形势下，真正的统帅非刘邦莫属。

根据《史记·淮阴侯列传》的记载："（汉王）遂听信计，部署诸将所击。"[3] 由这条史料我们可以推出，在战前的军事作战部署中，刘邦

---

[1] 台湾"三军大学"编：《中国历代战争史》03册，26页。
[2] 李开元：《楚亡：从项羽到韩信》49页，生活·读书·新知三联书店2000年版。
[3] 司马迁：《史记》2612页，中华书局1959年版。

第三章 刘邦东出 闪击彭城

是完全听从韩信的安排的。可是这并不能推断出，实际指挥整场战争的军事统帅是韩信。

据《三国志·魏延传》记载，在诸葛亮北伐的时候，征西大将军魏延曾经向诸葛亮提出所谓的"子午谷奇谋"。这个所谓的"奇谋"具体内容是："欲请兵万人，与（诸葛）亮异道会于潼关，如韩信故事。"①由这条史料可知，魏延的"子午谷奇谋"，其蓝本正是当年韩信规划的还定三秦之战。虽然《三国志》没有明确说明这个"韩信故事"是什么，但是裴松之引《魏略》一书详细说明了："直从褒中出，循秦岭而东，当子午而北，不过十日可到长安。"②根据《魏略》这一记载，魏延所说的"韩信故事"指的是，率领军队从褒斜道行军，然后循秦岭南岸向东行军，到达子午道后一路向北走出谷口，率军抵达长安。笔者认为，这一军事行动被冠以"韩信故事"之名，不仅只是由韩信所提出，更有可能是韩信亲自率偏师所行，对外号称自己亲率汉军主力部队，抢修褒斜道栈道北上，诱骗章邯将主要的注意力集中在褒斜道。

笔者之所以这么认为，是因为考虑到当时的韩信并不能够服众，几乎不可能亲率主力部队指挥还定三秦之战。韩信骤然而为大将军，并非全军公推，或者是韩信个人努力的结果，而是由刘邦、萧何二人意志所决定。当初韩信拜将造成了"一军皆惊"的结果，可见当时的将士并不信服这位新晋的军事统帅，韩信对军队缺乏足够的控制能力。辛德勇先生对此曾有过精彩的分析："后来韩信率汉军在井陉大破赵军之后，自云其之所以要违背兵法，背水列阵，是因为他'非得素拊循士大夫也'，不得不置之死地而使其'人人自为战'。由此可以看出，在东出关中之前，韩信对于军队要更缺乏控制力。"③此说甚是，而且根据《史记·汉兴以来将相名臣年表》，在该表中的"高皇帝元年"的将位一

---

①陈寿：《三国志》1003页，中华书局1971年版。
②同上书。
③辛德勇：《历史的空间与空间的历史》127页脚注①，北京师范大学出版社2005年版。

栏，并无大将军韩信的名字，"高皇帝二年"一栏名字则记为"太尉长安侯卢绾"①。可见韩信当时虽然名为大将军，但是缺乏对全军的实际掌控能力，让他亲统全军，实在是个不明智的决定。

陈仓道作为主攻方向，褒斜道是佯攻方向。握有实权，且有一定战争经验的刘邦走陈仓道，韩信大概不会随从刘邦出征，他当是以大将军的头衔，欺骗章邯，让章邯将注意力集中到褒斜道上（刘邦在袭取陈仓前大概也不会打出汉王的旗号，否则章邯将会注意到陈仓才是汉军的主攻方向）。因此在笔者看来，这场战役中，刘邦应当是战役总指挥，而韩信则是副总指挥兼总参谋长。

明修栈道，暗度陈仓

由于史书惜墨如金，我们现在已经很难知道这场战役是怎么打的了。因此到现在，针对这场战役所实施的具体战术，主要有三种说法，分别是：明修栈道，暗度陈仓；明出子午，暗度陈仓；明出陇西，暗度陈仓。②

"明修栈道，暗度陈仓"最早是元代戏文所提出来的说法，但其实这并不是民间创作者无中生有，而是有本可依。

王子今先生说过："'道由子午，出散入秦'或许是刘邦分兵而出，北定三秦的路线。"③这一思路无疑是正确的。"道由子午，出散入

---

①司马迁：《史记》1119页，中华书局1959年版。

②第一种说法，可参看孙忠印、王宏波的论文《掩空击虚　由蜀汉出——"明修栈道暗度陈仓"辨析》，《秦汉研究》2012年，140-150页。第二种说法，可参看李开元著《楚亡：从项羽到韩信》，44-54页。第三种说法，可参看辛德勇著《历史的空间与空间的历史》，105-109页。

③王子今：《秦汉交通史稿》52页，中共中央党校出版社1994年版。

第三章　刘邦东出　闪击彭城

秦"一语出自《司隶校尉杨君孟文石门颂序》，该石刻于东汉建和二年（公元148年）刻在褒斜谷的石门崖壁上。"道由子午"既指刘邦走子午道、褒斜道之国，也指汉军曾经从子午道、褒斜道这一带北上，反击三秦。

东汉初年，著名文学家杜笃在名篇《论都赋》中写道："或掩空击虚，自蜀汉出。"[①]"掩空击虚"一句指的正是刘邦大军掩盖自己真实的行军目的，趁章邯不备，兵出陈仓。

根据《论都赋》《石门颂》的记述，以及三国时代魏延所提出的"韩信故事"，我们认为，当时韩信率领的大军确实是自褒斜道北上，沿着秦岭南岸向东行军，最后北走子午道。韩信的这一条军事路线，是前往关中最便捷易行的军事路线，只是行军栈道在此之前已被刘邦、张良烧毁，要想走这一条路，必须重新修建栈道。由此可见，"明修栈道"并非只是民间创作者所编造出来的，而是有本可依，甚至是接近历史事实的。

在辨析完"明修栈道"后，我们就要正式叙述还定三秦之战的战争经过了。

汉元年（公元前206年）八月，根据韩信此前的作战部署。刘邦、韩信、曹参分兵北上。其中，刘邦率领绝大部分军队直趋陈仓道北进。[②]韩信率领一支部队前往褒斜道，抢修栈道，佯攻郿县。曹参则率领小股汉军前往祁山道扫平来救援陈仓道的雍军。[③]

建成侯曹参所部在接受军令后，立即趋军前往祁山道，在下辩（今

[①]范晔：《后汉书》2595页，中华书局1965年版。

[②]这支汉军主力打出的旗号应该不会是汉王刘邦的旗号，否则雍王章邯就能轻易判断出汉军主力的方向了。

[③]辛德勇根据曹参的行军方向，认为还定三秦中汉军是"明出陇西"，而不是"明修栈道"。他认为汉军应该是佯出祁山道，攻打陇西郡，实际上主力部队是攻打陈仓。这种说法有误。如前所述，章邯军事部署的特点是重东轻西，如果韩信让曹参等"明出陇西"，那么章邯将会把防御重心转向西部地区，这样一来，韩信事先的作战计划就已落空，"暗度陈仓"的作战目标将会被章邯察觉。

甘肃省陇南市成县西北）一举击败了驻扎在这里的雍军。曹参麾下的郎中樊哙作为前锋部队，继续向西北方向前行，于西县（今甘肃省陇南市礼县盐官镇）附近的白水北岸击破西县县丞组织的抵抗，做出攻打上邽（今甘肃省天水市）的假象，此举必然吸引雍国在祁山道和陈仓道防线军队的回援。陈仓道的防御力量减弱，从而使形势有利于刘邦，这样一来，曹参部的作战目的便已经达到。于是曹参率领樊哙等人立即率军回到陈仓道，支援刘邦。

从敌军的角度来思考，曹参不过是汉国的一名将军，他率领的军队必不是主力部队。更何况战事发生地下辩、白水、西县，距离废丘实在太过遥远了。因此章邯必不会认为曹参部是敌之主力部队，只会认为是汉军对雍国的陇西郡进行小规模的骚扰而已，自己只需要抽调西部防线的一部分兵力去对付曹参即可，毕竟在章邯看来，敌之主力是汉国大将军韩信所辖部队。

韩信知己知彼，他一定站在章邯的角度上仔细思考过很久。韩信让曹参走祁山道，一可以分散敌人一部分部队，二可以让敌人对陈仓城放松警惕，三不会引起章邯的战略重心转移。韩信这招儿是一举三得，成功欺骗了久经沙场的雍王章邯。

曹参身为刘邦身边最重要的一员将领，不独是百战百胜，而且行军速度惊人。曹参这支偏师很快就离开祁山道，并顺利和刘邦大军会师。会师后，曹参又率军攻下了故道县（今陕西凤县双石铺）。汉军昼夜兼程，火速行军，刘邦以范目组建的賨人军团作为前锋，出大散关，兵临渭水南岸。

刘邦志在还定三秦，可是在章邯的组织下，雍国布置了"渭水防线"，尽管现在陈仓缺少足够的防备，但是若要强渡渭水，只怕会将战争陷入持久作战。①正在这时，刘邦帐下的谒者赵衍，向刘邦指了一条

---

① 因为陈仓濒渭水北岸而建，所以要想打下陈仓，必先过渭水。因此也有"暗渡陈仓"的说法。

第三章 刘邦东出 闪击彭城

"他道"，从这条道路出兵，就可以迅速打下陈仓。这条"他道"究竟是什么道路，如今已不可考。我们只知道，刘邦听从了赵衍的建议，以范目的賨人军团作为前锋，渡过渭水，袭击陈仓，一举攻下陈仓城。

雍王章邯在此前一直把注意力集中到褒斜道上的韩信军团，他可能已经在郿县集结了大量军队，准备一举消灭这个名不见经传的汉国大将军。可是现在他听闻，过陈仓道的竟然是汉王刘邦，而且刘邦已经打下了陈仓。章邯这个时候才发现自己被韩信所欺骗，立即率领主力部队西进，企图夺回陈仓。

事实上，这个时候形势虽然已经明显对刘邦有利，但是章邯并非没有翻盘的机会。陈仓的东北部是雍县（今陕西省宝鸡市凤翔县南），此处是关中西部最重要的战略要地。章邯就算无法夺回陈仓，只要他能占据雍县固守，则战争将会从闪电战变为持久战，这样一来就会打破韩信在"汉中对"的部署。因此面对章邯回援之师，刘邦务必要火速击溃，使其不得北入雍县。

刘邦和章邯双方在雍县以南列阵对敌。章邯选择在这个地方作战，其用心已经昭然若揭，胜则可收回陈仓，败则可退守雍县。他组织了轻车骑列在前阵与汉军作战。郎中樊哙率领所辖军队大破章邯的轻车骑。随后刘邦军主力部队击溃章邯部。陈仓之战，章邯军队溃败，以致他竟不能退回雍县固守，而是一路东逃至雍都废丘北部的好畤（今陕西乾县东）。陈仓之战，汉军一战打破章邯企图把战争拖入持久战的意图，从此以后，汉军不仅在战术上，也在战略上彻底占据了优势。

退至好畤的章邯知道汉军主力部队会追过来，再进行一场战役歼灭雍军的有生力量，他决定把好畤作为战场，进行汉雍二国最终的大决战。

陈仓之战后，曹参、樊哙一部沿着渭水北岸一路东进，攻下雍县和斄县（今陕西省武功县西）。待刘邦主力部队到达后，刘邦令威武侯周勃率部继续东进围攻废丘，自己则率曹参等将北攻固守好畤的章邯。

周勃部对废丘周围进行了猛烈的攻打，成功占领了槐里，断章邯南

· 125 ·

下之退路，然后北进和刘邦会和。

周勃部的到来，有力补充了刘邦军团的实力。汉雍二国在好畤以南展开了决战。此战，汉雍双方都受到了很大的损失。史书虽然没有明确记载汉军的损失，但是此战汉国将军纪成战死，想必是汉军受到了雍军一定的打击。尽管章邯的军队击杀了汉将纪成，但这也无法扭转章邯已败的事实。好畤之战，雍国彻底失去与汉军野战的实力，只能转入消极防御。

章邯并不打算困死在好畤城中，他令弟弟章平死守好畤，自己则率领一部分军队南下，据守废丘，与章平形成掎角之势，等待塞国和翟国的支援。

这时候，塞王司马欣和翟王董翳的援军终于赶到。如今好畤和废丘都被围困，二国援军选择先和雍王章邯取得联系，再北上支援章平。刘邦得知塞、翟二国援军已到，率曹参、樊哙等将南下，①攻占废丘附近的壤乡（今陕西武功东南）。三秦军合力与刘邦在壤乡之东和高栎发生战斗，刘邦大破三秦联军，三秦军纷纷溃散，而后刘邦再重新北上围攻好畤。

三秦之援军已经溃败，章平的末日也差不多就要到来了。刘邦令曹参及周勃进攻好畤。章平抵挡不住汉军的猛烈进攻，最终无法守住好畤，弃城而逃。曹参麾下的樊哙是第一个先登陷阵的。此战，樊哙亲自砍下十一个人的首级，其中包括好畤的县令和县丞，又俘获了二十名士兵，功勋卓著。刘邦升樊哙为郎中骑将，把他从曹参军中调出，归自己直属。②

刘邦在击走章平后，雍国已经丧失了反击的实力，雍王章邯孤守废丘城中，已经不能再有任何作为。在这一情况下，刘邦决定立刻东出，

---

①《史记·樊郦滕灌列传》记载："（樊哙）从击秦车骑壤东"（2655页），由这条史料可知刘邦参与了壤乡附近的战斗。

②《史记·樊郦滕灌列传》中，先述樊哙攻占好畤，再述其参加壤乡附近战斗，我疑这里的记述顺序有误。

第三章 刘邦东出 闪击彭城

与项羽争衡天下，而要实现这一步，必先消灭塞国。

塞王司马欣为了防备刘邦的进攻，派赵贲和内史保驻守在咸阳地区，企图遏制刘邦的攻势。刘邦率领曹参、周勃、樊哙等人东进攻打咸阳。当年在刘邦西进灭秦的时候，赵贲在开封和洛阳两次败给刘邦。如今他又岂是刘邦的对手？咸阳一役，赵贲、内史保不敌，纷纷败走，刘邦遂率军重返咸阳，塞国之主力军队，经此一战，也已损失殆尽。

三秦国并不甘心自己就这么被刘邦、韩信所击溃，于是他们准备再组织一次新的反攻，让章平再率领三秦残存的主力部队南下攻打刘邦。刘邦令曹参镇守景陵，防备章平残余部队来击。曹参率部在景陵镇守二十日，等到章平率部与自己前来决战，曹参率部出城，大破章平，章平逃至漆县（今陕西彬县）固守，三秦国至此彻底丧失了反击的实力，只能被汉国各个击破。于是刘邦令周勃火速北上，击破固守在漆县的章平和姚卬，章平败逃至雍国的陇西郡。接着周勃又向西一路追击，渡过汧水，占领汧县。

与此同时，韩信大概已经修建好了褒斜道地区的栈道。刘邦率周勃、樊哙等人攻下郿县，与韩信会师。①汉国两大主力如今已正式合为一体，敌军的主力又已在陈仓、好畤、壤东、咸阳、景陵等战中，被消灭殆尽。刘邦、韩信决定在这个时候正式解决关中地区的战事。

刘邦、韩信率主力部队东进，围攻塞国都城栎阳；周勃率军攻打栎阳北部的频阳（今陕西富平东北）；曹参引兵围困章邯于废丘；郦商、吕泽②率军北进，消灭翟国。

周勃军队攻占频阳，隔绝塞王司马欣与翟国之间联系。刘邦帐下的

---

①史书虽未言明刘邦和韩信分兵，最后在郿县会师，但是笔者认为，韩信修栈道北上，必经郿县。而刘邦部将周勃、樊哙又有攻下郿县的记载。或许刘邦特意南下郿县，正是为了和大将军韩信会师。

②《史记·高祖功臣侯者年表》阳都侯条记载："（丁复）别降翟王，属悼武王"。（904页）悼武王即刘邦的大舅子吕泽。从这一条史料来看，吕泽应该也参与了灭翟之战，他与郦商的从属关系不明。

中谒者令灌婴①攻下栎阳。塞王司马欣见大势已去，只得归顺刘邦。刘邦令自己的堂兄刘贾②继续向东行军，攻占桃林之塞，扼守住函谷关；又派周勃率部西行，同曹参一起围困废丘。

在塞国灭亡的同时，郦商、吕泽一路进展也极其顺利。吕泽麾下部将丁复，一路攻至翟国的首都高奴。翟王董翳见状，自知无力反抗，只能向汉军请降，丁复麾下骑队率朱轸受降，自此翟国灭亡。③

这时三秦中只剩下雍国尚未灭亡，并且仍占据着大部分的领土，但是雍国已经失去了反抗能力，只能被动挨打。

塞、翟二国灭亡后，刘邦下令，郦商率军进攻雍国的北地郡；周勃率靳歙等人进攻雍国的陇西郡；大将军韩信统率全局，并负责围攻废丘；④其他将领准备随同自己东出征战。自此，还定三秦之战正式结束，此时距离开战还不到一个月。

还定三秦之战是中国历史上极其著名的一场战役，因为它是中国历史上从巴蜀、汉中方向北伐关中成功的唯一战例，值得引起我们的重视，并好好总结。令人奇怪的是，如此重要的一场战役，《史记》《汉书》对其记载极为简略，令人难以知晓刘邦、韩信用兵的奥秘所在。笔者只能从史书的一些零碎记载和关中地区的地理尽可能地复原这场战

---

① 《史记》记灌婴为"中谒者"，但根据李开元先生的分析，当时的灌婴当是中谒者令，笔者从之。详见李开元著《楚亡：从项羽到韩信》122页注①。
② 《汉书·荆燕吴传》谓刘贾为刘邦的从父兄，《史记·荆燕世家》不知何故，只说刘贾是"诸刘"之一。
③ 《史记·高祖功臣侯者年表》都昌侯条载："（朱轸）以骑队率先降翟王。"（907页）
④ 令人费解的是，史书并未提及还定三秦后韩信的军事动向。笔者认为韩信并未参与刘邦的东出战役。当时刘邦东出战役已经带走绝大部分将领，关中只留下萧何进行后勤保障，刘邦当是留下一将与章邯作战。当时能困住章邯的将领，非韩信莫属，而且根据《史记·高祖功臣侯者年表》赤泉侯条载："（杨喜）以郎中骑汉王二年从起杜，属淮阴（即韩信）。"（937页）按，汉二年刘邦已经率部东征，杨喜却在关中境内的杜县投降汉军，并归韩信统属。由这条史料可知当时韩信应该是在关中作战，围困章邯。

争，希望能够比较接近历史真相。

虽然史书惜墨如金，但是在笔者大致复原了这场战争之后，还是能够对此战进行一定的总结，分析为什么刘邦能够取得胜利。

首先，刘邦能够获胜的最为根本的原因就是项羽"戏下体制"中的问题。项羽把关中分为三国，又让不得人心的章邯、司马欣、董翳为王，从根本上造成了关中政权势力的极度弱小。这是日后任何据蜀者北伐都不曾具备的优势。可以说，如果当时的关中未曾支离破碎，而且颇得民心，刘邦、韩信几乎不可能还定三秦。韩信"汉中对"所说的"三秦可传檄而定"，正是建立在这一基础之上。

第二，刘邦曾在关中有过短暂的统治。他在关中的那段时间，"妇女无所幸，财物无所取"，又与秦民"约法三章"，已经深得民心。秦民厌恶章邯，欢迎刘邦，是刘邦能够迅速胜利的政治基础。

第三，雍国势力过于弱小，难以与汉军硬碰硬，导致章邯只能沿着渭水构筑防线，消极抵御汉军。一旦防线中的一端被突破，则三秦整体势力立定瓦解。后面陈仓之战中，刘邦渡过渭水，袭占陈仓后，还定三秦的所有战事均发生于渭水北岸。可见袭取陈仓后，章邯的"渭水防线"一瓦解，则三秦的形势就瞬间崩溃。

第四，还定三秦之战中，汉军的作战部署全部都是由大将军韩信部署。韩信在战略上声东击西，疑兵示形，调动敌军，导致章邯不仅在战术上被动，在战略上也完全被韩信牵着鼻子走。在韩信规划下，汉军佯攻褒斜道，又分兵去夺祁山道，使章邯一面全力防御来自褒斜道的汉军，一面又抽调陈仓道的守军去救祁山道。最终导致陈仓道防御空虚，轻易被刘邦占领。

第五，此战中，刘邦的军事能力也是颇为可圈可点。可以说，即便韩信的战略规划再好，可一旦刘邦的战术配合出现了一点儿失误，则整场战役未必能够成功。刘邦袭取陈仓时，从"他道"出兵，火速占领陈仓。在陈仓之战、好畤之战中，调动章邯主力军队西进，并紧紧咬住章邯，予以其重大打击，使章邯不得据雍县而逃至废丘。在壤乡之战中，围点打援，打击三秦之援军，孤立废丘之章邯，从而迅速占领了好畤。又不断派遣将领分兵略地，占领关中各个军事防御节点，迅速掌控关中大局。

最后，当时的外交环境也给刘邦带来极大的帮助。在还定三秦的一个月前，田荣、彭越已经发动了对西楚的全面战争。项羽必须先解决田荣的叛乱，才能腾出手解决刘邦。刘邦利用项羽北征田荣这一间隙，迅速还定三秦。可以说，如果没有田荣、彭越的辅助，一旦项羽入关，恐怕刘邦、韩信的还定三秦就要陷入持久作战之中了。

日后中国历史上历任据蜀者，并不完全具备以上六点，他们当中如诸葛亮，能力虽然并不逊于刘邦、韩信，但是在客观形势上并不如刘邦好，最后也就难以攻占关中地区。也正因如此，刘邦、韩信主导下的还定三秦之战成为中国历史上唯一一次据蜀者北伐关中成功的例子。

三、项羽的谋划

项羽北征

可能有读者会产生疑问，在刘邦还定三秦的时候，为何不见项羽的援军进入关中？我猜想，这是由于当时彭越军团在西楚的东郡、砀郡不断取得胜利，并已攻至西楚的四川郡，导致项羽无暇派兵西援。

汉元年（公元前206年）七月，彭越在攻下东郡、砀郡十几座城池后，南下进入西楚国的四川郡，逼近楚都彭城。八月，项羽令萧公角率军与彭越作战。萧公角，即一个名字叫作角的萧县县令。可见彭越的军队已经达到萧县，即将攻至彭城了。萧县一战，萧公角大败。西楚至此

第三章　刘邦东出　闪击彭城

已经进入到危急存亡之秋的时刻了。

史书虽然未曾明确记载项羽和彭越曾经交锋过，但彭越如今已攻至萧县，项羽岂有不攻之理？从后面战局演变来看，彭越当被项羽击退。彭城周围的威胁，便减轻了不少。

在讲述项羽下一步的军事行动前，我们需要先来讲讲一个题外话。就在当年的七月，项羽杀害了故韩王韩成。韩成已死，张良复兴韩国的梦也彻底成为泡影。张良已经意识到，韩国已无可能复兴，于是他决定正式加入刘邦集团。

韩成死后不久，张良逃离彭城，抄小路逃到了关中。恰巧这一时期，刘邦已经平定了关中地区，于是得以见到张良。刘邦在见到张良后，大喜过望，封张良为成信侯。

刘邦手下如今已经有两位韩国重臣，分别是故韩将军韩信（非大将军韩信），以及故韩申徒张良。张良的祖父和父亲，曾经任五代韩王的相邦。韩将军信是韩襄王的孽孙，二人都是韩国的重臣。刘邦身边有这两个人辅佐，要夺取韩地就有了政治筹码。

刘邦在还定三秦的时候，就已经对故韩将军韩信许诺，一旦打下韩国，就封他为韩王。现在张良又来归顺刘邦，刘邦东出略取韩地的野心再也无法掩盖。刘邦拜将军韩信为韩国太尉，让他和张良一同，准备东出，攻略韩地。[①]

虽然刘邦已经派遣韩太尉韩信和张良攻略韩地，但是他们并不急着出兵。因为尽管现在项羽已经击败彭越，但是尚未正式北击彭越、田荣。项羽随时都有向西增援韩国、河南国，乃至雍国的可能。如果按照田荣-彭越-陈馀-刘邦四方联盟，刘邦这个时候应该直接东讨河南国、韩国，或者在关中击灭章邯的残余势力。但是刘邦集团一定要在确保项

[①]《史记·韩信卢绾列传》记载："（刘邦）拜信为韩太尉，将兵略韩地"（2632页），又《史记·项羽本纪》记载："汉使张良徇韩"。（321页）由这两条史料可知，刘邦派遣故韩国大臣韩信、张良略韩地。

羽不会引兵西进后，才会选择东出。

要让项羽选择讨伐田荣、彭越，而不是刘邦，就要让项羽意识到当前田荣对西楚的威胁更大。于是刘邦、张良决定出卖盟友田荣、彭越，让项羽攻打自己的盟友，而刘邦则能顺利偷袭西楚及其附属国，坐收渔翁之利。

张良写了一封密信给项羽，信中说："汉王没能在关中称王，有失职守。汉王只想得到关中，实现原来的义帝之约就会停止行军，绝不敢继续向东征讨。"张良又把田荣和彭越密送给刘邦的反书一并寄给项羽[①]，说："齐国打算和陈馀一同消灭您。"项羽在通览了张良寄给自己的书信后，勃然大怒，坚定了自己北征的决心。

项羽作为一个政治人物，虽然不是一位成熟的政治家，但是也不是没有政治头脑的，他未必就看不出这是刘邦、张良出卖盟友的缓兵之计，可是眼前的田荣威胁确实更大，他必须先率军北征。在项羽亲率主力北征前，自己必须做好各种措施，以防备刘邦偷袭。

之前我们曾说，项羽定都彭城，其中的一项考虑就是，他要以彭城控三川，进而控关中，乃至巴蜀。现如今刘邦已经还定三秦成功，如果他向东出，下一步必定是攻打河南国、韩国及西楚之南阳郡。项羽之前杀死韩成，其中的意图可能就是希望西楚将韩国的土地彻底兼并从而彻底控制三川。但是现在战事紧急，项羽必须动身解除来自田荣、彭越的威胁，无力吞并韩国的颍川郡。为了防止颍川郡被刘邦轻易获得，项羽必须拥立一个自己信得过的部下，来当这个韩王。

郑昌，是故秦吴县（今江苏省苏州市吴中区）县令。项梁当初杀人，为了躲避官府的追捕，曾和项羽一起逃到吴县避难。项羽大概就是在这个时候认识了郑昌。项羽大概与郑昌交情不错，如今为了让他阻挡

[①]《史记·项羽本纪》说是"齐、梁反书"（321页），这个梁，当指彭越。按：中华书局1959年版《史记》将"又以齐梁反书遗项王曰"断句为"又以齐、梁反，书遗项王曰"，这样句读恐不符合文意，"反"与"书"之间不应用逗号阻隔，否则意思就变成"张良因为齐、梁造反，写信给项王说"，太史公原意必不为此。

第三章　刘邦东出　闪击彭城

刘邦有可能的东进，于是册立他为韩王，前往颍川郡积极备战。

在任命郑昌为韩王后，项羽就决定兴兵北上，一举解决掉田荣、彭越这两大祸患，这次北征，项羽大概是举倾国之力北上，务求一举击溃齐国。

义帝之死

项羽在出兵北征之前[①]，除了要册立韩王以及大后方的人事安排这两件事之外，还有义帝的事情自己需要考虑。

项羽对义帝大概是比较痛恨的。项梁在定陶之战战死后，义帝便开始要抢班夺权；在北上救赵时，义帝不让项羽和刘邦一同西征，反而把项羽置于宋义之下，北上救赵；在鸿门宴之后，面对名存实亡的"怀王之约"，义帝却仍然坚持说要"如约"。

站在项羽的角度来看，义帝熊心能够称王称帝，完全是项氏一族大力扶持他的结果。当初熊心只是一个牧羊子，是项梁扶持他做了楚怀王。在项羽看来，熊心就应该要听项氏一族的安排，如果他不肯听从，那直接杀死也就了结了。项羽从始至终只把义帝的兴废当成是项氏自家人的家事，他不知道一旦杀了义帝，将会使自己背上"弑君背主"的罪名，这只会削弱自己的政治影响力，而不会让他从霸王一跃而成为皇帝。

项羽虽然年轻气盛，但是很多事情确是深谋远虑，这从之前我们分析他在戏下分封的布局以及定都彭城就可以看出，但是在对待义帝这件

[①]《史记·黥布列传》记载："其八月，布使将击义帝，追杀之郴县。"（2599页）由这条记载可知，汉元年八月，九江王英布派人追杀义帝。击杀义帝的命令是项羽秘密授意给英布的。同月，项羽北征。笔者认为，当是项羽北征前，密令英布暗杀义帝。

· 133 ·

事情上，他却是单纯的武人思维，最终酿成大错。

项羽诛杀义帝，总共分成三个阶段：尊帝——迁徙——暗杀。在戏下分封中，项羽尊熊心为义帝。熊心之前是楚怀王，是楚国的君主。可是现在却成为了义帝，做了天下共主。表面上是君临天下了，实际上是被彻底架空，而无寸土之封。楚怀王的领土，也被项羽、英布、吴芮、共敖给瓜分。项羽尊熊心为帝，使得熊心再无实权。当年二月，项羽将义帝从彭城迁往郴县。郴县在苍梧郡，其地离南越国不远，可以说是当时的极南之地。项羽无疑是在架空义帝后，将其放逐，进一步架空他。果然，从彭城迁往郴县的一路上，义帝的大臣们纷纷离义帝而去。熊心彻底成为了孤家寡人，而这正是项羽暗杀熊心的大好时机。

汉元年八月，项羽出兵北征前，密令九江王英布暗杀义帝。英布接到了命令后，立即派人出发，追杀义帝。两个月后，即汉二年十月（公元前205年，当时以十月为一年岁首），义帝在郴县被暗杀。

义帝虽死，可是却留下了重重谜团。

吕思勉先生在《秦汉史》中质疑义帝死因："义帝殆见追逐，自长沙南走至郴而死也。义帝在当时，既无足忌，项羽杀之何为？衡山、临江、九江，主名尚无一定，则义帝死事，史已不传，史之所书，皆传闻讹妄之说耳。"[1]今人张子侠也认为义帝未必是项羽所杀。他举出三条理由：1.熊心已是政治傀儡，对项羽构不成任何威胁；2.项羽命谁击杀义帝，史家诸说不一；3.义帝死于何时、何地，史书矛盾百出。[2]

笔者认为，义帝熊心之死虽为疑案，但是就目前可见的史料，确系项羽所杀。关于张子侠提出的三点质疑，笔者由后往前，一一解析。

义帝遇难的时间及、地点，笔者列如下史料进行分析：

《史记·项羽本纪》载："汉之元年四月……（项羽）乃阴令衡

---

[1] 吕思勉：《秦汉史》46页，商务印书馆2010年版。
[2] 张子侠：《刘邦数项羽"十罪"考评》，《淮北煤师院学报》1992年第4期，24页。

第三章 刘邦东出 闪击彭城

山、临江王击杀之江中。"同书《高祖本纪》载："四月，兵罢戏下，诸侯各就国……（项羽）乃阴令衡山王、临江王击之，杀义帝江南。"同书《秦楚之际月表》在汉二年十月条中写："灭义帝。"同书《黥布列传》载："其八月（即汉元年八月），布使将击义帝，追杀之郴县。"《汉书·高帝纪》载："二年冬十月，项羽使九江王布杀义帝于郴"同书《项籍传》载："二年，羽阴使九江王布杀义帝。"[1]据上引六条史料可知，义帝死亡时间的说法共有三说：汉元年四月说、汉元年八月说，汉二年十月说。义帝死亡地点有三说：江中、江南、郴县。这些记载看似疑窦丛生，实际上义帝的死亡时间及地点我们是能够推定的。

首先，我们先排除汉元年四月说。《史记》中的《项羽本纪》和《高祖本纪》并非说义帝死于汉元年四月。通读上下文可知，司马迁说汉元年四月，诸侯罢兵。不久以后，义帝、韩成、韩广、田市、田都、田安被杀，秦地和赵地也归于统一。司马迁记述这些事情，并非是说这些事都发生在汉元年四月，而是说诸侯们在罢兵就国后，就天下大乱了，以此来暗示读者项羽分封弊端过重。

然后，我们仔细看看元年八月说与二年十月说。我们可以注意到，八月说的记载只有《史记·黥布列传》采用。《汉书》的相关记载采用《史记·秦楚之际月表》的说法，已标明为二年十月，班固当另有所本，而且就算不用《汉书》进行校对，八月说也是不成立的。因为《黥布列传》说的是八月英布派人杀义帝，而不是八月义帝就被杀死了。八月份，英布遣人击杀义帝，两个月后，义帝遇害从时间差来看，合情合理。因此笔者认为，义帝必死于汉二年十月无疑。

最后，我们再来看看"江中""江南""郴县"之说。江南系为泛称，指长江以南，郴县确在长江以南。至于江中，史书不曾明言江中

---

[1] 司马迁：《史记》320页，367-368页、784页、2599页、中华书局1959年版。班固：《汉书》32页、1811页，中华书局1962年版。

何意。笔者推想，郴县附近有耒水，自北流入湘江。湘江向北流经洞庭湖，自洞庭湖汇入长江中游。所谓"江中"，或许正是此意。由此看来，江中、江南二说，与郴县互通。另据《史记集解》引文颖的说法："郴县有义帝冢，岁时常祠不绝。"①郴县有义帝之墓，再结合史书的记载，确系死于此处。

笔者前面引的六条史料中，《史记》的《项羽本纪》和《高祖本纪》都说是临江王共敖和衡山王吴芮击杀义帝。《史记·黥布列传》和《汉书》则说是九江王英布所为。司马光在《资治通鉴》中，直接混合二说，认为是项羽让英布、吴芮、共敖害死义帝。那么这该怎么解释呢？

清人洪亮吉已经有过颇为精彩的分析，笔者引洪亮吉原文解答："义帝徙长沙，道尽出九江、衡山、临江，故羽阴令二王及九江王布杀之。《黥布传》：'遣将追杀之郴县。'二王虽受羽命，而不奉行，故布独遣将击杀耳。使二国欲杀义帝，当其道出衡山、临江时，何以不杀，而使之至郴县乎？《布传》从事后实书，故《汉书·高本纪》等皆从之。此纪及《高帝纪》本羽之始谋而言，皆史法之可以互见者。"②笔者从洪亮吉之说。如果按照洪亮吉的看法，项羽可能在四月就已经密令衡山王吴芮和临江王共敖暗杀义帝，但是二王始终不肯担负弑君的骂名，不肯听从。直到当年八月，项羽出征前夕，只能密令九江王英布暗杀义帝，次年十月，义帝遇难。洪亮吉之说，便可解开害死义帝的凶手这一难题。

但是还有一个问题，就是义帝已到郴县，对项羽无法构成威胁，为何项羽还要杀死义帝？笔者认为，暗杀义帝一事不能从政治考量进行判断。项羽对义帝的政治号召力缺乏足够的认识。义帝一直不愿做项羽的傀儡，这等倔强的性格，使得项羽难以容他。更何况，如前所述，项羽只把暗杀义帝当成项家一件普通的家事，而不是将其置于整个天下来考

---

①司马迁：《史记》320页，中华书局1959年版。
②泷川资言：《史记会注考证》卷七45页，文学古籍刊行社1955年版。

虑。这种缺乏基本政治水平的谋划，是项羽在楚汉战争期间犯下的最严重的错误，将在未来给他的霸业带来沉重的打击。

至此，笔者已经解答张子侠针对义帝之死所提出的三个疑问，大体上廓清了关于义帝之死的一些谜团。

"俗尚东皇祀，谣传义帝冤"。义帝已崩，但在数月之后，他的名字将再次被世人提起，从而化为一个政治符号，一个欲置项羽于死地的政治符号。

四、天下混战

刘邦东出

汉元年（公元前206年）八月，项羽正式出兵北征，讨伐田荣、彭越。这对于刘邦集团来说，实在是个天大的好消息。项羽已出，东征大计便可立即实施了。

同年九月，刘邦派遣将领薛欧、王吸出武关，秘密和驻扎在穰县的王陵联络。王陵，四川郡沛县人。王吸、薛欧二人，根据史书的记载，都是在沛县丰邑随刘邦起兵的。刘邦派这两个人联络王陵，应当是利用同乡情谊劝说王陵为自己效力。在王吸、薛欧的鼓动下，王陵决定归顺汉国。

王吸、薛欧这次来到穰县，除了策反王陵这一任务，还有另外一项任务，就是和王陵一同率军攻入四川郡的沛县，接回刘邦一家人。

自从刘邦起兵以后，常年在外征战，一直没能回到沛县，甚至连前往汉中之国的时候，刘邦都不能回去沛县接走家人。当时跟随在刘邦身边的亲属，可考的只有四弟刘交、远房堂兄刘贾、大舅子吕泽。小舅子吕释之虽然在灭秦的时候追随刘邦征战，但是在刘邦封王后，没有前往汉国，而是回到沛县，照顾父亲。刘邦已经与家属分别多年，现在即将和项羽爆发全面战争，但是自己一家人都在项羽的手上，如果项羽将他们逮捕，并且以此为借口进行威胁，那就成为一大祸患了。而且，这次王吸、薛欧、王陵的军队并不是很多，如果他们能经过南阳郡、淮阳郡、砀郡，杀进四川郡，再全身而退，那么西楚防务之空虚，便可窥见。因此，除了明面上接回家人的理由外，这次军事行动应该还有试探楚军虚实的意图在内。

九月，王吸、薛欧、王陵军，穿过南阳郡，杀入淮阳郡的阳夏（今河南太康）。汉军在这里遭到楚军的阻击，不得前行，阳夏战事遂进入相持阶段。

这次军事行动虽然没有杀进沛县，迎回刘太公和吕雉，但是此战西楚的南阳郡和淮阳郡被打穿，说明随着项羽的北上伐齐，西楚国自身的军事防御能力已经被大大削弱。刘邦必须趁着项羽还没消灭齐国的时候，立即东进，消灭西楚政权。

一个月后，即汉二年（公元前205年）十月，正当刘邦积极备战的时候，听闻南皮侯陈馀大破常山王张耳，统一了代地。常山王张耳无路可走，只能带着几个大臣逃往汉国，投奔刘邦。

当年刘邦还不是泗水亭长的时候，曾经跑到外黄（今河南民权西北），在张耳那里当了几个月的门客。张耳和刘邦既然有过这般交情，如今势蹙，只能前往汉国。刘邦倒也是个讲义气的人，收留了张耳，没有把他交给陈馀。可是也正因为如此，导致汉国和赵国断盟。①

---

① 如前所述，在田荣的运作下，田荣、彭越、陈馀、刘邦缔结了军事同盟。但是后来刘邦东征伐楚的时候，刘邦却又要和陈馀结盟，说明在这中间，二国曾经断盟过。可能是因为刘邦出卖盟友，也可能是刘邦接纳张耳。笔者认为，刘邦、张良告密，挑唆项羽伐齐，这件事本就是机密，陈馀等人未必知道。因此，刘邦因接纳张耳，导致二国断盟的可能性较大。

第三章 刘邦东出 闪击彭城

尽管陈馀与刘邦断绝盟友关系，但是这在当时并非是什么大事。毕竟刘邦当时的对手是河南国、韩国等小国，而非西楚这一天下盟主。

张耳投奔刘邦的同月，刘邦亲率主力部队正式出关东征。刘邦大军出函谷关，向东到达陕县（今河南省三门峡市陕州区），安抚关外父老。陕县位于河南国境内，刘邦此举，不仅是向天下正式宣告刘邦准备东出角逐天下，还有意向河南王申阳炫耀汉军的军威。

河南王申阳原本是张耳的嬖臣，当初因为打下叁川郡，迎接项羽的大军，追随项羽入关，才被封为河南王。现在张耳已经投降了刘邦，大概刘邦也会利用张耳对申阳进行劝降。在军事威慑和外交鼓动的双重作用下，申阳虽然据有叁川郡这一战略要地，竟然不战而降，直接投降了刘邦，河南国灭亡。刘邦率军进入洛阳，开始准备对韩国进行打击。

韩王郑昌与项羽的交情较为深厚，自然不会像河南王申阳那样不战而降。在申阳投降前，韩太尉韩信已经独自率领一军连续攻下韩国十几座城池，韩国濒临灭亡，郑昌从国都阳翟向北逃窜至阳城（今河南登封告成镇）。申阳投降刘邦后，韩信加紧了对阳城的攻打。十一月，郑昌不得已开城投降，韩国灭亡。

韩国灭亡后，刘邦兑现诺言，封韩太尉韩信为韩王。史书为了把这位韩信，与大将军韩信区分开来，从此以后称呼他为韩王信，本书在此后也按照史书惯例，这么称呼这位韩王。韩王信被刘邦封王后，并没有一直待在颍川郡管理韩国，而是一直率领韩国士兵跟随刘邦作战。这个新的韩国事实上是汉国的附属国。

刘邦这次东出，仅仅用了一个多月的时间，就连灭河南国、韩国二国，占领了当时全国的交通要道三川道，形势进一步朝着向刘邦有利的方向发展。

为了使汉国能更好地适应下一阶段的扩张行动，刘邦在夺取韩地后没有选择继续扩张，而是率军返回函谷关。

刘邦回到关中后，以汉王的身份，在十一月连续下达了四道王令，加强对关中的巩固，防止章邯反扑：

（一）都城从汉中郡的南郑迁到河上郡①的栎阳；

（二）凡是有人率领万人以上的军队或者率一郡之地归降的，封万户；

（三）修缮河上塞；

（四）开放故秦皇家的园林池苑，允许百姓在里面耕种。

我们来详细看看刘邦的这四条举措。第一条举措迁都，其用意不言而喻。汉国如果要北击三秦，攻打关中，都城定都在南郑尚可。但是日后汉国打算东讨项羽，逐鹿中原，都城如果还在南郑，那么后勤运输将极为不便，也不利于汉国加强对关中的统治，迁都是势在必行的一项举措。栎阳是故塞国的都城，此地距离中原较近，迁都于此，有利于日后刘邦火速向中原进军。因此，刘邦迁都栎阳无疑是在向天下人宣告：从此以后，汉国的基本国策便是居秦故地，兼并关东。

第二条举措也不言而喻，鼓励关东人士投诚，尤其是率部投诚，以"封万户"的重酬作为诱饵，瓦解西楚国内部的凝聚力。

第三条举措则是加强关中地区的军事防御能力。河上塞这一地区，据《汉书注》引用晋灼的说法："《晁错传》：秦北攻胡，筑河上塞。"②看来这是由于当时匈奴占领了河套地区后，仍然不断侵略，对关中造成了一定的军事威胁，迫使刘邦要修缮河上塞，防御匈奴，保障关中地区的稳定。另，刘邦在灭亡塞国后，曾置河上郡。检严耕望《两汉太守刺史表》，阎泽赤曾任河上守③，年代无考，当在汉元年八月上任。④阎泽赤所管理的这个河上郡，与河上塞并无任何关系。河上郡是内史重地，关中核心，河上塞则在关中边缘，负责抵御匈奴，切不可混

---

①刘邦灭塞后，把塞国的地盘分为渭南郡和河上郡。栎阳位于河上郡境内。
②班固：《汉书》33页，中华书局1962年版。
③严耕望：《两汉太守刺史表》，1页、13页，北京联合出版公司2020年版。
④阎泽赤在做河上守后，任假相，从击项羽。出任河上守，必在楚汉战争前期。因此笔者疑其在汉元年八月就已上任。

第三章 刘邦东出 闪击彭城

淆二者。

第四条举措，则是进一步恢复关中地区的生产力，增加粮食储备，同时提高刘邦个人的威望，巩固对关中的统治。

刘邦四条举措实施下来，既巩固了他在关中地区的统治，又为他下一步东出伐楚做好了足够的准备，但是现在还不急着出兵伐楚，他要等到局势稳定下来后，再出击项羽。

自汉元年八月以来，周勃部在陇西郡不断作战。周勃走祁山道，击败西县县丞组织的抵抗，攻占西县，然后率军大破雍将益已的军队，而后向西进军，攻占上邽。周勃麾下的骑都尉靳歙更是勇猛无比，在陇西郡大破章平的军队，迫使章平败逃至北地郡[①]，一举平定陇西六县。截至汉二年十一月，雍国的陇西郡全境被汉国占领。战后，刘邦调周勃镇守峣关，进一步拱卫关中地区的安全。

在这段时间内，郦商也正率军攻略雍国的北地郡。当时，雍国在北地郡的乌氏（今宁夏固原东南）、栒邑（今陕西旬邑东北）、泥阳（今甘肃宁县东）三地仍组织起顽强的军事反抗。郦商率部一一扫平这些地区的反抗。至汉二年正月，郦商占领北地郡全境，并俘获屡败屡战的章平，至此，雍国全境，只剩下章邯据守的废丘依旧在抵抗，其他地方全部失守。

汉二年二月，这时关中局势基本已经稳定，迁都事宜估计也已经安排得差不多了。为了进一步稳固关中政权，刘邦又连续下了五道王令：

（一）宣布"除秦社稷，立汉社稷"；

（二）施民以恩德，赐民爵；

（三）巴郡、蜀郡、汉中郡的居民，这段时间为了供应军需，承担的负担较重，因此两年内可以不需要交赋税；

（四）关中地区的士卒从军的，其家庭一年内可以不交赋税；

[①] 史书没有明确记载章平败逃北地郡，但是章平在汉二年正月被汉军俘虏，而且同月汉军攻克北地郡，则章平在被靳歙击败后，必逃至北地郡无疑。

（五）设立三老制度。百姓年纪在五十岁以上，并且有德行，能够领导大家的，可任命为三老。每个乡都要设置一个三老，从这些三老中再推择一人为县三老，协助县令、县丞、县尉教化百姓。三老们可以不用服劳役以及戍守边疆，并且在每年十月政府都会给三老们赏赐酒肉。

第一道王令宣布将秦社稷除去，建立汉社稷，意味秦朝已经彻底灭亡，新政权已经建立。关中当地的百姓应该转变国家信仰，从对秦王朝的效忠，转变为对汉王国的效忠。

刘邦为了加强百姓对新政权的认同感，从经济和政治上双管齐下。第三、四道王令，即是从经济上入手，减轻汉王国统治下的百姓的经济负担，赐民酒肉更是直接笼络百姓的好手段。日后汉文帝时期，政府就曾经多次赐民酒肉，与民同乐。第二、五道王令，则是从政治上入手。赐民爵位，是从战国以来就开始形成的一种制度。自从商鞅变法以来，秦汉帝国常常赐民爵位。这种通过赐爵来提升民众政治地位的做法，其本质上就是提醒民众，王国政权的兴亡与百姓息息相关。百姓在新政权下的政治地位能够提高，自然要为汉王国的生存，为自己的荣华富贵流血出力。三老制度虽然不是刘邦首创，但这一制度的内核却是由刘邦所确定的。刘邦出身社会底层，对于基层社会的管理是比较了解的。在乡土社会中，当地年高德劭的人们，往往会成为乡里的权威人物。刘邦赋予这些人以"三老"的身份，让他们在乡里传播王国的具体政策，使得王国能够通过"三老"的形式掌控基层的乡里社会。三老连接了社会与政府，不仅仅只是辅佐乡县一级的政府行政，更是承担了教化百姓的重责，因此汉文帝才说："三老，众民之师也。"[①]

刘邦在汉二年二月所下的这五道王令，其实是对汉元年十一月的四道王令的进一步完善和补充。这九道王令的颁布，标志着汉王国的整个政权建设已经基本成熟，刘邦也稳固了在关中的统治，使得这一地区成为汉王国稳定的大后方。

---

①班固：《汉书》124页，中华书局1959年版。

第三章　刘邦东出　闪击彭城

刘邦在颁布九道王令后，眼看部队已经修整得差不多了，打算继续率军东征，趁项羽深陷于齐楚战争的泥潭，一举击溃西楚国。而汉国大后方的军政事务，刘邦还是像上次东征那样，交给萧何和韩信二人处理。

刘邦对于萧何的政治才能深信不疑，自从秦朝灭亡以后，在具体的政治组织、建设的问题上，每次都有萧何的影子。刘邦把自己的大后方交给萧何，是再放心不过了。在出征前，刘邦让萧何留在新都栎阳，镇守关中，主要负责进一步完善汉王国的政权建设，具体内容为制定完善的法律制度（主要是对"约法三章"进行一定的补充，而不是将其废除）、建立宗庙、社稷、宫室、县邑。另外，萧何还负责东征军队的后勤事务，保障军队后勤供给的稳定。刘邦甚至下令：萧何奏报上来的事务，只要汉王批准就能实施；如果事情紧急，来不及奏报，允许萧何便宜行事，等汉王回来后再来禀报。这样一来，关中之安危，汉国之存亡，便全系于萧何的身上了。

至于韩信，史书并未言明他这段时期具体在做什么事情。笔者认为，刘邦应该还是让韩信留在关中，负责围困废丘城中的章邯。至于修缮河上塞，抵御匈奴的入侵，很有可能也是交给韩信来负责的。

萧何、韩信，一文一武，宛如汉王国的双璧，他们镇守在关中，无论是章邯，还是匈奴，都不能对汉王国造成太大的威胁。这样一来，刘邦便能在关东地区大展拳脚了。

齐楚战争陷入僵局

自从汉元年五月以来，我们总是看到刘邦、田荣二人是如何施展自己的谋略，不断扩大自己的实力，最终瓦解了项羽一手缔造的"戏下体制"的。而项羽始终是处处挨打，在战略上完全居于弱势地位。虽然项羽在初期居于如此不利的处境，但是当年项羽在巨鹿之战中，也是处于劣势。把劣势化为优势，进而击败敌人，是项羽一贯的作风。只要事情还没到无可挽回的地步，那么一切就都还有机会。

由于这场全国性的大内战，最终获得胜利的人是刘邦，田荣和项羽作为失败者，留下来的史料并不是特别多，以至于这两股势力交锋的资料，我们现在几乎都看不到了，只能根据推测大致复原一下齐楚战争。

齐楚战争中最为关键的一场战役是"城阳之战"，后来田荣的弟弟田横曾在城阳收拾残兵，继续抗楚。但是这个"城阳"究竟在哪里，史书并未有明确的说明。

根据后晓荣的《秦代政区地理》，秦朝曾经在今山东莒县、沂南和蒙阴一带，设有城阳郡。那么"城阳之战"和田横收残兵是不是就发生在今天的山东南部地区呢？

胡三省在为《资治通鉴》做注时曾经提出质疑："余考《正义》所谓城阳，乃《班志》济阴郡之城阳县，田荣初与项羽会战之地。荣既败而北走，死于平原，羽遂至北海，烧夷城郭、室屋，则济阴之城阳已隔在羽军之后。田横所起，盖《班志》城阳国之地，春秋莒之故虚也。"[1]

胡三省认为，田荣和项羽交战的"城阳"，与田横收残兵处的"城阳"，并不是同一个地方。田横收残兵的这个"城阳"，其方位就是在我们前面所说的城阳郡。那么齐楚交战的那个"城阳"在哪儿？我们检索班固《汉书·地理志》，在"济阴郡"一条中有这么一句话："成阳，有尧冢灵台。《禹贡》雷泽在西北。"[2]可见胡三省认为，齐楚交战地"城阳"，实际应作"成阳"。胡三省虽然误写"成阳"为"城阳"，但是并无大碍，他的这一说法有助于我们正确分析

---

[1]司马光编、胡三省注：《资治通鉴》317页，中华书局1956年版。
[2]班固：《汉书》1571页，中华书局1962年版。

第三章　刘邦东出　闪击彭城

齐楚战争。①

成阳，这一地区大致在今天山东菏泽东北部，在当时属东郡。彭越响应田荣后，此地当为彭越占据。史书虽未曾记载项羽的进兵路线，但从当时的战役进程来看，彭越的军队已经到达萧县。项羽北击田荣，必然先破彭越，以解彭城之危机。彭越当初根据田荣的命令，攻占西楚的济阴地区。彭越被项羽击败后，当退至济阴修整。

彭越自萧县一直节节败退至济阴地区，项羽也奋力追赶。田荣这时当率大军赶至成阳，与彭越军会和，共同对抗项羽。汉二年（公元前205年）正月，齐楚在成阳交战，双方总兵力共计约十余万②，这是齐楚战争中规模最大的一场会战。关于这场大战的具体经过，史书未曾置之一词，我们现在已经无从推断了。我们只知道此战齐军惨败，项羽取得了决定性的胜利。史书虽未记载彭越的动向，但应是率部在巨野泽一带隐蔽游荡。田荣则逃至平原（今山东平原南），可能是希望得到陈馀的救援，必要时甚至逃入赵国。大概是齐民希望战争立即结束，也可能是他们无法忍受田荣的统治，便杀死田荣。自彭越南下至今，齐楚战争历时共五个月。

---

①针对"城阳"与"成阳"的考辨，辛德勇先生曾作过令人信服的考证，今山东菏泽东北，在当时确系叫作成阳。具体可参考辛德勇著《历史的空间与空间的历史》120-126页。不过，与胡三省不同的是，辛德勇先生认为，齐楚之间的战场应在"城阳"，而不在"成阳"。李开元先生则认为，二国交战的地方应在"成阳"，详见李开元论文《项羽攻齐和奇袭彭城的路线——兼论楚军彭城大胜的原因》，《秦汉研究》2015年，17-18页。笔者从李开元说，因为彭越对项羽有较大的军事威胁，项羽不可能北上"城阳"，只与田荣交战，而不攻击彭越。项羽军队从彭城至济阴，再到成阳，击破彭越、田荣，是最符合逻辑的一种说法。

②这一数据是采用台湾"三军大学"主编的《中国历代战争史》第3册。该书给出的理由为："此以田荣败后，其弟横收合散卒，尚得数万人为判断基础。"（29页）此说甚是，而且按照成阳的方位来看，彭越也当参与此战。成阳之战的三个月后，彭越归附刘邦时，有兵三万余人。推想当时的战况，彭越之众应该不低于这个数字。齐有数万军队，彭越有三万左右的军队，西楚又是倾国而来。则此战规模当有十余万人应无差错。

项羽已经北征整整五个月了，按理来说，田荣已死，齐楚战争就算是结束了。项羽只要好好安抚齐地，然后就能腾出手来收拾西边的刘邦或者北边的陈馀。也许是这场战役打得太久，项羽的残暴战胜了他的理智，他下令烧毁齐地的城池及房屋，并且把已经投降的齐兵全部坑杀，劫掠当地的老弱妇女。项羽从平原，一路向东行军至北海（即渤海，其地2大概位于当时的胶西郡），所过之处，无不进行屠杀。

项羽在早期的军事斗争中，曾经在襄城、成阳都搞过屠杀。在襄城屠杀中，项羽坑杀了全城的军民。在后来，项羽又在新安坑杀20万秦军，在咸阳烧杀掳掠。这次齐地大屠杀，是史书中最后一次记载项羽的屠杀行动，虽未记载屠杀人数，但是屠杀手段多样，屠杀范围广泛，应当是项羽搞过的规模最大的一次屠杀。这次屠杀毫无任何目的和理由，完全是项羽为了满足自己嗜血滥杀的性格，而对齐地进行大规模的"三光"。

项羽的这次大屠杀引起了齐地人民大规模的反抗。当人民看不到一丝活路的时候，除了拼死反击，便也没有任何办法了，齐人不愿白白被楚军屠杀，纷纷自发反抗。

项羽看齐国军民全体反抗，便拥立田假为齐王，希望他能安抚人心。田假，是田齐末代国王齐王建的弟弟。秦末齐国复国时，第一代齐王是田荣的兄长田儋。后来田儋在支援魏国时，被秦将章邯击杀，齐人遂拥立田假为王。田荣怒国人拥立田假，遂起兵赶走田假，拥立田儋之子田市为王。这位田假仅仅当了一个月的齐王就被驱赶，只能逃亡楚国暂居。项羽这次北征也带上了这位田假，现在全民反项，只能让田假来当这个傀儡齐王。

与此同时，田荣的弟弟田横眼见项羽在齐地被人民战争搞得焦头烂额，在城阳郡收整齐地的散兵，扯起反抗项羽的大旗。汉二年三月，田横率军击败了田假，又将田假赶回了楚国。历史总是惊人的相似，这次田假又是只当了一个月的国王，就被人给赶走了。项羽勃然大怒，立刻把田假给杀死。

第三章　刘邦东出　闪击彭城

四月，田横拥立故齐王田荣之子田广为齐王，自任齐相，继续坚持抗战，与楚军交锋。项羽现在已经深深陷入了齐楚战争的泥潭之中，无法脱身。

从汉二年的正月到四月，这段期间的齐楚战争完全是可以避免的，项羽个人的残暴，硬生生延长了这段战役的时间，而刘邦，也抓住了这一时间，打算给楚国来一个致命一击。

陈平来归

汉二年三月，刘邦抓住项羽受困于齐地的战机，率领汉国的主力部队，从都城栎阳出发，向东行军，过临晋关（今陕西大荔东），从蒲津渡（今山西永济西）渡过黄河，攻打西魏国。

西魏王魏豹原本是魏王，但是魏国的东郡、砀郡被项羽的西楚国侵吞，项羽又把魏国的河内郡划出，让司马卬在这称王。从这可以推想，魏豹对于项羽的分封应该是极其不满的。

魏豹本人也算当世名将，在秦末时，率领数千人浴血奋战，拿下魏国二十多座城池；再加上西魏国还有黄河天险，魏豹如若真想与刘邦一战，恐怕还要拖住刘邦的军队一段时间。也许是不满于项羽的分封政策，魏豹并没有做出任何抵抗，而是直接向刘邦称臣，"举国属焉"[1]。

在收服魏豹后，刘邦继续向东行军，准备攻打殷国。殷王司马卬并未想和刘邦抗衡，直接就投降汉国了。

远在齐国的项羽听闻连殷国都投降刘邦了，大怒，立即拜陈平为信

---

[1] 值得注意的是，魏豹的这个举动并非是像申阳那样，直接投降刘邦，而是像韩王信那样，向刘邦称臣，追随刘邦作战，西魏国是汉王国的藩属国，但是汉王国不能设郡县管理。

武君，讨伐司马卬。

当年魏豹的哥哥魏咎还是魏王的时候，陈平曾经投靠魏咎，魏咎拜陈平为太仆。陈平多次上书劝谏魏咎，魏咎没有听从，加之不少人向魏咎进谗言。陈平不得已，只能离开了魏国，后来在项羽帐下任事，参加过鸿门宴，地位虽然不高，但也算是项羽身边的近臣。

陈平在接到项羽的命令后，率领留在楚国的以前魏咎的手下，讨伐殷国。司马卬被陈平击败，不得已宣布投降西楚。项羽听闻后大喜，让项悍拜陈平为都尉，赐二十镒金。①

刘邦在得知司马卬又背叛了以后，深知要想平定殷国，只能依靠武力解决。刘邦亲率大军强攻殷国，中尉曹参攻下修武（今河南修武东）。殷王司马卬大惊，再次投降了刘邦，殷国正式灭亡。至此，盘踞在黄河南北两岸，锁住汉国的四个国家（河南国、韩国、西魏国、殷国）全部归于汉国所有，汉国下一个目标就是西楚了。

项羽听闻司马卬又投降了刘邦，勃然大怒，下令要杀死参与平定殷国的将领官吏。陈平作为平定殷国的主帅，害怕被诛杀，于是封存了官印与赏金，派人交还给项羽，然后独自一人仗剑逃亡，打算渡过黄河，投降刘邦。

陈平渡过黄河时，曾差点儿遭遇不测。当时渡河的船夫看陈平相貌英俊，又是一个人独行，怀疑他是逃亡的将领，腰中应该藏有不少金银财宝。这个船家便盯着陈平，想要杀死他。陈平大惊，立即脱光了他的衣服，以示身上没有财宝，并帮着船夫划船，这才侥幸逃过一劫。

---

① 读史至此，我总颇感疑惑。司马卬降汉，降楚，又降汉，这些事情都是同一个月发生的。陈平在这一个月内，需要从彭城到河内，再返回彭城，时间太过紧凑，远在齐国的项羽该如何命令或者封赏陈平呢？我疑这里的"项羽"指的是当时在彭城处理政务的人，这样一来，时间上的问题就能够解释清楚了，甚至阴谋论地说，后面下令说要诛杀平殷功臣，从而逼反陈平的也有可能是这个人，而不是项羽。可是这个人究竟是谁呢？笔者认为有可能是项伯，可惜史书全无说明，笔者不好臆断。

第三章 刘邦东出 闪击彭城

陈平渡过黄河后，又走了一段路程，来到了当时汉军的驻扎地修武。在魏无知的引荐之下，刘邦同意要见陈平。当时汉军进展神速，刘邦在一个月内就连下西魏国、殷国，因此投降刘邦的人不在少数。像这一次，就有六个人同陈平一道要来谒见刘邦。

七人进去后，刘邦派人赐给他们饮食，然后说："吃完后，你们就去馆舍休息下吧。"陈平这个时候立刻说："臣有要事前来，所要说的话不能拖过今天。"刘邦不免有些惊奇，便把陈平留了下来，进行一番交流。

史书并未告诉我们，刘邦和陈平都讨论了什么，事实上，这种秘密交流也不会有什么记载能够流传下来。陈平是西楚国的都尉，既当过项羽的近臣（从鸿门宴中项羽让他去召回刘邦即可看出），也曾亲统一军，讨伐殷国。陈平与韩信相比，必然更为了解西楚国的内情，尤其是西楚国最近的内政及军事动向。陈平说"所言不可以过今日"，以事态的紧迫性来看，他甚至可能知晓西楚一些地区的军事布防。陈平把这些消息全部告知刘邦，对于即将伐楚的刘邦来说，那简直就是天上突然掉下了一块馅饼。

这次秘密会谈，刘邦不仅了解到了许多西楚国的内情，更看出陈平此人是个不可多得的人才。在得知陈平之前在西楚曾任都尉后，刘邦便下令拜陈平为都尉，并且让陈平和自己坐一辆车巡视军营，同时监督汉国的各部将领。

刘邦手下的将领们听闻这个命令后，一片哗然。他们认为陈平不过是一个刚投降一天的降兵，现在却和汉王同坐一辆车，并且还要监视他们，纷纷表示不满。刘邦听闻这些议论后，愈发宠信陈平。刘邦此人，深明御下之术。陈平才华横溢，而且刚刚投降，在军中没有任何根基，在这种情况下让陈平监督将领们，将会更加卖力，不敢有所偏袒。

反楚联盟的缔结

汉二年三月，刘邦率主力部队离开修武，率军南行，渡过平阴津（今河南孟津东北），到达叁川郡的洛阳。在这时，新城三老董公前往洛阳，向刘邦告知义帝已被项羽暗杀，然后还对刘邦说了这么一番话："臣闻'顺德者昌，逆德者亡'，'兵出无名，事故不成'，故曰'明其为贼，敌乃可服'。项羽为无道，杀放其主，天下之贼也。夫仁不以勇，义不以力，三军之众为之素服，以告之诸侯，为此东伐，四海之内莫不仰德。此三王之举也。"[1]刘邦在听了这么一番话后，立即宣布为义帝发丧三日。

义帝本来是天下共主，项羽可以挟天子以令诸侯，例如征讨田荣时，就可以利用义帝，声明田荣为贼，孤立田荣。但是项羽却在北征前夕，急匆匆地派英布暗杀义帝，使得项羽失去了义帝这一张王牌。

义帝现在虽然已经被杀，不论是项羽还是刘邦，都无法再利用义帝了。但是经董公这一番劝说，刘邦意识到，死的义帝才是更好的义帝。毕竟义帝被项羽暗杀，这样他就可以宣布现在的这个诸侯盟主项羽是"贼"，是天下人人得而诛之的"贼"。这样一来，项羽就会成为天下人的共敌，刘邦再抓住这一时刻，借"明项羽为贼"凝聚人心，这样他就能够成为反楚联盟的盟主，进而号令天下。

刘邦还定三秦是占据了道德制高点的。毕竟按照"怀王之约"，刘邦本就应该在关中称王，项羽分封，违背了"怀王之约"，属于"不义"之举，刘邦只是拿回了自己应得的东西。可是接下来的一系列事情呢？刘邦先是让王吸等人攻打西楚，然后又连续吞并黄河南北两岸的四

---

[1] 班固：《汉书》34页，中华书局1962年版。

个国家,一直都没有正当理由,反而在道义上还占了劣势地位。正如后来武涉对韩信所说的那样:"今汉王复兴兵而东,侵人之分,夺人之地,已破三秦,引兵出关,收诸侯之兵以东击楚,其意非尽吞天下者不休其不知厌足如是甚也。且汉王不可必,身居项王掌握中数矣,项王怜而活之,然得脱,辄倍约,复击项王,其不可亲信如此。"①武涉说的这番话确实不假,从政治道义上来说,刘邦确实没有找到一个很好的理由可以用来为自己消灭项羽背书。而且,抛开政治道义来说,刘邦这段时间内,连吞四国,势必造成天下震荡。田荣死后,当时中原的大国无非就三个:西楚、汉、赵。因为张耳投奔刘邦一事,汉赵已经交恶。如若刘邦不为自己的东征找到一个合理的理由进行解释,陈馀随时都会倒向项羽一边,届时天下属于何方尚未可知。

刘邦对于义帝并没有什么感情,义帝不过是一块利用价值极高的政治招牌。在当前的形势下,只有这块政治招牌,能够为刘邦背书,帮助刘邦摆脱政治道义上的劣势。而这块招牌一旦被刘邦打出,天下诸侯便不能再跟随在项羽身边,否则那便和项羽一样,都是人人得而诛之的乱臣贼子。至于刘邦,则成了诛杀逆贼的忠臣,一切军事行动都显得那么合理,也让跟刘邦不对付的诸侯,找不出与刘邦为敌的理由。

也正因为如此,在为义帝发丧后,刘邦立即向全天下发出公告:"天下共立义帝,北面事之。今项羽杀义帝于江南,大逆无道。寡人亲为发丧,诸侯皆缟素。悉发关内兵,收三河士,南浮江汉以下,愿从诸侯王击楚之杀义帝者。"②这份告令意味着刘邦对汉国及其附属国下达了军事总动员命令,宣布对西楚国进行战略决战,同时也希望列国从汉击楚。

当时天下除了楚汉二国外,尚有赵国(含代国)、燕国、齐国、九

---

① 司马迁:《史记》2622页,中华书局1959年版。
② 同上书,370页。

江国、衡山国、临江国、雍国七个政权。其中齐国一直都在积极抗楚，拖住项羽，可以想见，田广、田横自然会积极响应刘邦。雍国当时仅剩废丘一城，虽然章邯支持项羽，但无法对全局产生任何实质性的影响。至于燕国、衡山国、临江国三国，在楚汉战争中一直保持中立，不参与任何一方。

至于九江国，其国主英布当年是项羽帐下的第一猛将，前不久又受令暗杀义帝。按理来说，英布既然已经干出了暗杀义帝这种事情，应该会像章邯那样，一直坚持站在西楚国这一方，但事实并非如此。英布如今已经称王，是割据一方的诸侯，不再是项羽的臣子，他现在想的是在九江国安度晚年，而不是再追随项羽征战沙场。要说暗杀一个人，英布会做这种事，但是让他再像灭秦的时候那样，冲锋陷阵，已经是不可能的了。比如在项羽北击田荣前，曾经派人到九江国征兵，英布称病不往，只让人率了几千人过去，象征性地支持项羽。这次刘邦下达了对西楚决战的命令，英布不愿和项羽绑在一条战船上，不仅称病不出，索性连军队也不想再派出去了。九江国事实上和燕国等国一样，成为了中立国。

那么远在赵国的赵歇、陈馀呢？这股势力应当是刘邦最想拉拢的一方。毕竟如今赵国是天下第三强国，它的一举一动，对于刘邦来说都至关重要。刘邦派使者前往赵国，希望赵国、代国参与反楚联盟，一同出兵讨伐项羽。陈馀一直对刘邦收容张耳的事耿耿于怀，便说："只要汉王杀了张耳，我就派兵。"刘邦是个重情义的人，虽然政治利益要求他必须和陈馀结盟，但他不忍心因此就杀死张耳。于是刘邦找来一个和张耳很像的人，将其处死，把他的人头送给陈馀。陈馀信以为真，于是宣布赵国、代国加入反楚联盟。

至此，刘邦以为义帝报仇作为借口，组织起了反楚联盟，自任联盟的盟主。参与反楚联盟的国家有：汉国、赵国、代国、齐国、西魏国、韩国。而已投降刘邦的诸侯王，如司马欣、董翳、申阳、郑昌、司马卬、张耳，也都随军出征。项羽作为天下盟主，这时还支持他的仅剩下雍国一国。其他国家，如燕国、九江国、衡山国、临江国，全部保持中立。刘邦以连横的手段破解了项羽的合纵，对楚总决战的号角，至此吹响。

五、彭城大决战

"五诸侯"考

汉二年（公元前205年）四月，在反楚联盟缔结后，刘邦"劫五诸侯兵"，号称五十六万大军，打算与西楚进行最终的大决战。但是这"五诸侯"具体究竟是指哪五个诸侯，历来众说纷纭，值得我们考究一番。

要想推知这被"劫"的五位诸侯是谁，我们先来看看当时都有哪些人先后成为一国之君？

汉二年四月时尚割据一方的诸侯王					
汉王刘邦	西楚霸王项羽	赵王赵歇	代王陈馀	齐王田广	燕王臧荼
雍王章邯	九江王英布	衡山王吴芮	临江王共敖	西魏王魏豹	韩王韩信
之前曾割据一方的诸侯王					
故塞王司马欣	故翟王董翳	故河南王申阳	故韩王郑昌	故殷王司马卬	故常山王张耳

上述十八王中，我们先排除刘邦、项羽二王，然后再除去中立国的国王和支持西楚的雍王章邯，还剩下十一位诸侯王，分别是：赵歇、陈馀、田广、魏豹、韩王信、司马欣、董翳、申阳、郑昌、司马卬、张耳。那么要怎么对这十一位诸侯王进行排除呢？我认为，既然史书说刘邦是"劫五诸侯兵"，那么这五位诸侯必定都符合两个条件：第一，手中尚握有一定的兵权或者有一定的号召力；第二，参加过彭城之战。

从第一点中，我们可以直接排除掉故韩王郑昌和故常山王张耳。郑昌自从投降刘邦后，史书再也没有关于此人的记载，殊为可惜。但是我们可以推想，郑昌当韩王仅仅一个月，并无太大的威信，而且现任韩王是韩王信。无论是从兵权或者从号召力来说，郑昌都没有任何优势。就算郑昌参加过彭城之战，他也不可能是"五诸侯"之一。至于张耳，这个能更好排除了。刘邦为了促进汉赵同盟，对外谎称张耳已死，张耳必不在"五诸侯"之中。更何况，张耳弃国来降，只带了几位大臣过来①，要说兵权或者号召力，张耳也早就没有了。

如果从第二点来看，我们可以直接排除掉赵歇、陈馀、田广三人。田广当时在田横的辅佐下，在齐地坚持抗击项羽，不可能参与彭城之战。赵歇和陈馀虽然和刘邦结盟，但是只是派兵相助，并未亲自参与。更何况，陈馀和赵歇乃是大国君主，也不可能被刘邦所"劫"。

剩下的六位诸侯王中，他们具备以上两点吗？我们来逐一分析一下。

西魏王魏豹，虽然说归附刘邦，但他仍是割据一方的诸侯王，整个西魏国仍然归他管辖，而且《史记·魏豹彭越列传》记载："（魏豹）遂从击楚于彭城。"②由此可见魏豹符合上述的两个条件。

那么韩王信呢？他是韩国的君主，韩国的兵权也被他牢牢控制在手

---

① 《史记·高祖功臣侯者年表》宣平侯条载："陈馀反，袭耳，弃国，与大臣归汉。"（950—951页）。

② 司马迁：《史记》2590页，中华书局1959年版。

第三章 刘邦东出 闪击彭城

中。根据《史记·秦楚之际月表》的记载："（韩王信王六月）从汉伐楚。"按，韩王信于汉二年十一月被封为王，称王的第六个月即为汉二年四月，和彭城之战是同一个月。《汉书·异姓诸侯王表》记载相同。[①]韩王信亦符合以上两个条件。

另据《汉书·高帝纪》载："塞王欣、翟王翳降楚，殷王卬死。"[②]由此我们可知司马欣、董翳、司马卬三王都参与了彭城之战。这三个王虽然都是战败而降，实际上已无权力，但是他们毕竟曾任为王，对其旧部尚有一定的影响力，也算是符合了前面的两条标准。

综上论述，当时完全符合以上两个条件的诸侯只有五位：西魏王魏豹、韩王信、故塞王司马欣、故翟王董翳、故殷王司马卬。那么这五个人就是史书所未曾明确提及的"五诸侯"吗？故河南王申阳能算"五诸侯"之一吗？

自从申阳投降刘邦以后，他和故韩王郑昌一样，彻底消失在史书典籍之中，从此以后史书再也未曾记载过此人。申阳和司马欣等人一样，必然是能对其旧部施加影响力的。可是申阳有没有参与过彭城之战，有没有被刘邦所"劫"，这个我们确实是完全不清楚了。

根据《史记·高祖功臣侯者年表》南安侯条："（宣虎）以河南将军汉王三年降晋阳。"[③]宣虎的这个"河南将军"无疑是河南国将军。这位河南国将军会出现在代国的晋阳，有一种可能性为：申阳也参与了彭城之战，但是在刘邦战败后，和其他诸侯一样，选择背叛了刘邦。[④]

另据刘邦在为义帝发丧后，发布的军事总动员命令："悉发关内

[①]司马迁：《史记》786-787页，中华书局1959年版；班固：《汉书》371页，中华书局1962年版。

[②]班固：《汉书》36页，中华书局1962年版。

[③]司马迁：《史记》910页，中华书局1959年版。

[④]崔建华在其论文《楚汉战争中的"五诸侯"再讨论》一文中，也是持此观点。详见《渭南师范学院学报》2019年07期，43-44页。

兵，收三河士"①关内即指关中地区，三河指的是当时的河东、河内、河南地区。既然有河南地区的话，应当要包括河南国。由此也可推出申阳当有参与彭城之战，否则便不能"收三河士"了。

虽然以上说法并不能够真正确证申阳是否参战，但是按情理来说，申阳确实有参战的必要。申阳和司马欣等人一样，都是降王，而且对本国的军政还有一定的影响力。在这种决战时刻，刘邦怎么可能会不让申阳参战呢？因此虽无史料实证，但是笔者认为，申阳并不能轻易排除。

那么这样一来，目前"五诸侯"的人选就有魏豹、韩王信、司马欣、董翳、司马卬、申阳六人。看来要想判断出"五诸侯"究竟有哪五人，不能光凭我们上面列出的两个标准，还应该再用一条标准来进行排除。

这一条标准笔者认为应当是：这个王位是否来源于戏下分封。其实我们仔细看这六位诸侯王就能发现，除了韩王信以外，另外五位都是项羽所封，只有韩王信是被刘邦分封的。那么为何这能成为一条标准呢？笔者猜想，当时刘邦为义帝发丧，已经明项羽为贼，那么这些被项羽分封的诸侯王如今纷纷加入反楚联盟，与项羽作对，这无疑进一步彰显了刘邦东出的正义性与合法性，有利于刘邦进一步在政治道义上占据优势。

如果再加上这一条标准，那么韩王信便不能作为"五诸侯"之一。由此，我们便能证出历史上的"五诸侯"应当指：西魏王魏豹、故塞王司马欣、故翟王董翳、故河南王申阳、故殷王司马卬。

刘邦闪击彭城

汉二年四月，刘邦率领着诸侯联军打算对西楚国发动致命一击。此

---

①司马迁：《史记》370页，中华书局1959年版。

第三章 刘邦东出 闪击彭城

战，汉军号称总兵力有五十六万，虽不免有些夸大，但是刘邦此战确实是摆出了决战的态势。在这场战役中，刘邦是此次诸侯联军的总指挥，为了推动战役的顺利发展，他做了如下的人事及军队部署：

（一）关中大后方由丞相萧何打理，萧何可以便宜行事。同时，萧何负责及时输送后勤粮草以及预备役部队。大将军韩信负责主持大后方的军务，全力围剿支持项羽的雍王章邯，以及修缮边塞，防备匈奴入侵。

（二）御史大夫周苛镇守荥阳[①]，负责转运来自关中的粮草。

（三）刘邦的汉军以及魏豹、司马欣、董翳、申阳、司马卬的"五诸侯兵"构成中路纵队。韩王信率领的韩国军队也构成诸侯军之一，另外，原诸侯郑昌、张耳应该也有参战。刘邦身边大部分臣子全部随军参战，如张良、陈平、吕泽、周勃、刘贾、刘交、卢绾、郦商、夏侯婴、靳歙等人。

（四）曹参、樊哙、灌婴的汉军以及陈馀、赵歇所派的赵军作为北路纵队，北路纵队大概是由曹参亲自统率。

（五）王陵、王吸、薛欧的偏师作为南路纵队。[②]

（六）田广、田横的齐军在齐地继续坚持抗战，拖住项羽。

刘邦又对南北中三路纵队的行军路线做了明确的规划：

（一）刘邦所统领的中路纵队自洛阳东进，攻打西楚的砀郡、四川

[①]《史记·汉兴以来将相名臣年表》在高皇帝元年御史大夫一栏记载："御史大夫周苛守荥阳"。（1119页）汉元年时汉国未曾攻至荥阳，疑司马迁将高皇帝二年的事记在高皇帝元年一栏中。

[②]史书未曾记载王陵、王吸、薛欧这支偏师参与了彭城之战，毕竟这支偏师在汉二年九月就已经东出作战。我们可以根据刘邦的军事总动员命令中的"南浮江汉以下"一语进行推断。当初王吸、薛欧率军出武关，到达穰县与王陵会合，必须沿着丹水南下，而丹水是汉水的支流，汉水又是长江的支流。因此所谓的"南浮江汉"的南路纵队，指的应该就是王陵的这支军队。他们从汉二年九月一直作战到四月，作战历时长达整整八个月。这一说法，已经被描述彭城之战的相关研究著作所采用，详见台湾"三军大学"主编《中国历代战争史》第3册36页；军事科学院主编《中国军事通史》第5卷36页，军事科学出版社1998年版；辛德勇《历史的空间与空间的历史》130-133页；李开元《楚亡：从项羽到韩信》86页。

郡，最后直抵彭城。

（二）曹参所统领的北路纵队自三月就已经从修武东进，从围津（即白马津，今河南滑县东北）渡过黄河，攻打西楚的东郡、薛郡，断项羽南下之归路，然后南下至砀县，与刘邦中路纵队共同占领彭城。

（三）王陵等人统领的南路纵队攻打西楚的南阳郡、淮阳郡，最后东至砀县，与刘邦的中路纵队共同占领彭城。

西楚国的领土，除了四川郡后方的东晦郡、会稽郡、故鄣郡不在攻击范围，另外六郡之地，刘邦此战务求直接吞并。

针对来势汹汹的刘邦，西楚国也制定了如下的作战方案，抵抗刘邦的诸侯联军：

（一）西楚霸王项羽听说刘邦东征后，不打算率主力回援，而是继续贯彻既有的"先齐后汉"的战略方针，率领西楚之主力部队，先击溃齐国田广、田横军，再回援彭城。

（二）西楚以曲遇（今河南中牟东）、外黄（今河南民权西北）二地为依托，抵抗刘邦中路纵队的进击，其中外黄地区的西楚守将是王武和程处。

（三）魏相国项它、龙且率军在定陶（今山东定陶西北）驻守，抵御曹参的北路纵队的进击。

（四）西楚在阳夏重点防御，抵抗王陵的南路纵队的进击。

（五）最后，西楚在彭城西部的砀县、萧县布置军队进行防御，防止彭城被攻克。

西楚的主力部队由于被项羽抽调，所以留在国内的兵力不多，只能采取消极防御的态势以拖延时间，等待项羽主力部队回援，击破刘邦。

刘邦知道，此战既然是对西楚国进行的一次总决战，那么就必须在项羽回援之前就以最快的速度占领彭城，所以这场战役中反楚联盟的作战方针便可以用"闪击彭城"四个字进行概括。

刘邦的中路纵队从洛阳出发，火速进军。将军周勃率军攻下曲遇，然后汉军围攻楚将王武、程处所镇守的外黄，但是一直无法攻克。与此

第三章 刘邦东出 闪击彭城

同时，曹参的北路纵队在渡过黄河后，往东南方向行军。将军樊哙（壤乡之战后樊哙便被刘邦升为将军）作为前锋部队率军攻克定陶的前沿阵地煮枣（今山东东明南），并屠城。但在这时，由于外黄迟迟无法攻克，刘邦派人至曹参军中，调樊哙南下助战。曹参军则率军东进，攻打定陶。

樊哙南下后，大破王武、程处。王武、程处被迫投降，外黄遂克。外黄被诸侯联军占领后，刘邦又调樊哙北上，支援曹参。就在这时，彭越率领三万残兵来到外黄，归顺刘邦。当初灭秦之战时，刘邦曾经和彭越一同攻打过昌邑（今山东巨野东南），因此刘邦颇为清楚彭越此人的实力。便任命他为魏相国，率领所部三万人，在东郡、砀郡一带作战，平定梁地。

外黄之战后，刘邦率军一路向东南方进击。当时曲遇、外黄这两道防线已经被击破，刘邦便开始向西楚最后的防御网——砀县、萧县进行攻击。

正在中路纵队攻打砀县时，中尉曹参率领灌婴等人与项它、龙且在定陶展开决战，项它、龙且大败而逃，曹参占领定陶（此战，项氏宗族中的项襄投降汉军[①]）。随后曹参留樊哙在薛郡作战，自己率部南下至砀县，与刘邦会师。而在这一时期内，樊哙占领邹县（今山东邹县东南）、鲁县（今山东曲阜）、瑕丘（今山东兖州东北）、薛县（今山东滕县东南），并在薛郡镇守。

这时，王陵所率的南路纵队大概也已经攻下了阳夏（史书并没有告诉我们南路纵队具体的作战状况，此为笔者的猜想），大体上完成了对南阳郡和淮阳郡的攻略，然后向东进入砀县与刘邦会师。

三路纵队已然会和，西楚的东郡、薛郡、南阳郡、淮阳郡、砀郡已俱被汉军攻略，西楚大半国土沦丧。刘邦加紧了对砀、萧地区的攻打。

[①]《史记·高祖功臣侯者年表》桃侯条载："（项襄）以客从，汉王二年从起定陶。"（971页）

刘邦的大舅子吕泽和中尉曹参率先攻下砀县①，而后曹参又领军进入四川郡，攻下了萧县。汉军主力部队开始对彭城进行围攻。

龙且在定陶被击败后，逃至彭城固守（项它动向不详，应该也是随龙且逃至彭城）。曹参与吕泽的部下丁复在彭城大破龙且，龙且被迫放弃彭城②，诸侯联军遂入彭城。至此，彭城之战第一阶段结束，刘邦的诸侯联军大获全胜。

此时西楚只剩下东晦郡、会稽郡、故鄣郡三郡还有其他一些零星城池尚未被联军攻占。项羽的西楚主力大军现在还在齐国的城阳郡作战，不能回援，情势愈发岌岌可危。项羽的西楚国似乎即将被刘邦所灭。

大溃败

刘邦仅仅用了一个月的时间，就直接从洛阳闪击至彭城。这场战役是他自起兵以来指挥过的规模最大的一次战役，也是他起兵以来在最短的时间内获得最大战果的一次胜利。胜利来得是如此的突然，楚军是如此的不堪一击。根据《史记》的记载，赢得了这一场重大胜利的刘邦似乎有些得意忘形了。在司马迁的描写下，诸侯联军"收其货宝美人，日置酒高会。"③但是我们需要注意，刘邦虽然贪财好色，但是他毕竟是一个有远见卓识的政治家、军事家，项羽的西楚主力部队尚未被击溃，刘

---

①《史记·高祖功臣侯者年表》周吕侯条载："（吕泽）将兵先入砀。"（888页）《史记·曹相国世家》载："（曹参）东取砀、萧、彭城。"（2025页）

②《史记·高祖功臣侯者年表》阳都侯条载："（丁复）属悼武王，杀龙且彭城。"（904页）悼武王即吕泽。但是龙且死于汉四年十一月的潍水之战，不应死于彭城。《汉书·高惠高后文功臣表》阳都侯条载："（丁复）属周吕侯，破龙且彭城"（554页），周吕侯即吕泽。《汉书》改"杀"为"破"，更为合理，今从《汉书》。《史记》疑传抄有误。

③司马迁：《史记》321页，中华书局1959年版。

邦又哪来的底气纵情声色呢？

台湾"三军大学"主编的《中国历代战争史》说："刘邦袭取彭城后，以为项羽之根据地——都城已破，则羽已失其凭借；彼殊不知项羽力量之中心乃在军队，而不在彭城，若不能击毁项羽之军队，即不能解决战争。"[①]军事科学院主编的《中国军事通史》也持相同的看法，认为："刘邦的胜利是表面的，项羽所率楚军主力并未受到损失，而且近在城阳。加之刘邦进入彭城后的忘乎所以，这就必然要引起战局的急转直下。"[②]笔者认为，刘邦深知项羽的作战风格，断不至于不歼灭项羽就贪图享乐。刘邦应当做出了严密的军事部署，认为项羽必被自己所灭，因而才纵情声色。那么进入彭城后的刘邦都做了哪些防备呢？

在进入彭城后，根据史料的零碎记载，笔者推测刘邦下一步的军事部署为：

（一）诸侯联军之主力驻扎在彭城，以及彭城外围的萧县；

（二）吕泽率领一部分汉军驻扎在萧县西北部的下邑（今安徽砀山），与刘邦互为掎角之势；

（三）樊哙攻占西楚的薛郡地区，并驻扎在薛郡；

（四）魏相国彭越进一步攻略东郡、砀郡尚未归附的地区；

（五）赵国、代国继续留在黄河下游沿岸作战，齐国继续在城阳郡与项羽作战。[③]

我们仔细来分析一下刘邦在攻下彭城后的这一番军事部署。当时项羽亲率的西楚主力部队仍在城阳郡与田横作战。项羽要从城阳郡奔袭回到彭城，必须向西南方向行军，进入薛郡，然后南下进入四川郡，才能到达彭城。这一路线乃是当时从城阳郡的莒县到彭城的最短路线。在

[①] 台湾"三军大学"编：《中国历代战争史》第3册，40页。
[②] 军事科学院编：《中国军事通史》第5卷，37页。
[③] 史书不曾记载赵、代二国军队的军事动向，笔者是采纳了辛德勇先生的推测，详见辛德勇著《历史的空间与空间的历史》134页，北京师范大学出版社2005年版。

闪击彭城的时候，曹参让樊哙留在薛郡，攻略该郡的城池。在控制薛郡后，樊哙应该是直接留在薛郡镇守，堵死项羽这条回援彭城的最近的道路。刘邦又让彭越在东郡、砀郡附近作战，赵军、代军在黄河下游沿岸的齐地作战，城阳郡地区又有田横与项羽交锋。可见在当时，项羽的北边是赵军，西边是彭越，西南边是樊哙，南边是田横，而东边则是大海。项羽就这么被刘邦困在齐地。为了防止项羽突破合围，刘邦让樊哙在薛郡坚守，自己又在彭城、萧县、下邑三地设置防线，形成掎角之势，防止彭城被项羽收复。这个军事部署相对来说是比较严密的，也难怪刘邦会在此之后，得意得"置酒高会"了。

但是我们知道，彭城是四战之地，一旦薛郡被攻下了，不论刘邦在彭城周围布置多少防线，都难以抵挡住项羽的锋芒，所以这场战争的胜负在于诸侯们能否困死项羽与樊哙能否坚守住薛郡。只要诸侯赵、代、齐、彭越的军队能够困住项羽，那么项羽别说进攻樊哙了，能不能从齐地脱身尚且是个问题。

为什么刘邦要让其他诸侯们与项羽作战，而不是自率主力迎击呢？事实上，从当前的形势看来，刘邦只有项羽一个对手，可一旦项羽被灭。不论是同盟中的陈馀、彭越、田横，还是中立的英布、臧荼等人，都会成为刘邦潜在的对手。刘邦并不打算自己跟项羽拼得你死我活，最后便宜了陈馀这些人。刘邦很可能希望陈馀等人和项羽决一死战，消耗彼此的实力，自己则可坐享其成。

但是刘邦能这么想，其他诸侯难道就不会这么想吗？彭越精通游击战术，他以巨野泽为自己稳定的根据地，在东郡、砀郡一带游击作战，不和项羽打硬仗。之前齐楚成阳之战，彭越已经领教了项羽的实力，让他去打围歼战，彭越必不乐意。对于陈馀来说，自己何尝不希望刘邦、项羽双雄对决？这样赵国这个第三强国就有称霸中原的大好机会了。刘邦想让陈馀挡住项羽的锋芒，陈馀肯定也希望刘邦能挥师北上，和项羽进行最后的决战。只要项羽还活着，刘邦就不能独霸天下，所以陈馀也犯不着拼死对项羽围追堵截。这些诸侯之中，就只剩下一个田横

第三章 刘邦东出 闪击彭城

是真心与项羽过不去了。项羽在齐地许多城池进行惨绝人寰的大屠杀，又间接造成兄长田荣惨死。田横可以说是身怀国仇家恨，自然要与项羽血战到底。①

由此，我们就能够洞见刘邦这一军事部署的致命缺陷了——过分依赖诸侯对项羽的截击，而这将为刘邦后面悲剧性的惨败埋下伏笔。

项羽原先的战略方针是"先齐后汉"，但是如今，自己的国都已经被刘邦占领。如果项羽还要继续留在城阳郡和田横相持作战，那么项羽的这股游军迟早会被诸侯联军合力击溃。针对这种严峻的形势，项羽将战略方针修改为对齐、汉同时打击。这是无奈之下的选择，如果不继续和田横交战，稳住田横，那么在项羽回师的时候，田横就可以和汉军一同夹击项羽，届时形势将更加危机。从这一战略思路出发，项羽立即制定了新一阶段楚军的作战方针：

（一）项羽亲自挑选三万精锐骑兵，从莒县（今山东莒县）出发，经启阳（今山东临沂东北）、费县（今山东费县北）、卞县（今山东平邑东北），直达薛郡鲁县。②击溃薛郡之守军，南下夺回彭城。

（二）西楚之主力部队继续留在齐国和田横交战，拖住田横的军队。

项羽率领三万精骑兵，从莒县出发，穿越鲁中山地，来到鲁县，迅速击破鲁县的汉军守军，然后向南直冲至薛郡与四川郡交界处的胡陵（山东鱼台东南）再一次击溃汉军，至此，樊哙军队彻底崩溃。项羽再率领西楚骑兵向南冲锋，攻下萧县。次日清晨，项羽率军东向，对彭城发起攻击。

由于项羽的行军速度太过惊人，导致身处下邑的吕泽当时根本无法率领援军来支援刘邦，刘邦也被项羽的这次突袭给搞蒙了。谁都没能料到项羽能够来得如此之快。

---

①以上这部分观点，请参见辛德勇著《历史的空间和空间的历史》134页，北京师范大学出版社2005年版。

②项羽的这条行军路线是由李开元先生考证出来的。详见李开元论文《项羽攻齐和奇袭彭城的路线——兼论楚军彭城大胜的原因》，《秦汉研究》2015年，21-23页。

· 163 ·

中午时分，刘邦仓促率军出城与项羽交锋，汉军在西楚骑兵的冲击之下，彻底溃散。项羽在短短半天的时间内便攻克萧县、彭城，一举收复了国都。现在项羽开始调整战争重心，针对敌军的指挥部进行猛烈的打击。刘邦这次出征，号称有五十六万人。虽然实际上未必有这么多人，但是军队众多却是实情。在这种情况下，只要指挥部一崩溃，军队数量再多，也都会瞬间变成散兵游勇。项羽决定扩大战果，把这一场战役打成一场歼灭战，彻底搞垮刘邦。

刘邦的军队已经彻底溃败，指挥系统失灵。项羽的追兵将汉军压迫至谷水、泗水一带。在通常的军事交锋中，背水的军队往往不能背水一战，而是会迅速崩溃。更何况，这支联军现在已经崩溃了，接下来就只剩下一场大规模的屠杀。据说西楚军队在谷水、泗水一带就屠杀了十多万联军。刘邦率领残军继续向南溃逃。

刘邦选择逃向彭城西南方向的山区，希望据山地优势与项羽再来一番交锋。西楚的追军在项羽的命令下紧追刘邦不放，诸侯军不但没能据险而守，反而被西楚军赶至睢水。楚军再发动一轮猛烈的冲锋，诸侯军又被歼灭了十多万人。史书甚至夸张地说："睢水为之不流。"

西楚骑兵继续追击刘邦，他们已经追寻到刘邦，并且形成了包围。形势发展到这种地步，刘邦似乎就要命殒于这场大决战中了。但是谁都不曾料想，这时突然刮起了西北风，飞沙走石，吹折房屋，日月无光，西楚骑兵的阵型大乱，开始溃散。刘邦抓住了这一时机，立即带着身边数十骑兵逃跑。

令人惊奇的是，在这一危急时刻，刘邦并没有选择从西北方向逃跑，前往下邑，投靠吕泽，而是选择了向东北方向的沛县逃跑，因为刘邦的亲人当时还住在那里。

项羽是何等精明的人，他知道就算杀不死刘邦，也要把刘邦的家眷给绑架过来，日后好威胁刘邦。项羽当初就干过类似的事，为了招揽王陵，派人把王陵的母亲给绑架了。结果王陵母亲为了让王陵能够死心塌地地追随刘邦，伏剑而死。项羽竟然下令把王陵母亲的尸体给烹了。项

第三章 刘邦东出 闪击彭城

羽之残暴无情，可见一斑。既然有这种前科，对于项羽来说，再绑架刘邦的家眷并不是什么难事。在刘邦赶回沛县的时候，项羽也派出军队，让他们绑架刘邦的家小。战乱之下，刘家老小惧怕被楚军抓住，四处溃散。等刘邦赶到沛县老家的时候，已经找不到自己的亲人了。

当时刘太公和吕雉在审食其的护送下，从小路逃跑，想要追寻刘邦。可是没曾料到，审食其一行人竟然遇上了西楚军队。可想而知，这一行人全被西楚军队逮捕。

但是刘邦此行并非一无所得，刘邦在路上遇到了儿子刘盈和女儿（女儿即后来的鲁元公主）。刘邦赶紧把他们带上，随自己一起逃亡下邑。正在这时，西楚的军队发现了刘邦，立即追击。在最危急的时候，西楚追兵紧紧跟在后头，可是马力却已疲乏，刘邦为了逃命，竟把这对儿女给推下车。当时为刘邦驱车奔驰的是太仆夏侯婴，夏侯婴不忍心看到这两个孩子就这么被刘邦抛弃，便停下车，亲自抱起这两个孩子，如此反复数次。夏侯婴抱起这两个孩子的时候，赶着马车，慢慢行走，一直到两个孩子紧紧抱住夏侯婴的脖子，夏侯婴才驱车奔驰。据传，气急败坏的刘邦甚至曾十几次想杀死夏侯婴。但是这一行人最终还是顺利地摆脱了西楚军的追击。在一番波折后，刘邦终于逃到了下邑，算是暂时安定了下来。

笔者每每读史至此，常常感到不可思议。刘邦为求逃命，驱车疾驰，数次把两个年幼的孩子推下车，孩子居然能够安全无事，而且夏侯婴驱车慢行，又曾多次特意停车，抱起这两个孩子，结果西楚追兵却一直没有追上刘邦，实在令人感到难以置信。司马迁曾经说过："吾适丰沛，问其遗老，观故萧、曹、樊哙、滕公之家，及起素，异哉所闻！"①看来司马迁曾经采访过夏侯婴家族的遗老。刘邦的儿子刘盈后来当了皇帝，夏侯婴曾经保全过刘邦、刘盈两位皇帝的性命，这件事对于夏侯家族来说自然是无上的荣耀。因此夏侯家的族人难免夸大这一件事情，以

---

① 司马迁：《史记》2673页，中华书局1959年版。

此表示夏侯婴的智勇双全。

根据《史记·高祖功臣侯者年表》汝阴侯条记载："（夏侯婴）全孝惠、鲁元"[1]，这件事情在日后成为了夏侯婴封侯的依据，看来确实是真的。只不过夏侯家的族人为了夸大夏侯婴的功劳，不免有些夸张了，这件事也被司马迁郑重地记录在《史记》中，为世人熟知。

事实上，刘邦在彭城战后还有不少逸闻趣事。例如《史记·季布栾布列传》曾经记载过一个趣事。西楚大将季布的舅舅丁固正在追赶刘邦，两军已经开始交锋。刘邦这时候回头对丁固说："我们两个英雄难道要互相迫害吗？"丁固心生恻隐之心，便放了刘邦一条生路。在《太平御览》引《楚汉春秋》的佚文中，也提到过这件事。当时的刘邦极其狼狈，已经披头散发，他回头对丁固说："丁公为何要这样逼我呢？"丁固骂了几声，便率军返回了。

在《史记·高祖功臣侯者年表》祁侯条中，还记载了缯贺救主的事情。这件故事大致是说，当时刘邦打了败仗，发现将军缯贺正在与楚军作战，导致西楚的追兵无法追上刘邦。刘邦回过头对缯贺说："你留在彭城，坚守壁垒，抵挡项羽。"但是笔者认为这件事情并不可信。因为根据史书的记载，缯贺是在汉三年才加入汉军阵营的，彭城之战爆发在汉二年四月，缯贺又如何能救主呢？笔者后来看了《汉书》的相应记载。在《汉书》中是这么叙述这个故事的，当时刘邦当了败仗，正在逃跑，缯贺率军挡住西楚追军，导致他们不能靠近刘邦，刘邦回过头，让缯贺赶紧救他。在《汉书》的叙事中，并没有提到"彭城"二字。笔者认为《汉书》的记载较为可信，缯贺救主虽然确有其事，但是不可能发生于汉二年四月的彭城之战。

不管怎么说，从以上这么多小故事我们已经可以看出，当时的刘邦是有多么狼狈了。这场彭城之战，注定成为刘邦一生中都无法抹去的伤痛。

---

[1] 司马迁：《史记》884页，中华书局1959年版。

第三章 刘邦东出 闪击彭城

这场大溃败,根据《史记》的说法,五十六万联军至少战死了将近三十万人,虽然史书记载太过夸张,但我们能够确信,在这场楚汉大决战之中,以汉国为首的诸侯联军遭到了毁灭性的打击。项羽几乎以一己之力,使西楚转危为安,扭转了当时整个中原局势。

此战过后,陈馀发现张耳并没有死,而是一直被刘邦所藏匿,勃然大怒,背离了与汉国的同盟,倒向西楚,同时占领了殷国故地。①田横趁着项羽南下击汉的时候,收复齐国失地,应当还给予楚军一定的打击。在这种情况下,项羽和田横讲和,齐国也倒向了楚国一方。彭城之战的几个月后,西魏王魏豹也宣布叛汉,倒向西楚。魏相国彭越见刘邦战败,便继续秉持一贯的游击作风,放弃了他所占有的城池,跑到黄河边上继续游荡。

在彭城之战中,故殷王司马卬战死,故塞王司马欣和故翟王董翳见刘邦溃败,便见风使舵,再次投降项羽。关于故河南王申阳的记载缺失,他应当是率残部投奔陈馀。②故韩王郑昌,史书再也未曾记载过此人,可能也在彭城之战中战死。

项羽一战过后,扭转乾坤,天下皆从汉的局面瞬间变为天下皆从

---

① 《史记·傅靳蒯成列传》记载:"(靳歙)别之河内,击赵将贲郝军朝歌。"(2710页)刘邦灭亡殷国后,将殷国故地置为河内郡。但从这段记载来看,在彭城之战半年后的汉赵战争中,河内郡已经被赵国所控制。笔者认为这很有可能是陈馀离盟后所为,况且刘邦在关东的领土中,只有河内郡是位于黄河以北地区,汉国要想控制,并非易事,但若是由盘踞在黄河北岸的赵国控制,那就是轻而易举了。因此我认为,陈馀离盟后,为了对刘邦之前隐瞒张耳做出报复,遂攻占了汉国的河内郡。

② 根据《史记·高祖功臣侯者年表》南安侯条的记载:"(宣虎)以河南将军汉王三年降晋阳。"(910页)宣虎作为河南王申阳麾下战将,于汉三年在晋阳降汉。晋阳属太原郡,是代国的地盘。笔者推测,申阳很有可能是北上赵、代,投奔了陈馀。可是申阳在称王前,是张耳身边的宠臣,他如何有底气投奔陈馀呢?可惜关于申阳的史料完全缺失,让我们无法了解到这位河南王的生平。他有可能投降了陈馀,也有可能像司马欣那样,投降项羽,抑或是他死在了彭城?笔者暂从投奔陈馀一说,希冀日后能有全新的史料,记载这位河南王的下落。

楚，合纵战胜了连横。这时候，除了韩王信的韩国以外，天下诸侯或中立，或从楚。反楚联盟彻底瓦解，代之而起的是反汉联盟。楚汉战争中的第一阶段，即汉国的战略进攻阶段，也就此结束。

天下大势，再次迷茫不定。

彭城之战刘邦失败原因

彭城之战是刘邦军事生涯中最大的污点。这次战役，刘邦不仅是在战术上全面溃败，在战略上亦全面溃败，刚建立没多久的反楚联盟，转眼之间就变为反汉联盟。这不免让人疑问，这场大决战为何刘邦会战败，为何会败得那么惨？

我们先来看一则小故事。

刘邦的军事能力在当时属于一流的水准，他也对自己的军事能力颇为自负，喜欢说："吾以布衣持三尺剑取天下。"但是面对超一流的军事家韩信，刘邦总是显得有些不自信，想知道自己在韩信的心中军事能力究竟如何。

刘邦曾经和淮阴侯韩信点评当世将领的才能，并且还定了等级对各位将领的才能进行排序。刘邦问韩信："像我能统率多少军队呢？"韩信说："陛下您只不过能统率十万人。"刘邦追问道："那你能统率多少人呢？"韩信答复道："我能统率的士兵那是越多越好。"刘邦笑着问："越多越好，那为何你会被我擒获呢？"韩信说："陛下您不能统率士兵，但是却善于统率将领，这就是我被您所擒获的原因。况且陛下的才能是上天授予的，并非人力所能企及。"

这则脍炙人口的小故事正是成语"韩信点兵，多多益善"的由来。韩信当时已经从楚王被贬为淮阴侯，但是韩信骨子里的傲气始终不曾消退，面对已经当上皇帝的刘邦，韩信还是说出了这一段"冒犯"的话。

第三章 刘邦东出 闪击彭城

但是以韩信的实力,确实有资格狂傲。韩信在垓下之战,统率六十万左右的大军,击溃项羽十万军队;可是刘邦,在彭城之战统率五十六万大军,却被项羽三万人所击溃,险些丧命。我们应当指出,韩信虽然狂傲,但是他的这一段话确系事实,刘邦统率的极限也只能是十万大军。

十万大军并不是一个小数目,管理十万人的后勤运输、进行军队组织建设和军队训练,并且在战场上成功调动这十万人为自己效劳,是一件极其困难的事情。刘邦的军事才能确实已属超群,但是让他指挥数十万人的多国军团协力作战,已经彻底超出了他的能力范围了。我们在彭城之战中可以很明显看出,当项羽最后向彭城发起冲锋时,刘邦几乎来不及组织起任何一次比较像样的反抗。从统帅的素质与能力上来看,刘邦在彭城之战会战败,乃至于崩溃,并不是没有缘由的。

除了统帅个人素质这个比较主观的原因,当然还有其他一些因素共同促成了彭城之战的惨败。

笔者前文在分析韩信的"汉中对"时,曾经说过章邯可以用闪击战的方式快速将其击溃,可是面对在"勇悍仁强"方面皆强于刘邦的项羽,只能在持久作战中将其消灭。这是韩信针对敌我双方的优劣,制定下来的统一天下的基本战略方针,但是这一战略很明显被刘邦所遗忘。在刘邦东出后,几乎没有遇到任何一场比较像样的抵抗,以至于他产生了灭楚和灭雍一样都能传檄而定的错觉,忘记了韩信在"汉中对"做出的规划。因此汉二年三月刘邦为义帝发丧,组建反楚联盟,当年四月就一举攻占了彭城。刘邦并没有意识到,在彭城之战前夕,"仁强"上自己虽然已占优势,但是在"勇悍"方面,他的多国联军是完全不如项羽的。在尚未形成压倒性优势之前,希望以闪击战消灭西楚,最后必将失败。后来项羽果然也是依靠他在"勇悍"上的优势击溃了刘邦。汉军在战术上的巨大胜利,导致刘邦误判形势,轻易调整灭楚战略,这是彭城之战刘邦集团败得如此惨痛的根本原因。

同时,我们还必须指出,反楚联盟其实是很不稳固的,这也是彭城之战刘邦失利的重大原因。当时反楚联盟中比较有话语权的诸侯其实就四个：刘邦、陈馀、田横、彭越。陈馀、彭越之所以会加入联盟，尊刘邦为盟主，只不过是因为当时刘邦势力最大、风头最盛罢了。至于田横，则是由于国土被项羽侵略，不得不同意先和刘邦结盟，对抗项羽。因此我们看到，刘邦在占领彭城后，希望借助这三位诸侯的实力把项羽困死在齐地，结果陈馀、彭越并不配合作战。刘邦想让诸侯们鹬蚌相争，自己好渔翁得利，而诸侯们干脆睁一只眼闭一只眼，看刘邦、项羽双雄火并。联盟的不稳固性，极大促进了彭城之战的大溃败。

而此战刘邦大溃败的最直接的原因则是项羽正确的战术方针。项羽为了打赢彭城之战，针对战争局势的变化先后采用了骑兵奔袭作战、逼敌至死地聚歼、追寻敌之指挥部，给予其致命打击。骑兵奔袭导致刘邦在薛郡构筑的防御体系迅速崩溃，在下邑的吕泽的援军无法及时救援。项羽深谙兵法，当骑兵的闪电作战已经彻底击溃敌人的阵型时，就必须予以溃兵最沉重的歼灭，使敌人再无翻身的机会。而面对五十六万大军这种超大规模的多国军团，要使其瞬间崩溃的最好的方法就是摧毁敌人的指挥部。项羽也凭借此战使自己的军事指挥艺术达到了巅峰状态，此战也成为了他亲自指挥的最后一场经典战役。

综上分析，彭城之战的惨败是由于刘邦前期的军事胜利导致了他对形势的误判，轻易调整灭楚战略。同时刘邦过于依赖联盟诸侯对项羽的绞杀，加上他对自己军事战役指挥的极限的不自知造成了这场战役的惨败。而项羽正确的战术方针弥补了他在前期战略方面的失误，把给予联军最大程度上打击作为本次战役的作战目的，最后积大胜为全胜，从而一举扭转整个战争态势。

第四章　大败之后　站稳脚跟

一、"捐关以东"战略的出炉

下邑画策

汉二年四月，劫后余生的刘邦带着自己的儿女以及夏侯婴来到了下邑。刘邦的大舅子吕泽当时还在坚守下邑，收纳各路败退回来的汉军，暂作休整。

刘邦在下邑安顿下来之后，并没有沉浸于惨败的悲伤之中，而是开始对彭城之战自己失败的原因进行反思。刘邦也许回想起了韩信在"汉中对"中的分析，与项羽作战只能在持久战中击败他。也许想起了韩信说的那一句"以天下城邑封功臣，何所不服"。刘邦意识到，仅凭自己一人之力是无法击败项羽的，必须聚天下之英杰，合力共同击败项羽。

一日，刘邦询问张良："我打算把关东地区封给有功之臣，谁能与我一同成就大业呢？"在这段狼狈的时期内，刘邦虽然遭遇了前所未有的打击，但是自己的军事战略思想也正在不断成熟。刘邦的这一句话笔者称其为"捐关以东"战略，这一战略后面成为刘邦击败项羽的总战略方针。但这只是刘邦脑海中暂时的一个构思，它还有待完善，以便于能够真正实施下去。

张良身为刘邦身边最重要的一个"画策臣",一下就听出了刘邦这句话的意图。刘邦的询问并非是对这一战略的犹豫不决,而是还没想好这一战略要怎么贯彻实施下去。张良和刘邦想的是一样的,以刘邦一人之力确实不能击败项羽,只有合天下之力才能消灭西楚,好在张良已经帮刘邦盘算好了"关以东"应该要"捐"给谁?

张良对刘邦说:"九江王英布,是楚国的猛将,但是和项羽有猜嫌;彭越和齐王田荣在梁地作乱。这两个人可以为我们所用。汉王您帐下的将领韩信可以担当大任,独当一面。如果想要捐关以东,那就把这些地区捐此三人,那么楚国可破。"①

刘邦、张良这一问一答,总算把"捐关以东"战略的基本内容给弄明白了。"捐关以东"战略在本质上是对韩信"汉中对"中的"以天下城邑封功臣,何所不服"战略思想的进一步延伸。在韩信分析项羽时,他着重分析了项羽不能按功封赏、分封不平。可见,在韩信看来,项羽最大的弱点正在于此。刘邦回味"汉中对",也精准地捕捉到了项羽这一巨大的弱点,只要"捐关以东",招揽天下英雄豪杰,那么项羽虽强,但随着形势的发展,也必然衰弱。

事实上,刘邦这一战略思想应该很早就在他的脑海中酝酿了。《汉书·高帝纪》记载了汉元年十一月刘邦颁布的一道王令:"以万人若一郡降者,封万户。"②但这道王令与刘邦说的"捐关以东"又不全然相似,并不是要把函谷关以东的地盘都捐弃掉。可见在经过彭城之战后,刘邦已经清醒地认识到,"捐关以东"是必须实行下去的,而且封赏的人,不再是普通的降者,而是能与他一起平定天下的人;封赏的土地规模与汉元年十一月的王令相比,也是大大增加了。可以说,"捐关以东"战略是刘邦对汉元年十一月王令的全面升级。

---

① 在张良为刘邦画策时,田荣已死去多时,我疑此处司马迁记载有误。
② 班固:《汉书》33页,中华书局1962年版。

第四章　大败之后　站稳脚跟

　　张良进一步完善了韩信、刘邦没有解决的地方。韩信只说了要分封，刘邦也只是构思出了这一战略的基本框架，但是这一战略该怎么实施，则是由张良进行盘算的。

　　我们从张良的那一番回答中看出，他为刘邦推荐了三个可与之共天下的人：英布、彭越、韩信。那么为什么只有这三个人才能够得到函谷关以东的土地呢？

　　九江王英布，在戏下分封前是项羽帐下的第一猛将。项羽对其也是极其信任，在新安大屠杀前，项羽只和英布、蒲将军二人商议此事，可见项羽信任之深。英布如果铁了心地倒向项羽，那么在日后，这员骁将定然成为刘邦的心腹大患。好在彭城之战前二人已经开始有所不合，英布两次不肯率主力部队帮助项羽，显然是想偏霸一方，再也不想听从项羽的指挥。二人猜嫌已生，关系不如戏下分封前那般密切，一旦把英布挖到刘邦阵营一方，即使英布不能对项羽造成实际的伤害，也能够使项羽本部的实力遭到严重的损失。英布一旦造反，项羽此后只能靠西楚一国单打独斗，而自己也必须分一部分兵力去攻击英布，这样一来，西楚的实力就要受到进一步的削弱。

　　魏相国彭越，虽然没有得到封王之赏，但是本质上也是一方诸侯。谁给彭越好处更多，谁的形势发展得更好，彭越就追随谁。这么一个首鼠两端的人，却有着难以估量的潜力。彭越自秦末起兵以来，一直在东郡、砀郡附近游击作战，对二郡的地理形势极为熟悉。①而这两个郡如今都是西楚国的地盘，而且又相对比较富饶。汉国拉拢彭越，让其在东、砀一带游击作战，疲扰楚之后方，则西楚国必然要再分兵击之。而最可怕的是，彭越深谙游击战术，虽然看上去他好像没怎么打赢过，但是他的部队总是越打越多。在田荣反楚前，彭越所部

---

　　①张良推荐彭越的理由是"彭越与齐王田荣反梁地"，这句话的重点在于"梁地"。可见他对彭越的作战风格极为熟悉，推荐他就是为了让他在梁地进行游击作战。

不过一万多人，可是经项羽打击后，彭越在外黄加入反楚联盟时，其部众竟已达三万多人。一旦能够驱使此人，为刘邦作战，项羽的大后方将永无宁日。

大将军韩信，不仅是刘邦身边战略、战术水平最高的人，而且大概算是楚汉时期中国军事水平最高的人。刘邦身边，谋士猛将如云，可是一直没有一个能够独当一面的帅才。刘邦帐下的曹参表现虽然也颇为出众，在还定三秦时独领一军出祁山道，于刘邦东进闪击袭楚时亲自统率北路纵队，击败龙且，但是曹参此人，需要有一位杰出的统帅去统御他，他才能有这么多出众的表现。可以说，在汉国中，能够指挥千军万马千里作战的只有韩信和刘邦。韩信作战之风格，从还定三秦时已经能够窥见一斑，在熟知对方作战方法的同时要让对方摸不清自己，作战务求一战而定，不打持久作战。韩信这种指挥风格，加上他具备独当一面的能力，日后在扫荡项羽的军事同盟时，能够在最大的程度上缓解刘邦的作战压力。而项羽为了支援盟友，又不得不分兵北上，这样一来，项羽所能统领的部众那就更少了。

表面上来看，张良的下邑画策只不过是为刘邦推荐了三个人，但是我们从张良推荐这三个人的原因中已可一窥，这是一个对西楚的政治、经济、外交、军事形成重大打击的宏大战略。

拉拢项羽早期最重要的大将英布，将造成项羽在政治、军事上的巨大损失，使他失去当时西楚阵营里面唯一一个可以独当一面的大将。[1]而英布身为九江国的君主，一旦英布背离西楚，则西楚的外交形势也将会恶化，断项羽之左臂。可以说，拉拢英布并不是指望英布能够给项羽带来什么打击，而是张良要从西楚内部去削弱西楚的整体国力。

---

[1]项羽后期最重要的将领龙且，在秦末时并没有什么出彩的表现。他独当一面是在彭城之战、灭九江国之战、潍水之战的时候。但是在彭城之战中，龙且在短短几天内连续被曹参击败，可知此人的军事能力并不是特别高。这说明在当时项羽集团内真正能独当一面的将领只有项羽和英布。直到日后的灭九江国之战时，龙且始能真正独当一面。

彭越的游击战术自不必说，不仅能够牵制西楚后方的军队，同时在西楚的国土上不断游击作战，将造成西楚国经济形势的恶化。彭越的游军，数量虽然不多，却能够在最大程度上给项羽造成沉痛的打击。可以说，彭越所发挥的作用要远大于英布。

至于韩信，任用此人，必是让他统军决战。韩信"战必胜，攻必取"，让他率军与附从项羽的诸侯国交战，并将其击灭，这将使项羽孤立刘邦的外交方针彻底失败，在战略上断项羽之右臂。

这三个人，再加上刘邦，四个人将分别创立四个战场。刘邦开创正面战场拖住项羽的主力部队，彭越开创敌后战场骚扰西楚的大后方，韩信开创北方战场断项羽右臂，英布开创南方战场断项羽左臂。这四个战场的开创及战役具体演变，笔者将在后面的相关篇章详述。

张良的下邑画策和韩信的"汉中对"可以说是汉国最重要的两份战略报告书。比起"汉中对"，下邑画策着力完善刘邦提出的"捐关以东"战略，形成一个立体的、全方面的军事战略。下邑画策明确了彭城惨败后刘邦集团下一步的发展状况，它对于刘邦的作用，不下于韩信的"汉中对"。刘邦听罢张良的分析后，便开始着手实施这一战略。

刘邦通彭越、英布

在张良推荐的三个人中，韩信本就是刘邦的手下。因此刘邦所需要，延揽的只有彭越、英布二人。彭越此人趋利行事，要想拉拢他并非难事，可是英布作为项羽的心腹，要想说服他归降，岂是易事？

当时，下邑、砀县一带应该正遭受西楚的猛攻。刘邦决定率残部回到汉国的河南郡（即叁川郡，刘邦灭河南国后，改为河南郡）站稳脚跟，于是率军离开下邑、砀县，向西行至虞县（今河南虞城东北）。

刘邦来到了虞县，他还没有出使英布的合适人选，烦闷之下，便说："像你们这些人，不足以和我共商天下大事。"

谒者随何在一旁便问道："不知汉王①这话是什么意思？"

刘邦说："谁能为我出使九江国，让英布发兵背叛西楚，拖住项羽几个月，我就必能够夺取天下。"刘邦这话一说出口，随何便自告奋勇，要去游说英布来降。史书叙事往往挂一漏万，让我们难以更为详细地了解当时的内情。也许刘邦曾经和随何有过一段密谈，认为此人足以担当出使九江国的重任，于是刘邦便让随何带领二十人，前往九江国。

英布这个时候还处于犹疑不决的阶段，他并不是一个政治家，而是一个只考虑自己眼前短期利益的政客。英布作为项羽帐下的第一猛将，凭借其勇猛无敌成为了异姓王。项羽一直认为英布是自己的臣子，遂一直使唤英布，每当战局陷入胶着或危机之际，总是希望英布能够支持自己。可如今的英布已经是九江王了，他不再是项羽直属的臣子，而是割据一方的诸侯王。英布没有理由像以前那样听从项羽的安排，因此在项羽讨伐田荣和刘邦闪击彭城时，英布都是敷衍了事。英布不知道自己的这种行为实际上已经是在跟项羽划清界限，项羽若不是正忧心于田荣、刘邦等人的军事威胁，很可能已经率军征讨英布了。英布虽然对待项羽态度敷衍，但是他其实不想背离项羽，只不过是在既想依附项羽的同时，又能够安逸享乐，什么事都不想做。更何况项羽刚在彭城大败刘邦，风头正盛。这一切都不能不让英布犹豫不决。

正是因为英布尚在犹豫不决，所以当随何一行人来到九江国首都六县的时候，英布暂时不想接见这位汉国的使臣，只是派九江国的太宰来见随何。一连三日，英布都不愿意接见随何。

---

①随何说刘邦的故事中，多处称谓不符合历史。如称刘邦为"陛下"而不是"汉王"，称英布为"淮南王"而不是"九江王"，称九江国为"淮南国"。笔者在翻译这段文本的时候，根据当时的情况，将这些称谓一一订正过来。

第四章 大败之后 站稳脚跟

随何深知，英布不愿意接见自己，是因为他现在尚未想好要依附于谁，所以一切的变数还都很大。随何必须让英布决定依附汉国，因此对九江国太宰说："九江王不愿意见我，必然是认为楚国强大，而汉国弱小。让九江王认清当前的局势，正是我这次出使的原因。如果我能够见到九江王，所陈说的话要是对的，那就是大王所愿意听的；要是说得不对，那就把我们二十个使者在市集上用斧头处死，以表明大王背汉归楚的决心。"太宰将随何的这一番话向英布禀告。英布听闻随何的这一番话，便也同意召见随何。

随何一见到英布，就说："汉王派我将国书恭敬地呈献给大王您。我私下感觉有些奇怪，为什么大王会和楚国这么亲近呢？"

英布答道："寡人以臣子的身份侍奉项王。"

随何听到英布的这番话后，就开始说："大王和项王同为诸侯，您对项王称臣，一定是认为楚国强大，可以托国许之。项王讨伐齐国，身背板筑，身先士卒。大王您这时应该悉数带领九江国的士兵，作为楚军的前锋。可是现在您只派了四千人支援楚国。以臣子的身份侍奉君主，难道是这样子的吗？"

"汉王攻打彭城的时候，项王还没有离开齐国，大王这时应该率军渡过淮水，日夜不息，在彭城城下与汉军作战。大王坐拥九江数万士卒，却无一人渡过淮水，坐观成败。托国于人，难道是这个样子的吗？"

"大王您打着依附楚国的旗号，可实际上却一直在保存自己的实力，我私下为大王这样的行为感到不可取。大王您不想背叛楚国的原因，是您认为汉国弱小。楚军虽然强大，却背负着不义的名声，这是因为项羽背弃"怀王之约"，并且还暗杀义帝。项王凭借着战争胜利便自以为自己实力强大。但是呢，汉王现在已经收拢诸侯之众，退守成皋、荥阳一线，从关中地区运来粮食，深沟高垒，分遣士卒镇守要塞。楚军现在进军，中间要经过梁地，深入敌国之境八九百里，想要野战而不得，想要攻城而不能，并且楚军用老弱残兵跨境千里，运输军粮。[①]楚军一旦到了荥阳、成皋，汉军只要坚守不战，楚军将进退失据。所以我说楚军不值得依靠。假使楚国战胜了汉国，诸侯们一定危惧不已，互相救援。以楚国的强大，这是足以招致天下的军队共同反对它的。因此楚不如汉，这一形势是容易预见到的。现在大王您不与万无一失的汉国交好，却将国家安危系于陷于危亡境地的楚国，我私下为大王这种做法感到困惑。

"我并非认为单凭九江国的军队足以消灭楚国。大王现在起兵背楚，项王一定会被您所牵制，只要牵制几个月，汉国夺取天下就万无一失了。我到时候和大王一起提剑回到汉国，汉王一定会划分土地，封给大王，而且九江也一定是属于大王您的！因此汉王恭敬地派我前来陈说这个不成熟的计策，希望大王您能够留意。"

随何这一番话说下来，英布不仅听进去了他对当时形势的分析，也希望自己能够在刘邦集团中获取更大的利益。因此英布在暗地里答应随何，将要叛楚归汉，但是这一密谋，英布一直未敢泄露出去。

当时不仅是刘邦想要拉拢英布这股势力，项羽也想继续遥控英布的九江国。虽然项羽此时已经有讨伐英布的想法，但是如今真正的敌人乃是刘邦和田横，项羽不便再自树一敌，而是选择继续和英布交好。

在刘邦派出随何的同时，项羽也派人去见英布，催促英布迅速发兵支援西楚。随何听说英布接见西楚的使者，为防事情有变，便来到了王廷，对使者说："九江王已经归顺汉王，西楚凭什么让九江王发兵？"由于事出突然，英布一时间没有反应过来。

西楚使者听到这番话后，打算起身就走。随何趁机对英布说："事已至此，大王可立即杀掉楚国使者，不要让他回去，然后立即跑到汉

[①] 在这段记载中，有一句话叫"楚人还兵"，笔者翻译成"楚军现在进军"。"还兵"本不该如此翻译，可是按照下文中的说法，项羽明明是进击荥阳、成皋，而且中间又一定要穿过梁地（即东郡、砀郡），在这种情况下，"还兵"只能做进军解释。

国,与汉王合力抗敌。"经随何这么一闹,事情已无可挽回,英布只能听从随何的安排,杀死了西楚国的使者,起兵反楚。

以上情节来自《史记·黥布列传》,随何说服英布归汉,一直是脍炙人口的故事。但是笔者认为,这段记载中的内容虽然符合楚汉历史的原貌,但是属于事后追记,并不完全是历史事实。

笔者认为这是事后追记的证据有二:第一,这段故事中的人物及国家称谓都出现严重的错误。如随何称刘邦为"陛下",刘邦、随何等人多次称英布的九江国为"淮南",该段记载甚至还称英布为"淮南王",俱不符合当时的实情。第二,这段故事竟提前预支了当时尚未发生过的事情。在随何劝谏英布的时候,居然叙述了荥阳之战的战局状况,要知道,楚汉荥阳之战是在汉二年八月才正式开战的①,随何绝无可能预知四个月以后才发生的战役。由这两条证据我们可以看出,这段故事必属事后追记,绝无可能是随何说英布的真实情境。

那么《史记·黥布列传》的这个故事是来自哪里呢?笔者认为大概是源自陆贾的《楚汉春秋》。首先,这个故事称刘邦为陛下,英布淮南王,则此事必为刘邦称帝后所记无疑,而且仔细看随何所述的荥阳之战的局势,可以说完全符合历史进程。这段故事虽然未必为真,但是深刻地反映出了楚汉战争的历史原貌。陆贾是楚汉战争的亲历者,又随刘邦参与楚汉荥阳之战。这段故事是陆贾根据随何出使的情节,进行一定程度上的改编的可能性很大。第二,陆贾和随何一样,都能言善辩,而且外交经验丰富。陆贾、随何二人,包括郦食其,都有战国纵横家的遗风(尽管郦食其、陆贾都是儒生,但这不妨碍他们同时也是纵横家)。纵横家述史,喜爱夸大计谋策略的作用,过分强调纵横家在外交、军事活

---

①有些学者认为楚汉荥阳之战是汉二年六月就算开始了,如李开元《楚亡:从项羽到韩信》,149页。但笔者认为楚汉荥阳之战要到汉二年八月刘邦亲临荥阳前线才算真正开始。即便是从汉二年六月开始算,也不符合事实。随何见英布,事在汉二年四月刘邦残军到达虞县,这时汉军尚未撤出西楚地境,如何与项羽展开荥阳之战?

动上的作用。随何说英布这个故事，具有很典型的纵横家述史风格。我以为，能够写出这么生动的一段故事，只有同为纵横家的陆贾能做到。第三，在《史记》之前，记述西汉开国史的，从现存史料来看，只有陆贾的《楚汉春秋》，而且司马迁记述楚汉时事，很多情节均来自《楚汉春秋》。在前面我们讲述鸿门宴的史料来源的时候，笔者就指出，鸿门宴的故事蓝本就是来自《楚汉春秋》。司马迁再抄一段陆贾的《楚汉春秋》的故事，并非不可能。

由上述的情况我们可知，随何说英布这段故事，受到了陆贾一定的改编和夸大。虽然这段故事在大体上是符合历史的，但是我们亦不能完全采信。英布会同意归附汉国，未必仅仅是由于随何的这一系列举动。九江国同西楚国关系恶化，英布渴望摆脱暗杀义帝的罪名①，这两点可能是英布决定背楚归汉的真实原因。

不管怎么说，英布确实听了随何的话，杀了西楚使者，彻底背叛项羽阵营，反楚之南方战场正式开启。这样一来，项羽的左臂便被英布所斩断。英布乃是一代名将，他的造反给项羽带来了极大的威胁。项羽这时一面还在和田横作战，一面还在追击刘邦的残军，无力亲自征讨英布，便派项声、龙且二人率军南下，征讨九江国。

在刘邦派出随何出使九江国的时候，他又派人去见彭越，希望彭越加入刘邦的阵营，袭扰楚之后方。彭越同意，反楚之后方战场遂正式开启。

韩信、彭越、英布，这三个人后来被人们合称为"汉初三大名将"，如今三人已全部加入刘邦反楚阵营。刘邦目前虽然仍旧处于劣势状态，但是似乎又隐隐出现一丝胜利的曙光。

---

①刘邦讨伐项羽，所说的罪名正是"愿从诸侯王击楚之杀义帝者"，英布派遣大将杀死义帝，无疑是要被天下诸侯所声讨的。英布不可能愿意一直替项羽背负暗杀义帝这一罪名，这点从彭城之战中九江国中立的态度就已经可以看出。

二、京索之战

  我们再把目光拉回到彭城之战。刘邦当初在逃跑的时候,与自己的儿女还有太仆夏侯婴,并非直接逃到下邑,和吕泽会合。刘邦一行人是先来到了附近的丰邑休整。在这么危急的时刻,为何刘邦一行人不赶紧逃出楚国的势力范围,而要休整呢?《史记·高祖功臣侯者年表》告诉了我们答案。在该表的安国侯条中这么记载:"(王陵)入汉,守丰。上东,因从战不利,奉孝惠(即刘盈)、鲁元出睢水中,及坚守丰。"[①]看来,在刘邦闪击彭城后,便令王陵镇守在丰邑。得亏有这一决定,让刘邦得以暂时整顿下来。在离开丰邑时,刘邦大概让王陵继续镇守在丰邑,吸引西楚的一部分兵力,以便于刘邦撤至下邑,投奔吕泽。

  刘邦在下邑收整各路败退回来的残兵,在砀县驻扎下来。修整了几日后,刘邦准备正式率领大军西撤,回到河南郡的荥阳。可是,当时的局势注定了刘邦难以快速回去。

  原来,自从彭城之战刘邦战败后,不少人发动叛乱,响应项羽。砀郡的雍丘(今河南杞县)有人起兵,意图挡住刘邦的归路;刑说在砀郡的菑县(今河南曹县西南)起兵;王武、魏公申徒在砀郡的外黄(今河南民权西北)起兵;程处在东郡的燕县(今河南延津东北)起兵;羽婴在颍川郡与南阳郡交界的昆阳(今河南叶县)起兵。这些起兵的人之中,除了在昆阳起兵的羽婴之外,另外的几路叛军都集中在刘邦西还荥阳的路上,刘邦要想回去,必须将这些叛军全部消灭。

  因此,刘邦为了能够西还荥阳,进行了如下的军事部署:

  (一)王陵留守丰邑,吕泽留守下邑,做且战且退之势,吸引一部

[①] 司马迁:《史记》924—925页,中华书局1959年版。

分西楚的兵力；

（二）曹参率领樊哙、靳歙等将作为前军，击灭叛军，保障刘邦的主力军队能够顺利前往荥阳；

（三）刘邦离开砀县，西进至虞县时，派遣使者前去说服英布、彭越加入刘邦阵营。

中尉曹参接到命令后，率领灌婴、靳歙等人，围攻雍丘，最终将其攻占，迎接刘邦的大军进入雍丘。刘邦进雍丘后，派靳歙消灭菑县及其附近的叛乱，曹参则负责平定其他叛乱。

靳歙率领偏军在东郡、砀郡一带作战，又消灭菑县刑说的军队。靳歙在菑县这一仗，亲自擒获了两个都尉，十二个司马、候，招降了当地吏卒共四千六百八十人。这场战役当是彭城之战以后汉军所取得的最大的一场胜利。

靳歙在东郡、砀郡的作战，主要是为了保障刘邦后方的安全，阻击前来追击的楚军。曹参则像救火队长一样，到处平叛，以便于刘邦能在最短的时间内回到荥阳。

曹参先在外黄击败王武、魏公申徒，然后向西北方向行军，抵达燕县，击破程处。曹参在听说柱天侯于衍氏（今河南郑州东北）反叛后，又南下击败了柱天侯，接下来南下攻打盘踞在昆阳的羽婴。曹参的这一系列军事行动，极大地保障了刘邦和后续汉军在最短的时间内能够迅速抵达荥阳。

曹参在昆阳击败羽婴后，羽婴流窜至叶县（今河南叶县西南），结果又被曹参所破。曹参这时听说衍氏附近的武强也发生了叛乱，迅速北上，消灭了这支叛军。至此，彭城之战后所有起兵响应项羽的叛乱全部被曹参、靳歙消灭，刘邦如愿抵达荥阳。

汉二年五月，诸路败军皆大会于荥阳。丞相萧何在听说刘邦于彭城惨败后，立即在关中地区进行军事总动员，大量征发"老弱未傅"者赶赴荥阳，补充兵员。根据当时的傅籍制度，男子十七岁就要被登记进傅籍，接受兵役，一直到六十六岁才能免老。[1]所谓的"老"指的就是

第四章 大败之后 站稳脚跟

六十六岁以上的男子，"弱"则是指十七岁以下的男子。按照正常的制度，"老弱未傅"者是不应该被拉到前线去打仗的。可是形势危急至此，前线兵源已经不足，萧何只能打破常规，大量征召这些人去前线作战。大将军韩信听说刘邦战败，立即率领大军赶赴荥阳与刘邦会师，并且负责收集其他赶到荥阳的残军。

在萧何和韩信的大力支持下，刘邦总算是在荥阳一带稳定住了局势，可是就在这时，西楚的骑兵也正在逼近荥阳，刘邦必须击败这支楚军，才能够真正摆脱危机。[2]

---

[1]关于傅籍制度的问题，学界多有争论，笔者认为在楚汉战争时期，当时应是十七而傅，六十六岁免老。十七而傅是秦国一直流传下来的制度，例如据睡虎地秦简《编年纪》，一名叫作喜的秦人，出生于秦昭王四十五年（公元前262年），秦王政元年（公元前246年），喜被登记进傅籍，这一年喜正好是十七岁。秦代的这一制度应被沿用至西汉初期。比如在张家山汉墓出土的《二年律令》中，《具律》篇云："公士、公士妻及□□行年七十以上，若年不盈十七岁，有罪当刑者，皆完之。"（20页）《收律》篇云："罪人完城旦舂、鬼薪以上，及坐奸府者，皆收其妻、子、财、田宅。其子有妻、夫，若为户、有爵，及年十七以上，若为人妻而弃、寡者，皆勿收。坐奸、略妻及伤其妻以收，毋收其妻。"（32页）从这些律文来看，在西汉初期，"年不盈十七岁"者当是一个比较特殊的群体，类似于现在的未成年人。一直到十七岁被登记进傅籍，才算是成年。至于免老的记载，在《二年律令·傅律》中有详细的描述："大夫以上年五十八，不更六十二，簪褭六十三，上造六十四，公士六十五，公卒以下六十六，皆为免老。"（57页，张家山二四七号汉墓竹简整理小组 编著：《张家山汉墓竹简【二四七号墓】（释文修订版）》，文物出版社2006年版）根据该律文的记载来看，当时的人当是在六十六岁免老。

[2]李硕先生在《南北战争三百年：中国4-6世纪的军事与政权》一书中，据《史记·傅靳蒯成列传》中傅宽的作战记录认为，此次楚军来袭，是为了攻击敖仓内的汉军军粮（详见本书29页，上海人民出版社2018年版）。笔者认为，当前并没有足够的史料可以支撑这一论点。据《史记·傅靳蒯成列传》："（傅宽）从击项冠、周兰、龙且，所将卒斩骑将一人敖下，益食邑。"（2707页）由傅宽的军功可知，确实有过一场在敖仓附近发生的战役，但是这场战役并非京索之战。英布在汉二年四月就已经叛楚，项羽派项声、龙且南下讨伐英布。龙且在京索之战爆发时，正在九江国与英布作战，绝无可能再统一军兵至荥阳，与傅宽交锋。因此傅宽这一战绩不能说明当时楚军已经有意攻取敖仓。笔者认为，西楚骑兵的作战目的，主要只是为了追击刘邦，并无其他特殊作战任务。

刘邦想到，要想击退这支西楚骑兵，就必须用汉国的骑兵打败他们。其实，汉国并不是没有骑兵，根据《史记·樊郦滕灌列传》的记载："（樊哙）迁郎中骑将。从击秦车骑壤东，却敌，迁为将军。"①可见，在还定三秦的时候，刘邦已经组建了一支名为郎中骑兵的骑兵军团，只不过那时候郎中骑兵的规模还比较小。现在西楚军队来犯，必须扩大郎中骑兵的数量，并且加以严格的军事训练。

自从刘邦还定三秦以后，三秦军不少将士纷纷加入刘邦的阵营，再加上萧何沿袭秦律，大力征发关中人充为士卒，刘邦的军队中已经有大量的秦人了。而秦人以前曾多次和周边游牧民族作战，骑兵作战经验丰富，要击败西楚的骑兵，大力任用秦人是唯一的选择。

当时刘邦在军中要选择骑将，来统御新扩编的郎中骑兵，大家都推选校尉李必和骆甲，认为这两个人通晓骑兵作战，可以让此二人充当骑将，指挥郎中骑兵。李必、骆甲，内史重泉县（今陕西蒲城重泉村）人，是故秦朝的骑士。这两个人作为故秦的骑兵，确实通晓骑兵战法，可担大任。刘邦也属意于李必、骆甲，打算令他们二人统领这支骑兵。未曾想到，二人都反对出任郎中骑将。二人说："我们都是故秦的子民，恐怕军队不能信服我们。希望大王在您的亲信中选择一位精于骑术的人，我们愿意辅佐他。"

李必、骆甲的这一番推辞确实在理。在当时，刘邦的军队构成中，秦人已经是汉军构成中最重要的一个成分，可是支配主导着汉王国政权的却是不到三千人的丰沛子弟。李开元先生对此曾有过精当的描述："可以说，由跟随刘邦起兵于沛的沛县籍人所组成的丰沛元从集团，构成了刘邦集团的核心，他们人数最少（不到三千人），但地位最高，他们支配和领导着刘邦集团及汉初之汉政权。"②此说精当，而且，丰沛

---

① 司马迁：《史记》2655页，中华书局1959年版。
② 李开元：《汉帝国的建立与刘邦集团：军功受益阶层研究》158页，生活·读书·新知三联书店2000年版。

第四章　大败之后　站稳脚跟

子弟具有一定的排外性，不希望其他人进入核心决策圈子，这一点在韩信、陈平的身上有过充分的体现。韩信被拜大将军后，一军皆惊，而且在此后一段时期对军队的控制力并不强。参乘陈平，深得刘邦宠信，在一开始诸将颇为不满。到了后面，周勃、灌婴等人甚至说陈平是"反覆乱臣"。若非刘邦极其信赖韩信、陈平二人，此二人岂能一直长久在汉国的决策圈中活跃呢？李必、骆甲既非刘邦亲信，也非丰沛人士，独统郎中骑兵，诸将必有怨言，已是不言自明之事。

经李必、骆甲这么一说，刘邦也知道二人有他们不能明言的难处，此二人确不能独统一军。刘邦思来想去，决定让中谒者令灌婴来指挥这支骑兵。

灌婴，砀郡睢阳（今河南省商丘市睢阳区）人，秦末时以贩卖丝绸为生。在秦帝国内，商人是"四民"（即士农工商）中地位最低的一等。灌婴这种小商贩，在秦朝时期是要受到严重的盘剥及打压的。秦二世二年（公元前208年）九月，刘邦驻军于砀县，灌婴弃商从军，加入刘邦阵营。灌婴虽然较晚加入刘邦集团，但是在灭秦战役中作战勇猛，得到了刘邦的青睐。在还定三秦、刘邦东出的时候，灌婴更是屡建功勋。当灌婴随曹参在定陶大破龙且、项它后，被刘邦封为昌文侯。而且灌婴虽非丰沛人士，但是似乎和丰沛籍贯的老臣们关系不错。史书常以"绛灌"并称，"绛"即指沛县人周勃。后来构陷陈平一事中，就是周勃、灌婴带头的，可见灌婴是能被丰沛人士接受并信任的人。除了灌婴深受刘邦青睐、与丰沛人士交好这两点外，刘邦还看中了灌婴一点优势——年轻。灌婴虽然屡立奇功，但并非已过中年。史书说这时候的灌婴"年少"，是个少年将军，更何况他又精于骑术。看来，如果要想找一个人统领郎中骑兵，再也没有比灌婴更合适的了。

刘邦在确定灌婴来统领郎中骑兵后，便下令：升中谒者令灌婴为中大夫，统领郎中骑兵。校尉李必、骆甲为左、右校尉，辅佐灌婴。

灌婴本就善于骑术，对骑兵作战有着一定的认识，再加上李必、骆甲的全力相助，这支骑兵很快就成为了刘邦阵营当中的精锐。面对当前西楚骑兵的追击，只有这支骑兵，才能够反击西楚。

当时西楚的骑兵已经追至京县（今河南荥阳东南）、索亭（今河南荥阳）一带，离刘邦所在的荥阳已然不远。这场战役刘邦交给大将军韩信全权负责。韩信打算用汉国的骑兵击败西楚的骑兵，此战不只是灌婴的郎中骑兵要上阵，其他骑兵，如靳歙麾下的骑兵也要上阵，与西楚决死。

殊为可惜的是，这场楚汉时期的骑兵决战，没有一本史料告诉我们具体是怎么打的。以至于韩信是如何调动骑兵作战的，灌婴又是如何指挥这支由故秦骑士组成的郎中骑兵的，我们现在已经完全无法了解了。我们只知道，在灌婴的出色指挥下，郎中骑兵大败西楚骑兵，西楚追军眼见已无法继续前进，便撤兵回国。至此，刘邦总算击退了各路前来追击的西楚军队。

三、巩固关中

京索之战后，西楚军队败退。不少人会疑惑这个时候的项羽正在做什么，为何不继续率大军追击刘邦？虽然史料并没有记载项羽在这一时期的具体动向，不过，我们从当时的形势来看，是能大致分析出当时项羽正在做什么事的。

经过刘邦的闪击战后，不少西楚的地盘归附了汉国。当时的项羽当务之急是迅速收复失地，重新在其统治区内部进行有效的统治。再加上田横当时仍旧与项羽在作战，九江王英布也扯起了反楚大旗。田横和英布在项羽后方作乱，导致项羽必须全力应对二人的攻击。无论从哪一方面来看，收复失地与应对田、英二人的挑战，都远比追击刘邦来得更为迫切。

在项羽大破刘邦后，田横眼见自己已无对手，遂放弃与楚军拉锯

第四章　大败之后　站稳脚跟

作战的战略方针，开始主动出击，基本收复齐国失地。西楚国的主力军队应该遭受到了田横一定程度上的打击。如果换成平时，按照项羽的性格，必然会再率兵与田横一战。可是如今刘邦已经逃出楚境，英布又在九江作乱。项羽实在无力继续和田横纠缠下去，只能同齐国讲和，承认齐王田广对齐地的统治，同时，项羽把楚军撤出齐地。这次讲和，史书并没有明确记载是什么时候发生的，笔者暂定为汉二年五月。① 至此，持续了十个多月的齐楚战争终于结束。这场战争项羽本来是能够完胜的，可是项羽的滥杀导致了这场战争继续延续下去，并且永远失去了齐地这一战略要地。这场战争，田广、田横彻底恢复了齐国，而项羽的战略目的并未达成，实际上西楚遭到了彻底的失败。

现在齐国已经和西楚讲和，京索之战又刚刚结束，比较紧迫的战事只剩下龙且伐九江国之役。项羽已经连续动武近一年，尚未修整过，趁着这一时机，西楚开始进入了短暂的休整阶段。

西楚进入休整状态，对于刘邦来说无疑是天赐良机。刘邦决定利用这个时间差，继续做几件大事，巩固关中地区，并且为即将到来的楚汉交锋做准备。

刘邦大致准备利用这一时间差做完这几件事情：

（一）开始在河南郡构筑防线，准备即将到来的楚汉战争；

（二）继续推行巩固关中地区统治的新政策；

---

① 《史记·项羽本纪》载："项王之救彭城，追汉王至荥阳。田横亦收齐，立田荣子广为齐王。汉王之败彭城，诸侯皆复与楚而背汉。汉军荥阳，筑甬道属之河，以取敖仓粟。"（325页）。修筑通敖仓之甬道，事在汉二年五月。又，《史记·淮阴侯列传》载："汉之败却彭城，塞王欣、翟王翳亡汉降楚，齐、赵反汉与楚和。六月，魏王豹谒归视亲疾，至国，即绝河关反汉，与楚约和。"该段记载把齐楚和谈放在汉二年六月前，认为此事大致发生在彭城之战后的汉二年四至五月间。但《项羽本纪》《淮阴侯列传》这样记载，可能只是描述了彭城之战后的天下大势，未必齐楚和谈真的就是在五月发生。不过，据《汉书·高帝纪》，韩信在汉二年八月给刘邦的战略规划中说过"东击齐"。由此可知，至晚在汉二年八月，齐国就已经背汉附楚了。今笔者暂定齐楚和谈发生在汉二年五月。

（三）彻底消灭章邯，以绝自己的后顾之忧。

刘邦在河南郡构筑防线一事，笔者将在下一节进行详述，这里简单地提其中的一项措施。汉二年五月，刘邦在取得了京索之战的胜利后，开始修筑一条从荥阳通向敖仓的甬道，以保证军粮。同月，刘邦决定亲自返回关中，巩固根据地的稳定。但是史书并未记载荥阳一带刘邦交给谁来防守，笔者推测刘邦应该是让韩信和周苛来主持荥阳地区的防务。

汉二年六月，刘邦回到了新都栎阳，在安顿下来后，刘邦先后发布了六道汉王令：

（一）立太子，赦罪人；

（二）"诸侯子"留在关中的，全都赶到新都栎阳，守卫都城；

（三）下达了彻底消灭章邯的军事命令；

（四）立北畤，复秦祀官，置公社，又派祠官祭祀天地四方上帝山川，并且要按时祭祀；

（五）征发关中地区的士兵镇守边塞；

（六）令关中地区的饥民可以卖掉儿女换钱买粮食，也可以前往巴郡、蜀郡、汉中郡就食。

六道王令中，有关消灭章邯的第三道王令我们最后再看，先来分析下另外五道王令。

第一、二、五道王令是关于政治、军事建设的措施。刘邦回到栎阳后，立年仅六岁的嫡长子刘盈为王太子，令丞相萧何辅佐刘盈，借此机会大赦罪人，增加自己的威望。第二道王令比较关键。第二道王令在史书中的原文为："令诸侯子在关中者皆集栎阳为卫。"[①]"诸侯子"之意，李开元先生做过较为精当的解释。李开元说："'诸侯子'即为'诸侯国人'，乃是西汉初年使用的法律用语。其意义，一般而言，是指户籍在诸侯王国的人，就特殊的场合而言，尚要根据上下文意做具体

---

① 班固：《汉书》38页，中华书局1962年版。

第四章 大败之后 站稳脚跟

分析。"[1]笔者之前有说过，刘邦入汉中之国时，带领三万士卒和"慕从者"数万人南下，这些士兵们，其家乡基本都是在关东地区。由此刘邦这些著籍于关东的士兵们，都可以被称为"诸侯子"。刘邦现在召集在关中地区的诸侯子齐聚栎阳，主要是由于彭城之战后，汉国已经进入了危机状态，应动员全体诸侯子，镇守栎阳。当然，刘邦此举可能还有一个原因，就是防止匈奴人南下攻至栎阳。第五道王令就是针对匈奴侵扰而下达的命令。前面已经说过，刘邦在汉二年十一月的时候，就已经下令修缮"河上塞"，做全面防守的态势。在这段时间内，匈奴应该还是在不断侵扰边境，于是刘邦命令关中士兵镇守"河上塞"，防御匈奴。而前面的令诸侯子守卫栎阳，恐怕更大的目的是为了防范匈奴向南攻至栎阳。

第四道王令主要是进一步完善当时的郊祀制度。汉承秦制，对于秦代的郊祀制度也是全面继承。秦时认为天有五位上帝，应设祠祭之。秦文公十年（公元前756年），秦文公设鄜畤，祭白帝。秦宣公四年（公元前672年），秦宣公设密畤，祭青帝。秦灵公四年（公元前422年），秦灵公设上畤，祭黄帝；又设下畤，祭炎帝（炎帝又作赤帝[2]）。秦时虽有五帝之称，但是秦人只设四畤祭祀白帝、青帝、黄帝、赤帝。刘邦这次回到关中，曾问道："我听说天有五帝，但是秦只祭祀四位，这是为何呢？"刘邦想了一会儿后，说："我知道了，这是在等我备齐五个啊！"于是刘邦下令，设北畤，祭黑帝，至此，雍五畤终于齐备。刘邦又下令召回之前秦朝的祀官，重新设置太祝、太宰，相关礼仪制度继续沿用秦朝的成规。又命令每个县都要设立公社进行祭祀，令相关的官员，按照秦朝的礼仪，祭祀五帝以及其他应当祭祀的山川诸神。至此，

---

[1] 李开元：《汉帝国的建立与刘邦集团：军功受益阶层研究》28页。李开元先生关于"诸侯子"的解读，详见该书24-28页，生活·读书·新知三联书店2000年版。

[2] 据《史记·封禅书》载："（刘邦）问：'故秦时上帝祠何帝也？'对曰：'四帝，有白、青、黄、赤帝之祠。'"（1378页）由这段记载可知，当时炎帝又被称作赤帝。

刘邦承袭秦制，基本建立起了汉王国的郊祀制度。礼仪制度的健全，使得汉王国的政权建设越发成熟。

第六道王令主要是针对当时爆发的关中大饥荒进行的补救措施。这场饥荒极其严重，据《汉书·高帝纪》夸张的说法是，当时的一斛米据说甚至要用万钱才能买到。[1]但绝不夸张的是，这次大饥荒造成了"人相食"这样可怕的场景（这场饥荒所带来的"人相食"甚至造成了"死者过半"的悲剧[2]）。如果这场大饥荒没能得到妥善的处理，关中不但不能成为刘邦稳固的大后方，反而会成为动乱的源泉。刘邦很清楚地认识到了这一点，于是让受灾的百姓前往巴蜀粮产区就食。在户籍管理极为严格的秦汉时期，除非像这种万不得已的时刻，否则政府岂能容忍普通民众这般大规模的群体迁徙？但不管怎么说，刘邦打破了常规，在萧何的运作下，总算是扼杀了一场潜在的暴动。

在刘邦处理这些事务的同时，他必须对章邯所在的废丘发动最后一击了。章邯如今虽然已不能锁住刘邦，却像一颗钉子一样深深地扎在汉国的心脏地带附近。如果还不消灭章邯的话，以后楚汉之间的持久战一旦拉开，章邯将会对刘邦构成极大，甚至可能是致命的威胁。在刘邦的"捐关以东"战略里面，韩信是要独当一面，断项羽之右臂的，而自己则要正面与项羽相持的。没有刘邦和韩信，还有谁能压制住章邯？刘邦必须要在楚汉交锋前，迅速灭掉章邯。废丘围城战的最后时刻，来临了。

---

[1]关于这次大饥荒的米价总共有三种说法。第一种就是《汉书·高帝纪》中所说的"米斛万钱"（38页），第二种是《汉书·食货志》中说的"米石五千"（1127页），第三种是荀悦在《前汉纪》中说的"米斗钱五千"（《景印文渊阁四库全书》303册218页上）。我们现在已经无从辨析这三种资料，究竟哪一种更为贴近当时的实际。不过，他们都共同反映了一个问题：经过这次饥荒的影响，灾区的大米已经不是正常人所能买得起的。

[2]《汉书·食货志》云："汉兴，接秦之敝，诸侯并起，民失作业，而大饥馑。凡米石五千，人相食，死者过半。高祖乃令民得卖子，就食蜀汉。"（1127页）。

第四章　大败之后　站稳脚跟

汉二年六月①，刘邦大军开始对废丘展开最后一击。从汉元年八月章邯退据废丘至此时，章邯已经坚持了十个月。史书未曾记载过章邯究竟是以何种手段，竟然坚守一座孤城将近一年的时间，甚至连大将军韩信都不能够在短时间内攻破废丘，章邯能够做到这个地步，确实已经无愧名将之称了。但是在韩信主导围城战的这段日子里，韩信大概也已经耗尽了章邯最后一点儿抵抗能力了。

刘邦决定引渭水灌废丘城，派将军樊哙执行这一军事任务。②樊哙确实不负众望，很快就决了渭水，冲灌废丘，废丘城再也无法坚守下去了。都尉季必率军首先攻破废丘而入③，汉军随后一拥而入。冲进废丘的这些人中，朱轸俘虏了雍王章邯，徐厉则俘虏了章邯的家属们④，不久以后，雍王章邯自杀⑤。至此，雍国灭亡，刘邦改秦内史中雍国的地盘为中

---

①关于废丘之战结束时间，相关史料记载有点儿不同，虽然《史记·秦楚之际月表》《汉书》均言此战在汉二年六月结束，但是《史记·高祖本纪》认为，废丘之战结束后，才爆发京索之战，但未说明京索之战何时爆发。《汉书·高帝纪上》认为京索之战于汉二年五月爆发，废丘之战于汉二年六月结束。司马光在《资治通鉴》取班固说。笔者认为，刘邦在彭城之战兵败后前往荥阳，按行程，西楚追军当于此时到达荥阳。刘邦绝无可能先西入关中立刘盈为太子，然后攻占废丘，最后再东进击败西楚追军。故笔者采《史记·秦楚之际月表》《汉书》说，认为先有京索之战，再有废丘之战。
②根据《史记·樊郦滕灌列传》的记载，樊哙是先水灌废丘，然后再参与彭城之战。我疑是司马迁顺序记错。
③《史记·高祖功臣侯者年表》戚侯条载："（季必）以都尉汉二年初起栎阳，攻废丘，破之。"（969页）这位季必应该是樊哙麾下的一员将领。
④《史记·高祖功臣侯者年表》都昌侯条载："（朱轸）房章邯。"（907页）《史记·惠景间侯者年表》松兹侯条载："（徐厉）得雍王家属功。"（988页）
⑤关于章邯之死，史书有不同的说法。《史记·高祖本纪》载："引水灌废丘，废丘降，章邯自杀。"（372页）同书《秦楚之际月表》载："汉杀邯废丘。"（787页）同书《高祖功臣侯者年表》都昌侯条载："（朱轸）房章邯。"（907页）梳理这三则史料，章邯大概是在城破后被朱轸俘虏，不愿屈就于刘邦阵营内，遂自杀而死。他的弟弟章平，自从被俘虏后，史书便再无记载，应是被杀或自杀。至于章邯的家人们，结局可能都不会太好。

地郡。

　　章邯已死，各级官吏也开始积极实施最近汉王令所颁布的内容，经刘邦这次整顿，关中再次成为汉王国稳固的大后方。

四、刘邦、项羽战前的军事部署

拔擢陈平

　　陈平自从追随刘邦以来，就颇受刘邦的信任。彭城惨败后，陈平收整残兵有功，追随刘邦回到荥阳。京索之战后，刘邦派韩王信驻扎在荥阳以北的广武，而陈平则被刘邦拜为韩王信的亚将，随同韩王信镇守广武。

　　陈平投奔刘邦不过才两个月，竟然已经进入了刘邦集团的核心决策圈子，这让刘邦身边的老将们开始有所不满。周勃、灌婴作为这些将领们的代表，前去谒见刘邦。二人举出了陈平的三条过失：与大嫂通奸；先为魏臣，后为楚臣，现在又当了汉臣；陈平常收贿赂，给钱多的就分配到好任务，给得少了就分配到坏任务。

　　面对周勃和灌婴的强烈抗议，这时候的刘邦不免也有些迟疑了，他召来当初推荐陈平的魏无知，打算问个究竟。刘邦拿周勃、灌婴所列举的陈平的这三条过失指责魏无知，问道："这些事有发生过吗？"

　　魏无知说："有。"

　　刘邦不禁追问道："那你为什么说陈平是贤人呢？"

　　魏无知答道："臣所说的贤，指的是才能。大王您所说的贤，指的是品行。现在有人有尾生、孝已那般的德行，但对于您打败项羽丝毫没

第四章　大败之后　站稳脚跟

有用处。大王哪有功夫任用他们呢？现在楚汉之间相持作战，臣进献奇谋之士，只是希望陈平的计策对国家来说有好处罢了。至于陈平盗嫂受金这一类的事情，又何必因此而怀疑他呢？"

其实，关于盗嫂受金的事情，刘邦并不是特别在乎。陈平盗嫂这件事很可能是周勃等人为了污蔑陈平而编造出来的谎言（陈平盗嫂于史无征）。就算是真的，对于刘邦来说其实也算不得什么。在刘邦看来，更重要的问题显然是陈平对汉王国的忠诚度。

刘邦从广武召来陈平，问道："我听说您在魏国当官不顺遂自己的心意，于是侍奉西楚。现在您又跟随我，遵守信义的人难道就是这样三心二意的吗？"很明显，刘邦真正在意的只是第二件事，至于什么盗嫂受金之类的道德作风问题，刘邦并无心去管。

陈平也不为自己盗嫂的事情做辩解。在陈平看来，自己是否有干过这种败坏道德的事情，不论是刘邦，还是别人，都没有兴趣了解，因为这与王国的运行丝毫没有关系。但是自己的忠诚度问题事关前程，而受金的事又与王国的运行息息相关，这两件事情如果不说清楚，自己的仕途可能就真的要断送在周勃和灌婴的手上了。

陈平这么回答刘邦的疑问："臣侍奉魏王，可是魏王却不能采纳臣的意见，于是臣便去侍奉项王。项王不能信任人，他所任用的人，不是项氏子弟，就是他妻子的弟弟们，即使其他人有奇才，项王也不能任用。臣还在西楚的时候，就听说汉王能够用人，于是前来归顺大王。"

"臣裸身前来，不接受一些金银财宝，我就没有能够用来办事的费用。假如臣的计策有值得采纳的，希望大王能够采用；如果没有什么值得采纳的，大王赐给臣的金银财宝都还在，臣将这些财宝送回官府，然后请求告老还乡。"

陈平的这一番话现在看起来确实很无耻，能够把收受贿赂说得这么理所当然，可能历史上也没有几个人能够做到，但是陈平的这些话却又恰恰是刘邦所希望听到的。刘邦现在能够确认陈平对汉国确实是忠心无二，而且他确实已经在筹措对付项羽的"奇计"了（否则陈平也不会说什么"臣计画有可采者，愿大王用之"），更重要的是，陈平这种依靠刘邦信赖上位的人，与诸将的关系并不友好，让他来监督诸将，是刘邦愿意看到的事。

刘邦不仅向陈平道歉，而且还重赏了陈平，让陈平追随在自己的左右，加拜他为护军都尉，监督诸将。

这时不论是周勃、灌婴，还是别的将领，看到刘邦如此坚决地袒护陈平，也不好再说什么话了。至此，陈平算是彻底进入了刘邦的核心决策层中，这也是在荥阳之战前夕，刘邦进行的最重要的一项人事安排。日后陈平在西楚阵营内部施展的"反间计"，大概在这个时候就已经开始实施了。

荥阳一带军事防线的建立

在叙述刘邦的军事部署前，我们先来对河南郡东部的地理状况有一个大概性的认识。只有了解了河南郡东部地区的大致地理状况，我们才能够清楚为何楚汉双方将在这个地区进行相持作战。

河南郡，在秦朝称为叁川郡。戏下分封时，此地是河南国的地盘，在河南王申阳投降刘邦后，此地被刘邦改名为河南郡。河南郡西抵函谷关，东至大梁（今河南开封西北）以西，南以伏牛山与南阳郡为界，东南以嵩山与颍川郡为界，北以黄河与河东郡、河内郡为界。河南郡地处中国第二、三级阶梯的交界处，整体地势呈现出西高东低的态势，其西部山地即豫西山地，东部平原则是三川河谷。

豫西山地，有四条山脉比较重要，自北向南分别为：中条山、崤山、熊耳山、伏牛山，其中，著名的函谷关，即处于崤山的西端。该地区有三条河流比较重要，自北向南分别为：黄河、洛水、伊水，而这三条河流都要从豫西山地流向三川河谷。

第四章 大败之后 站稳脚跟

豫西山地中又有一块伊洛平原，西起洛阳，东至巩县（今河南巩义西南）。伊洛平原四周皆是战略要地，洛阳以西有函谷关，南有伊阙（今河南龙门），北有邙山、孟津渡，东有轘辕（今河南巩义西南）。正因洛阳四周都是战略要地，所以后来刘邦手下不少将领们都说："洛阳东有成皋，西有崤、黾，倍河，向伊洛，其固亦足恃。"[1]洛阳的战略位置虽然重要，但是伊洛平原太小，农业发展较差，导致洛阳的战略地位较为有限，张良曾说："（洛阳）不过数百里，田地薄，四面受敌，此非用武之国也。"[2]

三川河谷，即由黄河、洛水、伊水三条河流冲刷而成（叁川郡也正是因此得名）。三川河谷背靠豫西山地，北有黄河作为保障，南端有嵩山之阻，三面俱有地形优势，独东面敞开。三川河谷的战略重地较多，分别有荥阳、成皋、敖仓、广武山。我们具体来讲述洛阳、巩县以及这几个地方。

洛阳，是伊洛平原的中心地带，也是当时河南郡的郡治。洛阳位于天下之中，交通便利，在战国时代已经是当时中国的交通中心之一。东方之政权，想要夺取关中，必先夺取河南郡；若欲夺取河南郡，必先夺取洛阳。当时，通往洛阳主要有两条道路：第一条就是走秦三川——东海道，这条道路最为便捷易行，大致路线是：荥阳——成皋——巩县——洛阳；第二条道路由于要穿越嵩山，极为难行，大致路线是：轘辕——缑氏（今河南偃师东南）——洛阳。

巩县，东北是成皋，西南是缑氏。可以说，巩县扼控着通往洛阳的南北两道。巩县地处嵩山的北口，一旦敌军进至缑氏，可以迅速进行支援。而巩县本身又在三川——东海道上，敌军若要经由此道攻打洛阳，不能不攻下巩县。可以说，如果要想攻下洛阳，必先攻克巩县。巩县不克，洛阳不得。

---

[1] 司马迁：《史记》2043页，中华书局1959年版。
[2] 同上书，2043-2044页。

荥阳，北临黄河，西迫成皋，南近嵩山，东部低地。可以说，敌人要攻荥阳，必从东边进行攻打。荥阳之北、西、南三面都是险要之处，而且河南郡东口较窄。可以说，敌军自东向西攻打河南郡，必走荥阳，绝不可越城而过。天然的地理优势决定了荥阳注定是一个兵家必争之地。如果要想守住荥阳，必须要守住荥阳附近的成皋、广武山、敖仓。

成皋，也就是虎牢关，位于荥阳以西，是洛阳之门户。汉代时曾有一句谚语叫作："绝成皋之口，天下不通"①，由此可知成皋之险要。自荥阳向西行进，必过汜水，一旦跨过汜水，进入豫西山地，地势陡然增高，成皋则是依山而建，扼守险要。

广武山，位于荥阳西北地带。广武山北近黄河，东临敖仓。一方一旦据有广武山，则敖仓内的粮食便能得到控制。广武山紧靠黄河，山的中间有一条深沟，叫作鸿沟，将广武山分为两个山头，因此这条深沟又被称为广武涧。如果敌我双方皆占据着广武山的一个山头对峙，那么鸿沟将会阻隔双方，双方都不能轻易跨过鸿沟而攻击对方，战争将会陷入持久状态。

敖仓始建于秦始皇时期。当时，帝国为了将黄淮、江淮地区的粮食转运至关中，便在敖山设置粮仓，将这些粮食储存在敖仓内，然后再转运至关中地区。敖仓处于秦代交通最为繁忙的三川——东海道上，是秦代最为重要的国家级粮仓。可以说，一旦控制了敖仓，那么荥阳将进入粮尽不能守的悲惨局面。敖仓一控，荥阳必失。因此要想守住荥阳，必须先守住敖仓。据学者考证，敖仓当有二址，"敖仓应该是两个概念，一是以储藏粮食为主的仓储，其位置应该在成皋以东；另一个是以敖仓为称谓的'敖仓城'，作为地址在今汉、霸二王城以东的位置是绝对不容怀疑的。"②为了便于区分二地，笔者以后分别用"敖仓"和"敖仓

---

① 司马迁：《史记》3089页，中华书局1959年版。
② 张新斌：《敖仓史迹研究》，《中国历史地理论丛》2003年01期，114页。

城"来区分二地。

经过以上的分析，我们可以清晰地得出一个结论：要想守住关中，必须先守住河南郡；要想守住河南郡，必须以洛阳为中心，进行防守；要想守住洛阳，必须先守住巩县；敌人若是自东向西攻打，则必须守住成皋天险；要想守住成皋，必先守住荥阳；要想成功守住荥阳，必先守住敖仓。敖仓这座粮仓，成为了战役全局的最关键的一点。而敌人若是自南向北攻打，在守住巩县后，必先守住缑氏；要想守住缑氏，必须扼控轘辕，堵住北来之敌军。综上所见，河南郡一系列的战略要地中，在当时以敖仓和轘辕最为重要。如果我们再考虑到那个年代的交通便捷度问题，地形较为平坦的敖仓更易受到敌人的觊觎，其战略价值比起轘辕，也更为重要。

我们不只要对河南郡的整体地理条件和各个战略要地有着比较清楚的理解，还要对河南郡的战略地位有一个更深刻的认识。自战国中叶秦国称霸后，一直到汉武帝广开三边前，中国的整体战争格局主要体现为东西之争，具体指中国地形上第二阶梯与第三阶梯之间的争斗。河南郡位于第二阶梯和第三阶梯之间，毫无疑问是东西政权的必争之地。项羽如果占领了河南郡，那么进可攻打关中，退也可锁死刘邦的东出之路。刘邦只要守住了河南郡，进可击破西楚，重演秦灭六国的历史；退也能偏霸西隅，保境安民。可见，楚汉之争，争的其实就是河南郡，谁要是拿下了河南郡，谁就赢得了楚汉战争的胜利，赢得了对中原地区的统治权。

刘邦深知河南郡的战略重要性。当年刘邦闪击彭城前所拿下的四国，第一国正是河南国。刘邦兵败彭城后，也是直接逃到荥阳安顿下来。可见刘邦非常明白欲得中原，须控河南的道理，因此刘邦在河南郡布置了层层防线。笔者梳理史料，大致推想刘邦为了阻挡项羽，进行了如下的安排：

（一）刘邦命太子刘盈、丞相萧何镇守关中大后方，王国后方事务全权交由萧何处理；

（二）萧何负责征调关中、巴蜀地区的粮食和兵源，输往河南郡；

（三）在河南郡构筑以洛阳为核心的军事防线。荥阳——敖仓一带作为第一道防线，成皋作为第二道防线，巩县作为第三道防线。三道防线共同拱卫洛阳。其中，刘邦亲自镇守荥阳，抵挡项羽，将军沛嘉则镇守洛阳[①]；

（四）修筑通往敖仓的甬道，以获得军粮，做持久战之准备；

（五）彭越负责在西楚的后方游击骚扰，断楚之粮道。

刘邦所构筑的这一防御体系，学者曾有过一番精彩的比喻："河南郡是一座城池，该城南、北、西三面天险独面东向，郡治洛阳是城池的指挥中心。成皋是城池东门。荥阳则是城门外唯一的坦途。其西北之敖仓为粮草仓库。而且如果仅仅考虑东西方向上的军事斗争问题，则可以把这个城池的范围扩大到关中。荥阳、成皋、敖仓及周围山川之险保证了关中的安全。"[②]

之前我们曾提到彭城之战汉国失利的根本原因是因为刘邦没有遵循"汉中对"中指出的持久战方针。经彭城这一沉重的的打击后，刘邦终于深刻理解了韩信在"汉中对"中的这一番言论，决定在河南郡拖住项羽，做持久战的打算。但是我们之前提过，通往河南郡的道路有两条，那么刘邦是如何判定项羽一定来攻打荥阳，而不是辕辕？笔者认为有如下几点原因：

（一）荥阳附近有敖仓，是当时规模最大、最为重要的国家级粮仓。兵法上说要因粮于敌。项羽不可能不对敖仓的军粮产生觊觎之心。

[①]《史记·高祖功臣侯者年表》平侯条载："（沛嘉）以郎中入汉，以将军定诸侯，守洛阳，功侯。"（917页）另，《汉书·高惠高后文功臣表》记此人名为工师喜（565页）。为了行文方便，笔者在正文称此人为沛嘉。

[②]陈堃：《西汉河南郡军事地理研究——以高帝至武帝时期为中心》，复旦大学2011年硕士学位论文，55页。这段引文所描述的虽然只是"河南郡的防御体系"，但是这一体系和刘邦在荥阳战前的军事部署如出一辙，因此笔者便加以引用。

（二）荥阳一带是秦代交通运输最为繁忙的三川——东海道。西楚的大军可以走三川——东海道急行军，可是如果走轘辕的山道，穿越嵩山，对于行军极其不便。

（三）西楚如果想要从轘辕攻至洛阳，需要先攻占汉国的颍川郡，才能到达轘辕，这样一来，不论从行军路程还是作战难度来说，都大大增加了攻取河南郡的难度；

（四）荥阳地处三川河谷，地形较为平坦开阔，有利于项羽发挥其野战的优势。项羽选战场，必不会选轘辕这样不利于大规模野战的地方。

（五）西楚所攻打的荥阳一带的地区，临近黄河，这样还能够得到盟友陈馀的支援；如果选择从轘辕行军，项羽就是孤军作战。

（六）西楚从轘辕行军，粮道不仅太长，而且暴露在汉军的眼皮子底下，容易被汉军截断。

从以上六点进行考虑，荥阳一带不仅是汉军必守之地，同时也是楚军的必争之地。除非项羽要把自己"置于死地"，否则他根本不可能打下颍川郡后再穿越嵩山攻打洛阳。荥阳，成为了双方必夺之地。

事实上，刘邦能够算出项羽必趋荥阳，是一件很正常的事情。当年陈胜称王后，便派假王吴广率军西讨荥阳。后来章邯从关中率军东征，与起义军战于敖仓，一举大破起义军。再后来诸吕之乱时，吕产派灌婴镇守荥阳。灌婴与齐王刘襄等人联合，促成了吕产的失败；之后灌婴又守住荥阳，防止刘襄进入关中。吴楚七国之乱时，桓将军对吴王刘濞说："愿大王所过城邑不下，直弃去，疾西据洛阳武库，食敖仓粟，阻山河之险以令诸侯，虽毋入关，天下固已定矣。"[1]由上述事例可知，在后战国时代，东方势力要想进入关中，确实非进荥阳不可。

项羽和陈胜等人的思路是一样的，必须控制河南郡，堵死刘邦，而攻下河南郡的第一步就是要占领荥阳。

---

[1] 司马迁：《史记》2832页，中华书局1959年版。

自从汉二年四月以来，项羽一面在收复西楚失地，一面缔结反汉同盟，一面上又在平定英布的叛乱。截至此时，除了英布叛乱尚未平定，其他事务已经处理得差不多了。项羽决定即刻清点大军，西攻荥阳。笔者根据史书的零碎记载，大致推测项羽在战前做出如下军事部署：

（一）项声、龙且继续负责围剿九江王英布（西楚政务交由谁处理不详，从九江国灭亡后，项伯收九江兵，杀英布全家的记载来看，估计是项伯处理后方政务）；

（二）项羽统率西楚主力军队，带领范增、曹咎、钟离眜、周殷、故塞王司马欣、故翟王董翳等人，进攻荥阳；

（三）拉拢西魏王魏豹加入反汉联盟，并且派项它前往西魏，统领西魏国的步兵；

（四）西魏王魏豹负责阻断黄河隘口，使关中的军粮、兵士无法通过漕运输往河南郡。

刘邦想要用连横的手段击败项羽，项羽也想用合纵的手段把刘邦给击败。战国中叶以来盛行的合纵连横的好戏，又重新上演了。刘邦的反楚联盟，是以军事实力和政治道义构成的；而项羽的反汉联盟，则只有军事实力构成。但是在当前项羽军事实力处于极大优势的情况下，反汉联盟有压倒反楚联盟的明显优势。在这一情况下，西魏王魏豹也决定倒向项羽，对付刘邦。

现在的天下，各个诸侯国，非从汉，便从楚，两大军事集团在荥阳之战前夕已经基本成型。

反楚联盟一方有：汉王刘邦、韩王信、九江王英布、衡山王吴芮[①]、魏相国彭越。

反汉联盟一方有：西楚霸王项羽、代王陈馀、赵王赵歇、齐王田

[①]吴芮在这一时期倒向刘邦史书未曾明确记载，笔者是进行了一定程度上的推测得出这一结论的。具体推测详见第五章的"英布来归"一节。

广、西魏王魏豹、燕王臧荼①、临江王共敖②、故塞王司马欣、故翟王董翳。

楚汉战争的最高潮，即将拉开序幕。

---

①从后来韩信灭赵后，准备对燕国动武这一举动来看，燕国应当在彭城之战后，应该宣布加入了反汉联盟的阵营。
②临江国虽然在史书中未见有任何作为，但是从后面临江最后的灭亡来看，该国是亲项羽的，在彭城之战后，西楚势力强盛，临江国应该是倒向西楚的。

第五章 韩信平北 刘项对峙

一、韩信灭魏下代

魏豹叛汉

彭城之战后,诸侯们纷纷叛汉,魏豹也不例外。只不过,魏豹在此之前已经是"以国属"刘邦了,他要叛汉投楚,难度确实有点儿大。因此在刘邦甫一战败,魏豹并未选择叛汉,而是像韩王信那样,继续追随刘邦。

刘邦回到荥阳后,魏豹表示自己的母亲生病了,需要回国探亲。我们已经无从得知当时的魏豹是怎么和刘邦陈述自己的这一番理由的了。我们只知道,汉二年(公元前205年)七月底[①],魏豹在回到西魏国的都

---

① 关于魏豹叛汉的时间,《史记》中有几种不同的说法。《高祖本纪》载:"三年,魏王豹谒归视亲疾,至即绝河津,反为楚。"(372页)《汉兴以来将相名臣年表》载:"(高皇帝三年)魏豹反。"(1119页)《曹相国世家》原文也记载:"高祖三年,(曹参)拜为假左丞相,入屯兵关中。月馀,魏王豹反。"(2026页)但是,魏豹绝无可能是在汉三年才造反。魏豹在汉二年九月便已被韩信俘虏,怎么可能到汉三年魏豹又造反了?三则史料俱误。也正因如此,中华书局在校勘《史记》的时候,对《曹相国世家》的这条记载改正为:"高祖(三)【二】年",以此表示魏豹当是在汉二年叛汉。(转下页)

第五章　韩信平北　刘项对峙

城平阳后，立即宣布倒向西楚阵营，背叛汉国。

魏豹叛汉并不仅仅只是因为刘邦当前的势力不如项羽，而是还有别的一些原因。其中最大的原因就是刘邦一直改不掉的一个老毛病：爱骂人。魏豹身为诸侯王，虽然已经向刘邦称臣了，但是好歹还是一国君主。可是根据魏豹的回忆，刘邦骂起诸侯群臣来，就像骂自己的奴仆一样。魏豹好歹也是魏国的宗室，尊卑意识还是很强烈的，他受不了刘邦的这种待人方式，极大激起了他的背叛之心。

另外，《史记·外戚世家》曾经记载了一个有趣的故事。魏豹在被封为西魏王后，当年魏国某个宗室的女儿魏媪打算把自己的女儿薄姬送入宫廷。魏媪先把薄姬带去见相士许负，让许负给薄姬看相。许负说薄姬将来会生出一个皇帝。魏豹听说了这件事后，大喜，于是背叛汉国，与楚联合。但是笔者认为这件事恐怕只是后人的传说，并非当时的实情。毕竟日后薄姬的儿子刘恒，当上了汉朝的皇帝，而许负则是西汉初年极其著名的相士。当时的人给刘恒、许负附会一些传说

（接上页）但是，魏豹具体是汉二年哪一个月叛变的，相关记载也颇有不同。《秦楚之际月表》在汉二年五月一栏中记载："豹归，叛汉。"（787页）《淮阴侯列传》记载："（汉二年）六月，魏王豹谒归视亲疾，至国，即绝河关反汉，与楚约和。"（2613页）首先，笔者认为魏豹极不可能在五月和六月叛汉。笔者大概有两条证据。第一条证据是《曹相国世家》的记载，根据上面引述的《曹相国世家》的记载，曹参进入关中屯兵，一个多月后，魏豹叛乱。曹参此前一直追随刘邦南征北战，在荥阳与刘邦会师。曹参屯兵事，当在汉二年六月刘邦回关中灭章邯。那么魏豹叛乱的时间，我们就可以定在汉二年七月底至八月初。第二条证据是《汉书·高帝纪》的记载，汉二年八月，刘邦到荥阳后，派郦食其去西魏国，劝魏豹归顺。魏豹叛汉，绝河津，严重威胁了汉国的漕运运输。如此严重的事情，如果魏豹当真是在五月或者六月才叛乱，刘邦岂能一直拖到当年八月才打算着手解决？由此看来，五月和六月说未必可信。

另，根据《史记·魏豹彭越列传》记载："汉败，还至荥阳，豹请归视亲病，至国，即绝河津畔汉。"（2590页）根据《汉书·高帝纪》的记载，刘邦在汉二年八月从关中回到荥阳。所谓的"还至荥阳"当指七月底至八月初这段时间，而非汉二年五月，刘邦从下邑、砀县逃回荥阳。因此，魏豹应当是在汉二年七月底至八月初这段时间叛汉的，为叙事方便起见，笔者便将此事列于汉二年七月底发生。

是极有可能的。

魏豹受不了刘邦待人的方式，再加上如今项羽实力不断壮大，导致魏豹终于下定决心背汉归楚，并且下令断绝黄河渡口。西魏国虽然是一个小国，但是对于刘邦来说，西魏国的叛乱随时都可能给自己的事业带来极大的消极影响。如果无法消灭魏豹的叛乱，那么汉国后方随时都会不稳。

西魏国的河东郡，地处黄河以东，扼守着黄河地区的渡口。当时萧何从关中输往荥阳前线的士兵和物资，主要是依靠漕运进行（《史记·萧相国世家》载："计户口转漕给军"[1]），而当时最为便利的漕运运输通道就是渭河——黄河这一通道。现在魏豹叛汉，并且下令把守各个黄河渡口，那么这条漕运就会暴露在魏豹的眼皮子底下，这一批粮食、兵士将会被西魏劫掠。

自古以来，位居关中的诸侯要想东出争霸，就必须保障自己在河东、叁川地区拥有霸权，而其中以河东地区的归附更为关键。商鞅曾经对秦孝公说过："秦之与魏，譬若人之有腹心疾，非魏并秦，即秦并魏。何者？魏居岭阨之西，都安邑，与秦界河而独擅山东之利。利则西侵秦，病则东收地。"[2]商鞅这番话把魏秦之间在地缘上的矛盾已经很明显地讲了出来。当前的汉国正和当年的秦国是一样的，如果魏豹有称雄的野心，向西可以进入关中，威胁汉都栎阳；向南可以攻打叁川郡，断绝荥阳前线和关中后方之间的联系。

魏豹所处的西魏国，是今天的山西地区，不仅可以三面出击（除了上述的两种方案，还能向东攻打赵国），而且一旦作战不利，还可以凭借地势坚守起来。为何？这是因为西魏在东部有太行山脉的阻隔，在其西、南二面又有着黄河天险。山西，正和刘邦的大本营关中一样，是个可进可退、可攻可守的战略基地。

---

[1] 司马迁：《史记》2015页，中华书局1959年版。
[2] 同上书，2232页。

第五章 韩信平北 刘项对峙

从上面的这一番分析可以看出，魏豹对汉王国的威胁将是长期的。刘邦如果不迅速除掉魏豹，那么自己在荥阳与项羽交战的过程中，自己的形势将会更为不利。更为重要的是，凭借山西地区的地理优势，魏豹可以和汉国进行持久作战，拖住汉国的一部分主力军。看来，为今之计，上策便是"不战而屈人之兵"，派一名说客把魏豹再拉到反楚联盟的阵营当中。

汉二年八月，刘邦率领主力部队来到荥阳，这时候的项羽也已经率军前来，楚汉荥阳之战正式打响。魏豹在这一时刻叛乱，对刘邦造成了极大的威胁。刘邦打算通过和平方式让魏豹再次回到反楚联盟的阵营中。

刘邦召来了自己帐下的第一辩士郦食其，对他说："你前往魏国，对魏豹好言相劝，如果能够让他归降，我在魏地挑一万户作为封地，赏赐给你。"当然，刘邦也做了两手准备，除了让郦食其去劝说魏豹，还让他去刺探军情。毕竟，魏豹也未必就要听从郦食其的说辞。

郦食其来到了西魏国，继续摆出战国纵横家的态势，对魏豹进行各种游说，但是魏豹反汉之心已定，不愿再追随刘邦。魏豹对郦食其说："人生苦短，就好像白驹过隙那样。现在汉王喜欢谩骂侮辱人，对待诸侯、群臣们就像对待奴仆那般，不讲究上下贵贱分明。我是不愿意再见到汉王了。"这次游说是史料里记载郦食其唯一一次失败的游说行动，可见刘邦给魏豹造成了多大的心理阴影。不过，这次西魏国之行，郦食其并非一无所获，因为他还刺探到了西魏国的高级军事机密。

刘邦得知郦食其游说失败，知道"不战而屈人之兵"的上策是不管用了，只能用"伐兵"这样的下策。刘邦召来郦食其，问他："西魏国的大将是谁啊？"

郦食其说："大将是柏直。"

刘邦说："柏直这小子乳臭未干，他不是韩信的对手。那魏豹的骑将是谁？"

郦食其说："骑将是冯敬。"

· 205 ·

刘邦说:"此人乃是故秦将军冯无择的儿子,虽然有点儿能耐,但是他不能够抵挡灌婴。那魏豹的步卒将是谁?"

郦食其说:"步卒将是项它。"

刘邦说:"此人不能够抵挡曹参。我没有任何忧虑了。"①

刘邦深知,西魏国的背叛将极大地威胁汉国的安危,要么不打,要么就要迅速结束这场战斗。在汉国内,有本事在短时间内彻底击溃敌人的,只有刘邦和韩信。韩信的军事才能,刘邦在韩信陈说"汉中对"和还定三秦的时候已经见识过了。之前下邑画策的时候,张良也是大力举荐韩信。事到如今,形势的发展已经要求刘邦不能够再雪藏韩信,必须让他发挥出自己真实的实力。但是,要想短时间内击溃魏豹,不能只派自己阵营内的第一帅才前往,还必须有第一步将曹参和第一骑将灌婴的配合,才能更好地辅佐韩信。

刘邦与郦食其的这段论将,不仅表明了在郦食其游说魏豹的时候,他已经做好了战争的准备,而且也表现了刘邦过人的见识。与项羽这种军事奇才对峙,按常理,不少军事统帅都会把曹参、灌婴这样的人留在自己的身边。但刘邦却敢于把自己最优秀的军事人才交给韩信,不仅是体现了刘邦对自己能力自信和对韩信的放心,更是表现出刘邦对于人才的了解,这不仅体现在他能够知己知彼,了解敌我双方的军事指挥官的才能,更体现在他对韩信有着超乎寻常的了解。韩信后来承认自己善将兵,不善将将。即使把没有打过仗的普通人交给韩信,他也能够把这股乌合之众变为让敌人闻风丧胆的精锐。可是如果韩信麾下的将领不是一流人才,恐怕韩信也无法发挥出他全部的实力。要想让韩信打得快,打

---

① 这段故事来源于《汉书·高帝纪》。但是在成书稍早的《新论》(汉光武帝时期的经学家桓谭撰著)中,该故事和《汉书》并不完全一样。《新论》说:"高祖欲攻魏,乃使人窥视其国相,及诸将率左右用事者,知其主名,乃曰:'此皆不如吾萧何、曹参、韩信、樊哙等,亦易与耳。'遂往击破之。"(朱谦之:《新辑本桓谭新论》13页,中华书局2009年版)根据桓谭的叙述,樊哙应该也跟随韩信一道北伐。二书未知孰是,暂列史料于此。

得漂亮，打得彻底，就必须放权给韩信，做到对他的完全信任。

任何优秀的军事指挥官，都必须注重"庙算"。正所谓："多算胜，少算不胜，而况于无算乎"①，刘邦注重庙算，韩信也同样如此。韩信知道郦食其从西魏国回来了，便问他说："魏豹没有让周叔当大将吗？"

郦食其说："魏豹任用的是柏直。"

韩信得知西魏统帅不是周叔后，轻蔑地说："柏直不过是一个竖子而已。"

看来，大将军韩信已经做好了自己的作战方针了，就等着拿魏军作为自己的实验。此前韩信曾经参与过三次战役：还定三秦之战、废丘围城战、京索之战。还定三秦之战的作战方略虽然全是出于韩信的安排，但是加以实施的却是刘邦。废丘围城战虽然是韩信亲自指挥，但是围城战是兵法中的下策（正所谓："上兵伐谋，其次伐交，其次伐兵，其下攻城。攻城之法，为不得已②"），韩信自己本人也并不擅长围城战。再说了，最后俘获章邯的是刘邦，也不是韩信，这场战役的荣誉并不完全属于韩信。京索之战虽然是韩信全程亲自指挥，并取得彻底胜利的第一场战役，而且对于汉国意义非凡，但是毕竟规模太小，不是那种决定一国乃至多国存亡的大会战，对于韩信来说，这场战役也并不值得骄傲。现在，韩信终于有机会，可以率领一支军队，统领王国最为优秀的一批将领，对一国发起毁灭性的打击，这是韩信梦寐以求的事。现在，梦想终于要变成现实了。

汉二年八月，刘邦拜大将军韩信为左丞相，曹参为假左丞相。韩信任北伐军的军事统帅（也就是大将），曹参统率步兵，灌婴统率骑兵。这支大军从荥阳出发，西进至关中，然后从关中向东进击，攻打西魏，北方战场至此开启。截至汉二年八月，刘邦、张良所设想的正面战场、

---

①杨丙安：《十一家孙子注校理》26页，中华书局2012年版。
②同上书，57-60页。

敌后战场、北方战场、南方战场已经全部开启，韩信即将缔造属于自己的军事神话。

安邑之战

在黄河与关中交界的地区，在当时主要有四个渡口，由北至南依次是：采桑津（今陕西宜川与山西吉县间）、汾阴津（今陕西韩城南）、蒲津（今山西永济西）、风陵津（今山西运城西南）。

在今天山西省的西部，分布着南北走向的吕梁山山脉。如果韩信的大军渡过采桑津，那么还需要再翻越吕梁山。这不仅会大大降低韩信军队的行军速度，也不利于灌婴的郎中骑兵行军。但是从采桑津渡过黄河并非没有任何好处，因为一旦翻越吕梁山，那么西魏国的都城平阳，就会暴露在汉军的眼皮子底下了。

吕梁山山脉以南，分别分布着临汾盆地和运城盆地，另外三个渡口正好都是处于这两个盆地的西面。这三个渡口各有特色。从汾阴津渡河，这里水流较为平缓，渡过黄河后，逆汾河北上，就能到达今天的河东郡。蒲津，是当时流通量最大的一处渡口。秦昭襄王五十年（公元前257年），秦昭襄王在此处架设河桥，便利当地的通行。关中地区的势力可以过临晋关，再从蒲津渡过黄河，就能够北上攻打河东郡的军事重镇安邑（今山西夏县西北）。最南边的风陵津，位于黄河的大拐弯处，水流湍急；而且即便是渡过了风陵渡，还要再翻越中条山，难度不小。风陵渡是上述四个渡口中最难渡过的一处。

对于魏豹来说，自己当务之急就是，要准确判断出韩信的主攻方向到底在哪里。魏豹也算是当世名将，当初楚怀王熊心只给他几千军队，结果魏豹便攻下二十多座城池，恢复了魏国的基业。魏豹自小在魏地生长，又常年在魏地作战，对魏地的地理形势有着极为深刻的了解。最北

第五章 韩信平北 刘项对峙

边的采桑津,渡过后还要翻越吕梁山脉;最南边的风陵津,恰好是河东郡这一带黄河水流最湍急的地方,绝不利于行军。但是剩下的汾阴津和蒲津,这两个地方确实要进行一番考量。

从蒲津到安邑,一路上地形平坦,最易行军。再说了,蒲津此地,有秦朝留下来的河桥,最易渡河。刘邦当初迫降西魏国,正是从临晋关出发,走蒲津,进入西魏国领土的。无论从哪方面来看,韩信的第一选择都应该是蒲津,而不是汾阴津。魏豹、柏直等西魏高层在认定韩信会走蒲津渡后,下达了一系列战役部署:

(一)整场战役作全面防守态势,以安邑为中心进行防御,王襄镇守安邑;

(二)在蒲津,构筑起第一道防线;东张(今山西永济东北)则作为第二道防线,这两道防线共同保卫安邑;

(三)魏将孙遨镇守东张;

(四)魏豹、柏直、冯敬、项它[①]等率主力魏军把守蒲坂(今山西永济西),阻塞蒲津,防御韩信渡河。

当初在还定三秦的时候,章邯以为韩信会率主力部队出褒斜道攻打郿县,未曾料到汉军却是走陈仓道取陈仓。韩信这回要再来一个出其不意,他确实不会走采桑津、风陵津这两个难行的渡口,那么只剩下了最后一种可能,那就是走汾阴津。

魏豹并不是章邯那种稳扎稳打的名将。章邯可以在汉中出关中的五条道路上都进行布防,再对褒斜道进行重点监视。可是魏豹比较喜欢"赌",独守蒲津,而忽视了对汾阴津的把守。韩信了解魏豹的用兵特点,汉军走汾阴津,绝对是出乎魏豹的意料之外的。

但是韩信绝不能率领大量汉军走汾阴津,一旦如此,那么魏豹、柏直就能够判断出汉军的主攻方向在汾阴津,而不是蒲津。看来,抢渡汾

[①]史书未曾记载柏直、冯敬、项它等人的军事动向,但是从魏豹率主力军队把守蒲津这一举动来看,此三人应当也是跟随魏豹。

阴津的任务只能够交给一位韩信信得过的方面将领，这个人也只能是假左丞相曹参。

曹参本来就是刘邦帐下最为勇猛善战的一员猛将，又长期有独统一支偏师的指挥能力。韩信要分兵，现在也只能分兵给曹参。因此，韩信下达了作战命令：曹参率领步兵主力，直趋夏阳（今陕西韩城西南），准备渡过汾阴津。韩信自己则率领灌婴等人，在蒲津附近征召船只，做出强渡蒲津的态势，迷惑魏豹。

韩信这招儿"避实击虚"实在高明，可问题是，蒲津有河桥，有船只，容易渡过。汾阴津既没有河桥，又没有船只，曹参该如何渡河？

《史记·淮阴侯列传》说韩信让这支抢渡汾阴津的偏师用"木罂缶"渡河。[1]"木罂缶"是个什么东西呢？要知道，罂缶只是一种大腹小口的容器，指望它来渡过黄河，基本上是不可能的事情。所以针对这个"木罂缶"，历来有两种解释。一种是认为汉军拿罂缶和木板，改装成了类似今天的皮划艇，可以划过对岸。另外一种说法则是认为，汉军是把木板搭在罂缶之上，组建了一个临时浮桥，快速渡过对岸（在黄河上临时搭建浮桥的技术，至迟在春秋中期就已经出现了）。这两种说法都是有一定的道理的，不过，当时的罂缶虽然比较常见，但是短时间内要征召大量的罂缶作为木筏，恐怕很难做到。因此笔者比较倾向于第二种说法。

韩信这招儿实在是妙。魏豹主要是在安邑、东张、蒲坂一线构筑军事防御网，因为在魏豹看来，韩信只有可能走蒲津，而不可能走汾阴津。因此当曹参坐着木罂缶，从夏阳渡过黄河，来到河东郡时，曹参惊

---

[1]《史记·高祖功臣侯者年表》祝阿侯条记载："（高邑）以将军定魏、太原，破井陉，属淮阴侯，以缶度军击籍及攻豨，侯。"（955页，笔者按：原书作"定魏太原"，太原郡不为西魏所有，应作"定魏、太原"），中井积德据这条史料推测此计或为高邑所建（《史记会注考证》卷九十二11页）。笔者认为，高邑很有可能只是曹参的手下，负责筹措"木罂缶"，此计未必是高邑所提。姑备为一说。

第五章　韩信平北　刘项对峙

喜地发现，西魏军队在这里完全没有任何防备。魏豹重点布防的安邑、东张、蒲坂，就这样子暴露在了曹参的眼皮子底下。

曹参渡河后，立即攻击离自己最近的东张，切断安邑方面与魏豹之间的联系，同时配合韩信渡过蒲津。

魏豹听说曹参的军队突然出现在了东张，大惊，立即率主力部队放弃蒲坂，撤回东张与曹参交战。魏豹主动放弃蒲坂，韩信、灌婴等立即率部渡过蒲津，占领蒲坂，直趋东张与曹参会师。东张之战，西魏国惨败，魏豹放弃东张，往北逃至安邑。韩信、曹参部继续追击，攻下安邑，生擒魏将王襄。

安邑已被占领，韩信、曹参切断了魏豹北归西魏首都平阳的道路。魏豹只得率领残部向东沿着成周晋绛道撤退，意图逃到西魏国的上党郡组织抵抗。曹参率领军队一路追击魏豹。曹参在安邑附近的曲阳（今山西夏县与垣曲间）打败魏豹。魏豹继续率兵东逃至武垣（今山西垣曲东南），刚驻扎下来的他，又遇到了曹参。双方在武垣再次展开交战，魏豹被生擒，西魏国灭亡。不久后，曹参又率军北上，一举攻下了西魏都城平阳，将魏豹的母亲、妻子、儿子等全部俘获。至于统率西魏国步兵的项它，这个时候大概已经逃回西楚了。这时距离韩信出兵，还不到一个月，而汉军的军事统帅韩信，当时年仅24岁。

或许是出于刘邦的征调，灌婴的郎中骑兵被调回荥阳，无缘日后的韩信平定北方。①至于魏豹，也被汉军押往荥阳。不过，令人颇为意外的是，刘邦并没有处罚魏豹，而是把他留在了自己的身边。魏豹也就此再次回归到反楚联盟的阵营中，只不过这时，他已经不是西魏王了。

安邑之战是韩信一系列军事传奇的开端。这次战役，西魏国的军事机密完全被汉军了解，这是西魏国在"用间"上的失败。魏豹、柏直选

---

①灌婴南返一事，史书未曾记载。不过，根据《史记·樊郦滕灌列传》的记载，此后的灌婴一直在敌后战场协同彭越等人作战。灌婴应该是在灭魏后被刘邦征调回来的。

择把军队完全部署在蒲津,而不是汾阴津,在汾阴津附近,甚至连一支像样的魏军都没有,轻易让曹参攻至东张,这是西魏国在布防上面的失策。反观汉军,事前汉军高层在刘邦的安排下,外交和军事手段同时准备好,又让郦食其探听了西魏国的军事机密。刘邦、韩信经过"庙算"后得出魏豹必败的结论。在具体的战役操作上,韩信深知"兵之形,避实而击虚"[1]的道理,让曹参作为"奇兵",抢渡汾阴津,彻底打蒙魏豹。魏豹据守蒲坂,阻塞蒲津,可是侧翼空虚,迫使他不得不回兵与曹参交战,遂被曹参、韩信两面夹击。韩信深谙"善战者,致人而不致于人"[2]的道理,通过曹参成功调动魏豹,最后一战而擒。无论从哪方面来说,韩信的这一系列军事行动,完全是教科书般的经典战例。魏豹作为灭秦战争时代的名将,在此次战役中,居然出现这么多致命的失误。看来西魏国的大将柏直确实是一个乳臭未干的小子。

此战之后,西魏国灭亡,汉国的漕运危机得到了解决,刘邦可以更从容地与项羽进行对峙。就在这个时候,韩信开始酝酿着自己的军事远征计划。

韩信的战略报告书

汉二年(公元前205年)九月,左丞相韩信致书刘邦,提出了他的第二份战略计划:"愿益兵三万人,臣请以北举燕、赵,东击齐,南绝楚之粮道,西与大王会于荥阳。"[3]韩信的这一份战略报告书,我们必须结合刘邦的"捐关以东"战略,才能够看得更明白。

---

[1] 杨丙安:《十一家注孙子校理》157页,中华书局2012年版。
[2] 同上书,134页。
[3] 班固:《汉书》1866页,中华书局1962年版。

第五章 韩信平北 刘项对峙

在刘邦和张良的谋划中，韩信是一个可以独当一面的帅才。刘邦负责正面阻击项羽，彭越在梁地游击作战，英布在南方牵制西楚的部分军团，能够让韩信得以施展的地方只剩下广袤的北方地区。让韩信独统一军，在北方纵横驰骋，这应当是汉国高层一开始就决定下来的事情。

韩信的军事才能，刘邦早在"汉中对"和还定三秦时就已经领教过了。可是韩信的军事极限究竟如何，刘邦其实是拿不准的，他一开始似乎也并没有打算让韩信迅速攻打赵国（从刘邦抽调灌婴骑兵南下这一行为就能够看出）。

从"捐关以东"战略来看，北方战场是必须开辟的，汉赵之间必有一战，不过，任何谨慎的统帅恐怕都不会贸然选择开战。这主要是因为当时的赵国是天下第三强国，是中国北方的霸主，而且还受到第一强国西楚国的支援。无论从哪方面来看，当时的赵国还处于巅峰状态，而汉国轻易和第一、第三强国同时开战，最大的可能性就是被两国联合击溃。当然，还有另外一点原因就是，当时的西魏国并未彻底灭亡。韩信虽然俘虏了魏豹，但仅仅只是平定了河东郡，上党郡的西魏残余势力仍旧在与汉军进行交锋，这时也不宜在北方两线作战。出于这两方面的考虑，刘邦一开始未必就有让韩信北伐的打算。

但是韩信并不是一个喜欢稳扎稳打，计较一城一地得失的普通将领。韩信追求的是如何调动敌人的主力与自己对峙，而后以最迅速利落的打法，一战而毁灭敌人。韩信留在西魏国，慢慢消灭西魏残余势力，这并不是他想看到的。当然，最重要的一点是，韩信已经洞穿了"捐关以东"战略的核心。

"捐关以东"战略其内核无非就是一句话：对西楚国造成四面合围之势。当时正面战场上，刘邦和项羽正在荥阳对峙，互相攻击对方的粮道。在敌后战场上，彭越似乎还是一个观望者，此时他还没有正式出兵，骚扰西楚的后方。而在南方战场上，英布与龙且还在交锋，南方的战争还没有结束的倾向。三大战场全部处于僵持的状态，而在这么一种情况下，项羽随时都有可能打破刘邦的战略封锁。四方战场，必须有一方战场汉军取得了压倒性的优势，才能够从整体上对项羽造成真正的压力。刘邦、彭越、英布三人现在既然还做不到对敌人的压倒性优势，那么只能靠韩信在北方的闪击作战了。

北方战场是一个突破口，不以最快的速度消灭陈馀，就不能够在整体战略上占据优势，"捐关以东"战略也就不能真正落实下去。不过，韩信作为一个天才战略家，并不是简单地顺着刘邦的思路去思考，他还要进一步完善这个战略，使其更具有可操作性。

韩信的这份战略报告，总共由四部分构成。第一步是先"北举燕、赵"。在韩信的眼中，赵国并不是当时的第三强国，而是一个突破口，只要以最快的速度消灭这个国家，北方的形势基本上就已经稳定下来了。至于燕国，虽然太过偏远，而且还是个中立国，可毕竟是反汉联盟的一员。如果韩信灭赵、代后，不理会燕国，而直接南下讨伐齐国，可能会腹背受敌。齐国向来有"自守"的传统，再加上之前齐楚战争的时候，齐国元气大伤，急需休养生息。在韩信北平赵、代、燕三国的时候，齐国不会插手北方的事务，这样韩信将可以在最短的时间内，各个击破北方国家，底定北方的形势。

第二步是"东击齐"。赵国灭亡后，能够左右天下形势的只有齐国。齐国如果还是附从西楚，甚至还支持西楚。那么彭越的敌后游击作战将会受到极大的阻挠。齐国一旦被消灭，那么最后胜利的天平就一定会倒向刘邦。因为在齐国灭亡后，项羽的后方不但暴露在彭越势力之下，也暴露在了韩信势力之下。在齐国灭亡、项羽不坐镇彭城的情况下，西楚大后方的失去只是个时间问题。

第三步是"南绝楚之粮道"。这一步是韩信与彭越之间互相配合的军事行动。在赵国、齐国被平定后，项羽事实上就已经处于"四面楚歌"的态势了。这时候该做的事情就是缩小包围圈，彻底吃掉项羽。而要吃掉项羽的第一步就是断绝西楚的军粮。韩信大概已经预料到，在自己消灭赵、代、燕、齐四国后，刘邦应该还在荥阳与项羽对峙，彭越应

该还在敌后骚扰（后来事实果然如此）。在这一情况下，就要配合友军作战。首先就应该和彭越联合起来，吃掉项羽的粮道，彻底使项羽主力部队成为一支孤军。

第四步是"西与大王会于荥阳"。项羽在荥阳被刘邦拖住，后方粮道又断，已经是进不能进，退不能退。这个时候，韩信便率主力部队向西挺进，与刘邦会师，消灭项羽，平定天下。

如果说韩信在"汉中对"中只是从宏观的战略角度陈述项羽要怎么由强转弱，那么现在他的这份战略报告书就是从具体的战术角度陈述要怎么孤立项羽，围歼项羽。这是一份不亚于"汉中对"的报告书，可惜史料只有寥寥数语，以至于我们不能一窥韩信更具体的战略战术构思。

不过，话说回来，这种战略报告书，只有韩信才能够提出来。换成别人，那恐怕只不过是纸上谈兵。面对赵国这么强大的一个国家，面对陈馀这种当世名将，要想迅速拿下，无异于痴人说梦。但是，如果这一切是由韩信提出的，那么一切也就能说得通了。毕竟在那个时代，只有韩信才能在最短的时间内，彻底毁灭掉一个国家。

刘邦看到韩信的战略报告书后，深信韩信有在短时间内消灭陈馀的实力，同意了韩信增兵的请求，让他北击赵、代。这时，故常山王张耳一直随从在刘邦的身边。张耳原先是常山王，是赵国真正的君主，而且他之前和陈馀是刎颈之交，颇为了解陈馀。刘邦遂令张耳统率三万汉军北上支援韩信，支持他的北伐。

楚汉战争时期最伟大的军事远征即将开始。

阏与之战

汉二年九月，汉假左丞相曹参俘虏魏豹，西魏国灭亡。虽然这个时候西魏的上党郡尚未归附汉国，但是已经难以再组织起像样的反抗了。

赵王赵歇、代王陈馀决定组织防御，防备韩信讨伐赵、代。

赵王赵歇庸常无能，但是主持赵国国政的代王陈馀却是秦末时代的一位枭雄。陈馀，故魏国大梁（今河南开封西北）人，与故常山王张耳当初是刎颈之交。陈胜起兵后，二人一起加入了陈胜起义军。后来二人随将军武臣北上，略取赵地，帮助武臣在赵地复兴赵国。武臣称赵王，陈馀为大将军，张耳为右丞相。秦二世二年（公元前208年）十一月，李良在邯郸发动叛乱，杀赵王武臣。当时大将军陈馀从邯郸逃出后，收整残兵，击破李良，与张耳共同辅佐赵歇。在巨鹿之战时，赵歇、张耳被围于巨鹿，张耳误会陈馀不来支援，后又夺陈馀兵权，二人遂断交。戏下分封后，张耳被封为常山王，陈馀为南皮侯。陈馀不满项羽的分封，遂发南皮三县之兵以及齐国援军，击破张耳，统一赵地。从陈馀在井陉之战以前的作为来看，确实算得上是秦末群雄中杰出的军事统帅。

从当时的形势来看，韩信如果想要攻打赵国，必须先把代国给吞并。代王陈馀一直留在赵国辅佐赵王赵歇，代国的国政主要由代相夏说负责。夏说此人，史书并无过多记载，只知道陈馀曾命他和张同一起出使齐国，劝齐王田荣支持陈馀反击张耳。大概夏说此人在外交上的才能比较突出，军事反而比较一般。

陈馀此时很明显没有意识到韩信的真实的军事水平，大概更没意识到韩信打算一战灭赵。陈馀只是派遣代相夏说从代国都城代县点军南下，在代国的太原郡南部抵御韩信的军队。

赵国主要的控制区位于今天的河北地区。自古以来，中原政权要想吞并河北地区的割据势力，无外乎就三种方法：第一是自山西东进，第二是自河南北进，第三是从山西、河南一同出兵，形成夹击之势。对于河北的割据政权来说，威胁最大的势力始终是来自山西地区的政权。因此要想稳固好赵国的统治，一定要稳固好太原郡、上党郡。其中，太原郡是代国的领土，陈馀必须在太原郡设好防线，抵挡韩信的军队。

韩信灭魏后，大概驻扎在西魏的都城平阳。平阳地处今天山西省临汾盆地。在当时，要从临汾盆地北上攻打太原郡，只有两条路可以走。

第五章 韩信平北 刘项对峙

第一条路是自平阳出发，顺着汾河北上，经界休（今山西介休东南）、邬县（今山西介休东北），过昭余祁水（古沼泽，在山西介休北，宋代时已干涸），一直抵达太原郡的郡治晋阳（今山西太原）。第二条路线是自平阳向东出发，过少水（即今沁河），继续向东至屯留（今山西屯留南），然后顺浊漳河北上经过今天山西沁县、武乡，越过南关（今山西武乡西北）北上至晋阳。陈馀虽然不了解韩信，但是也算知兵，而且他通晓赵、代地区的地理形势。陈馀决定在这两条道路上都设置兵马，阻击韩信的军队。陈馀让代相夏说驻军于阏与（今山西沁县西南①），戚将军驻军于邬县。陈馀堵住从临汾盆地通往晋中盆地的两条道路，希望以此来抵挡住韩信的军队。

在选道路这块，韩信算是行家里手了。之前和章邯、魏豹对阵的时候，韩信都巧妙地利用了"避实就虚"的战法，不过，这一次对阵夏说，他没有再用这一战法。因为表面上来看，从临汾盆地通往晋中盆地似乎有两条道路，但是实际上只有一条道路可以走。

在今天看来，似乎第一条路线会比较好走，从临汾盆地北上通往晋中盆地这一段路，在今天并不难走，而且这两块盆地，左边被吕梁山阻隔，右边被太岳山阻隔。要想从平阳到太原，这算得上是最便捷的一条路线。可是在秦汉时代并非如此。在当时，邬县以南的吕梁山和太岳山的余脉相连，要想到达邬县，必须翻越吕梁山和太岳山的余脉。邬县的西北地区则是著名的昭余祁水，这是当时著名的一处沼泽，水面宽阔，不利行军、所以在秦汉时代，走第一条道路基本上是不现实的，而且会遭到邬县方向敌军的猛烈阻击。看来，韩信要想破代，非走第二条道路不可。

当时，西魏国的上党郡并未完全归附，韩信应该在讨伐夏说之

---

① 以往大多数学者都认为阏与在今山西和顺，但靳生禾、谢鸿喜在文献研究的基础上，又进行野外考察，认为阏与古战场应该在今天山西沁县乌苏村，笔者从之。详见靳生禾、谢鸿喜《阏与古战场考察报告》，《中国历史地理论丛》1996年01期，121-132页。

前，已经派遣一些将领攻占第二条道路上的一些军事据点，以保障行军的安全。

陈馀是精明人，他不止看准了第一条道路的咽喉之地是邬县，也看准了第二条的咽喉之地在阏与。阏与，位于太岳山与太行山之间的浊漳河河谷地带，乃是兵家必争之地。如果阏与被韩信占领，那么就能够隔绝太原郡的郡治晋阳与赵国首都襄国之间的密切联系，以便于韩信各个击破。这么重要的地区，陈馀必然不会错过，让代国地区的实际统治者夏说镇守于此，便可一窥陈馀对阏与的重视。

汉二年后九月，韩信一方面派遣一些将领率偏师略定上党郡，一方面率主力军队从平阳出发，涉少水，过屯留，北进阏与。夏说率代国之主力部队与韩信展开激烈的交锋。代军大败，代相夏说被生擒，不久后被处死①，至此，代国灭亡。

阏与被占领后，赵、代之间的联系被成功隔绝。韩信率主力部队进击赵国，同时，他命假左丞相曹参率别军进攻戚将军把守的邬县，然后一举平定代国的残余势力。

曹参得令后，便率军赶赴邬县（笔者认为曹参当时应是一路向北攻至晋阳，然后向南过昭余祁水至邬县），并将其围困。戚将军守不住邬县，被迫出逃，被曹参的大军赶上，将其击杀。与此同时，曹参又派游击将军陈豨平定代郡②，自己也率军平定代国其余土地（或者是派别将出征）。

---

①《史记·淮阴侯列传》说夏说在阏与被俘虏，同书《曹相国世家》却说曹参追随韩信，在邬县之东大破夏说，并将其斩杀。夏说要从阏与逃往邬县，要么就是从阏与北逃至晋阳，再南下到邬县，要么就是强翻太岳山至邬县。可是从韩信的行军动态来看，韩信不可能再亲自前往邬县。我疑《曹相国世家》记载有误，因此从《淮阴侯列传》说，夏说应在阏与被俘虏。夏说此人的结局应该就是像《曹相国世家》说的那样被杀。毕竟，夏说除了被杀，也没有什么别的出路了。

②《史记·高祖功臣侯者年表》阳夏侯条载："（陈豨）以游击将军别定代。"（902页）笔者认为，以曹参的身份与能力，韩信应该是把平定代国残余势力的任务全权交由曹参负责。游击将军陈豨在当时应该是归属曹参所管辖的。

第五章　韩信平北　刘项对峙

阏与之战，史书几乎没有任何描写。我们只能从韩信的行军路线推知陈馀的作战计划确实算是高明，至少比魏豹、柏直的计划高明。可是史书未曾记载韩信是如何破代的，殊为可惜。但是韩信在阏与不过几日工夫，便击溃代军主力，宣告了代国的灭亡，也让我们从史书的只言片语中感受到了韩信卓越的军事能力。

汉二年八月，韩信正式出兵。九月，安邑之战，俘虏魏豹，灭西魏国。后九月，阏与之战，擒斩夏说，灭代国。韩信在短短两个月的时间内，便已连灭二国，如此速度，实在惊人。《史记·高祖本纪》这么记载："（韩信）遂定魏地，置三郡，曰河东、太原、上党。"[①]太原郡并非西魏国的领土，而是代国的地盘。司马迁记下这么一笔，正好说明了韩信灭魏下代是接踵而至的，以至于史官来不及区分，便把灭代国的功给记到了灭西魏的账上。[②]

现在，曹参在平定代国残余势力，灌婴则被刘邦调往正面战场。没有了曹参、灌婴的韩信，又该如何面对陈馀呢？

二、刘邦北征赵国事考

在讲述韩信的井陉之战前，笔者打算先设一节，说明刘邦也曾经率军北征赵国。只有了解了这一点，我们接下来才能更好地讲述汉赵井陉之战。

楚汉荥阳之战最晚在汉二年八月就已经开始了，同月，韩信领兵

[①]司马迁：《史记》372页，中华书局1959年版。
[②]周振鹤先生在《西汉政区地理》一书这样说："定魏地后仅置河东、上党二郡，太原之置在破代之后，因为下魏破代二事接踵而来，故《史记》一并提及。"（249页）。

· 219 ·

讨伐魏豹。史书里面关于刘邦的记载，就定格在汉二年八月（这个月他预言魏豹将被韩信击败）。刘邦下一次在史书里面出现，已经是汉三年（公元前204年）十二月，刘邦接纳英布。从汉二年八月至三年十二月，中间隔了汉二年九月、汉二年后九月、汉三年十月、汉三年十一月。刘邦在这四个月里面的行踪，无论是《史记》，还是《汉书》，都没有进行具体的记载。这不禁让我们追问，这一时期的刘邦究竟在干什么呢？

《史记》虽未明确记载这一时期刘邦具体的军事动向，但是从史书的一些零碎片段中，我们还是能够大致探明当时刘邦在做什么事。

《史记·樊郦滕灌列传》："（灌婴）以骑渡河南，送汉王到洛阳，使北迎相国韩信军于邯郸。还至敖仓，婴迁为御史大夫。"①

《史记·傅靳蒯成列传》："（靳歙）别之河内，击赵将贲郝军朝歌，破之，所将卒得骑将二人，车马二百五十匹。从攻安阳以东，至棘蒲，下七县。别攻破赵军，得其将司马二人，候四人，降吏卒二千四百人。从攻下邯郸。别下平阳，身斩守相，所将卒斩兵守、郡守各一人，降邺。从攻朝歌、邯郸，及别击破赵军，降邯郸郡六县。还军敖仓……（周緤）从出度平阴，遇淮阴侯兵襄国，军乍利乍不利，终无离上心。"②

这两条史料中提到的灌婴、靳歙、周緤三人，都有过在赵地作战的经历，其中以对靳歙的记载最为丰富。清人王先谦就从靳歙的这段事迹中，看出了些许端倪。王先谦说："自'别之河内'至此（笔者按："此"指"降邯郸郡六县"一句），皆击赵事。当在（汉）三年韩信、张耳击赵时，别令歙将兵略赵地也。"③王先谦此番言论可谓卓识。王先谦已经意识到，汉三年灭赵一事，绝非只有韩信一支军队，而是还有"别军"在赵国的南边正在作战。不过，王先谦认为这支军队应该是接

---

① 司马迁：《史记》2668-2669页，中华书局1959年版。
② 同上书，2710-2711页。
③ 泷川资言：《史记会注考证》卷九十八6页，文学古籍刊行社1955年版。

第五章　韩信平北　刘项对峙

受韩信的军令，在赵国南部作战，笔者并不敢苟同这一观点。

从《傅靳蒯成列传》中对靳歙的军事行动踪迹，我们已经能够确知，赵国南部确实有一支偏师正在作战，而破赵之战只在汉三年才发生过。又，据同传对周緤事迹的记录，说周緤"遇淮阴侯兵襄国"，并且还一度和赵国残余势力发生过战争。韩信至襄国事在汉三年十月。靳歙与周緤北征时间是完全吻合的，而且行动路线也是一致的。那么，谁能够统领靳歙、周緤呢？

《傅靳蒯成列传》在记载周緤的事迹中说："遇淮阴侯兵襄国，军乍利乍不利，终无离上心。"这个"上"毫无疑问指的只能是刘邦本人。看来刘邦在汉三年十月左右，曾经率领过一支偏师，北上讨伐赵国，配合韩信的军事行动。

可是当时的刘邦不应该正在和项羽在荥阳对峙吗？刘邦是如何抽空出来北征赵国的？很可惜，史书从汉二年四月后，一直到汉三年四月前，整整一年没有记载过项羽的任何动向。我们无从推知汉三年十月这一个时间点，项羽究竟是继续围攻荥阳，还是先暂时回到彭城修整？不过，刘邦既然会选择出兵，那么只能是当时荥阳围城战还不是那么激烈，使得刘邦有时间北上赵国。至于荥阳的防务，刘邦应该是交给当时在荥阳城内职务最高的御史大夫周苛。

可是，荥阳正面战场毕竟是楚汉战争中最重要的一个战场，刘邦又有什么理由轻易北上，配合韩信呢？

我认为，刘邦之所以会选择配合韩信的军事行动，是因为赵国的国情较为特殊。在彭城之战后，陈馀为了报复刘邦，曾经出兵攻占了汉国的河内郡，与汉国隔河而对。按照原定的作战方针，荥阳之战应该是刘邦和项羽之间的对决，但由于河内郡已经被陈馀占领，陈馀便可以支援项羽，对刘邦构成一定的威胁。可见，只要河内郡还在赵国的手上，那么刘邦就难以全心全意去应对来自项羽的军事威胁，必须一面对付项羽，一面对付陈馀，只要这样的态势继续发展下去，时间一久，形势只会对汉国越发不利。这应该是刘邦选择北伐赵国最主要的一个原因。

但是，在韩信灭魏后，一开始刘邦并没有准备对赵国发动灭国战争。这主要是因为赵国作为当时的第三强国，实力较为强大，不易贸然挑起汉赵之间的全面战争。刘邦态度的转变，是由于韩信的战略报告书。刘邦答应给韩信增兵三万的请求，意味着刘邦已经同意让韩信全权负责灭赵战争。而韩信在这封报告书中，很有可能也希望刘邦能派偏师攻打赵国的南部地区，南北夹击赵国。这种推测并不完全是无稽之谈。因为当年秦始皇灭亡赵国的战争，正采用了南北夹击的战法。

秦王政十八年（公元前229年），嬴政在灭韩后，决定对赵国发起灭国战争。嬴政令王翦从上郡发兵，向东行军，过井陉，南下攻打赵都邯郸；杨端和率一军从河内郡出发，北上攻打赵都邯郸。翌年（公元前228年），王翦俘虏赵王迁，赵国灭亡。

由此可见，南北两路分军合击赵国是完全可行的。刘邦、韩信应该仔细研究过王翦、杨端和灭赵之战，最终敲定了南北两路夹击赵国的方案。从事后的战役演进来看，刘邦、韩信的行军路线，和当初王翦、杨端和的路线，几乎完全一样。王翦是出井陉，下邯郸；韩信也是出井陉，下襄国（当时赵都在邯郸以北的襄国）。杨端和是出河内，下邯郸；刘邦也是攻河内，下襄国。这次汉灭赵之战，完全就是当年秦灭赵之战的翻版。

那么，刘邦要讨伐赵国，他具体的行军路线是什么呢？其实，史书已经基本给我们交代清楚了。《史记·樊郦滕灌列传》说灌婴"以骑渡河南，送汉王到洛阳，使北迎相国韩信军于邯郸"。"北迎韩信军"，说明灌婴确实也参加了灭赵之战。但是在魏豹被俘后，灌婴就已经"渡河南"，来到荥阳战场了。说明这段文本中的"送汉王到洛阳"，事在灭赵战争前夕。同时《傅靳蒯成列传》说周緤"从出度平阴"。平阴即平阴津，位于洛阳的西北方。看来，刘邦北征赵国前期的行军路线，我们基本能够洞悉清楚了。

刘邦率灌婴、靳歙、周緤等人，离开荥阳，向西行进至洛阳，然后渡过平阴津，攻取赵国之河内郡。可是，荥阳以北的津渡就有不少，当

第五章　韩信平北　刘项对峙

时分布在荥阳、成皋附近的津渡便有五社津（今河南巩县与温县间）、成皋津（今河南温县东南）。洛阳附近的津渡更多了，有小平津（今河南孟津东北）、平阴津（今河南孟津东北，在小平津东）、孟津（今河南孟津东北，在平阴津东）。

　　这么多的津渡，为何刘邦只选择平阴津呢？我认为主要有两点原因：第一，平阴津是当时黄河最重要的津渡。魏豹当年叛变后，便是"绝河津"，依附西楚。"河津"即平阴津。黄河如此多的渡口，竟然只有平阴津被称为"河津"，可见当时的平阴津确实重要。[①]第二，刘邦对平阴津较为熟悉。当年灭秦战争时，司马卬打算渡过黄河，抢在刘邦、项羽之前入关。刘邦立即北攻平阴津，阻断河津，防止司马卬南下。后来刘邦在灭殷国后，南下洛阳，也是从平阴津渡过。刘邦对平阴津较为熟悉，也促使刘邦决定走平阴津到河内郡（由此可见，如果当初灭西魏的不是韩信，而是刘邦，也许魏豹的阻击方向就判断对了）。

　　刘邦北征赵国的具体事迹，笔者将在下节中，和韩信破陈馀的井陉之战一起讲述，本节就不多赘述。由上述的分析我们大概可以得出以下结论：西魏灭亡伊始，刘邦无意对赵、代发动大规模战争。不过，在韩信的推动下，刘邦决定支持韩信对赵、代发动灭国战争。刘邦、韩信借鉴当年秦灭赵的具体作战方针，准备南北夹击赵国。刘邦将荥阳留给御史大夫周苛把守，率领灌婴、靳歙、周緤等人，从荥阳向西进发至洛阳，北渡平阴津，来到赵国的河内郡，对其发动战争。

　　[①]关于对平阴津的描述，详见王子今著《秦汉交通史稿》73页，中共中央党校出版社1994年版。

三、井陉交锋 一战灭赵

井陉道

山西与河北地区以太行山脉相隔。由于一些河流的穿切,在太行山脉形成了一些交通孔道,其中最重要的有八条,被后人称为"太行八陉"。太行八陉自南向北,分别为:轵关陉(今河南济源西北)、太行陉(今河南沁阳西北)、白陉(今河南辉县西北)、滏口陉(今河北武安东南)、井陉(今河北井陉)、飞狐陉(今河北蔚县南)、蒲阴陉(今河北易县西北)、军都陉(今北京昌平西北)。

井陉,既是"太行八陉"之一,也是"天下九塞"[①]之一。顾祖禹在《读史方舆纪要》中说:"盖太行为控扼之要,井陉又当出入之冲。"[②]井陉位于河北中部,一旦井陉被山西方向的军队占据,河北的割据政权将陷入进退失据的状态。山西地处黄土高原,河北处华北平原地带。山西方向的军队一旦掌控了井陉,自井陉出兵,占领河北较易。河北割据政权如果想出井陉,仰攻山西地区,则难度较大;不过,河北地区的政权只要能够守好井陉,来自山西方向的敌军也不见得就能给河北政权带来巨大的威胁。因此,只要守住井陉口,陈馀便能很好地堵住韩信的军队。

---

① "天下九塞"在《吕氏春秋》有提及。天下九塞分别为:大汾、冥厄、荆阮、方城、崤、井陉、令疵、句注、居庸(许维遹:《吕氏春秋集释》卷十三3页,北京市中国书店1985年版)。

② 顾祖禹:《读史方舆纪要》427页,中华书局2005年版。

第五章 韩信平北 刘项对峙

韩信的大军从晋阳出发，要走到井陉道，需要向东出发，前往今天的山西平定，向东南方向行军至西郊，接着向东北行军，过柏乡，至旧关。至此，大军便算是来到了井陉道的大门口了。

井陉道，首尾有两个口，即山西平定县旧关和河北鹿泉土门，分别被称为井陉西口与井陉东口。要想通过井陉道，就要从旧关开始启程向东北方向行进，过核桃园（即《魏书》中所说的"回星城"）、小龙窝、长生口、板桥、天长镇。一旦到了天长镇，要想过井陉，有南北两条道路可以走。井陉北道从天长镇开始出发，过绵河后，经刘家沟、西沟、青石岭、北固底，向东渡过冶河，再过南沟、北平望，一直抵达井陉东口土门关。井陉南道则是从天长镇开始出发，往东北方向渡过绵河、冶河，抵达至微水镇，然后继续向东过白石岭、上安镇、白鹿泉村，最后至土门关。

南北两道，自古以来都是崎岖难行之地，其中以南道较为易行，开发时间也比较早。秦始皇当年曾在井陉南道建设驿道。在今天井陉县的白石岭，尚存"秦皇古驿道"的遗址。可知南道在秦代的时候就已经得到了一定程度上的开发。当年秦始皇驾崩后，赵高、李斯等率领车队曾路经井陉，走的应该就是井陉南道。

但是即便是有古驿道的存在，南道依旧是崎岖难行。陈馀的手下广武君李左车曾说："井陉之道，车不得方轨，骑不得成列"[1]，指的就是井陉南道崎岖难行。

井陉北道在战国时期就已经得到了一定程度上的开发，中山国和赵国曾在这里多次发生过战争。但是据李开元先生的实地考察，在井陉北道的青石岭地区，"方形石块铺砌修成的山岭坡道，地势险峻，路狭窄处宽不过3米"[2]，大军要想在这里行军，是一件极为困难的事情。

这么一说，井陉北道与南道都难以行军，那么韩信该如何抉择呢？

---

[1] 司马迁：《史记》2615页 中华书局1959年版。
[2] 李开元：《楚亡：从项羽到韩信》145页，生活·读书·新知三联书店2015年版。

井陉南道在秦代设有驿道，其交通相对于北道来说，应该会较为便捷一点儿，而且当时陈馀的大军就布置在井陉南道附近的报犊山上。形势如此，韩信也只能走井陉南道，与赵国主力在此交锋。①

战前准备

汉三年（公元前204年）十月，韩信率军离开晋阳，向东行军，欲从井陉南道出发与陈馀、赵歇主力部队决战。②

在夏说被擒杀，代国覆灭后，代王陈馀估计也有点儿慌神了，他决定倾赵国之兵力，与韩信决战。陈馀挟赵王赵歇，号称有二十万赵军（这只是号称之数，不过，陈馀的军队数倍于韩信当无疑问），欲在井陉与韩信交锋。

陈馀在项羽分封前是赵国的大将军，而左丞相韩信之前的官职则是汉国的大将军。二人是汉、赵双方最为知兵的将领，而且皆熟读《孙子

---

①学界对当时韩信是从哪里出兵有一些不同的看法。李开元先生认为韩信当时应该是走井陉北道，并在北道与陈馀交锋。详见李开元著《楚亡：从项羽到韩信》141-146页，生活·读书·新知三联书店2015年版。靳生禾、谢鸿喜认为韩信是从山西平定旧关经天长镇，至微水镇附近与赵军交战。详见《汉赵井陉之战古战场考察报告》，《华南理工大学学报》2012年01期，1-8页。靳生禾、谢鸿喜所说的这一段路线指的就是井陉南道。笔者比较认可井陉南道的说法，井陉南道的地形条件与史书上的记载大致能够吻合，而且此地在秦代时已经进行开发，当地更是留存下来众多遗迹和与这场战役相关的民间传说。

②井陉之战的汉军总兵力无载，《中国历代战争史》一书认为韩信在灭代前统率的军队数量有五万人（第03册，63页）。但是该书的一些细节与笔者有所出入。该书认为灌婴有参与过井陉之战（但是于史无据，不可征信），笔者认为灌婴的骑兵部队不曾参与井陉之战，在灭魏后就已经南下到荥阳，这部分兵力需要扣除。当时曹参与韩信分兵，平定代国残余势力，此部分兵力也需要扣除。笔者认为，韩信在井陉之战所能动用的军队应该只有三万余人，甚至更少。

第五章　韩信平北　刘项对峙

兵法》。这场大将军之间的战役注定要名垂青史。

韩信作战，极为重视情报的搜集，他深知"知己知彼，百战不殆"的道理，往陈馀军中派去大量的间谍。当然，韩信还有一个便利的地方，那就是张耳如今身处汉营。故常山王张耳的功绩，和陈馀相似，他在赵国应该有大量的门生故吏，其中不乏有赵国的高级将领。当初韩信灭西魏，有郦食其刺探军情；这次与陈馀交锋，就要利用张耳的人际网络，刺探赵国的核心军情。而且张耳还有一个大优势，他当年和陈馀是刎颈之交，极为熟悉陈馀此人和他的用兵特点。有了张耳，韩信要对付陈馀，就轻松了不少。

虽然有张耳的辅佐，韩信少了一些压力，但是面对着崎岖难行的井陉道，他极为担心陈馀会在这里进行埋伏。韩信的大军从榆关（即山西平定）出发后，走到了柏乡，便不敢再往前行军。韩信必须等待间谍们来信，确定陈馀不会设置伏兵，他才会继续行军。

原来从柏乡到天长镇这一带，是整个井陉道最为难行的地方，号称"车不得方轨，骑不得成列"。韩信的大军从柏乡向东北行军17千米至旧关，一路上所要经过的那块地形区是甘陶河谷。甘陶河谷这段路极为崎岖难行，海拔从904米突降至658米。从旧关继续行军5千米至回星城（即核桃园），海拔降至480米。从回星城行军10千米至天长镇，海拔继续猛降至262米。也就是说，从柏乡行军至天长镇，这段32千米的路程，海拔高差居然达到了642米！[1]尤其是甘陶河谷，这块地区最为难行。一旦被陈馀截击，后果将不堪设想。

赵国方面，广武君李左车足智多谋，他对井陉道一带的地理形势应当是极为了解的。李左车对陈馀说："我听说韩信渡过黄河，俘虏魏豹、擒获夏说，最近又血洗阏与。如今韩信又有张耳的辅佐，打算讨伐赵国。韩信这是打算乘连胜之势，离国远征，他的锋芒我们难以抵挡。

---

[1] 笔者在文中所用的这些数据都来自于靳生禾、谢鸿喜的《汉赵井陉之战古战场考察报告》，《华南理工大学学报》2012年01期，7页。

臣听说千里转运粮食，士兵就会面有饥色；临时砍柴做饭，军队就不会吃饱。现在井陉这条道路，车不能并排，骑不能成列。汉军行军数百里，他们的军粮一定远远在后头。"

"希望代王给我三万人作为奇兵，从小路秘密出发，断绝韩信的粮道。代王您就深沟高垒，坚守不战。这样一来，韩信进不能与您作战，退不能还兵。臣的军队断绝汉军的后路，让韩信、张耳在野外没有什么东西可以被他们劫掠。这样一来，不到十天，韩信、张耳的头颅就能够送到您的帐下。希望代王您考虑臣的计策。否则，我们必然被这两个人所俘虏啊！"

李左车极其了解井陉一带的地理环境以及韩信的优势。在李左车看来，韩信最大的优势在于两点：第一，韩信在短时间内连灭西魏国、代国，兵锋正盛；第二，张耳极为了解赵国的内情。

韩信尽管有很大的优势，但是并非没有劣势。在李左车的这番话中，韩信也有两大劣势：第一，韩信千里行军，战线太长，粮道极易被断；第二，韩信行军，务求速战，不能久战。

李左车明白，只有利用好韩信这两大劣势，才有可能击败韩信，打破他的不败神话；如果放任韩信过井陉，那就是养虎遗患。

不得不说，李左车的这一番话确实很有道理。如果陈馀能够采纳李左车的这一番建议，依托井陉的有利地形困住韩信，韩信即便不打败仗，也无力继续东进攻打赵国。形势如果发展到这个地步，楚汉战争的战略相持阶段很可能要持续得更久。李左车此计，乃是牵一发而动全身的妙计。

李左车虽然提出了妙计，可是实际的决策权却在代王陈馀的手上。陈馀喜好儒术，是当时中原群雄中难得一见的儒将。因此陈馀虽然善战，但是却不爱用阴谋诡计，他经常号称自己的军队是"义兵"。李左车现在献上的这条计策，在陈馀的世界观里面，就是属于"阴谋诡计"，完全不符合陈馀正义的形象。

果然，陈馀不肯听从李左车的"奇谋"。陈馀反驳道："兵法有

第五章　韩信平北　刘项对峙

云：'十则围之，倍则战。'现在韩信的军队号称数万，其实不过只有数千人。韩信虽然能够千里行军，与我交战，但是也已经是极为疲惫了。如果现在我避而不战，那么以后有更大的部队来了，又该怎么抵挡他呢？诸侯们一定会认为我胆怯，以后就会发兵伐我。"

陈馀在这里所说的"兵法"，其实就是《孙子兵法》。《孙子兵法》的原文是这么说的："故用兵之法，十则围之，五则攻之，倍则分之。"关于"五则攻之，倍则分之"到底该怎么理解？东汉末著名的军事理论家曹操在为《孙子兵法》做注的时候，这么写："以五敌一，则三术为正，二术为奇"，"以二敌一，则一术为正，一术为奇"[1]。看来陈馀并没有真正读透《孙子兵法》的这句话，无论兵力是五倍于敌，还是两倍于敌，都应该想办法出"奇兵"。当时韩信要走井陉道入赵，他所要面对的地形在军事学上叫作"险形"，在这种情况下，只有采用李左车的建议才能够获得全胜。在《孙子兵法·地形篇》中，孙子已经讲得很清楚了："料敌制胜，计险厄、远近，上将之道也。知此而用战者必胜，不知此而用战者必败。"[2]孙武已经在自己的兵书预言了这个不能够"计险厄、远近"的陈馀必败无疑。

陈馀认为，自己目前的兵力数倍于韩信，再说了自己是"儒将"，自己麾下的军队是"义兵"，要和韩信作战，就要堂堂正正地以野战来决定胜负。因此陈馀决定放弃井陉道这个"险形"，把军队驻扎在现今微水镇东的冶河（当时称为绵蔓水）东岸的抱犊寨。同时，陈馀在这段时间前后，又让赵将贲郝[3]守住朝歌，防御刘邦的军队。总之，在面对刘邦、韩信两路大军来犯的情况下，陈馀决定做南守北攻的态势，先破千里远征的韩信，再对付刘邦的军队。

陈馀和李左车的这段谈话，应该是在赵国高级军事会议上所进行讨

---

[1] 杨丙安：《十一家注孙子校理》66—67页，中华书局2012年版。
[2] 同上书，282页。
[3] "贲郝"一名，音通"肥释"。《史记集解》为"贲郝"一名读音作注道："上音肥，下音释。"（《史记》2710页）

论的。他们之间的谈话，本应该是"绝对保密"的，未曾料到，韩信却从间谍的口中知晓了陈馀、李左车的对话。看来，这位间谍应当是赵国的高级军官，而在这其中，想必张耳这位故常山王起到了不小的作用。

韩信一直担心，陈馀会派出一支奇兵，断自己的粮道。结果没曾料到，陈馀居然放弃了李左车所提出的"上策"。在确定这份情报无误后，韩信立即下令，大军马上过井陉道，与陈馀对峙。

军令下达后，韩信率军过柏乡、旧关、回星城、天长镇，一直到微水镇，这一路上，果然没有遇到任何赵军。当汉军行至微水镇东的冶河西岸时，韩信下令在此地安营扎寨，与陈馀对峙。

韩信粮少，利在速战。陈馀兵多，也求速战，迅速歼灭韩信，回师与刘邦交锋。既然这两位"大将军"都想决战，看来双方势必要在微水镇附近展开一场大决战了。

韩信的部署

虽然从事后者的角度来看，我们会觉得陈馀此人实在是迂腐无能，但是要知道，陈馀是个可以仅凭三座县城，就敢豪夺整个赵国的枭雄。陈馀用兵，从不出奇兵，务求用堂堂正正之师与敌人作战。如此看来，陈馀用兵的特点在于擅长利用"正兵"，这也是陈馀有底气敢和韩信正面对抗的原因之一。

韩信不是莽夫，他深知战争是一门艺术。先不说陈馀擅长利用"正兵"，就说现在陈馀的军队数倍于汉军，要是真的和陈馀硬碰硬，那就正中他的下怀，韩信当然不会干这么蠢的事情，他在这段时间已经构思出了一套对付陈馀"正兵"的策略。

夜半时分，韩信亲点两千轻骑兵，每人发一面红旗，让他们偷偷渡过绵蔓水，抄小路到萆山（在陈馀营垒附近，今名为抱犊山），在那里驻扎下来，随时监视赵军的动向。韩信对这两千人说："到时候我会率兵与陈馀作战，然后我会佯做被击败，率军撤退。赵军见我撤兵，一定会倾巢出动，追击我的军队。你们这个时候立即冲入赵营，拔下赵军的旗帜，立上我们汉军的旗帜。"两千名汉军骑兵得令后，立即偷渡绵蔓水，抄小道至萆山隐蔽起来。而这一切，完全没有被赵军的巡哨发现（我甚至怀疑韩信的间谍在这当中也起了作用，可惜史书无载）。

我们要知道，这两千骑兵想要攻下陈馀的营垒，只能等待陈馀的大军倾巢而出，这样才有胜算。但是陈馀也算是百战名将，又颇知兵法，他怎么会不知道后方的重要性呢？韩信又如何能保证陈馀一定就会倾巢而出呢？《孙子兵法》说："善动敌者，形之，敌必从之；予之，敌必取之。以利动之，以卒待之。"[1]简单来说就是，韩信要想调动起陈馀的军队，那么就要以"利"诱之，一个让陈馀无法拒绝的利。

要想知道韩信会如何部署，我们需要对战场的地理环境有一个大概的了解。韩信和陈馀的军队隔绵蔓水相对。陈馀事先已经抢据了有利的地形条件，在井陉东口（即土门关）西北方向的萆山附近安营扎寨。陈馀这么安排是符合军事原理的，当时兵法有言："右倍山陵，前左水泽。"[2]陈馀选择驻地的方法完全是按照兵法来运用的，从理论上来说没有任何问题。

从绵蔓水东岸到萆山，这一段地带，坡度较为平缓，没有太大的起伏，极其利于军队野战。这是陈馀精心为韩信选择的战场，只有在这里，赵军的野战优势才能发挥出来，一举击败韩信。

从地理形势上来说，无论是大本营，还是战场特点，都是有利于赵军的，再加上赵军又数倍于汉军，可以发挥"五则攻之，倍则分之"的优势。看来，这场战役对于陈馀来说，确实是必胜之战。

韩信敏锐地观察到了，既然所有的条件都是有利于陈馀的，那么陈

---

[1] 杨丙安《十一家注孙子校理》121-123页，中华书局2012年版。
[2] 司马迁：《史记》2617页，中华书局1959年版。

馀必然会自认为胜券在握。在这种情况下，韩信决定把军队布置在兵法的"死地"上，并且亲自率军与陈馀作战，再假装败退。一言以蔽之，韩信就是要故意把账面上己方仅存的那么一点儿优势故意转变为劣势，欺骗陈馀，让陈馀以为可以一战而歼灭韩信，那么他就会倾巢而出，彻底终结这场战斗了。

看起来容易，说得也轻巧，可是这种军事方针要是真的实行下去，大概率都是要全军覆没，只有在杰出的军事统帅的指挥下，才有胜利的希望。

韩信安排好两千名骑兵渡河后，让副将传达了开饭的军令，同时还对全军宣布道："今天打败赵军后，我们吃顿大餐！"当时将领们都不敢相信今日就能击败赵军，但是韩信既然都这么说了，众将领也只好假意回道："诺。"

深夜，韩信点一万名汉军出发，渡过绵蔓水，背水列阵。背水列阵，这在兵法上来说是置士兵于死地。虽然《孙子兵法》说："投之亡地然后存，陷之死地然后生"[1]，但是我们都知道，一旦军队在死地作战，就难逃失败的噩运。韩信也知道这么一个道理，不过，他就要这么做。不仅要这么做，还要故意让赵军发现他们在背水列阵。

赵军士兵看见韩信将汉军布置于死地之中，无不哈哈大笑。代王陈馀熟读兵书，《尉缭子·天官篇》中说："背水阵为绝地，向阪阵为废军。"[2]背水列阵是兵家大忌，陈馀恐怕未曾想到韩信会这么列阵，他兴许已经认为自己即将赢得井陉之战的胜利了。

除了派遣骑兵和背水列阵外，韩信还是不放心，因为还有一件事没有安排，那就是韩信担心陈馀不能发现自己。韩信害怕敌军"未见吾大将旗鼓，未肯击前行"[3]。于是，第二天早上，决战开始前，韩信让人准

---

[1] 杨丙安：《十一家注孙子校理》328页，中华书局2012年版。
[2] 《史记会注考证》引沈钦韩语，卷九十二15页。
[3] 司马迁：《史记》2616页，中华书局1959年版。

备好主帅的仪仗，亲自率军渡过绵蔓水要和赵军交战。在韩信行进的时候，还让人敲锣打鼓，生怕敌人不知道这位汉军统帅要亲自上前线和赵军决战。

在陈馀看来，韩信这一系列的军事行动，完全不像是一个仅用两个月就连灭二国的军事统帅。开战前夕，似乎一切都对赵军有利。至少当时的陈馀有七利：第一是营垒选择得当；第二是决战战场适合自己；第三是赵军有兵力上的绝对优势；第四是汉军千里行军，士兵疲敝；第五是韩信的战线拉得太长，军粮不如本土作战的赵军充足；第六是汉军陷自己于死地之中；第七是韩信作为统帅，居然亲自出征，不顾个人安危。

即便是我们开上帝视角来看，韩信在当时也仅仅只有两个优势：第一是在陈馀军中布置了大量的间谍；第二是派了一支骑兵驻扎在萆山。可事实上，如果陈馀谨慎，不肯全力追击，第二个优势就完全没有任何用处。而如果，在满满劣势面前，陈馀能够迅速解决韩信、张耳，那么韩信在赵国安插的间谍系统也就不能继续发挥任何用处。

在决战前夕，陈馀占据七利，而且几乎都是能够发挥极大作用的"利"。韩信的二利，则是极不稳定，是有极大可能无法发挥出任何作用的"利"。似乎陈馀不用李左车的上策也能消灭韩信，似乎韩信败局已定。

但是历史却在这一时刻发生了剧烈的转向。

背水一战

天明时分，韩信、张耳亲自率领汉军的主力部队渡过绵蔓水，大张旗鼓，想要和陈馀在战场上进行决战。

代王陈馀得知韩信、张耳亲自出征，于是率领赵军主力部队出营与韩信交锋。陈馀也是身经百战之人，深知后方营垒的重要性，又留下了一支军队留守，防止韩信偷袭。赵军尚未倾巢而出，隐蔽在萆山上的两千名汉军骑兵也尚未敢发起偷袭行动。

陈馀明白，韩信背水列阵，是兵家所说的"死地""绝地"，只要赵军能够击溃汉军，把汉军赶到绵蔓水附近，就能重演项羽当初在彭城之战对汉军的大屠杀。当然，韩信也知道陈馀是这么想的，为了引诱陈馀，韩信必须假装自己已经大溃败。

汉、赵二军摆开阵势后，开始作战。二军交战良久，汉军逐渐感到招架不住。韩信、张耳见时机成熟，立即下令扔掉士兵们带在身上的旗、鼓，立即撤兵。

在冷兵器作战时代，一方军队丢弃旗、鼓，便可以视为军队已经溃败。比如在春秋时期，齐鲁长勺之战中，鲁国的曹刿判断齐军溃败的标准就是"吾视其辙乱，望其旗靡"。士兵在逃命的时候，往往顾不上身边的物资。在这么一种情况下，确实是一举歼灭溃军的大好时机。

陈馀深谙兵法，看见韩信、张耳的军队已经把旗、鼓全部扔掉，判断汉军已经彻底溃败。陈馀立即下令，所有的赵军立即出兵，追击汉军。

为什么陈馀会下这道军令？主要是在刚才的交战中，韩信释放了四个信号迷惑陈馀和赵国士兵。第一个信号是韩信的军队确实是"疲兵"，无力和赵军交锋；第二个信号是汉军主力已经尽出，现在已经战败，剩下的汉军也无力和赵军对抗；第三个信号则是，韩信竟然连自己的帅旗都要扔掉，可见汉军已经彻底溃败；第四个信号是这个时候，谁能抢到帅旗，谁能捉住韩信、张耳，那就是大功一件。前三个信号迷惑了陈馀，第四个信号迷惑了急于立功的赵军士兵。在陈馀与士兵们的双重作用下，赵军果然空壁而出。

韩信的溃败毕竟只是假装溃败，他有条不紊地指挥着军队往绵蔓水退去。在前夜，韩信已经安排了一万名汉军在绵蔓水东岸列阵。现在，韩信下军令，让这一万名汉军打开一条道路放退兵过去，然后再

第五章 韩信平北 刘项对峙

列好阵型。

这一万名汉军士兵是韩信精心安排的。《孙子兵法》虽然说"陷之死地然后生",可是自古以来,被逼入死地的军队,往往不是拼死一搏,而是陷入更大的溃败,等着被敌人大规模屠杀。之前楚汉彭城之战就已经证明了这一点。如果韩信的军队在撤退的时候不是看到这一万名友军,而是直面着绵蔓水,哪还能发挥什么战斗力呢?这一万名汉军恰好发挥了缓冲的作用,给退军吃了一颗定心丸。现在,就该轮到这一万名汉军成为战场主力了。

赵军倾巢出动,与这一万名汉军交锋。随后,韩信刚才的那支退军也加入了战斗。双方的主力部队在绵蔓水东岸展开了大规模的厮杀。现在,汉军已经到了退无可退的地方,陈馀的大军也已经倾巢出动,这个时候必须展示汉军的真实实力。在这场交锋中,汉军爆发了惊人的战斗力,无论赵军如何打,始终不能在绵蔓水旁全歼这股部队。两军遂陷入了胶着的状态。

陈馀这才发现自己之前被韩信的层层伪装给欺骗了,他没有意识到汉军的作战能力这么顽强。陈馀现在已经把自己所有的军队都压上去,还不能消灭汉军。如果再继续打下去,赵军疲敝,届时就要被韩信反击。陈馀见好就收,毕竟自己已经抢了韩信、张耳的帅旗,这仗也算是自己赢了,于是下令撤军。

就在这时,出乎所有赵军意料的事情发生了,赵军的营垒竟然被汉军给占领了!原来,韩信的那两千名骑兵看着赵军部队走远以后,立即抢占了陈馀的营垒,拔掉赵军的旗帜,立上韩信分发的两千面红旗。

陈馀一直以为韩信和自己一样,也是空营而出,赵军的巡哨一直都没有发现这两千名汉军,导致陈馀的决策出现了失误。现在大本营突然被占,赵军由胜转败。赵军内人心惶惶,以为赵王赵歇及其将领已经被韩信俘虏,于是纷纷逃散。陈馀及其将领为了阻止大规模溃散,不断斩杀逃跑的士兵,但是始终无法禁止。

韩信眼见赵军已经彻底溃败,立即指挥全军攻打陈馀。城内的两千名骑兵也出城冲击赵军，赵军彻底失去了任何反抗的能力，任凭被汉军屠杀、俘虏。代王陈馀、赵王赵歇率领残兵逃离井陉，意图向南逃到赵都襄国据守。

战役结束后，诸将依旧疑惑不解，他们想不通韩信在绝地列阵，为何还能成功？将领们问韩信："兵法上说军队列阵应该要右边和背后靠山，前面和左边临水。现在将军您却让我们背水列阵，说击败赵军后会餐，我等都不信服。但是我们竟然取得了胜利，敢问这是什么战术？"

韩信听了将领们的这一番话后，说道："这也是在兵法里面说过了，只是你们没有注意到罢了。《孙子兵法》不是说'陷之死地而后生，置之亡地而后存'吗？况且我平素没有什么机会训练士兵，这正是驱赶街市上的平民作战啊。在这种情况下我非置他们于死地不可，这样他们才会为了保全自己而战斗。如果我把他们放在生地，到时候直接跑了，又怎么能用来作战并取得胜利呢？"

听了韩信的这番话后，众将领无不叹服，纷纷说道："将军说的对啊，您不是我们能比得上的。"

韩信为什么能赢

背水一战，历来都是兵家大忌。中国古代历史上靠"背水"与敌作战，并最终赢得胜利的例子并不多见，较为著名的有两例：一例是汉三年（公元前204年）韩信破赵的井陉之战；一例是东晋义熙十三年（417年）刘裕破北魏之战。除此之外，寄希望于背水破敌的军队，往往都会遭到失败。最为典型的例子就是南齐永元三年（501年）的朱雀航之战。

当时，萧衍、萧颖胄等人拥立南康王萧宝融（即齐和帝）即位，反抗齐帝萧宝卷的残暴统治。征东大将军萧衍全权主持消灭萧宝卷政权

第五章 韩信平北 刘项对峙

的事务。经过一连串的战斗，在当年十月，萧衍的大军已经逼至建康附近。萧宝卷急令王珍国率十几万人赶往朱雀航（今江苏南京镇淮桥一带）以南，抵御萧衍，又让宦官王㑥子持白虎幡总督诸军。当时，王㑥子大概是想复制韩信在井陉之战的"奇迹"，竟然让士兵背水列阵，自断归路。萧衍麾下大将王茂、曹景宗见状，率军往前冲杀。史载王珍国、王㑥子的齐军"一时土崩，投淮死者，积尸与航等，后至者乘之以济，于是朱爵诸军望之皆溃"[1]。至此，萧宝卷政权失去抵抗能力，两个月后，萧宝卷被张稷、王珍国杀死。翌年（502年）四月，齐和帝萧宝融禅让于萧衍。萧衍称帝，建立南梁政权。

类似的战例还有不少，不过，以朱雀航之战最为典型。如果说韩信井陉之战靠背水列阵一战灭赵，那么王㑥子朱雀航之战便是靠背水列阵，一战使得南齐政权覆灭。同是背水列阵，为什么韩信用了就能创造军事传奇，王㑥子用了就是军事笑话呢？

其实，我们只要仔细分析就能知道，无论是韩信的背水阵，还是刘裕的却月阵，这两个战例其实都是特殊情况下的产物。如果韩信、刘裕仅仅是靠背水列阵，就想打败敌人，那么他们就不是军事奇才，而是王㑥子这种庸人了。

由于本书是讲述楚汉战争史，笔者就不分析刘裕的却月阵为何能击败北魏，只来分析韩信究竟为何能够打赢井陉之战？

汉军的将领们显然也不知道为何自己会打败陈馀，当他们向韩信请教这一点时，韩信只是用《孙子兵法》上的话来解释。但事实上，韩信的这番话是完全没有任何道理的，先不说"置之死地而后生"是在特殊情况下才有可能出现的，就说当时的情况，韩信每灭一国，就要把大量的精兵都送往正面战场，提供给刘邦，自己是"驱市人为战"，没有经过特殊军事训练的士兵，置他们于死地，他们不仅不会激发出战斗力，反而会迅速溃败。我怀疑《史记》中韩信的这段解释只不过是当时民间

---

[1] 姚思廉：《梁书》12页，中华书局1973年版。

流传的一种解释，被司马迁采用，写进《史记》。如果真相信了韩信的这段"解释"里面蕴含了什么重要的军事思想，那恐怕最终的结果就是像王伱子那样，葬送了军队和政权。

既然我们不能从韩信的"解释"中得到什么宝贵的军事经验，那我们就只能重新复盘井陉之战，从具体的每一处细节来分析，为什么韩信能打赢，为什么只有韩信才能打赢这一仗？

首先，韩信能打赢井陉之战的首要原因就是韩信完全摸透了陈馀的指挥风格。陈馀的军队号称"义兵"，能够"以正合"，但是不能"以奇胜"。只有这样，韩信才敢直接走过井陉道，安全地来到微水镇；只有这样，韩信才能调动起自己那三万人的军队，倾巢而出，而不怕后路被断；只有这样，韩信、张耳这样的军事统帅才敢亲临战场，而不是留守大后方。

另外，韩信极其重视情报，每战必用间谍。他能知道李左车的"上策"，敢直接率军过井陉道，敢派两千名骑兵偷渡绵蔓水，都是有间谍在这其中起到了作用。反观陈馀，此人极其不重视情报工作。当他和李左车在讨论的时候，居然说"韩信兵号数万，其实不过数千"[①]，由此看来，陈馀甚至很有可能根本就没有搜集任何有关汉军的情报。另外，汉军两千轻骑渡过绵蔓水，赵军一开始竟然没有发觉，而且从绵蔓水赶到萆山是有一段距离的，两千人骑马行军移动，竟然没人发觉。可见陈馀有多么不重视情报搜集工作，不仅不重视间谍，甚至连己方的巡哨也不甚重视。

在井陉战前的准备中，陈馀的军事指挥风格和对情报的关注度，都极大地限制了他个人水平的发挥。从这一角度上看，在战争开始前陈馀就已经有一点儿战败的迹象了。不过，我们要知道，如果仅仅只是这个样子，陈馀根本不可能战败。韩信只有再创造一些新的条件，才有可能击败陈馀。

---

① 司马迁：《史记》2615页，中华书局1959年版。

第五章　韩信平北　刘项对峙

韩信明白擒贼先擒王的道理，他也明白陈馀对故友张耳恨之入骨。因此韩信故意把自己和张耳置于前线，吸引陈馀的火力，让陈馀尝到甜头。而自己在这个时候就要见好就收，佯装溃败，一溃千里，并且是要溃败得跑到绵蔓水。如果韩信不这么做，则不能够让陈馀这只老狐狸相信韩信已经战败了。如果韩信、张耳不肯以身犯险，那么就不能够吸引陈馀把全部的军队征调出来，使得陈馀大后方彻底空虚。

但是要知道，假溃败如果稍有不慎，就会变成真溃败。为了防止这个，必须加上三重保险，才能够保证不会变成真溃败。第一层保险是军事统帅的卓越指挥能力；第二层保险是平时练兵，军纪必须严明，必须做到令行禁止；第三层保险是必须有一万名汉军背水列阵，让假装败退的汉军看到自己还有获胜的希望。当然，如果韩信自身的指挥能力不够，或者平时练兵比较宽松，那这么一做，极大的概率就是把那一万名汉军先赶到水里面去。

当然，这一万名汉军也是相当特殊。首先，他一定不能是韩信、张耳亲自指挥。否则在布阵的当天晚上，陈馀估计不会等汉军布阵，就先派大军擒获韩信、张耳二人。这一万名汉军应当是由一位在汉军中地位比较普通的将领所率领，因此陈馀不仅不会加以戒备，反而还会哈哈大笑，认为汉军是自入死地。在前一天晚上，这支军队的作用就是负责骄敌人的兵。在战斗当天，这支军队给汉军打上一剂强心针，同时成为最佳预备队，在战役的最后阶段与赵军交战而不落败。如果这支军队是一触即溃，那么就算陈馀的营垒被偷袭，也是无济于事。

最后，最重要的当然就是那两千名骑兵。如果在战役最后阶段，那两千名骑兵对战机的判断出现失误，在赵军主力刚出城，或者即将返回的时候才出击，那么必败无疑。可以说，如果不是这两千名骑兵抢占陈馀的营垒，那么井陉之战事实上陈馀已经获胜了（毕竟这场战争到赵军溃败前夕唯一的不足就是没有全歼韩信的军队）。这两千名骑兵实在是居功至伟。

经过以上分析,我们大致就能够清楚了,为什么背水一战这么特殊。特殊的原因就在于整场战役的胜负手不在于军队到底是不是背水,并不是因为韩信背水了,所以陈馀才会打败仗。史书往往挂一漏万,如果不仔细探究战役的各个细节,我们不仅完全无从探知这场战役究竟精妙在哪个地方,而且还会被带偏,重演王伉子的悲剧。

因此,笔者认为,井陉之战汉胜赵败有如下几点原因:

(一)陈馀的军事指挥风格有着较大的局限性,并且这一局限性被韩信给把握住了;

(二)韩信个人天才般的军事指挥水平,也是这场战役获胜的关键原因;

(三)韩信作为中国历史上唯一一个能够"驱市人为战"的军事统帅,治军严明,其军队能做到令行禁止;

(四)韩信的军队作战意志较为顽强,不会一触即溃;

(五)韩信作战,极其重视情报,加上有张耳的人脉网,大大便利韩信搜集情报,至于陈馀,则严重忽视军事情报的重要性;

(六)万人背水军阵在战前起到了迷惑赵军的作用,在战争最激烈的时候成了最佳预备队,挡住了赵军主力部队的冲击;

(七)韩信、张耳作为军事统帅,亲自离开大本营,选择到前线与赵军交锋;

(八)韩信佯装溃败,并且溃败得极其逼真,以至于彻底骗过了陈馀;

(九)陈馀利令智昏,把赵军主力全部调出营垒;

(十)陈馀平时并不注重治军,赵军本质上是一支乌合之众,以至于到最后关头不战自溃;

(十一)两千名汉军骑兵在事前未被赵军发现,在战争进行到最关键的时刻,准确抓住战机,立即占领陈馀营垒。

这十一点,正是韩信能打败陈馀的原因。可以说,这十一点要是其中少了一点,井陉之战,汉军都必败无疑。而这十一点中,韩信最不

第五章　韩信平北　刘项对峙

能把握的就是第九点。如果当日陈馀一改常态，不肯把主力全部调集出去，那么韩信的作战方针将无法实现。

由此可见，井陉之战既是经典战例，又是特例。这一战役是完全无法复制的，它的限制性条件实在是太多了。如果后世有人想要轻易复制韩信在井陉之战的作战方针，那么往往会遭到失败，最严重的情况就是王伥子的朱雀航之战。

井陉之战标志着韩信的军事指挥水平达到了前所未有的巅峰状态。这场战役不仅是楚汉战争中最为经典的战役（其经典程度甚至远超后面的楚汉荥阳之战与垓下之战），甚至可以说是中国军史乃至世界军史上的经典战例之一。

这一年，韩信才25岁。

赵国之亡

在韩信与陈馀在井陉展开巅峰对决的时刻，刘邦也率领一支偏师，出平阴津，渡过黄河，来到赵国统辖的河内郡。

抵达河内郡后，刘邦立即向东北方向行军，直逼故殷国首都朝歌。赵将贲郝组织车兵、骑兵与汉军交战。汉将靳歙大破贲郝，其部俘获赵国两员骑将和二百五十匹车马。

朝歌被攻下后，河内郡的战事基本全部解决。刘邦继续率领大军北上，攻打邯郸郡。在安阳（今河南安阳东南）以东的广袤地区，刘邦再次击破赵军的反抗。汉军一直向东攻至棘蒲（今河北魏县南），共攻下七座县城。刘邦另派靳歙独率一支军队在附近扫荡残余的赵军。这一次扫荡，靳歙俘获赵国两位司马、四位候，招降赵国吏卒共计二千四百人。这是刘邦北上至今取得的最大规模的胜利。

接下来，刘邦对赵国军事重镇邯郸发起了猛烈攻击，克之。赵军残

· 241 ·

余势力向南逃至邺县（今河北磁县东南）固守。①刘邦一路向南追击赵军，派靳歙攻下邺县内的平阳城（这个平阳不是西魏国都城），亲自斩杀邺城守相。靳歙麾下将士斩杀邯郸郡的兵守、郡守。邺县守城将士大惊，开城投降汉军。至此，赵国南部残余抵抗势力基本被平定。刘邦下一步就准备攻打赵国的都城——襄国。

井陉之战后，韩信继续追击陈馀、赵歇的残兵。陈馀、赵歇败逃后，一直逃至鄗县。在鄗县，陈馀遇上韩信的追兵，双方遂在鄗县城下展开激战。这两位大将军之间的对决，史书并没有再次详细记载，我们只知道，陈馀又败了。

穷途末路的陈馀和赵歇继续向南逃跑，一直逃到了泜水。在这里，韩信的部将、常山郡守张苍俘获了代王陈馀。赵王赵歇侥幸捡了一条命，向南逃至襄国。

陈馀、张耳当年虽然是刎颈之交，但是现在情义早已不再。在张耳掌权的时候，先与陈馀断交，然后又夺其兵权。在陈馀掌权的时候，陈馀又迫使刘邦杀死张耳。现在，时移世易，陈馀被俘，韩信、张耳不可能像对待魏豹那样，放陈馀一条生路。韩信、张耳遂下令：处死陈馀！一代枭雄，至此殒命。

陈馀死后，韩信、张耳继续率兵南下，赶往襄国。此时，刘邦的大军也来到了襄国，两路汉兵成功会师，随后开始攻打襄国。

陈馀这等枭雄，尚且不能击败韩信，更何况是赵歇这种庸碌无为之人？在汉军的猛烈攻击下，襄国城破，赵歇被俘。刘邦下令，处死赵歇。至此，楚汉时期第三强国——赵国，彻底灭亡。

项羽听闻，韩信仅用了一个月的时间就灭亡了赵国，立即派遣一支别军，北上渡过黄河，进入赵国地界，与汉军交战。大概就是在这时，

---

① 《史记·傅靳蒯成列传》载："（靳歙）别下平阳，身斩守相，所将卒斩兵守、郡守各一人，降邺。"（2710页）按：兵守、郡守当在邯郸郡的郡治邯郸城内，如何会在邺县被杀？说明汉军攻破邯郸后，邯郸郡守率残兵南逃至邺县。

之前被刘邦攻下的朝歌、邯郸等地再次反叛。

刘邦率靳歙等人，重新攻下了朝歌、邯郸等地[①]，大致收复了失地，然后率军南渡黄河，来到敖仓，继续和项羽对峙。韩信、张耳则继续留在赵地，负责消灭在赵地的西楚军队，以及平定赵国残余势力。

当然，在刘邦走之前，他还要再做一件事，那就是继续抽调韩信的兵马，其中也包括曹参的军队。当时曹参大概已经平定了代国的残余势力，来到赵国与刘邦、韩信会师。刘邦便让曹参率本部兵马南下敖仓，参与荥阳之战。[②]

四、徇赵胁燕

张耳受封代王

张耳在井陉之战中功勋卓著，他协助韩信指挥汉军作战，又利用自己在赵国的人际关系，为汉军收集到一些重要情报。现在陈馀、赵歇虽

[①]邯郸应该曾数次易手。《史记·樊郦滕灌列传》记载："使（灌婴）北迎相国韩信军于邯郸。还至敖仓。"（2669页）刘邦离开赵地后，便是渡过黄河，暂时在敖仓驻军，可见灌婴"迎韩信军"事在伐赵时。可是刘邦和韩信在襄国已经会师，襄国又在邯郸以北。灌婴怎么可能北迎于邯郸呢？说明这件事一定是发生在刘邦率靳歙等人南下攻朝歌、邯郸时。邯郸虽然被靳歙收复，可是后来应该被楚军策反，驻守在襄国的韩信遂率军南下攻打邯郸。刘邦在这一时刻让灌婴率兵北上，和韩信在邯郸会师。这一推想虽然史书中没有明确的记载，但是笔者认为，只有这么解释，才能够使史书各处记载达到自洽。

[②]《史记·曹相国世家》记载："（曹参）乃引兵诣敖仓汉王之所。"（2027页）

死，但是在西楚游兵的骚扰下，赵地依旧动荡不安。韩信认识到，要想让赵地安定下来，必须要在此处再设一个诸侯王，安抚人心（这其实是符合刘邦的"捐关以东"战略的）。

根据《史记·淮阴侯列传》的记载，韩信请封张耳为赵王，刘邦批准。但是根据《史记·秦楚之际月表》，张耳是在汉四年（公元前203年）十一月，才被册封为赵王的。陈馀、赵歇在汉三年（公元前204年）十月俱已被杀。为何请封张耳这件事拖了整整一年之久呢？笔者以往认为，这主要是由于当时赵地尚未稳定。一直到汉四年左右，赵地稳定下来，刘邦才册封张耳为王。但是从笔者新注意到的一些史料来看，很可能事实并非如此。

探究张耳受封为王这个问题，我们可以先来看看《史记·张丞相列传》的记载："陈馀击走常山王张耳，耳归汉，汉乃以张苍为常山守。从淮阴侯击赵，苍得陈馀。赵地已平，汉王以苍为代相，备边寇。已而徙为赵相，相赵王耳[①]。"

从张苍的仕宦履历中，我们可以大致总结张苍在楚汉时期所任的官职先后为：常山郡守——代相——赵相。张苍相赵王张耳，则其任赵相的时间无疑是在汉四年十一月。那么张苍是何时当上常山郡守和代相这两个职务的呢？

笔者查阅严耕望先生《两汉太守刺史表》一书，严氏在西汉的冀州部郡国守相表中的常山郡一表中写道："张苍——河南阳武人。盖高祖三年或四年时任。获陈馀。[②]"在赵国一表中写道："张苍——河南阳武人。高帝初年为代相，旋徙赵相，相张耳、张敖。复还代相，六年为计相。"[③]审此二文，严氏也无法考证张苍究竟是何时当上常山郡守和代相的。

[①] 司马迁：《史记》2675页，中华书局1959年版。
[②] 严耕望：《两汉太守刺史表》33页，北京联合出版公司2020年版。
[③] 同上书，34页。

第五章 韩信平北 刘项对峙

不过，笔者认为，张苍任常山郡守的时间不会是严氏所说的汉三年或是汉四年。张耳归汉事在汉二年十月，而韩信伐赵事在汉三年十月。《史记》把张苍任常山守这件事放在二年十月至三年十月间，看来张苍应该是在汉二年当上常山郡守的（注意，当时是以十月作为岁首，而非正月）。

但问题出现来了，张苍由常山郡守迁为代相是因为"赵地已平"，而"赵地已平"事在汉三年十月至十一月间。①看来，张苍大概是在汉三年十一月后当上代相的。可是张苍这个好好的常山郡守为什么会成为代相呢？要知道，当时的代国已经被韩信灭了。既然没有代国，为什么张苍会当代相。看来在汉三年代王陈馀死后，汉王国很可能复立代国，可惜史官并未记录下来。

但是有代相就一定要有代国和代王吗？考之史书，好像也未必。楚汉战争时期刘邦曾封四个人为诸侯国相国：韩信曾任汉相国、彭越曾任魏相国、张苍先后任代相国和赵相国、郦商曾任梁相国。我们来看看除张苍外的另外三人。

当时有汉王国和汉王的存在，韩信当汉相国，乃是实至名归的一件事情。至于彭越这个魏相国，是刘邦在汉二年四月所封。当时西魏王魏豹还在刘邦阵营内，彭越任魏相国，很明显是做魏豹的相国。至于郦商这个梁相国，我们就要仔细考究一番了。

《史记·樊郦滕灌列传》说："（郦商）以陇西都尉从击项籍军五月，出巨野，与钟离眛战，疾斗，受梁相国印，益食邑四千户。以梁相国将从击项羽二岁三月，攻胡陵。项羽既已死，汉王为帝。"②史书并没有明确记载郦商任梁相国的具体时间，笔者只能从这段记载的一些蛛丝马迹进行推断。

---

①《史记·秦楚之际月表》载："（汉三年十一月）（赵国）属汉，为郡。"（789页）

②司马迁：《史记》2661页，中华书局1959年版。

按，刘邦正式讨伐项羽事在汉二年三月。如果我们假定郦商在汉二年三月以陇西都尉的身份随刘邦征战。那么五个月后便是汉二年八月。如果郦商在汉二年八月受封为梁相国，那么过了两年又三个月，则是汉五年（公元前202年）十一月。而项羽是在汉五年十二月自刎的。由此可见，笔者的这一推断尚属合理。

可是在汉二年八月，当时既没有梁王，也没有梁国，郦商为何能当上梁相国呢？我们还是可以钩沉史海，发现一些蛛丝马迹。

汉二年四月，彭越加入刘邦集团后，刘邦"拜彭越为魏相国，擅将其兵，略定梁地"①。这里的"梁地"指的正是东郡和砀郡。按照彭越此人的地位，虽然只是魏相国，但是实际上已经是一方诸侯。在后来的楚汉固陵之战中，张良就劝刘邦册封彭越为王，把梁地正式封给彭越。我疑刘邦在很早的时候就已经许诺封彭越为梁王，但是东郡、砀郡数次易手，一直没有稳定下来，故刘邦迟迟不肯册封彭越为王。如果此说为真，那么郦商被册封为梁相国一事，我们就可以看成是刘邦许诺册封彭越为梁王的一种举措。

看来，刘邦封某人为相国，一定是那个国家存在或者是刘邦许诺要分封那个国家。这么一来，张苍的这个"代相"就值得我们推敲推敲了。难道在陈馀死后，张耳称赵王前，历史上还存在着一个代国吗？

幸好，史书尚有只言片语给我们提供了一丝新的线索。《史记·万石张叔列传》载："建陵侯卫绾者，代大陵人也。"张守节在《史记正义》中注解道："《括地志》云：'大陵县城在并州文水县北十二里。'按：代王耳时都中都，大陵属焉，故言代大陵人也。"②

"代王耳"一词，历来都有不少解释，笔者认为这个词指的当是一

---

① 司马迁：《史记》2592页，中华书局1959年版。
② 同上书，2768—2769页。

第五章 韩信平北 刘项对峙

个名叫耳的代王。①可是翻遍史书，历史上从来都没有哪位代王的名字叫作"耳"。那有可能是张守节记载错了吗？

张守节在《史记正义序》中这么回忆他的治学、写书历程："守节涉学三十余年，六籍九流地里苍雅锐心观採，评《史》《汉》诠众训释而作《正义》，郡国城邑委曲申明，古典幽微窃探其美，索理允惬，次旧书之旨，兼音解注，引致旁通，凡成三十卷，名曰《史记正义》。"②从张守节的回忆来看，他潜心治学三十余年，而且他的治学重心是在地理这一方面。笔者认为，如果没有强有力的证据，不应该忽略张守节的这一条记载。

如果张守节这条记载没有问题的话，那么哪个"耳"才能当上代王呢？考之汉代时事，只有张耳一人才有称代王的资格。这样一来，只要我们把代王耳认定是张耳，不仅《史记正义》的这条记载可以得到很好的解释，而且我们前面考究的张苍的仕宦履历也能得到很好的解释。

张耳在汉元年二月被封为常山王，二年十月去王位。汉四年十一月为赵王，一直到汉五年九月薨。张耳要想当代王，只有可能是在汉二年十月至汉四年十一月期间。前面说过，在汉三年十一月后，张苍被任命为代相。看来，张耳很有可能在汉三年十一月被任命为代王，一直到汉四年的十一月才被刘邦改封为赵王。

但是也有人提出不同的意见。张庆路认为，刘邦册封张耳为代王

---

①张庆路：《〈史记正义〉"代王耳"史事发覆》，《渭南师范学院学报》2019年10期，55-59页。据张庆路的研究，历来对"代王耳时者中都"有两种解读方法，一种是"代王耳"+"时"，一种是"代王"+"耳时"。但是如果做"耳时"解读，则文法不通。应该做"代王耳"+"时"来进行解读。张庆路同时指出："新修订本《史记》以金陵书局本为底本，而且校勘所用的通校本、参校本涵盖了宋元明清各个时期不同系统最具代表性的版本，在这条史料下没有出校记，说明目前所见的不同版本《史记》对这句话记载都一样，可以排除有字讹误的可能。"（55页）。

②司马迁：《史记》史记正义序11页，中华书局1959年版。

上限在汉三年六月。这主要是因为当时刘邦夺韩信、张耳兵权，令韩信东击齐，张耳守赵。[1]但是我们再来回味一下《史记·淮阴侯列传》的记载。《淮阴侯列传》把"汉王许之，乃立张耳为赵王"一事放在刘邦夺韩、张二人兵权之前。《列传》又言："楚数使奇兵渡河击赵，赵王耳、韩信往来救赵，因行定赵城邑，发兵诣汉。"[2]看来在夺兵权事件之前，张耳已经被册封为王，故张耳称代王应该不会发生在汉三年六月。结合汉三年十一月，赵地就已经"属汉，为郡"的记载，张耳应该在当时就被册封为代王，都城定在中都（今山西平遥），张苍任代相。

从史书的记载来看，张耳受封为代王后，还是和韩信一同在赵地活动。这主要是因为当时赵地还有不少残余势力和西楚援军在组织反抗活动，导致张耳不能前往代地就国。既然张耳不能就国，那么刘邦只能效陈馀故智，让代相张苍管理整个代国的政务，同时防备北方的匈奴。

笔者认为，在目前极为有限的史料内，这种观点应该算得上是比较符合当时情形的一种解释了。

燕国附汉

在井陉之战前，韩信已经从赵国间谍的口中得知广武君李左车。韩信爱才，在井陉之战后，立即下令：士兵们不得杀死广武君，如果有人能生擒他，可赏千金。

重赏之下，谁能不动心？果然，有人便抓住了李左车，并把他送到了韩信的军帐内。韩信看见李左车后，亲自为他松绑，并且以对待老师

---

[1] 张庆路：《〈史记正义〉"代王耳"史事发覆》，《渭南师范学院学报》2019年10期，56—57页。

[2] 司马迁：《史记》2619页，中华书局1959年版。

第五章 韩信平北 刘项对峙

的礼仪来对待李左车。李左车既不得志于陈馀，见韩信真心相待，便决心为韩信出谋划策。

韩信在灭赵以后，开始思考下一步的军事行动：消灭北方最后两个国家——燕国、齐国。但是韩信在这三个月内千里行军，虽然已经连灭三国，但是军队也已经疲惫不堪。韩信决定看看李左车有没有什么好的想法。

韩信问李左车："我正准备北攻燕国，东讨齐国，我该怎么做才能成功呢？"

李左车毕竟是降臣，不免辞谢道："臣听闻'败军之将，不可以言勇；亡国之大夫，不可以图存'。现在臣战败被擒有什么资格和您共商大计呢？"

韩信说："我听闻，百里奚在虞国而虞国灭亡，在秦国而秦国称霸。这并非是因为百里奚在虞国愚钝而在秦国明智，而是在于其君主任不任用他，采不采纳他的建议呀。如果陈馀听了您的计策，像我韩信也早就被俘虏了。正因为陈馀不任用你，所以我现在才能求教于您呀。""我倾心听从您的谋划，希望您不要推辞。"

李左车听着韩信这一番推心置腹的话，着实被感动了，决定为韩信献上平定燕、齐之策。李左车说："臣听闻：'智者千虑，必有一失；愚者千虑，必有一得。'因此俗语才说'狂夫之言，圣人择焉'。只怕臣的计谋未必能够被您采用，只是表达我的一番愚忠之情罢了。"

"陈馀有百战百胜之计，可是一朝失算，兵败鄗下，身死泜上。现在将军您过黄河、虏魏豹，在阏与擒获夏说，一举攻下井陉，不到一个早晨就大破二十万赵军，诛杀陈馀。您的名声传遍海内，威名震动天下。农民们感到战争将至，没有不停止农耕的，赶紧吃好喝好，打发日子，仔细探听战争的消息。像这些，是将军您的长处。

"但是当前，士兵们极其疲惫，恐怕难以任用。现在将军打算率疲敝之军，停留在燕国坚固的城池下。到时候想要攻打城池，却是力不

· 249 ·

能拔。这时候我们的军情就会被敌人了解，而且我们的军粮也会逐渐耗尽。弱燕尚且不能服从我们，齐国必然据守边境险要自守。我军久攻燕、齐二国不下，则刘、项双方的胜负就不能够判定。像这些，是将军您的短处。

"臣虽然愚昧，但是私以为讨伐燕、齐实在是失策啊！因此，善于用兵的人不用自己的短处去攻击敌人的长处，而是用自己的长处攻击敌人的短处。"

李左车这一番话确实说到韩信的心里去了，现在如果再率疲敝之师讨伐燕、齐，难免会遭到失败。因此韩信问道："既然如此，那该怎么办呢？"

李左车说道："现在我为将军考虑，不如暂时休整军队，镇抚赵国。将军您抚恤阵亡将士们的遗孤。方圆百里之内，日日征集牛、酒，用来犒劳军队，同时做出北征燕国的态势。然后将军您派遣一位辩士挟信前往燕国，把我军的长处展示给燕国，到时燕国不敢不听从您的号令。燕国顺从后，再派一个辩士到齐国，齐国必然望风而从。这时候就齐国就算有智者，也不知道该怎么替齐国谋划了。如此一来，天下皆可以被谋求了。用兵向来就是先虚张声势，然后再见机采取行动。我现在说的就是这种情况。"

韩信听完李左车的这一番谋划后，顿时醍醐灌顶。韩信在短短三个月的时间内，连灭西魏、代、赵三国。尤其是井陉之战，一战就消灭了当时的第三强国赵国。燕王臧荼在听闻韩信的种种战绩后，一定是惊骇无比。声威，就是目前韩信最大的优势，只要能够利用好这一优势，燕国就可以不战而定。

果然，韩信派使者前往燕国后，燕王臧荼立即宣布加入反楚联盟，支持刘邦。燕国虽下，可齐国的田广、田横坚决不从汉国。[1]虽然齐国不

---

[1]《史记·淮阴侯列传》记载韩信和李左车谋划如何平定燕、齐，但是最后的结果只说燕国"望风而靡"，这说明当时劝降齐国的行动是失败的。

愿归附，但是士兵确实太过疲敝，韩信也就没有打算立即讨伐齐国，而是选择继续停留在赵国，稳定局势。

五、英布来归

南方战场的溃败

韩信从汉二年十月到汉三年十一月左右，仅仅用了一年的时间，就灭三国、服一国，整个北方仅剩下齐国尚存，断项羽之右臂的战略目标基本达成，北方战场上汉国已经占据了压倒性的优势。但是与韩信相比，南方的英布就没有那么好运了。

关于南方战场上的军事斗争，其中的具体情况，史书中几乎完全没有记载，笔者只能根据一些零星的记载来还原南方战场上的斗争。

根据以往的观点，基本上是认为南方战场上的军事斗争只有西楚国和九江国参战。不过，笔者有个大胆的想法，即当时衡山国应该也加入了反楚联盟，和英布一起对抗西楚国。

衡山王吴芮，在秦朝尚存的时候是秦朝的番阳（今江西鄱阳西北）令。吴芮虽然是秦吏，但是在任期间施政应该较为宽松，深得当地民心，自号"番君"。秦末天下大乱，吴芮起兵反抗。当时还在长江附近为盗的英布率其部众数千人归顺吴芮。吴芮将自己的女儿嫁给英布，以拉拢英布。当然，吴芮的主力军团并不是只有英布这数千人，而是拥有一支以越人为主力的军团。史载吴芮"率越人举兵以应诸侯"[1]，并且

---

[1] 班固：《汉书》1894页，中华书局1959年版。

根据《史记·东越列传》的记载："闽越王无诸及越东海王摇者，其先皆越王勾践之后也，姓骆氏。秦已并天下，皆废为君长，以其地为闽中郡。及诸侯畔秦，无诸、摇率越归鄱阳令吴芮，所谓鄱君者也，从诸侯灭秦。"[1] 无诸和摇是闽中郡最大的两股势力，他们的意见可以算是代表了闽中郡的意见。吴芮不过是一个小小的县令，二人居然同意追随吴芮，可见吴芮的势力之强，远远超出了我们的想象。

史书记载，项梁起义军渡过淮河后，英布归顺项梁。从这一记载来看，应当是吴芮率众归附项梁，其中猛将英布被项梁纳入帐下。英布协助项梁消灭景驹、秦嘉势力，又协助项羽在巨鹿与秦军作战，常为冠军，是项羽手下的第一猛将。刘邦西征攻打秦朝的南阳郡时，吴芮帐下第一猛将梅鋗，协助刘邦攻下了析县（今河南西峡）和郦县（今河南内乡北），又跟随刘邦入武关灭秦。由英布和梅鋗的事迹可以看出，吴芮此人在楚王国内是一个举足轻重的人物。

在灭秦之战中，吴芮的手下或旧属英布、梅鋗、无诸、摇都有足以称王的功劳，但是梅鋗被虚封为十万户侯，无诸和摇未能被封为王，四人中只有项羽的心腹英布被封为九江王。吴芮这一股势力，加上吴芮，足足有五个人可以为王！这股强劲的势力，项羽又怎能不忌惮？因此吴芮当初虽然是以番阳为根据地反秦，但是项羽却把他迁徙到了衡山郡称王，不让他继续统治番阳县。我推测吴芮和无诸、摇一样，应该对分封的结果相当不满意。

可惜的是，吴芮被封为衡山王后，仿佛消失了一般，他在整个楚汉战争时的经历完全是空白，一直到刘邦称帝后才有关于他的记载。吴芮的衡山国是何时灭亡的我们也无从得知。幸好，残存的几则史料给我们留下了一些蛛丝马迹。

《汉书·高帝纪》中的高帝五年二月诏载："故衡山王吴芮与子二人、兄子一人，从百粤之兵，以佐诸侯，诛暴秦，有大功，诸侯立以为

---

[1] 司马迁：《史记》2979页，中华书局1959年版。

王。项羽侵夺之地,谓之番君。其以长沙、豫章、象郡、桂林、南海立番君芮为长沙王。"①

从该诏书中我们可以发现一个很重要的信息,在项羽死前,吴芮已经不是衡山王了,而是"故衡山王",说明衡山国当时已经被灭。至于衡山国灭亡的原因,诏书也说得很清楚,是因为"项羽侵夺之地"。可见,西楚国曾经发兵灭了衡山国,只是不知为何,史书居然完全没有记载这一件事情。

可是衡山国并不是什么富饶之地,项羽完全没理由要侵夺衡山国的领土。看来原因只有一个,那就是吴芮参与了反楚联盟,导致项羽派兵消灭衡山国。但是楚汉战争从汉元年一直持续到汉五年,衡山国什么时候灭亡都有可能,为何笔者会认为衡山国当时和九江国一起反楚呢?

根据《史记·黥布列传》的记载,在九江国被灭后,西楚杀尽英布的妻子和孩子。吴芮当年曾经把自己的女儿嫁给英布为妻,史书中英布这位被杀的"妻"极有可能就是吴芮的女儿。笔者据此大胆推想,吴芮很有可能参与了英布的叛乱,最后导致自己的女儿被楚军所杀。

根据史书记载,在楚汉战争期间,无诸、摇率越人支持刘邦反楚。无诸和摇本是由吴芮统属。九江国、衡山国合力叛乱后,越人很有可能也加入南方战场,与西楚为敌。如果这一情况属实,那么当时南方战场的激烈程度,远远超出我们的认知水平。当然,这只是笔者的一家之言,有待新的史料对这一推想进行驳正。

汉二年四月,九江国、衡山国与东越人在整个南方地区叛乱,淮河以南的地区,只剩下临江国还听从项羽的号令。项羽急令项声、龙且率军平定南方的叛乱。

这里需要提一句题外话,楚汉战争期间,龙且曾经三次独当一面,第一次是在彭城之战,第二次是西楚灭九江之战,第三次是潍水之战。但是彭城之战和潍水之战时,龙且协同项它出战,灭九江之战则协同项

---

① 班固:《汉书》53页,中华书局1962年版。

声出战。根据史书对潍水之战的描述，项它是主将，龙且只是副将而已，可是整场战役的指挥，却全由龙且做主。这说明这三次战役中，龙且应该都是实际统帅，但是由于项羽对异姓将领并不放心，往往要任命项氏子弟作为主帅，监督异姓将领的作战。从这一认识出发，笔者认为灭九江之战，西楚军队的实际统帅应该是龙且，项声只不过是被项羽派过去监督龙且罢了。

这次南方的集体性叛乱，最低目标是拖延项羽偏军几个月，以支持刘邦的正面战场和韩信的北方战场；最高目标则是击退西楚军队，达到"断项羽左臂"的战略目标。只要这场战役，英布不是速败，那么就已经是实现刘邦既定的战略目标了。

英布作为当世数一数二的名将，又岂会轻易战败？这场决定南方政权归属的大战，从汉二年四月一直持续到了汉三年十二月，整整打了十个月。正是在这十个月内，刘邦灭了雍国，稳定了大后方，布置了河南郡的军事防线，拖住了项羽的主力部队。韩信也是在这一段时间内在京、索击败楚军，又连灭西魏、代、赵，收服燕国。可以说，仗打到这个份儿上，也不算辱没了英布名将的名声。

汉三年十二月，龙且终于击败了英布，九江国、衡山国灭亡。至此，南方战场，西楚取得完胜，南方地区此时基本都听从项羽号令（只有越人继续坚持反楚）。

收服英布

英布战败后，本打算率领残部北上投靠刘邦。但是英布担心在路上会被项羽的军队阻击，于是抛下大部队，跟随何一起，从小路逃跑，前往汉国（吴芮大概也和英布一道北逃）。

英布、随何、吴芮等人，穿越西楚腹地，终于进入了荥阳城。英布

第五章　韩信平北　刘项对峙

虽然是盗贼出身，但是他现在也算得上是一方诸侯。英布和魏豹一样，对等级尊卑极为看重。虽然刘邦是反楚联盟的盟主，但是按照爵位来说，刘邦和英布算是平级。英布希望刘邦能够按照礼法，来接待他这个败军之将。

刘邦深谙御下之术，他深知此刻英布不过是兵败来投，并非是真心归附。再说了，英布曾是项羽手下最重要的一员将领，现在项羽就在荥阳城外，如果刘邦不能让英布甘心为自己效力，他一旦临阵反戈，那可就要出大麻烦了。

按理来说，英布作为一方诸侯，现在兵败来投，刘邦应该要召见他。刘邦于是一面派人宣召英布来见，一面在屋内让人为自己洗脚。英布进来谒见刘邦，发现刘邦正在洗脚，勃然大怒。英布后悔长途跋涉，来投奔刘邦，他看刘邦居然如此轻视自己，打算自杀（英布不是魏豹那样的旧贵族，却也染上了旧贵族的风气）。

当然，英布并没有说自杀就自杀，他打算先去看一眼刘邦为自己安排的房舍。结果英布一看，房舍内的设施、日常饮食还有贴身侍从的规模，都与汉王的一模一样。英布大喜过望，看来刘邦确实未曾亏待自己。

自从魏豹叛乱后，刘邦的御下之术又有了一些精进，他明白，对于魏豹、英布这一类人，必须要满足他们自命为贵族的虚荣感，不能够像对待自己的那些狐朋狗友那般，不讲礼节。对于英布这种悍将，既要满足他的虚荣感，又要对他的自尊心进行一定的打击，不这样子，便无法收服英布这种人。

在看到刘邦这么对待自己后，英布决定与刘邦协力抗楚，他开始派人前往九江地区，招揽自己的旧部，打算缓慢恢复自己的实力。

话分两头，在龙且消灭英布后，项羽立即把龙且调往荥阳前线[1]，

---

[1] 在后来陈平施反间计时，曾提到过龙且，而且据《史记·傅靳蒯成列传》记载："（傅宽）从击项冠、周兰、龙且，所将卒斩骑将一人敖下，益食邑。"（2707页）由此可见，当时龙且应该被调往荥阳前线，协助项羽作战。

善后的工作则交给项伯来做。项伯到了九江郡后，为了对英布、吴芮的这次叛乱进行报复，派人将英布一家给灭门，然后不断收揽故九江国的军队，加入西楚国的编制。

项羽的右臂虽然被韩信基本砍断，但是他的左臂经过这次刮骨疗毒后，已经基本恢复正常。这样一来，项羽就能不断征调南方的兵力与刘邦进行抗衡，而与此同时，刘邦也在不断征调北方的兵力与项羽抗衡。双方在荥阳展开大规模的战役，已经无法避免。

六、明争暗斗

甬道争夺战

如果说井陉之战是楚汉战争史上最为经典的一场战役，那么荥阳之战可以说是楚汉战争史上最为重要的一场战役。荥阳之战直接影响了刘邦、项羽两大集团的生死。

楚汉荥阳之战从汉二年八月开始，一直到汉四年九月结束，整整打了两年。关于荥阳之战，《史记》《汉书》等史书的记载较为散乱，令人往往读之而不能抓住主旨。笔者打算将荥阳之战分为三个阶段进行叙述。第一阶段：甬道争夺战，从汉二年八月到汉三年五月；第二阶段：成皋拉锯战，从汉三年五月至汉四年十月；第三阶段：广武涧对峙，从汉四年十月至汉四年九月。将这场战役分成三个阶段，将有助于我们更好地理解这场战役的具体进程，看清刘、项两大军事政治集团势力的消长。

第五章 韩信平北 刘项对峙

荥阳之战的第一阶段,其具体的战役进程史书记载模糊不清,现在只留存有一些比较零散的记录,笔者希望通过这些散碎的记载来大致还原一下这场甬道争夺战。

我们再把时间拉回到汉二年五月至八月这段时期。这一时期,刘邦加紧布置河南郡的军事防御网。在这个防御网中,荥阳——敖仓一带是抵御西楚进犯的第一道防御网。敖仓作为当时规模最大的官用粮仓,它的存亡,决定了荥阳守军的生死,刘邦必须保障敖仓的安全,才有可能与项羽对战。

为了运粮方便,刘邦在荥阳和敖仓之间修建了甬道。那么什么是甬道呢?应劭曾说:"恐敌抄辎重,故筑墙垣如街巷也。"[1]修筑甬道,主要是为了运输士兵以及辎重。为了防止敌人的车兵和骑兵偷袭,秦汉时期,一些军事统帅会在运输道路的两旁,夯土建筑甬道。在巨鹿之战时,秦军统帅章邯便修筑甬道,用来支持秦将王离、涉间对巨鹿的围困。因为有了这条甬道,使得王离前线的秦军有足够的军粮,加紧对巨鹿城的围攻。

项羽作为百战名将,又怎能不知道甬道的重要性?当初巨鹿之战时,项羽击败秦军的第一步便是断绝秦军的甬道。现在刘邦故技重施,再建甬道,来保证自己的后勤。项羽明白,战争的关键就在于甬道,只要汉军的甬道被断绝,刘邦就难以守住荥阳。

当然,刘邦需要来自关中地区的粮食,项羽同样也需要来自淮泗地区的粮食。项羽在荥阳——阳武(今河南原阳东南)——襄邑(今河南睢县)一带也修建了甬道,为自己运输军粮。刘邦也明白,要想打败项羽,就必须攻打西楚的甬道,使项羽陷入困境。

就这样,刘邦、项羽双方,一面修筑各自的甬道,一面不断攻打对方的甬道。这一军事作战方针贯穿了整个荥阳之战的第一阶段。

从汉二年八月开始,楚汉双方开始展开交锋,一开始汉军应该是占

---

[1]司马迁:《史记》304页,中华书局1959年版。

据上风的（不然无法解释之后刘邦为何敢北上攻赵）。当时驻守敖仓的是周勃、周昌（御史大夫周苛的堂弟）和郭蒙①，他们积极抵御西楚的进攻，保障了敖仓和甬道的安全。

在当时，刘邦正关注着北方战场上韩信的北伐，项羽则要关注着南方战场上龙且的南征。双方都派遣了大量部队在别的战场作战。因此虽然这一时期荥阳地区仍然在围绕着甬道展开激烈的争夺，但是总体上来说，战争烈度并不大。正因为战争烈度不大，所以刘邦在汉三年十月还能率兵北上，和韩信一起擒杀赵歇。

但是，汉三年十月，北方战场的战争已经基本结束。同年十二月，南方战场的战事也告一段落。刘邦从韩信那儿抽调了大量军队前来荥阳，项羽也把南方战场的主帅龙且调往荥阳。从汉三年十二月开始，荥阳之战的战争呈现出愈演愈烈的态势。

在刘邦北征回来后，他决定开始对项羽的粮道发动猛烈攻势。从现在残存的史料来看，当时的刘邦应该是先派兵消灭攻击汉国甬道的西楚军队，再出兵断绝西楚甬道，然后再派军队协助彭越骚扰西楚。

当时，刘邦派遣通德侯傅宽、建武侯靳歙等将领，率骑兵部队与西楚军作战。当时西楚军队的统帅是项冠、周兰、龙且（这个项冠应该也是专门来监督周兰、龙且的）。从记载来看，他们分别在敖仓下和成皋以南作战，西楚两战皆败，并且还在敖下之战中折损了一员骑将。此战保障了汉国粮道的安全，并且挫败了当时初破英布的名将龙且的锐气，为接下来的战斗创造了一个良好的开端。

在保障了自己后方甬道的安全后，刘邦派靳歙等人继续行军，击绝西楚军队的粮道。在汉军步、骑兵的骚扰下，陈濞、周緤等将击绝西楚

---

① 《史记·绛侯周勃世家》云："（周勃）还守敖仓。"（2067页）《史记·高祖功臣侯者年表》汾阴侯条云："（周昌）以内史坚守敖仓。"（896页）东武侯条云："（郭蒙）以都尉坚守敖仓。"（906页）

第五章 韩信平北 刘项对峙

甬道，灌婴、靳歙断西楚军从荥阳到襄邑一带的粮道。[1]一时间，西楚面临着断粮的危机。

刘邦不只是要让项羽断粮，他还要让项羽的大后方受到不断的骚扰，以此来牵制正面战场上的项羽。项羽很明显意识到了刘邦的意图，在敖下之战后，便把项冠紧急调往薛郡的鲁县（今山东曲阜）据守。在击绝西楚粮道后，灌婴、靳歙等人率骑兵部队骚扰西楚大后方。

其实在这之前，刘邦也曾派人骚扰过西楚的大后方。大约在汉二年八月左右，郦商就率军出巨野，与钟离眜大战，取得胜利，受封为梁相国，加食邑四千户，此后郦商应该就是一直辅佐彭越，到处游击作战。这次，灌婴等人率骑兵部队，应该是要配合彭越、郦商，共同作战。

灌婴、靳歙的骑兵军团与项冠在鲁县下展开决战，项冠再次被汉军的骑兵部队击败，此战，灌婴部斩杀西楚军右司马、骑将各一人，取得了比敖下之战更为重大的胜利。随后，灌婴率军西进，在燕县击败了柘公、王武，其部斩杀西楚五员楼烦骑将、一员连尹，然后率军向东北方向行进，在白马（今河南滑县东）击破王武的属下桓婴的军队，斩杀都尉一人（灌婴攻白马，我疑是协助韩信攻击进入赵地的"楚奇兵"）。

从史书各种零碎的细节来看，刘邦当时简直就是连战连胜，不仅保障了己方粮道的安全，而且还断了西楚的粮道，并且在西楚的后方协助彭越，骚扰了一大圈儿。可以说，在荥阳之战的一开始，刘邦集团应该是取得巨大的优势。可是接下来，史书却讳莫如深，突然告诉我们，项羽一下子取得了压倒性的优势。不仅西楚的粮道没出现问题了，而且在项羽的多次进攻下，汉军的甬道多次被侵袭，已经严重缺粮。我们现在已经无从探知，项羽是怎么力挽狂澜，转败为胜的。我们只知道，在战

---

[1]《史记·高祖功臣侯者年表》博阳侯条云："（陈濞）以都尉击项羽荥阳，绝甬道。"（886页），同传蒯成侯条云："（周緤）击项羽军荥阳，绝甬道。"（927页）《史记·樊郦滕灌列传》云："（灌婴）受诏别击楚军后，绝其饷道，起阳武至襄邑。"（2668页）《史记·傅靳蒯成列传》云："（靳歙）击绝楚饷道，其荥阳至襄邑。"（2710页）。

局逆转后，刘邦的形势已经日益恶化。也就是在这一时期，刘邦集团内的三大谋士——张良、陈平、郦食其，各自设谋，来为刘邦分忧。

张良借箸

甬道数被侵夺，正面战场上的形势，项羽已经占据了上风。面对这种情况，刘邦忧心忡忡，又没什么好的对策，便召郦食其前来商议该如何削弱西楚的势力。

郦食其虽是儒生，但也是当时首屈一指的纵横家。在秦朝那种大一统的中央集权制国家，是没有纵横家的生存空间的，只有在列国分立的局面，纵横家才有用武之地。因此在郦食其心中，始终想的都是维持战国时代的七国并立局面。现在郦食其眼看刘邦与他商议破楚大计，便立即献上自己的方略："当年商汤讨伐夏桀，封其后人于杞国；周武王讨伐商纣，封其后人于宋国。现在秦朝失去道德、信义，侵伐诸侯，灭亡六国，让六国的后人没有立足之地。大王您如果能复立六国后人为王，让他们接受大王您的印信，到时候这六个国家的君、臣、百姓一定都会感激大王您的恩德，无不望风归附，愿意向您称臣。您的德义已经施行，便可南面称孤，项羽必定会整理好衣冠，然后来朝拜你。"

从刘邦的一系列作为来看，他是热衷于秦始皇的那套大一统政策的。在当时，除了项羽，也只有刘邦志在一统天下。但是刘邦又讲求实际，他知道在当时的情况下，要想天下太平，暂时不能像秦朝那样，搞一个大一统政权。韩信在"汉中对"的时候便说要"以天下城邑封功臣"。刘邦也已经封了韩王信、代王张耳两位诸侯王。现在一听郦食其的这番谋划，似乎与自己"捐关以东"战略是完全洽和的。因此刘邦说道："说得好啊。赶快刻制印信，然后先生您就可以出发了。"

第五章　韩信平北　刘项对峙

郦食其接受刘邦的命令后，退下去准备分封事宜。不久以后，张良前来拜见正在吃饭的刘邦。张良是刘邦最信任的大臣之一，刘邦对张良几乎是言无不从。虽然刘邦与郦食其的这番讨论，是要"绝对保密"的，但是刘邦并不猜忌张良，直接把这番讨论全部对张良说了。

张良听到这一战略后，大惊，立即说道："是谁为大王您设下此计的？大王一旦照做，那就大势已去了啊！"

"捐关以东"战略，是刘邦和张良共同制定的一套灭楚方针。现在在刘邦看来，郦食其所设下的战略，和"捐关以东"战略算是并行不悖的。恐怕刘邦也未曾料到张良会有这么大的反应，他不解地问："为什么呢？"

张良看着刘邦桌上的筷子，说道："臣请大王允许我借用您桌上的筷子让我为大王筹划一下形势。"

在得到刘邦的允许后，张良拿起八根筷子，说道："当初商汤讨伐夏桀，然后封其后人于杞国，那是商汤已经估测到自己有足够的实力能够置夏桀于死地。现在大王您能置项羽于死地吗？"

"不能。"

张良放下一根筷子，说："这是第一个不可以的原因。当初周武王讨伐商纣，封其后人于宋国，是周武王已经估测到自己能够得到纣王的头颅了。现在大王您能够获得项羽的头颅吗？"

"不能。"

张良放下第二根筷子，继续说："这是第二个不可以的原因。当初周武王灭商后，表彰商容的故里，从监狱中放出箕子，增修比干的坟墓。现在大王能增修圣人的坟墓，表彰贤者的故里，前往智者的家门向他们致敬吗？"

"不能。"

张良放下第三根筷子，接着说："这是第三个不可以的原因。当初周武王发放巨桥内的存粮，散发鹿台内的财宝，用来赐予穷人。现在大王您能散发府库中的钱财给穷人吗？"

"不能。"

张良放下第四根筷子，说："这是第四个不能的原因。周武王灭亡商朝后，废弃兵车，改为乘车；把兵器倒过来，用虎皮蒙上，向天下人表示不再用兵。现在大王您能偃武修文、不再用兵吗？"

"不能，"

张良放下第五根筷子，说："这是第五个不能的原因。周武王统一后，把战马安置在华山南面，向天下人显示它们已经用不着了。现在大王您能让战马休息，不再驱使它们吗？"

"不能。"

张良放下第六根筷子，说："这是第六个不能的原因。周武王又把牛放在桃林北面，向天下人表明自己不再让它们来运输军粮了。现在大王您能让牛休息，不再运输军粮吗？"

"不能。"

张良放下第七根筷子，说："这是第七个不能的原因。当今天下，在外征战的人们离开亲戚，舍弃祖坟，告别老友，跟随大王征战天下，只是因为他们日日夜夜都盼望着能够得到一块小小的封地啊。现在您要复兴六国，立韩、魏、燕、赵、齐、楚的后人为王，这些人将各为其主，跟从他们的亲戚，回到老友和祖坟所在之地，到时候大王您又要和谁争夺天下呢？"

张良放下第八根筷子，不等刘邦回答，继续说："这是第八个不能的原因。当前只有让西楚不再强大，否则六国后人将再次追随西楚，大王怎么能够让他们臣服于您？假如用了此人的谋划，大王您就大势已去了啊！"

张良借箸是对"捐关以东"战略目标的进一步明确。在"下邑画策"时，张良也是支持分封的，可见张良与郦食其之间其实并没有本质上的差别。但是，要分封给谁？这是一个事关全局的大问题，甚至会影响着汉国的生死存亡。

我们再回忆一下项羽的分封，总原则是按照军功分封。韩信在"汉

第五章 韩信平北 刘项对峙

中对"说分封是要封给功臣。张良则是主张将关东地区捐舍给韩信、彭越、英布三人。这三人都是因军功分封,而不是按照贵族血统分封(项羽并没有完全贯彻好这一原则)。刘邦也是支持将领土分封给有功者的,但是截至此时,他还没有考虑清楚到底要不要把六国贵族后裔也给分封进去。分封到底要怎么分封,分封给谁,这个问题如果不彻底解释清楚,那么在根本的政治方针上,刘邦也要和项羽一样,不可避免地走向失败。

张良身为韩国贵族后裔,世受国恩,他早年也立志要复兴韩国。那时候的张良,他的政治理想、战略目标,和现在的郦食其是一模一样的。但是自从项羽无罪杀害韩王韩成后,张良复兴韩国的政治理想已经彻底破灭。当时刘邦已经让韩国复国,并且让韩王信称王。可是张良并没有辅佐韩王信,而是一直留在刘邦的身边,为他制定破楚战略方针。这时候的张良,他的政治理想已经彻底改变了。张良追求的不再是过去,而是未来。六国王政复兴,陈胜试过了,熊心试过了。结果陈胜被车夫庄贾杀死,熊心被项羽派人暗杀,下场都极为悲惨。如果刘邦真的听从了郦食其的谋划,那么可能对郦食其这种纵横家有好处,对张良这种旧贵族有好处,但是对刘邦绝对没有任何好处。

张良所说的八个原因中,前七个原因都是在讲历史故事,这绝对不是张良在卖弄自己的才学。而是因为,张良只有把夏商周三代沿革的故事给彻底讲清楚了,才能够让刘邦意识到,现在时代已经变了,想要回到过去,只有死路一条。前七个原因中,他把三代沿革的历史分析透了,并且不断拿商汤、周武这种圣王与刘邦相比,就是要警示刘邦切不可是古非今。最后一个原因,张良立足当下时局,简明扼要地分析了这种策略的危害乃是致命性的。这一点张良不需要刘邦再回答了,因为张良知道,刘邦很明白,在当前的这种局势下,如果众叛亲离,将会是什么下场。

读史每每至此,我总是不免慨叹,张良早年是复国情绪最为高涨的人物之一,但是现今,他已经彻底意识到了六国王政复兴的危害性,并且能够坚决摒弃,这是要有多大气魄的人才能做得到的一件事啊!比起郦食其,张良的境界确实高出他不少。

刘邦之前以为，郦食其的这番谋划其实是在帮他继续完善"捐关以东"战略，他此前对于是否要分封六国王族后裔也没有特别清晰的认识，以为他们也能够分封。现在刘邦听了张良的这一番谋划后，恍然大悟。看来要分封，只能够以军功为原则进行分封，而不能够再去思考六国后裔了。

听完张良这一番分析后的刘邦，直接把嘴里正在吃的饭给吐出来，破口大骂道："这个书呆子！差点儿败坏了国家大事！"赶紧派人把正在镌刻的六国王印给全部销毁。

张良借箸是张良继下邑画策后，第二次为刘邦进行全局性的战略分析。至此以后，"捐关以东"战略正式走向成熟阶段。虽然这一谋划并无助于当前的荥阳战局，但是从长远来看，它保障了刘邦最后能够赢得楚汉战争的胜利。

反间计

如果说郦食其和张良主要是为刘邦规划战略，那么陈平则是为刘邦策划战术。陈平的战术，并非军事部署、作战方针，而是用各种见不得人的阴谋诡计来消灭、打败或者迷惑敌人。

在郦食其、张良为刘邦构思破楚的战略方针时，陈平则在布置战术，他很明白，只有让项羽远离身边的贤人，才能够更好地对付项羽。

当初周勃、灌婴诬陷陈平时，陈平便对刘邦说过："臣裸身来，不受金无以为资。"[①]可见，那个时候陈平就已经在准备往西楚内部布置间谍网络，离间西楚君臣的关系。

当时，荥阳战场的局势已经越发紧急。汉二年四月，刘邦已经难以

---

① 司马迁：《史记》2054页，中华书局1959年版。

第五章 韩信平北 刘项对峙

坚持下去，遣使请和，希望以荥阳为界，以西属汉，以东属楚。也许是使者巧言善辩，也许是项羽想起了旧日情谊，也许是后方彭越又在作乱了，总之，项羽有点儿心动，还真的打算前功尽弃，与刘邦和谈。

历阳侯范增一直追随项羽攻打荥阳，"好奇计"的他一直被刘邦视作心腹之患。也许帮助项羽转危为安，并且反制刘邦，就是范增所设下的计谋。现在眼看项羽不打算趁势夺下荥阳，反而要约和，范增便劝谏道："现在汉国容易夺下，如果现在不夺取它，以后必然后悔啊！"

项羽这回听了范增的劝告，荥阳已经要攻陷了，怎能轻易放弃？于是放弃约和，继续和范增谋划攻打荥阳。

面对难以继续坚守下去的荥阳，刘邦召来陈平，担忧地问道："天下纷纷扰扰，何时才能统一呢？"

陈平是智士，怎会不知刘邦这句话是什么意思呢？看到刘邦这么问，陈平便说："项羽此人，恭敬爱人，那些清正廉洁、讲求礼节的人很多都投靠他。可是一旦到了论功行赏，要授爵分封时，却又吝啬起来，士人因此不肯依附项羽。现在大王您待人傲慢，又不讲究礼节，那些清正廉洁、讲求礼节的人不来投奔您。但是大王却舍得给人授爵分封，那些圆滑、好利、无耻之人大多都归顺我们。如果你们双方能够各自去除短处，采取双方的长处，那么天下可轻易而定。"

"可是大王您喜欢随意骂人，不能够得到那些清正廉洁之人。不过，我仔细观察，西楚却有可以扰乱的地方。项羽身边的骨鲠之臣不过范增、钟离眛、龙且、周殷这些人。大王您只要能够拿出数万斤黄金给我，我用这些黄金来施行反间计，离间西楚君臣之间的关系，让他们互相猜忌。项羽为人多疑，喜欢听信谗言，他们内部一定会互相残杀。到时候我们再举兵来攻，就一定能击破西楚了。"

刘邦听了陈平这一番见解后，觉得颇有道理，便拿了四万斤黄金给陈平。同时，刘邦还下令，陈平可以随便使用这些黄金，自己绝对不问陈平把这些黄金都用在什么地方。

陈平曾经在项羽的帐下担任都尉，也和项羽有过接触，项羽是个什么样的人，陈平可以说是非常清楚。陈平从统治者的性格来分析楚汉两大集团各自的利弊，发现刘邦、项羽都有很明显的优缺点。陈平身为谋士，也很明白该怎样利用敌人的弱点来为自己所用，并击败敌人。项羽不能分封，加上为人多疑，是他极其致命的弱点。陈平认为，要想无限放大项羽的弱点，并且让项羽被自己的弱点迷失自我，最好的方法无过于使用反间计。

关于"用间"，中国兵家的老祖宗孙武对其有着深入的研究。《孙子兵法·用间》说："凡兴师十万，出征千里，百姓之费，公家之奉，日费千金；内外骚动，怠于道路，不得操事者七十万家。相守数年，以争一日之胜，而爱爵禄百金，不知敌之情者，不仁之至也，非人之将也，非主之佐也，非胜之主也。"[1]孙武在《孙子兵法》中所描述的这种情况，恰好就是现在荥阳之战的这种战况。要想休养生息，就要在持久战中找出对方的致命弱点，将其打败。在孙武看来，要做到这一点，间谍将会发挥至关重要的作用。因此他说间谍是"兵之要，三军之所恃而动也"[2]。我们虽然不知道陈平有没有读过《孙子兵法》，但是毫无疑问，他的思想和孙武关于间谍的想法是完全一样的。

其实，刘邦这里早就有一个"间谍"了，那便是项伯。如果根据孙武的学说，项伯属于"内间"（虽然项伯并非主观想做间谍，但是他的行为已经和间谍无异了）。不过，关于项伯在这一时期的动向，史书并没有明确记载，我疑他还在九江国故地收拾残局。因此陈平如果要施行反间计，项伯这条线是利用不上的。

虽然没有项伯的协助，但是陈平深信一个道理"有钱能使鬼推磨"。陈平这段日子已经贪污不少财产了，现在汉王又送给他四万斤黄金。用这一大笔钱来培养间谍，又有谁会不动心呢？

陈平用这一大笔钱让人在西楚军中大肆传播流言，说钟离眛等人立

---

[1]杨丙安：《十一家注孙子校理》361-362页，中华书局2012年版。
[2]同上书，377页。

第五章 韩信平北 刘项对峙

功甚多，可是一直不能裂土封王。现在钟离眛等人打算归顺汉国，协助汉王消灭项氏，然后在西楚的土地上称王。

项羽本来就是多疑之人，对异姓将领防范较多（例如龙且）。考之史册，项羽最没有防范的一个异姓将领大概就是英布了，结果没曾料到英布最后还是叛楚归汉。英布叛乱这件事应该给项羽造成了很大的打击。项羽已经在猜忌这些异姓将领们，现在楚军内又纷纷传出钟离眛等人想要造反，项羽愈发狐疑，他很担心范增、钟离眛等人真要造反，但是又不能完全断定这些跟随自己征战沙场的功臣们是否真的要造反。项羽决定，自己也派人到汉军内，观察一下汉军内部的动静。

西楚使者来到荥阳城内，拜见刘邦。刘邦立即让人备齐有牛、羊、猪三牲的饭菜，招待西楚使者。结果西楚使者说自己是项王派来谒见汉王的。刘邦假意大惊，说道："我还以为你是范增的使者，原来是霸王的使者。"刘邦让人把饭菜全部端走，换成粗劣的饭菜来招待使者。使者回去后，将自己的经历悉数告知项羽，项羽越发怀疑范增，认为他可能真要谋反。项、范君臣之间，终于不能再做到信任彼此。

《史记》中记载的这一反间计，我们现在来看，水平其实有些低，这不应该是陈平这种智士所设出来的奇谋。乾隆帝敕撰的《通鉴辑览》一书便说："陈平此计，乃欺三尺童，未可保其必信者，《史》乃以为奇，而世传之，可发一笑。"[1]乾隆帝深谙权术，他的这段评论颇为中肯。陈平虽然用间，他很可能会在西楚军营中散布流言，但是绝不可能会有刘邦使用这么拙劣的"反间计"。司马迁也曾说过："（陈平）凡六出奇计，辄益邑，凡六益封。奇计或颇秘，世莫能闻也。"[2]陈平的奇计，连司马迁都已经难以探寻其真正的面貌，更何况今人？

苏轼显然也对《史记》的记载颇不满意，他认为项羽、范增矛盾的根本原因在于义帝的问题。当初范增劝项梁应立楚怀王后人为王，熊心

---

[1] 泷川资言：《史记会注考证》卷五十六11页，文学古籍刊行社1955年版。
[2] 司马迁：《史记》2058页，中华书局1959年版。

因此才得以上位，可是后来项羽却杀死了义帝。苏轼因此认为，范增、项羽之间应当有不可调和的矛盾，他评论道："（范）增始劝项梁立义帝，诸侯以此服从，中道而弑之，非增之意也。夫岂独非其义，将必力争而不听也。不用其言，杀其所立，项羽之疑范增必自是此矣。方羽杀卿子冠军（笔者按：即宋义），增与羽比肩而事义帝，君臣之分未定也。为增计者，力能诛羽则诛之，不能则去之，岂不毅然大丈夫也哉？"[1]

苏轼的史论并不是为历史学研究服务，这段评论并没有特别大的学术价值。只是东坡声名在外，颇为大众熟知。我们先不论"力能诛羽则诛之"这种颇为奇怪的言论，而是来仔细推敲一下义帝的问题。义帝之立确实是范增推荐，可是史书后来再未记载过义帝和范增之间究竟有何种关系。事实上，范增对自己的定位一直都不是楚国旧臣，而是项氏幕僚。范增议立义帝，是为了项梁的事业；劝项羽铲除刘邦，让项庄在宴会上暗杀刘邦，让项羽拒绝和谈，这一切都是为了项羽的事业。苏轼所说的"增与羽比肩而事义帝"，只是名分如此罢了，实际上范增就是项羽之臣。就算后来真的有范增劝项羽不要暗杀义帝，那也是为了项羽的名声考虑，而不是什么"忠于义帝"。义帝死后，范增一直伴随在项羽身边，从攻荥阳。项羽也采纳过他的建议，并没有不信任范增。苏轼此文，绝不可作为正经的史论，套入楚汉史中进行解读。

我们现在已经无从得知项羽究竟为何不再信任范增，目前来看，最大的可能就是项羽对异姓将领有着天然的不信任感，再加上陈平的反间计加强了项羽的这种猜疑心。在陈平列举的西楚四位骨鲠之臣（范增、钟离眜、龙且、周殷）中，范增的性格最为刚烈，也有过自行其是的问题（鸿门宴时，项羽已经不想杀死刘邦，范增却找了人来暗杀刘邦，而那个人刚好是身为项氏子弟的项庄），因此最遭项羽怀疑，彻底失去了项羽的信任。范增的悲剧虽然是刘邦、陈平精心设计的结果，但是根本的原

---

[1] 苏轼：《东坡志林》109-110页，中华书局1981年版。

第五章　韩信平北　刘项对峙

因在于项羽、范增二人的性格弱点，导致这一悲剧不可避免地发生了。

范增在七十岁的时候跟随项梁、项羽叔侄起兵，现在已经七十四岁了。范增老了，而且又疾病缠身。现在项羽不仅不信任范增，反而开始夺去范增的兵权，范增便对项羽说："现在天下的事大体已经见出分晓，霸王您好自为之吧。请霸王允许我告老，让我成为一名普通的士卒。"项羽并没有挽留范增，看到他主动告老，便批准他辞职离去。

汉三年（公元前204年）四月，历阳侯范增离开荥阳前线，计划回到西楚都城彭城。但是此时的范增已经身染重病，还没到路上就背发疽而死，终年七十四岁。范增是刘邦最为忌惮的人物之一，现在他不仅被项羽疏远了，而且还死于回到彭城的路上。值得刘邦忌惮的敌人，现在只剩下项羽一人。

逃离荥阳

虽然范增已死，钟离眛、龙且、周殷被疏远，但是这并不能解决汉军缺粮的问题。一直到汉三年的五月，汉军已经陷入了"绝食"的境地，在这种情况下，荥阳战争的第一阶段，刘邦已经算是彻底输了，再不逃出荥阳，那就来不及了。

可是现在，项羽已经把荥阳城四面给团团围住。刘邦虽然让樊哙驻扎在广武[①]，但是此时他应该被项羽的偏师困住，无法前来支援。粮草已无，援军又绝，荥阳已经成了死城。

[①]《史记·樊郦滕灌列传》记载："（樊）哙还至荥阳，益食平阴二千户，以将军守广武。一岁，项羽引而东。"（2655页）按："项羽引而东"一语，指的应当是汉三年九月，项羽东返西楚境内，与彭越作战的故事。由此逆推，樊哙镇守广武当在汉二年九月。可见，樊哙自汉二年九月至汉三年九月间，便率一支偏师，一直坚守在广武地区。

· 269 ·

刘邦当然知道荥阳已经是死城，他也知道应该要逃了。可是现在荥阳被四面合围，该怎么才能逃出去？

将军纪信对刘邦说："现在情况已经很紧急了，希望您能允许我假装成汉王去欺骗楚军，大王您就能够从小道趁机逃出。"纪信假扮汉王，从事后来看，极有可能是陈平的谋划。陈平最爱用一些阴险的毒计来诓骗敌人，他很可能提出了让一个人假扮成刘邦，浑水摸鱼。而忠勇无双的纪信，勇敢地站了出来，愿意代刘邦去死。

如果说只是找一个替死鬼，那也不能说陈平有多狠毒，毕竟当初刘邦为了保全张耳，也是找了一个替死鬼。可陈平狠毒的地方在于，他不仅找了一个人，还要再找两千名妇女替刘邦去送死！

陈平明白，现在楚军四面合围，要想成功逃出，必须要调动敌人的部队，给自己创造时间与空间。项羽围攻荥阳整整十个月，就是为了擒获刘邦。现在纪信假扮刘邦，项羽必然调集主力大军去围攻纪信。但是纪信身边不能没有士兵，如果没有士兵护卫，又怎能骗过项羽？可是现在甬道被断，关中地区的援军输送不过来，可以说，每个士兵的生命都极其宝贵。把汉军抽调给纪信，在陈平看来，那有百害而无一利的事情。因此，陈平打算让不能上阵打仗的妇女扮成士兵！这样，她们是死是活，都对刘邦的事业没有什么负面影响。

以"宽大长者"著称的刘邦，同意了陈平的毒计。毕竟，在他们看来，没有什么比夺取天下更为重要了。在这场名为"权力"的游戏里，只要能活到最后，什么行为都是合理的。

陈平的计谋被采纳后，大家开始紧锣密鼓地布置出逃事宜。刘邦令御史大夫周苛、枞公、故西魏王魏豹镇守荥阳，韩王信协助三人守城；又挑选数十名骑兵跟随自己从荥阳西门逃出；令纪信假扮成汉王，让两千名女人身着盔甲，扮成汉军，从荥阳东门走。

当时，荥阳城内的人说："城中的粮草已经耗尽，汉王打算投降了。"楚军山呼万岁，他们已经在这里打了十个月的仗，看来战事终于要告一段落了。项羽也被诓骗，立即下令把军队都调往荥阳东门，准备擒拿刘邦。就在楚军纷纷前往荥阳东门后,刘邦带上陈平、英布等谋臣武将,率领数十名骑兵从荥阳西门逃出,直奔关中而去。

那是个夜晚,西楚军队,包括项羽,估计辨认不出那个"汉王"其实是将军纪信。等到看清楚后,项羽才发现,这个所谓的汉王并不是刘邦,他问:"刘邦在哪里?"

纪信说:"汉王已经离开荥阳了。"

项羽勃然大怒,立刻下令,将纪信活活烧死。

我写历史,并不想带有过多的情绪在内,这样才能保证自己写得尽量客观、准确,但是这并不是说学习历史的人就都是没有感情的机器人。当我看到这段历史的时候,再也压抑不住愤怒而又悲哀的情绪。我一直认为,楚汉战争中最可怕的不是项羽种种骇人听闻的屠城、坑杀、烹杀、烧杀,也不是彭城之战,数十万军队血染沙场,而是这一次。

说实话,综观历史,为了救主,甘愿献出生命的,其实并不少。最让我控制不住自己的情绪的,不是纪信就义,而是那两千名妇女!这群妇女们,按照当时的制度,是不应该上前线的。更何况,她们没有受过任何军事训练,可能连拿起兵器都相当费劲。她们要面对的,是数万,甚至可能是超过十万的杀红了眼的西楚军队!而她们,只有两千人。她们这次出行,完全就是送死。古代妇女社会地位低下,更何况她们没有受过军事训练,根本无法打仗!项羽俘虏了这些妇女们,能用来干什么呢?项羽残暴嗜杀,这次又被刘邦欺骗,这些妇女能有什么好结局呢?她们最大的可能就是被楚军不断玩弄,最后再被残忍地杀死。

这一毒计的始作俑者陈平,自从投奔刘邦以来,就被汉国的老将们看不上。陈平能够平步青云,完全是受益于刘邦的识人之明。对于陈平来说,他只需要效忠刘邦,对刘邦负责就够了。至于那两千人,对于陈平来说,恐怕连串数字都算不上。

"一将功成万古枯",讴歌刘邦、陈平、纪信的文人墨客实在是太多了,可是,又有谁在意过这两千名妇女的生死,没有她们,刘邦又怎能成功逃出荥阳?

读史至此,我已不忍再读。

七、游军疲楚

袁生之策

刘邦依靠陈平之计,从荥阳逃到成皋后,并没有停留在成皋,而是率残部回到关中。项羽则趁势绕过荥阳,占领成皋。刘邦回到栎阳后,在萧何的帮助下,又得到了一批军队。刘邦深知,河南郡是整个楚汉战争的关键,更何况周苛、樊哙等人还在死守着荥阳、广武等据点,自己绝不可在栎阳安顿下来。因此,刘邦决定从函谷关东出,回到成皋,继续与项羽作战。

这时候,刘邦帐下谋士袁生提出了一条妙计,这条妙计我称之为"示南趋北之计"。袁生这么对刘邦说:"楚汉在荥阳相持数年,我军常处于困境。臣希望大王您能够出武关。项羽得知后,必定率军南下追逐您。到时候,大王深沟高垒,不与项羽作战,同时,荥阳、成皋还能有喘息之机。然后您再让韩信等人安顿赵地,联合燕、齐二国的力量抗楚。那时,大王再回到荥阳,为时未晚。这样一来,项羽要防备的力量就多了,他的力量就要分散。届时,汉军就能够得到休整的机会,然后再与项羽作战,我们就一定能够打败项羽了。"

袁生的这条计策其实是十分高明的,这一策略的总原则是:项羽实力强大,不可力取,而需智取。在这一总原则的指导下,需进行如下的战略部署:

第五章 韩信平北 刘项对峙

一、刘邦不出函谷关，而是出武关，攻打西楚的南阳郡。项羽作战，必逐刘邦而战。袁生深知此理，因此必须调动项羽南下，疲楚之军。

二、项羽到了南阳郡后，还是不可与之交锋，拖住项羽。这样一来，荥阳之急得以缓解，甬道再重新修筑，获得敖仓之粟。项羽到时既不能破刘邦，亦不能取荥阳。

三、韩信率军克定整个北方（主要指齐国），彻底斩断项羽右臂，在战略上对项羽形成包围之势。

四、一旦到了这个时候，项羽既要东攻荥阳之周苛，又要与南阳之刘邦对峙，还要顾忌东北面齐国之韩信。项羽被迫将军队分成三块，实力日减。慢慢地，汉国将会形成压倒性的优势。那时候，刘邦就能够在南阳消灭项羽。

袁生此人，在历史上仅仅出场一次，甚至连真实姓名都没能留下。可是这次出场，就已经足够惊艳世人。袁生的这一谋略水平，可以说不下于张良、陈平、李左车等人。袁生应该也是荥阳之战的亲历者，因此对项羽的指挥风格极为了解。项羽事必躬亲，信不过别人，又好逐刘邦而战。袁生利用项羽这一致命弱点，量身定制了一套灭项方略。

在刘邦看来，袁生的"示南趋北之计"，和自己的"捐关以东"战略是相契合的。袁生不仅看到了正面战场上刘邦、周苛的作用，还看到了北方战场的韩信对于全局将会发挥举足轻重的影响。不过，刘邦并没有完全按照袁生的策划下去做，他吸取了这一战略的核心，并且对其进行一定程度上的微调。具体作战部署如下：

一、刘邦率军出武关，进入南阳郡，诱使项羽率主力部队难下；

二、周苛继续坚守荥阳，樊哙继续坚守广武，趁项羽南下的空隙，逐步恢复实力；

三、故九江王英布前去招揽自己在九江国留存的旧部，扩大汉军的声威；

四、魏相国彭越率军破袭西楚粮道，威胁西楚的大后方，逼使项羽回军攻打彭越。

从刘邦这一作战部署我们就能看出，他只采纳了袁生之策的前两点内容，而后两点内容刘邦则是做出了较大的调整。那么为什么刘邦不用韩信，而是要用彭越、英布呢？

这是由于当时赵国的残余势力尚未彻底平定，而齐国又是大国，韩信仓促之间不能够旋定北方，为刘邦提供战略上的支持。但是英布的旧部就在九江国的附近，彭越的军队惯于游击作战，容易威胁西楚的大后方。这两个人比起韩信，在当时更能迅速给项羽造成极大的威胁。事实证明，刘邦对袁生之策进行的修改是完全符合战争实际发展状况的。

自从刘邦逃出荥阳之后，荥阳之战的第一阶段就已经结束。这次刘邦从武关出南阳标志着荥阳之战第二阶段的开始。在这一新的阶段中，刘邦不准备简单地和项羽打粮道破袭战，而是打算不断调动项羽，使项羽疲于奔命。

刘邦率领军队出武关后，直趋宛城（今河南南阳）、叶县（今河南叶县东南），英布则派人联络自己尚在九江国的旧部，让他们杀至九江郡，与自己会师。不久以后，英布的旧部从九江郡一路杀到南阳郡，和英布会师。这时候，英布的旧部还剩下数千人。刘邦从自己的军队中又划出了一部分归英布调遣。这样，英布的军队大致达到了万人左右的规模，算是恢复了元气。

这时候的荥阳战场上，自刘邦出逃后，项羽加强了对荥阳的围攻。可就在这时，荥阳方面的汉军居然内讧了。周苛、枞公对刘邦在出逃前的部署相当不满意，他们不愿和魏豹一起守城。周苛、枞公二人在刘邦走后不久，密谋说："魏豹乃是反国之王，我们实在是难于和他一起坚守荥阳。"很明显，周苛、枞公害怕魏豹会出卖他们，投降项羽。既然这样，那只能一不做二不休，立即杀死魏豹，以绝后患。就这样，一代枭雄魏豹，至此陨落。不过，汉军虽然起内讧，但是魏豹应该没有什么拥趸者，因此这件事并没有引发轩然大波。项羽依旧不能攻下荥阳。

项羽还在荥阳围攻周苛，这时候突然得知刘邦居然驻扎在宛城内，便令终公驻守在成皋,自己率领主力部队南下宛城,欲与刘邦交战。刘邦听说项羽南下后,遵循了袁生的建议,深沟高垒,绝不与项羽作战。项羽也无可奈何,只能和刘邦、英布相持于宛城。

项羽也许以为,自己现在需要顾忌的只有刘邦、英布、周苛三人。很快,项羽就发现,还有一个人即将出场,这个人将会使项羽永无安宁之日。

疲楚之策

在具体的作战中,该怎么让敌人疲于奔命,最后成功将其击败?最早研究这一问题的并不是刘邦、张良、袁生等人,而是春秋时期的吴王寿梦、晋国中军将智䓨和吴将伍子胥。

周简王二年(即吴王寿梦二年,公元前584年),楚国申公巫臣投奔晋国,楚国的执政者子重、子反灭巫臣一族。巫臣听闻后,痛心疾首,他发誓"余必使尔罢于奔命以死"[1]。于是,巫臣出使吴国,教吴国如何用兵乘车。吴王寿梦是个雄心勃勃的君主,在学会这些技术后,与晋国交好,屡屡派小部队骚扰楚国。子重、子反二人"一岁七奔命"[2],不仅无法打败吴国,反而被吴国拖垮。吴国自此崛起,成为新兴强国,相应地,楚国也开始走向衰落,给晋国恢复霸权创造了一个很好的机会。

周灵王八年(即晋悼公九年,公元前564年),晋悼公率领诸侯联军攻打依附于楚国的郑国,郑国招架不住,向晋国求和。晋国上军将中行偃认为应该继续包围郑国,等楚国援军到来后,将他们击溃。但是中军将智䓨并不同意中行偃的看法,他认为应该同意郑国的求和,并率军撤

---

[1] 杜预:《春秋经传集解》689页,上海古籍出版社1978年版。
[2] 同上书。

退，然后"吾三分四军，与诸侯之锐以逆来者，于我未病，楚不能矣，犹愈于战。暴骨以逞，不可以争。大劳未艾，君子劳心，小人劳力，先王之制也"①。

在智䓨看来，与强大的楚国作战，与其采用中行偃的"围点打援"战术，不如用"疲敌之计"。当时晋国的军队由四军组成，分别为：中军、上军、下军、新军。将这四支军队分为三个部分，再配合其他附从晋国的诸侯精锐部队，来回作战，使楚军疲于奔命。晋军每次与楚军作战只出其中一军，另外两军修整；而楚军作战则是把全部的军队都压上去，士兵难以得到休整。这样一来，在日后的争霸战争中，楚国将会被晋国的这种战略给拖垮。

正如智䓨所谋划的那般，楚共王的军队在此之后果然疲于奔命。晋悼公十年（公元前563年）秋、晋悼公十一年（公元前562年）夏、晋悼公十一年秋，晋、楚经过三次交锋，楚国再也无力与晋国作战，郑国自此依附晋国。《左传》称："（晋）三驾而楚不能与争。"②晋悼公、智䓨的"三分四军"之策，被后人称为"三驾疲楚"。晋悼公也凭借这一战略，恢复了晋国自邲之战以后失去的霸权。

吴国靠着学习晋国的战术逐步崛起，后来吴人在与楚国的作战中，也借鉴运用了"三驾疲楚"的战略方针。周敬王八年（即吴王阖庐三年，公元前512年），伍子胥向吴王阖庐提出了疲楚方针："若为三军以肆焉，一师至，彼必皆出。彼出则归，彼归则出，楚必道敝。亟肆以罢之，多方以误之，既罢而后以三军继之，必大克之。"③吴王阖庐采纳了伍子胥的这个计谋后，楚军果然疲于奔命，国力逐渐衰弱。伍子胥的这一战略方针，并不仅仅只是为了要让敌军在疲于奔命中自动瓦解，更是为了要在敌军无力再战后，迅速予以其致命的打

---

① 杜预：《春秋经传集解》854页，上海古籍出版社1978年版。
② 同上书，860页。
③ 同上书，1586-1587页。

击。这是伍子胥对智罃的"三驾疲楚"作出进一步的创新改进。周敬王十四年（即吴王阖庐九年，公元前506年），吴军一举攻克楚国都城郢都（今湖北荆州）。

这三则战例是荥阳之战前中国比较著名的"疲敌"战例，并且这三则战例已经有了游击战的雏形。伍子胥在总结了吴王寿梦和智罃的战争经验后，提出的"彼出则归，彼归则出"已经可以说是最早的游击战准则。只不过春秋时期的人们虽然已经逐渐发现游击战的奥妙，但是并不能熟练运用游击战的作战方式。一直到楚汉时期，中国历史上才出现比较成熟的游击作战。

彭越是中国史书中第一个明确记载的成熟运用游击战的军事统帅。彭越早年是渔夫，后来为盗贼，他不大可能知道吴王寿梦、智罃、伍子胥这三个人。不过，在巨野泽起兵的这几年内，彭越凭借着自己对东郡、砀郡一带地理形势的了解，倒也无师自通，明白了"彼出则归，彼归则出"的军事理论。尤其是当年在齐楚战争中，彭越是见识过项羽的能力的，这让彭越更加意识到，要想打败项羽，就必须要用项羽所不擅长，甚至可能完全不了解的游击战。

我们不知道刘邦知不知道智罃这个人，但是我们知道，刘邦后来与项羽对峙时曾说过："吾宁斗智，不能斗力"[1]，正好与智罃所说的"君子劳心，小人劳力"的道理不谋而合。刘邦在彭城之战时，还未来得及组织抵抗，直接被项羽击溃。但是在之前荥阳之战的第一阶段中，刘邦与项羽足足斡旋了十个月才被迫出逃。上一个让项羽那么头疼的对手还是已经死去的章邯。刘邦清楚项羽的实力，要想对付以力取胜的项羽，自己就必须以智取胜。

刘邦和精通游击战的大师彭越已经联系好了，在自己与项羽相持之际，彭越就迅速出兵，袭扰项羽的大后方。这样，一来可以削弱楚军的实力，二来可以使荥阳城内的周苛有更多的休整时间。

---

[1] 司马迁：《史记》328页，中华书局1959年版。

我们前面说过，项羽的粮道在荥阳——阳武——襄邑一带。从这几个地方所在的位置进行推论，项羽应当是让人在淮泗地区征收粮食，然后坐船从睢水北渡，再转渡鸿沟，最后输送到荥阳一带。

彭越自从受命开辟敌后战场以来，他就明白，自己的任务就是专门破坏楚军的粮道，打乱西楚大后方的生产建设，逼得项羽无法正常作战。之前靳歙、灌婴不过只是骚扰阳武、襄邑而已，现在，彭越打算玩个大的，直接把西楚的整个粮道彻底给搞瘫痪。

汉三年五月，彭越正式率军出征。彭越渡过黄河，击东阿（今山东东阿西南），然后南下至砀郡，横渡睢水。彭越军团所过之处，迅速打击沿途驻守的西楚军队，项羽的粮道彻底瘫痪，西楚大后方的生产建设也受到了极大的破坏。西楚将领项声、薛公赶至东晦郡下邳县（今江苏邳县南），准备在那里抵抗彭越。谁知，彭越抵达下邳后，大破楚军，薛公战死。至此，西楚国的东郡、砀郡、四川郡、东晦郡俱遭到彭越不同程度上的打击。整个淮北地区，西楚国领土只剩下淮阳郡、薛郡尚未遭到敌人打击（西楚国的南阳郡现在已有不少领土被刘邦占据）。

下邳大败，可以说整个西楚都为之动荡。从下邳出发，向西横渡泗水，就能够到达彭城。如果西楚再不能够组织起有效的力量进行抵抗，那么彭城将被彭越所劫掠。

项羽正在宛城与刘邦、英布对峙，这时他忽然得知彭越突然出现在下邳，并击溃楚军。项羽大惊，立即留下一支军队抵御刘邦，自己率领精锐部队赶紧向东赶回去，与彭越交战。

彭越深知"彼出则归，彼归则出"的道理，之前下邳一战，他娴熟地运用了"彼归则出"的理论，那么现在就该运用"彼出则归"的理论了。彭越听说项羽已经率军东进，立刻回到黄河附近，不与项羽作战（史书没有记载彭越是怎么回去的，不过，从下邳回到东阿附近黄河岸边的最短距离来看，中间还要经过薛郡。彭越在撤退的过程中很可能还骚扰了薛郡的部分地区）。

第五章 韩信平北 刘项对峙

刘邦、英布眼见项羽已经离开，也不打算继续留在宛城这个周围没有友军的地方。刘、英迅速整军，从宛城火速赶至成皋。成皋天险，刘邦要仰攻成皋谈何容易？但是未曾料到，刘邦居然火速击败了终公，收复成皋，与驻扎在荥阳的周苛互相接应。

项羽得知成皋被刘邦夺回后，大怒，立即再率领军队回师，猛攻荥阳。荥阳在之前的战斗中，已经算得上是千疮百孔，现在已经无力阻挡项羽这般凌厉的攻势了。

汉三年六月，项羽最终攻克了荥阳，俘虏了御史大夫周苛、枞公、韩王信。韩王信虽然之前倾心归顺刘邦，但是显然，他并不想为了刘邦把自己的命给搭上，于是便投降了项羽。

比起韩王信，周苛、枞公可算是硬气多了。在当时，周苛的地位仅次于丞相萧何、左丞相韩信（不计假左丞相曹参、假相阎泽赤①），因此项羽打算招降周苛，以便能够分化瓦解刘邦的势力。项羽便对周苛说："你做我的将领，我可以封你为上将军，赐食邑三万户。"这一诱惑，换作常人，可能无法拒绝，但是铁骨铮铮的周苛并不打算背叛刘邦，他大骂道："你怎么不赶快投降汉王，汉王马上就要俘虏你了，你不是汉王的对手！"项羽勃然大怒，他立即下令，将周苛给活活烹死！副将枞公，也和周苛一样，不肯投降，项羽也下令将他处死。

周苛是楚汉战争时期汉国牺牲级别最高的人。周苛之死，给刘邦集团造成了极其严重的打击。刘邦可能是出于悲恸，也可能是出于自责。在周苛死后，他任命周苛的堂弟周昌为御史大夫，跟随自己击破项羽。汉高帝九年（公元前198年）四月，为了表达哀思之情，刘邦封周苛儿子周成为高京侯（功臣因为死于国事，所以，刘邦把爵位封给他们儿子的，只有周苛、郦食其、纪成三人，还有一个奚涓也死于国事，因为无

---

① 《史记·汉兴以来将相名臣年表》在高帝元年至五年内，均无曹参、阎泽赤二人之名。可见这两个人并不算真正的丞相，当时真正的丞相只有萧何、韩信二人。这么一来，周苛在汉国的地位，仅次于刘邦、萧何、韩信三人。

子，所以其母承袭爵位①）。

愤怒的项羽并没有停留在荥阳，他立刻率军围攻成皋。刘邦不想像甬道争夺战那次一样，一直死守着城池与项羽对峙。刘邦眼看项羽围城，立刻弃城而逃。刘邦这次只带着太仆夏侯婴，从成皋北门逃出，渡过黄河，北至修武，前去找张耳、韩信。刘邦、夏侯婴既已逃跑，英布、周昌等人也没有继续留守成皋，而是率军西逃至巩县。

项羽占领成皋后，打算一鼓作气攻占洛阳最后一道军事屏障——巩县。项羽率军逼至巩县，结果被巩县的汉军成功阻击，项羽无法攻下此地（此战极有可能是英布、周昌指挥的），遂退守成皋。值得一提的是，巩县是西楚在楚汉战争期间打到最远的地方，从此以后，西楚军再也无缘此地。

楚汉荥阳之战的第二阶段的前半部分，从袁生献计至刘邦逃至修武，这期间发生了许多重大的军事行动，令人难以置信的是，这些行动都是在一个月内就迅速完成的。我们很难想象在交通还比较落后的楚汉时期，刘邦是怎么做到从荥阳一路跑到栎阳，再从武关跑到宛城，最后北上成皋。我们也无法想象，项羽是怎么在一个月内，一会儿和刘邦对峙，一会儿去驱赶彭越，一会儿又火速消灭周苛，赶走刘邦。这一个月是楚汉战争中，正面战场交锋最为激烈的一段时期，双方的军事行动都是极其迅猛，令现代人难以理解。

从表面上看，这一个月内，刘邦虽然不乏精彩表现，可是看上去却是屡战屡败，一遇到项羽不是坚守不战，就是弃城远遁，表现并不是很好。其实，我们只要仔细研究就会发现，这是刘邦精心布置的破项方略。

我们需要注意到，当时其实有三个战场，一个是周苛还在继续坚守的

---

①按：《史记·高祖功臣侯者年表》中还有一个纪信侯陈仓。但是这并不是因为刘邦思念纪信，才分封陈仓的。因为刘邦在高帝十二年四月便去世了，而陈仓是六月受封的。封陈仓为纪信侯的其实是汉惠帝刘盈，因此笔者不把陈仓计算在内。

第五章　韩信平北　刘项对峙

正面战场，一个是彭越四处游击作战的敌后战场，一个是刘邦、英布坚守不出的宛城战场。刘邦在短时间内，利用这三个战场，让项羽疲于奔命。

项羽从成皋南下至宛城，是一疲；再从宛城杀至下邳，是二疲；最后从下邳冲至荥阳、成皋，是三疲。项羽军队在短短一个月的时间内，千里行军，已经是"强弩之末，力不能入鲁缟"了。刘邦从武关至宛、叶，从宛城至成皋，两次机动作战，既疲楚军，又夺回了成皋。英布则在这次机动作战中，稍微恢复了一点儿元气。彭越更是一战打出了自己的威名，不到一个月的时间内，打穿了西楚九郡中的五个郡，并且几乎没有受到任何损失，反而使得项羽疲于奔命，给刘邦创造了北上夺回成皋的机会。可以说，在这一个月内，刘邦、彭越、英布三方获利，项羽损失最大。

后来的发展虽然出乎刘邦的意料，周苛被烹，给刘邦集团造成沉重的打击。面对来势汹汹的楚军，刘邦并没有选择硬拼，而是选择第三次机动作战。项羽虽然占据荥阳、成皋，看似胜算很大，但是因为这一个月内千里行军，导致楚军无力攻下巩县，而自己也不能趁机击破刘邦，反而让其逃走。因此，我们客观来看，项羽虽然一口气打下了荥阳、成皋，但是他的作战目标全都没有达成，从战略上看，这一阶段的项羽算是失败了。

这一个月内种种的变化，刘邦已经完全感知到了，他三次游动作战，导致项羽虽然节节胜利，但是他的力量已经被消耗大半，无力再进行大规模的征战。刘邦发现，这种游击战的打法是项羽完全不了解的，这是自己能够击败项羽最有力的一种作战方略，此后必须继续采用这种方法，才有可能击败项羽。

至于项羽，则毫无反省。项羽既没有思考自己为何会疲于奔命，在大后方也没有安排一个得力助手为自己分忧，更没有想办法该如何恢复自己的实力，在防备刘邦的同时，一举占领巩县和洛阳。

我们从事后者的角度来对荥阳之战第二阶段前半部分进行反思，似乎隐隐已经能够看出这场战役的赢家了。

八、夺回成皋

修武夺军

汉三年（公元前204年）六月，刘邦与夏侯婴从成皋逃出，渡过黄河来到修武。为何刘邦要来到这个地区呢？原来当时韩信和代王张耳已经从邯郸南下至修武，驻扎于此了。笔者推测在这一时期，之前北渡赵国的"楚奇兵"和赵国的残余势力此时应该已经被韩信、张耳消灭，赵地这一时期算是比较和平。正因为这里比较和平，刘邦才打算来到修武。

刘邦和夏侯婴，两个人是秘密来到修武的，二人事先并没有和韩信、张耳知会一声，而是先来到馆舍休息了一个晚上。

第二天清晨时分，刘邦自称是汉王派来的使者，纵马冲进韩、张二人的营地。当时韩信和张耳还在睡觉，尚未起床。刘邦先后闯进二人的卧室，偷偷拿走了他们的印信和兵符，而此时，韩信、张耳居然还在睡梦之中，浑然不知。

等刘邦拿走二人兵符后，直接亮出自己的真实身份，并且凭借着手中的兵符开始召集众将领，重新部署作战任务，调换各位将领的职责，在短短的一个早晨内，刘邦就控制了韩信、张耳在修武地区的所有军队。

韩信、张耳起床后，发现自己的印信、兵符已经全部失踪，这时候得知汉王已经来到修武，大惊失色。刘邦已经把二人的兵权全部夺走，二人此时也已经无能为力，只能乖乖听从刘邦的调遣。

修武夺军事件，每每读之都觉得简直不可思议。韩、张作为军事统帅，兵符、印信这么重要的东西居然说被拿走就被拿走。笔者在讲井陉之战的时候，曾经提到过，韩信百战百胜的秘诀之一就在于他治军严厉，能够做到令行禁止。我们看后来汉文帝时期的细柳营事件，治军严

第五章　韩信平北　刘项对峙

格的周亚夫下军令说："军中闻将军令，不闻天子之诏"[①]，营中将士严格遵循周亚夫的军令，后来甚至连汉文帝都不得进入军营。汉文帝进营后，想驱车前行都被士兵所阻拦。从细柳营的故事中，我们可以知道古代军队的令行禁止究竟是怎么一回事。可是奇怪的是，韩信的军队好似没有任何军令一般，不仅能让刘邦轻易入内，还能肆意在军营内驱车奔驰，甚至刘邦这个"使者"居然能随随便便就闯入韩信、张耳的卧室内，简直难以置信。

韩信极其注重军纪，因此兵符突然被夺后自己也是大吃一惊，这是完全出乎韩信意料之外的事情。修武夺军事件不仅让我们这些后人难以理解，就连当事人韩信都不知道这是怎么一回事。看来要想合理解释这一事件，只有一个原因，那就是韩信身边，包括他的亲信都是刘邦的耳目。否则我们真是难以想象刘邦是怎么闯进二人营帐中，并神不知鬼不觉地就偷走了二人的兵符。

刘邦对于自己身边将领的掌控程度可以说已经是超乎我们的想象了。韩信在外行军作战长达九个月，并不待在刘邦身边，但是刘邦居然在不暴露汉王身份的情况下，在不到一个早晨的时间里，就完全掌控了韩信、张耳的军队。看来，韩信虽远在千里之外，但是始终都逃不过刘邦的五指山，这也不怪为何日后韩信会说刘邦"善将将"了。可以说，刘邦"将将"的水平，放眼整个中国历史，几乎没有几个人对将领的控制能够达到这种程度。

刘邦既然已经夺取了韩信、张耳的兵权，那么现在他就可以任意调遣韩、张二人了。由于这次刘邦身边只剩下夏侯婴一人，已经无兵与项羽交锋，因此刘邦收编韩信、张耳的赵军为自己所用。代王张耳已经无兵，刘邦让其北上收编其他赵军（同时应该还让张耳前往代都中都之国）。那么韩信该如何调遣呢？

韩信出兵至今，已经破魏、下代、徇赵、胁燕，放眼整个北方，只

[①] 司马迁：《史记》2074页，中华书局1959年版。

剩下一个齐国尚未归附。刘邦一直没有忘记韩信给自己提出的战略报告书，韩信连灭四国，已经完成了战略的第一步，那接下来就该执行第二步——讨伐齐国。因此，刘邦升韩信为相国①（地位比萧何还高），让其率军东击齐国。

齐国，在陈馀死后，就跃升为中原第三强国。韩信之前遣使劝降田广、田横，但是他们并没有同意投降。刘邦绝不容许齐国继续归附于项羽，因此他不仅要派韩信率军征讨，还要让韩信率领大量的军队一举荡平齐国。

从现存的史料来看，跟随韩信平定齐国的将领非常多，可考的将领有：曹参、傅宽、灌婴、周昌、武儒、董渫、陈武、陈涓、奚涓、尹恢、单宁、丁礼、谔千秋、卞诉、赵将夜、吕马童、王翳、杨喜、许瘛、强瞻、高邑、杜恬、冷耳、王周、季必、赤、毛泽、刘到、吕婴。②

---

①《史记》虽然没有明确说明韩信是汉国的相国，还是赵国的相国，但是从行文以及已知事实来看，韩信必为汉相国无疑。赵歇被杀至修武夺军期间，赵国尚未复国，张耳也被封为代王，韩信实无可能为赵相。而当时的代相是张苍，负责"备边寇"。韩信更不可能当一个防备匈奴南下的代国相国。而且从后面来看，汉将曹参、灌婴等俱属韩信。韩信若非汉相国，岂能调动假左丞相曹参和御史大夫灌婴？则韩信为汉相国无疑。

②笔者所提的这29个人中，有些史书并没有明确记载参与平定齐国。有明确说明参与定齐的有：曹参、傅宽、灌婴、陈武、陈涓、丁礼、赵将夜、吕马童、冷耳、王周、季必、刘到。史书明确提及在灭齐前"属淮阴"（即韩信）的将领有：傅宽、灌婴、孔聚、陈贺、赵将夜、王翳、杨喜、高邑、季必。史书有提及参与"定诸侯"的将领有：周昌、武儒、董渫、奚涓、尹恢、单宁、谔千秋、卞诉、许瘛、强瞻、杜恬、赤、毛泽、吕婴（这几个人，在史书中只有"定诸侯"等几个字，难以做进一步的分析。另外还有几个定诸侯者，但是因其事迹尚可进行考证，证实他们没有可能参与破齐之战，故笔者就未将他们也计算在内）。

29人中，有12人明确被提及参与定齐，另外17人并未明确说明是否参与定齐，因其属淮阴与定诸侯的身份，故笔者暂定这17人也参与灭齐。

另，据《史记·高祖功臣侯者年表》阳都侯条载："（丁复）属悼武王，杀龙且彭城，为大司马。"（904页）肥如侯条载："（蔡寅）以车骑都尉破龙且及彭城。"（911页）按：悼武王即吕泽。那么根据这两条史料记载，吕泽、丁复、蔡寅似乎也曾参与过灭齐。笔者在《彭城大决战》一节的脚注中已经分析过，吕泽、丁复参加的应该是彭城之战，而不是灭齐之战。至于蔡寅的这段记载，和丁复的记载基本一样，应该也是参加彭城之战，而非灭齐。

第五章 韩信平北 刘项对峙

在这些将领中，跟随韩信击破陈馀及扫平"楚奇兵"的其实并不多，包括曹参、灌婴二人也已经脱离韩信许久。现在刘邦把这些人全部交给韩信指挥，可见他对平定齐国是何等重视。

韩信接得刘邦的命令后，并没有立即出师。①这一时期韩信军事动向不明，从韩信平时的作风来看，他应该是一边在加紧演练这一支庞大的军团，一边确保燕王臧荼效忠于刘邦，同时还会派间谍前往齐国去刺探军情。总之，修武夺军后，韩信旧部已经全部归属刘邦统领。韩信在这一时期内虽然得到了更大的一支军队，但是必须先严加训练，才便于更好地掌控这支军队，并用于攻打齐国。

彭越挠楚

汉三年七月，刘邦在修武夺军以后，实力迅速恢复，可是下一步，刘邦该何去何从呢？

当时荥阳、成皋已经被项羽攻破，敖仓大概也已经沦陷。不过，当时樊哙驻守在广武，英布驻守在巩县，沛嘉驻守在洛阳，这三处重要的军事据点还在刘邦的手上，刘邦尚有与项羽一战的资本。

当时，刘邦的军队驻扎在修武附近的小修武，打算渡河与项羽一战。毕竟当时项羽驻扎在成皋，前方已经有英布、沛嘉阻挡住他的步伐，这时刘邦再率军队南下，与樊哙互相配合，袭扰项羽的后方。这样前后夹击，项羽很可能会受到不小的损失。

汉三年八月，在修整了两个月后，刘邦开始犒劳军队，打算渡过黄

---

①韩信率军来到齐国边境，事在汉四年（公元前203年）十月，此时距离修武夺军已经过去了四个多月。按照韩信的行军速度，从赵国到齐国不可能要用四个多月的时间。

河，与项羽交战。郎中郑忠听说刘邦打算南下，立即劝阻刘邦。郑忠认为，刘邦应该深沟高垒，不可渡河与项羽交战。听了郑忠的话后，刘邦终于冷静了下来，决定复制自己在宛城对付项羽的战术，再次让项羽疲于奔命。

刘邦在同意了郑忠的建议后，立即做出如下军事部署：

一、刘邦亲率主力部队驻扎在小修武地区，深沟高垒，拒不与项羽作战；

二、樊哙继续驻扎在广武，英布驻扎在巩县，沛嘉驻扎在洛阳，也不与项羽作战；

三、刘邦派太尉卢绾、将军刘贾率步兵二万、骑兵数百，从白马津（今河南滑县东北）渡过黄河，前去袭扰西楚大后方；[①]

四、刘邦通知彭越出兵，与卢绾、刘贾相互配合。

刘邦、英布、樊哙、沛嘉四人俱坚守城池，项羽不得与四方中的任何一方交战，战事遂陷入僵持阶段。项羽完全没有意识到，自己真正最该对付的不是刘邦，而是彭越。项羽既专力于正面战场上的刘邦，那么大后方也势必就要被彭越、刘贾所侵扰。

彭越在接到刘邦的命令后，再次清点本部兵马，从黄河边上南下，穿越东郡，与刘贾大军会师。会师之后，彭、刘率军攻打燕县，西楚战败。随后，彭、刘大军在济水、睢水一带游击作战。彭越一举攻下外黄（今河南民权西北）、睢阳（今河南省商丘市睢阳区）等十七座城池，砀郡全境几乎全部沦陷。刘贾大军所过之处，就焚毁当地的粮仓，破坏当地的产业。经彭越、刘贾这次捣乱，东郡、砀郡的经济受到极其严重的破坏，无力支援西楚前线的军粮。刘贾又令骑都尉靳歙率领数百骑兵

---

① 这一支军队的实际军事指挥官是刘贾，而不是卢绾。卢绾才能平庸，不擅长军事。刘邦派他率军出征，只是想让他积攒军功，被大家信服罢了。《史记·韩信卢绾列传》并未提及卢绾参与这一军事行动。而《史记·荆燕世家》载："（刘邦）使刘贾将二万人，骑数百，渡白马津入楚地"（1993页），司马迁在这里只记刘贾，不提卢绾。可见刘贾才是这次军事行动的实际指挥官。

第五章　韩信平北　刘项对峙

穿越四川郡，进攻东晦郡。①

靳歙率领这支小分队，从砀郡穿越四川郡，来到了东晦郡，一路上，靳歙连克缯县（今山东枣庄东北）、郯县（今山东郯城北）、下邳，之后靳歙再西进杀入四川郡，夺取蕲县（今安徽宿州南）、竹邑（今安徽宿州北）。靳歙的军队至此已经抵达西楚都城彭城附近。彭越、刘贾、靳歙三支军队已将彭城围困，东郡、砀郡、四川郡、东晦郡的生产水平再次遭到汉军破坏。

汉三年九月，项羽听闻彭越又一次骚扰了自己的大后方，勃然大怒。项羽认为，西楚诸将内，只有自己才能与彭越抗衡。但是项羽更知道，西楚诸将内，也只有自己才能与刘邦抗衡。

无奈之下，项羽决定让钟离眜留守荥阳，大司马曹咎、故塞王司马欣、故翟王董翳留守成皋。项羽知道自己走后，刘邦势必前来攻打成皋，因此特意嘱咐曹咎道："你守好成皋，如果汉军打算与你作战，你千万不可出城交战。你只要把守好成皋，不让汉军东进就足够了。我十五天内我一定能够诛杀彭越，平定梁地，届时再与将军会师。"曹咎听了项羽的告诫后，表示自己一定拒不出战。项羽这才放心下来，亲率大军前去讨伐彭越、刘贾、靳歙。

项羽东进后，立即攻占陈留，随后围攻外黄，结果一直无法攻克。几日后，外黄县才开城投降。

项羽眼见自己大军东进，外黄竟然还敢拒不投降，勃然大怒，遂下令军队：将外黄城中十五岁以上的男子全部带到城东，悉数将其坑杀。外黄县县令的舍人的儿子，当时只有十三岁，也许是因为这条命令下达后，自己的父亲将要被项羽坑杀，于是这位小孩子前去拜见项羽，对他说："彭越强迫外黄的百姓，百姓惊恐，因此暂且投降彭越，等待霸王

---

①史书未言靳歙受刘贾统属，但是从战役具体演进来看，靳歙参加这次军事行动当无疑。从《史记》的记载来看，靳歙似乎是直接出现在东晦郡的，不符合常理。正好刘贾南下时曾率领一支数百人的骑兵部队。笔者认为，这支数百人的骑兵统帅正是靳歙，而靳歙攻打东晦郡，正是刘贾的安排。

来拯救我们。现在霸王您来到外黄,又要将百姓悉数坑杀,百姓又岂会归附于您呢?您一旦屠城,外黄东部的十几座城池就会极其恐慌,没有谁肯投降了。"

项羽最终听从了这一番话,放下了屠刀,宣布赦免外黄的百姓。自外黄至睢阳,百姓听闻项羽不再屠城,极其激动,争相投靠项羽。

彭越、刘贾、靳歙三路军队得知项羽来后,争相撤离砀郡,不肯与项羽交战。彭越一路逃到楚齐二国交界的谷城(今山东聊城南),其主力部队几乎没有受到损失。

项羽在之前曾经吃过彭越的亏,因此并不打算攻打彭越,而是选择追击刘贾。刘贾跟随刘邦作战,耳濡目染,便也深沟高垒,拒不出战,同时,刘贾还和彭越结成掎角之势。由于有彭越的骚扰,项羽也无力拿下刘贾,只能选择南下攻打靳歙。

靳歙部从竹邑逃至东晦郡。靳歙这支部队只有数百人,又是骑兵,机动性强。史书并未明确记载靳歙部有没有受到损失,我个人推测靳歙应该已经放弃了自己所攻略的地盘,直接逃跑,北上和彭越、刘贾会师。①项羽一路追击至东晦郡,虽然没能消灭靳歙,但是好歹也收复了四川郡、东晦郡一带的失地。②

项羽在不到一个月的时间内,旋定所有的失地,看上去项羽又打了一个漂亮仗,但是真实的情况是项羽又战败了。项羽虽然收复失地,但是这一路上只有在外黄才真正与汉军作战,自始至终,他从未直接触碰到彭越军团的主力。彭越、刘贾、靳歙三路军队来回奔走游击,项羽从

---

①据《史记·傅靳蒯成列传》,靳歙在东晦郡、四川郡一带游击作战后,下一条战功即是"(靳歙)击项悍济阳下"(2710页)。按:济阳在东郡、砀郡交界处,在今河南兰考东北。靳歙若在出现在济阳附近,则其必已与彭、刘会师,或在彭、刘驻地附近。

②《史记·项羽本纪》载:"项王已定东海来西"(327页),说明项羽在回师之前确实是一路追击至东晦郡(东海郡)。项羽追击至东晦郡,也只能是追击靳歙的骑兵军团。

砀郡北至薛郡、东郡交界，接着又南下四川郡、东晦郡，最后还要再奔至荥阳、成皋与刘邦对峙。短短一个多月的时间内，项羽行军数千里，结果从未与汉军主力真正作战。项羽既不能灭掉彭越、刘贾军团，又恐正面战场上刘邦占据优势，不得不紧急回师。

可以说，楚军粮草被焚，士兵又已极度疲惫，再加之项羽始终不能消灭彭越主力。项羽不仅没有解决掉彭越这个祸患，反而又多滋生出两个祸患出来，得不偿失。彭越将"彼出则归，彼归则出"的游击战原理已经演绎至出神入化的境界。项羽既不通游击战，又不懂怎么反制游击战，只能表面上宣称自己打了胜仗，赶紧西进抵抗刘邦。

郦生之策

项羽东征彭越后，曹咎确实听从项羽的命令死守成皋，拒不出战。当时能让刘邦忌惮的军事统帅不过项羽、韩信二人，其他人刘邦都有信心能够将其击溃。可是成皋坚固无比，如果选择强攻，只怕还没攻下，项羽的大军便要杀回来了。因此刘邦打算放弃成皋以东的土地，屯兵巩县、洛阳一带，与英布、沛嘉会师，在巩县阻挡楚军。

郦食其听说刘邦要放弃成皋以东的土地，焦急万分。郦食其熟知荥阳、成皋的战略价值，深知此地是楚汉战争胜负的关键手，决不可轻言放弃。

郦食其找到刘邦，对他说："臣听说知道天之所以为天的人，能够成就王业；不知道天之所以为天的人，不能够成就王业。王者以民为天，而百姓以食为天。敖仓，天下的粮食运输到这里已经有很长的时间了。臣听闻敖仓里面存储有许多粮食。项羽攻下荥阳，却不坚守敖仓，而是率军东征彭越，只留下一部分因为有罪而要谪戍的士兵分守于成皋，这是上天要来帮助我们啊。如今我们容易击败西楚，可是我们却退守巩、洛，把将要到手的好处让给了西楚，臣私下以为这不免有些过分了。"

"如今楚汉双雄不能并立于世，但是又相持不下。百姓不安，天下动荡。农夫放下耕具，工女放下织机，天下人心究竟心向何方，尚且未有定夺。臣希望大王立即进兵，收复荥阳，占据敖仓内的粮草，阻塞成皋地区的险要，堵住太行陉①，据守蜚狐口，把守白马津，向天下诸侯展现汉国将要夺取天下的形势。这样一来天下人就知道该归顺谁了。

"当前我们已经平定燕国、赵国，只剩下齐国还未攻下。现在田广据守千里齐地，田解率二十万大军，驻扎于历城。各支田氏宗族的力量都极为强大，背靠东海，并且以黄河、济水为险阻，南面依靠西楚，齐人又多反复无常之辈。大王即使派遣数十万军队前去攻打齐国，也不可能用一年或者几个月的时间就攻占下来。

"臣请求得到汉王您的诏令，出使齐国，游说齐王田广，让他归附我们，成为我们东方的属国。"

郦食其的这番战略归根结底就是两点：收取荥阳与说降齐国。郦食其已经看出，局势发展到汉三年九月，刘邦的敌人只剩下项羽和田广二人。其中，项羽是刘邦最大的对手，楚汉相争，争夺的核心就是荥阳、成皋。而田广则是坐拥千里齐地、掌握二十万强军，坐观楚汉成败。

那么在这种情况下，一旦把成皋以东的地方全部放给项羽，将会造成很严重的后果。在郦食其看来，放弃荥阳、成皋最大的恶果就是敖仓的丧失。汉军一旦失去敖仓这个重要的粮仓，军粮将迅速减少，而相应地，西楚的军粮则会迅速增加，这是最为不可取的。

既然不可取，那么就必须要争。在郦食其看来，要夺取荥阳、成皋，并非难事，至少有三个因素对于汉军有利：一、项羽主力军队已经东归，征讨彭越；二、留守成皋的楚军战斗力较弱；三、项羽没有认识到敖仓的价值，不知"因粮于敌"的道理，没有坚守敖仓。利用好这三

---

① "太行之道"即太行八陉中的太行陉，又叫天井关。

个因素，制定相应的作战方案，成皋、荥阳并不难收复。

收复荥阳、成皋后，为了进一步扩大汉军的战略优势，汉军还要"据敖仓之粟，塞成皋之险，杜大行之道，拒蜚蠢之口，守白马之津"①。据敖仓、塞成皋，是为了对付正面战场上的项羽；杜太行、拒狐蜚；是为了控扼代国，防止张耳有参与中原争霸的野心；守白马一是防止西楚和齐国入侵代国，二是为了让汉军的游击作战部队能通过白马津来去自如，骚扰西楚的大后方。

按照郦食其以上的军事方略，刘邦不仅能够夺回失地，重新在荥阳之战中占据主动的优势地位，同时还能够遏制代国、齐国、西楚国的扩展，占据战略上的优势。

但是这仅仅只是郦食其战略中的一个方面，他认识到，要想使汉国彻底形成战略上的优势，对项羽形成包围圈，就必须拿下齐国，争取田广倒向刘邦。郦食其认为，齐国实力强大，并不容易攻下，要想速胜项羽，就必须和平解决齐国。

但是和平解决齐国谈何容易？当初李左车也是希望和平解决齐国，结果田广、田横却依旧站在项羽的一方，不肯依附刘邦。

郦食其已经七十多岁了（郦食其投靠刘邦时已经六十多岁，截至此时，应该也有七十多岁了），要上阵打仗那肯定不如他的弟弟郦商。郦食其希望自己在楚汉战争中也能立下奇功，既然他不能领军收复荥阳、成皋，那么他只能利用自己的三寸不烂之舌，说服田广、田横来降。

刘邦听闻郦食其的这一番谋划后，也坚定了夺取荥阳、成皋的信心，但是他并不急于派郦食其出使齐国。正如郦食其所说的，齐人"多变诈"，韩信虽然已经派大军攻打齐国，但是如果仅靠军事威胁和郦食其的外交手段，并不会让田广真心答应加入反楚联盟。刘邦只有占领荥阳、成皋，吞掉曹咎、钟离昧的军队，对项羽最终形成战略优势，才会让田广知道天下究竟该归于何方。

---

① 司马迁：《史记》2694页，中华书局1959年版。

因此，刘邦决定先让汉军全力攻下天险——成皋，再派郦食其出使齐国。

成皋之战

当时驻守在成皋的西楚军事统帅是曹咎。曹咎此人乃是项梁的旧交，在秦朝的时候曾经是蕲县的狱掾。秦始皇时期，项梁因为犯罪在栎阳被逮捕。当时曹咎写信给时为栎阳狱掾的司马欣，希望能够放了项梁。在司马欣的运作下，项梁最终被释放。曹咎因此有恩于项梁，受到项梁、项羽叔侄的信任。戏下分封后，曹咎被封为海春侯，任大司马，掌握兵权。

由于史料的阙载，我们已经不知道曹咎的军事能力究竟如何。不过，项羽会让曹咎独当一面，抵挡刘邦，大概他的军事能力也算是不错的吧。

在项羽看来，成皋极其坚固，只要曹咎坚守不战，十五天内刘邦是难以攻下的。因此项羽带走西楚的精锐部队，只留下了一些"適卒"驻守成皋。

刘邦在小修武驻扎的这几个月内，不仅获得了韩信的军队，还得到了燕王臧荼的支援[①]，实力大增。在刘邦看来，只要他能引诱曹咎出战，就有把握能够消灭曹咎，夺回成皋。

汉四年（公元前203年）十月，在项羽走后不久，刘邦率军渡过黄河，围困成皋。曹咎一直谨遵项羽的教诲，不肯出城与刘邦迎战。时

[①] 据《史记·高祖功臣侯者年表》栒侯条载："（温疥）以燕将军汉王四年从曹咎军。"（937页）按：温疥作为汉初功侯，绝不可能从曹咎，此处当脱"破"字。《史记》在该处的原文应当是"以燕将军汉王四年从破曹咎军"。从这段记载中，我们可以看出当时臧荼派了温疥等人率领军队前来帮助刘邦。

第五章　韩信平北　刘项对峙

间宝贵，彭越的游军必然不会和项羽硬碰硬。如果等到项羽回来了，曹咎还是不肯出战，那刘邦恐怕真的就要退守巩县，或者继续逃到小修武了。

刘邦也许知道曹咎此人性情暴躁，于是派人在城下连续辱骂曹咎五六天。曹咎勃然大怒，决定率司马欣、董翳等人出城与刘邦作战。

当时，刘邦的大军在成皋东门的汜水东岸布阵，静候曹咎的军队（刘邦在汜水东岸，却没有遭到荥阳方面钟离眜的阻击，笔者推测当时刘邦可能另派一军正在围困荥阳）。曹咎率领西楚军队出成皋东门，强渡汜水，准备在汜水东岸与刘邦决战。

刘邦趁楚军正在渡河，无法摆开阵型时，立即让军队攻打楚军。楚军还在渡河中，突然遭到了汉军的攻击，无法展开有效的抵抗，遂一触即溃，汉军在战中抢掠了楚军众多的金银财宝，可以说是满载而归。

大司马曹咎，也许是已经被汉军团团围困，走投无路，也许是自感无颜面对项羽，遂自刎而死。刘邦的谒者陈署在战场上砍下了已死的曹咎的脑袋，获得大功。在曹咎死后四年，陈署因为此事被刘邦封为龙侯。[①]故塞王司马欣、故翟王董翳并没有选择再次归顺刘邦，二人和曹咎一样，也在汜水边上自刎而死。

曹咎、司马欣、董翳战死后，刘邦大军收复了成皋。之后，刘邦迅速率军东进，收复了敖仓，并且亲自据守敖仓[②]，他一面派郦食其出使齐国，一面立即调军猛攻荥阳。

荥阳守将钟离眜和曹咎一样，也不愿坚守城池，而是出城与汉军交战（史书没有记载钟离眜为何不坚守城池），结果被汉军围困在荥阳以东，形势十分危急。

[①]《史记·高祖功臣侯者年表》龙侯条载："（陈署）以谒者击籍，斩曹咎，侯，千户。"（947页）

[②]《史记·郦生陆贾列传》载："（刘邦）乃从其（郦食其）画，复守敖仓。"（2695页）

项羽当时已经收复失地，正在回军的路上，他听说成皋、敖仓已失，曹咎自杀，钟离眛被困，大惊，立即率领主力部队紧急奔往荥阳。

围困钟离眛的汉军见项羽已经回来，立即解除围困，赶紧撤退。刘邦率领汉军主力部队前往广武，与樊哙会师。项羽见刘邦已经跑至广武，遂不愿在荥阳驻守，而是也率主力部队到达广武，与刘邦对峙，至此荥阳之战的第二阶段结束。

成皋拉锯战是楚汉荥阳之战最精彩,也是最重要的一个阶段。这一阶段，刘邦看似没有击败项羽，项羽看似还是战无不胜,其实在这一阶段，刘邦已经挽回第一阶段的败局，并且成功在这一阶段中占据了战略优势，项羽实际上已经战败。那么是什么导致荥阳之战的第二阶段会出现这种情况呢？笔者认为主要有如下几个方面的原因：

一、刘邦在战略上和战术上都极其重视对手。我们仔细观察这一阶段的战役就能看出，刘邦为了对付项羽，先后采纳了袁生、郑忠、郦食其等人的建议，同时还对这些建议都加以改进，以求能对楚军占据优势。项羽不仅在战略上，也在战术上丝毫不重视敌人，反而极度轻视敌人。

二、项羽自恃武勇，已经彻底沉醉在自己战无不胜的神话之中。项羽总是自以为一切只要自己一个人安排妥当，那么便大局可定。事实上，项羽认为除了自己以外，再也没有人能够对付刘邦，这一想法其实是完全正确的,但是他同时又认为，除了自己，再也没有人能够对付彭越、刘贾、靳歙、周苛。一切事情都是事必躬亲，完全不放心手下人，这势必导致最后的失败。

三、刘邦精于疲敌之策，更兼有彭越这样的游击战大师的辅佐。刘邦、彭越二人的配合相当完美，以致项羽东奔西走，几无任何成就。项羽本身就不通游击战，被刘邦、彭越这么骚扰，却始终没有想着该怎么反制游击战，反而一直都是之前的那一套战法，这势必导致项羽的失败。

四、项羽自荥阳之战第二阶段开始，全力对付刘邦、彭越，已经

第五章　韩信平北　刘项对峙

开始忽视了北方战场上的韩信（史书所载的"楚奇兵"规模当不是太大）。但是刘邦并不是只专力于项羽，他一直都在思考着要怎么让北方战场上的田广支持自己。刘邦一直都在构思对项羽形成战略包围，但是项羽在战争后期已经被刘邦、彭越扰得没工夫去想。这样一来，项羽看似每战必胜，实际上是处处被动。

楚汉战争进入到这一时期，胜负已经分晓。当时两大军事集团阵营已经出现了相当大的变化：

反楚联盟阵营有：汉王刘邦、代王张耳、燕王臧荼、故九江王英布、故衡山王吴芮、魏相国彭越。

反汉联盟阵营有：西楚霸王项羽、齐王田广、韩王信、临江王共尉[①]。

反楚联盟中，除了故衡山王吴芮外，另外五位诸侯的实力都极其强劲。反观反汉联盟，临江国始终中立，并且似乎有一定的归汉倾向。[②]韩王信是被迫投降，手中并无军队。项羽真正的支持者，只剩下田广一人（但事实上田广也是坐观成败，一直未曾帮助过项羽）。因此，项羽要想翻盘，必须保证齐国不失。

楚汉战争，即将迎来最终的决战阶段。

[①] 汉三年（公元前204年）七月，临江王共敖薨，子共尉嗣位。
[②]《史记·高祖本纪》载："故临江王骓（笔者按：即共尉）为项羽叛汉。"（380页）这条史料说明，在项羽死前，临江国已经归附汉国了。可惜由于史料缺失，我们已经无从判断临江国是何时归附刘邦了。

第六章 包围大成 鸿沟议和

一、韩信破齐

郦食其说下齐国

自从齐楚战争结束以后,齐国就一直在恢复国内生产,一改田荣时代的政策,不再参与中原地区的争霸。当时齐国的领袖虽然名义上是齐王田广,但是国政一直掌握在田荣的弟弟、现任齐相田横的手中。

田横并没有田荣称王后那种争霸天下的野心,他只想像战国时代那样,割据一方就足够了。之前韩信遣使说降,田横之所以拒绝,恐怕不仅仅是因为当时局势尚不明朗,更主要是因为田横担心刘邦、韩信打算一统天下,自己日后无法割据齐地。

汉三年(公元前204年)九月,韩信的大军即将抵达齐国边境。田横听说韩信将要讨伐齐国,立即派田间、华无伤、田解率领二十万齐军,驻守在历城(今山东济南历城西)城下。历城北阻黄河、济水,南依泰山,乃是战守之地。要想拿下齐地割据政权,第一步就是要把历城给占领。当初乐毅率领五国联军讨伐齐国时,就曾在历城附近的济西地区与齐国主力作战。现在韩信也打算效乐毅破齐故智,出历城,直逼临淄。

第六章 包围大成 鸿沟议和

就在田横准备着与汉国作战的时候，汉王的特使郦食其已经来到了临淄，打算劝说田广、田横归附汉国。

郦食其来到了临淄城内的齐国王廷，对田广说："大王知道天下将要归向何方吗？"

田广说："不知道。"

郦食其便顺着田广的回答说下去："大王如果知道天下的归属，那么齐国就能够得以保全；如果不知道天下的归属，那么齐国便不能够得以保全。"

田广问："那么天下将归向何方呢？"

"归于汉国。"

"先生为什么这么认为呢？"

郦食其接下来就开始展现出他卓越的口才，说道："汉王与项王合力西入攻秦。当初约定好了先到咸阳的人就能够称王。汉王先入咸阳，结果项羽背约，不让汉王王于关中，而是迁至汉中。"

"项王迁杀义帝，汉王听说后，立即起蜀、汉地区的军队北击三秦，东出函谷关，责问义帝的所在。汉王收集天下的军队，迎立诸侯的后代。举城投降的将领，汉王就封他们为侯，得到了财宝汉王就分给将士们。汉王能够与天下人同利，天下豪杰、贤才都乐于被汉王使用。现在诸侯的军队从四面八方涌向西楚，蜀、汉地区的粮食通过漕运源源不断地输往前线。

"项王有背弃"怀王之约"的名声，又有暗杀义帝的行为。项王对于他人的功劳没有能够记得的，但是对于他人的罪恶没有能够忘得掉的。对于战胜的人项王从来不曾奖赏；攻下城池的人又没有得到分封；不是项氏子弟者不能够任事；为有功的人刻下官印，却一直在手上把玩不肯送出；攻下城池得来的财宝，一直堆积在府库内，却从不用来奖赏。天下人都背叛项王，贤才们都怨恨项王，不肯为他所用。因此天下人都归顺汉王的大势，已经可以坐而观之了。

"汉王征发蜀、汉地区的军队，还定三秦；又派韩信渡过黄河，得到上党郡地区的士兵，攻下井陉，诛杀陈馀。韩信又击破北方的西魏国，一举夺下三十二座城池！这就像蚩尤的军队那样[①]，不是靠人力，而是靠上天的赐福啊！汉王现在已经占据敖仓内的粮草，阻塞成皋地区的险要，把守白马津，堵住太行山的通道，据守蜚狐口，天下诸侯想要最后再服从汉王的都已经被灭亡了。

"齐王您现在应该马上归附汉王，那样子还能够保全齐国的江山社稷；如果不肯归附汉王，那么齐国的灭亡就会立刻到来了。"

郦食其的这番言论确实打动了田广、田横叔侄，不过，我认为这番言论并不会对齐国君臣的决策产生决定性的影响。田横是个明白人，他知道现在天下大势已经朝着对汉国有利的方向发展，真正依附项羽的人，只剩下齐国了。

现在，刘邦在派遣韩信进攻齐国之后，又派郦食其过来说降自己，很明显，这是刘邦先进行军事威慑，然后再利用郦食其的辩才和平解决齐国。这是一个双赢的局面，汉国兵不血刃拿下齐国，齐国也能够保持独立，唯一不利的只有西楚。

田广、田横最终决定，背叛西楚，加入反楚联盟。为了表明诚意，田广下令，解除历城二十万齐军的防备，并且款待汉王特使郦食其，与他日日饮酒庆祝。

就这样，郦食其以三寸不烂之舌说下齐国七十多座城池。看上去齐国就要步燕国的后尘，和平解决了。可让众人没想到的是，变故即将来临。

[①]《史记·郦生陆贾列传》作"此蚩尤之兵也"（2695页），但是《汉书·郦食其传》却作"此黄帝之兵"（2109页）。班固有此改动，我以为是两汉时期蚩尤形象的演变，导致班固肆意删改《史记》原文。郦食其所说，当是"蚩尤之兵"。

第六章 包围大成 鸿沟议和

历下之战

蒯彻[①]，广阳郡范阳（今河北定兴西南）人。秦二世元年（公元前209年）八月，张楚大将武臣略地至范阳，蒯彻利用自己的三寸不烂之舌，说服武臣善待范阳令，和平解决范阳。此事传出去后，燕、赵大地有三十多座城池直接投降武臣。不久后，武臣自立为赵王，赵国复国。由此可见，蒯彻是一个极其精明的纵横家，擅长让己方利益达到最大化。此后蒯彻投奔了项羽，但是项羽并不重用蒯彻。后来项羽打算封赏蒯彻，蒯彻因不被重用，谢绝封赏，离开了项羽。大概是在韩信灭赵后，就投入韩信门下。

汉四年（公元前203年）十月，汉相国韩信到达齐赵边境，尚未从平原津（今山东平原西）渡过黄河，就已经听闻郦食其说下齐国，韩信打算停止进军。

就在这时，变故来临了。蒯彻听说韩信打算撤军，便来劝谏韩信："将军奉诏讨伐齐国，但是汉王只是派遣一个密使说下齐国，哪有下诏书阻止将军进军呢？为什么将军要停止进军呢？况且郦食其区区一个人，就利用他的三寸不烂之舌，说下齐国七十多座城池。将军您率领数万名士兵，花了一年多的时间才占领赵国五十多座城市。当了数年的将军，功劳反倒还不如一个竖儒吗？"

要知道，韩信一旦发兵偷袭齐国，那么郦食其必然要被田广杀死。可是蒯彻和郦食其并没有什么仇恨，为什么蒯彻要说这番话？

[①]《汉书·蒯通传》云："蒯通，范阳人也，本与（汉）武帝同讳。"（2159页）可知蒯通的名字实为蒯彻。后来《史记》《汉书》等书为了避汉武帝刘彻名讳，改蒯彻为蒯通。本书不用蒯通这一后人更改过的名字，用"蒯彻"来称呼这位辩士。

这是因为郦食其是刘邦的手下,而蒯彻自己则是韩信的手下。蒯彻心中所想的,不是汉国如何如何,而是韩信如何如何。只有韩信发达了,那么自己才能发达。本来平定齐国的功劳应该是属于韩信的,结果郦食其捷足先登。韩信失去了灭齐的功劳,那么蒯彻也就没有建言献策的机会了。蒯彻决定通过害死郦食其让韩信建功,这样自己也能够得到封赏。

蒯彻的这番话特别毒,他在韩信身边的这段时间内,已经看出来韩信虽然能征善战,但是本质上是一个名利之徒。蒯彻只要能够以名利来诱惑韩信,那么韩信心中的嫉妒之心一起,后果就已经是难以预测的了。

果然,韩信听了蒯彻这一番话后,也愤愤不平,他不想郦食其独占灭亡齐国的功劳,于是立即下令,全军渡过平原津,直攻历下的二十万齐军!

这个时候,田广、田横还在和郦食其饮酒作乐,突然听说韩信已经渡过黄河,勃然大怒,认为是郦食其出卖了齐国。

田广、田横立即下令逮捕郦食其,威胁他说:"你如果能够阻止韩信的军队前进,我就放你一条生路;要不然,我就把你给烹了!"

郦食其听罢,只说了一句话:"做大事的人不拘小节,有大德行的人遇到该做的事绝不推辞。你老子我不会替你游说韩信!"

田广、田横听罢大怒,立即下令将郦食其活活烹杀。

郦食其之死,是汉国初期历史的一大悲剧。刘邦手下三个重要的谋士,只有郦食其没能活到刘邦称帝后,而他死得又是这么的悲壮,这么的不应该。郦食其本来是可以不用死的,但是因为蒯彻点燃了韩信的欲望之火,最终造成了这一悲剧。因此,历来有不少人指责韩信贪功,认为是韩信一手造成了这一悲剧。这一说法其实没错,但是我认为汉王刘邦也要对此负很大的责任。

事实上,当初郦食其在献策的时候,明确指出齐国不可能在短时间内就能够平定下来,因此需要和平解决齐国。如果刘邦完全采纳了郦

第六章　包围大成　鸿沟议和

食其的方略，那么他应该先立即下诏阻止韩信东进，再让郦食其赴齐。可是刘邦一边让郦食其赴齐，一边却没有阻止韩信进军，本意是想从军事、外交双管齐下，共同造成对齐国的压力，可未曾料到，竟然因此而害死了郦食其。

而郦食其本来也不是完全的死路一条，只要他肯劝说韩信，可能尚有活路。但是郦食其深知，田广因为相信了自己的话，不设任何防备，韩信要是真的打进来，几乎不会遇到任何抵抗，齐国可转瞬而定。这是一个千载难逢的战机，郦食其宁死也不肯再去劝说韩信。

郦食其之死与其完全责备韩信，不如说是刘邦、韩信、蒯彻、郦食其四方合力的结果。郦食其虽死，但是齐国的灭亡已经是不可避免的了。

由于齐军根本未设防备，田间、华无伤、田解不可能组织起有效的抵抗。韩信命御史大夫灌婴、右骑将傅宽等率领骑兵部队冲击没有设防的齐军，齐军一触即溃。齐国车骑将军华无伤及齐国将、吏共四十六人，俱被灌婴的骑兵部队俘虏。之后，韩信令右丞相曹参等人，率步兵击溃历下齐军。历下之战后，齐国主力彻底被韩信消灭，齐国已经名存实亡，都城临淄难以坚守。

当初乐毅在济西大破齐军后，齐湣王直接放弃临淄逃跑。田广这次和他的老祖宗一样，在韩信攻破历下齐军后，立即放弃临淄，一路南逃至高密（今山东高密）。齐王已经逃跑，其他人也都不打算继续坚守临淄，齐相田横逃至博城（今山东省泰安市东南），守相田光也离开临淄，打算逃至城阳郡。

田广、田横、田光已逃，临淄空虚，韩信遂率曹参、灌婴等将攻破临淄。

二、潍水之战

打破合围

齐国的实际统治者田横并不是一个无能之辈，当初他在城阳郡死死拖住了项羽，而项羽一直未能击败齐军。在项羽率偏师赶回彭城与刘邦决战时，田横更是击败了西楚主力部队，趁机收复齐国故地，迫使项羽同意结束齐楚战争。田横此人的军事水平，在笔者看来并不会比代王陈馀差太多。齐国之所以会一瞬间就崩溃，这主要是因为当时齐国已经解除了任何防备。当田横缓过神儿后，他就要开始进行一系列的军事部署，来抵挡韩信的军队。

田横时代，齐国主要掌军的有齐王田广、齐相田横、守相田光、车骑将军华无伤、田间、田解、田既、田吸等人。历下、临淄二战，齐国的二十万大军并没有被韩信全歼，齐国也只是折损了田间、田解、华无伤。田横的手里还有好几张牌可以打。

田横知道，韩信的大军一路从赵国跑到临淄，千里行军，补给线困难。齐国的残余势力如果能在临淄的东、西、南、北四面合围韩信，那么韩信将立即转入劣势之中。因此，田横在离开临淄的前后，做了如下一系列军事部署：

一、齐王田广逃至高密驻扎，将军田既驻军于即墨郡，在东面困住韩信军；

二、守相田光逃至城阳郡，在南面困住韩信军；

三、将军田吸驻军于千乘（今山东高青高城镇），在北面困住

第六章 包围大成 鸿沟议和

韩信军；

四、田横自己逃至博城，在博阳郡、济北郡一带驻扎下来，在西面困住韩信军。

田横的如意算盘不仅仅只是想通过四面合围，把韩信困在临淄。要知道，韩信来到临淄，是从赵地经由济北郡、临淄郡才来到此处的。现在临淄郡的千乘有田吸，田横又亲自把守住济北郡，正是为了断绝韩信的粮道，以及防止韩信得到刘邦、张耳的支援。田横不愧是和项羽对峙过的军事将领，他的这一番四面合围之计，确实能够带给韩信不小的麻烦。

齐国当时的优势不仅仅在于田横的精密部署、齐人不愿被汉国统治，而且还有西楚国的支援。只不过，田横不愿西楚趁机荼毒齐地，因此不肯向项羽求援。齐国历史上，曾三次亡国（或濒临亡国），第一次是乐毅伐齐（公元前284年-公元前279年），第二次是王贲灭齐（公元前221年），第三次是齐楚战争（公元前206年-公元前205年），第三次则是田横救民于水火之中。这一次，田横的布置如此完备，也许，齐国真的能够迎来第四次复国。

但是，田横的对手韩信也绝不可能乖乖被困住。田横手上有不少将领可以使用，韩信手上更是不乏名将，现在就看韩信要如何调动了。

韩信针对田横的军事计划，在进入临淄后，趁齐国还没有布置完毕，紧急进行如下的军事部署：

一、灌婴立即率骑兵追击尚未抵达城阳郡的田光，先打破南面的围困，然后向西攻打田横，再向北攻打田吸，打破北面的围困；

二、曹参带领一支偏师独立作战，率领傅宽等将攻打齐国在济北郡的残余势力，打破西面的围困；

三、韩信亲率主力大军前往高密和齐王田广对峙。

韩信用兵，向来讲究速度。田横虽然打算对韩信进行四面合围，但是尚未彻底布置好。守相田光当时刚逃出临淄，还没有抵达城阳郡。韩信抓住这个空隙，立即让灌婴率领骑兵部队拦截住田光。灌婴接到韩信的命令后，立即率领骑兵追到田光，并将其俘虏，粉碎了田横想要四面合围的盘算。

韩信注意到，现在田横的四面合围已经被打破，田横在济北郡、博阳郡，田广在胶西郡、即墨郡，二者之间的联系已经被韩信隔绝，这种时候最利于韩信各个击破。韩信在灭西魏、代、赵时，便是一直和曹参兵分两路。这次灭齐，韩信也还是继续和曹参兵分两路。至于灌婴，虽然韩信只在京索之战和安邑之战与灌婴合作过，相处时间并不长，但他是很了解灌婴以及他的郎中骑兵的实力的，因此韩信此次也让灌婴独自出击，负责追剿田横。

当时田横在博城，听闻齐王田广已经被杀（毕竟信息隔绝，无法与田广相联系），于是便自立为王[①]，抵挡曹参、灌婴军队的进攻。

当时，田横听说灌婴的骑兵即将攻打博城，立即组织骑兵部队准备全力与灌婴决战。曹参利用田横专力于灌婴这一空隙，率军进攻济北郡，一举攻破著县（今山东济阳西）、漯阴（今山东济南北）、平原（今山东平原西南）、鬲县（今山东德州）。曹参此战，基本打破了田横的西部封锁，恢复了韩信军与汉国、代国方面的联系，避免韩信军成为一支孤军。

曹参攻下鬲县后，立即挥师南下，攻打卢县（今山东长清西南），打算与灌婴前后夹击田横。当时，田横率领齐国的骑兵部队奔至嬴县（今山东莱芜西北）城下，与灌婴的郎中骑兵展开决战。嬴下一战，田横大败，灌婴所部斩杀田横一员骑将，俘虏四员骑将。之后灌婴乘胜追击，一举攻下嬴县、博城。田横的东面是灌婴，北面是曹参，南面是西楚国的地盘。田横不愿被汉国俘虏，又不愿投靠曾经在齐地大肆杀戮的西楚国，于是向西逃至谷城，投靠彭越。

彭越虽然是反楚联盟的一员，但是相对来说比较独立，并不太受刘

[①]《史记·田儋列传》中将田横自立为齐王一事列在潍水之战后，此说有误。详参辛德勇著《历史的空间与空间的历史》143-152页，北京师范大学出版社2005年版。

邦的控制，而且彭越集团当时"中立，且为汉，且为楚①"（这大概是出于游击战的需要），对于这样的一股势力来说，接纳一个"汉国的叛贼"那也不是不可以的，反正刘邦目前需要彭越，不可能和彭越因此而撕破脸皮。果然，田横逃到谷城后，曹参、灌婴没有再追击田横，刘邦也没有向彭越过问此事，田横暂时得以安歇下来。

田横败逃后，灌婴率部北上，在千乘与田吸大战。灌婴大破齐军，所部斩杀田吸。至此，田横的四面合围之计，只剩下东面胶西郡的田广、即墨郡的田既还在苦苦支撑。曹参、灌婴在扫平齐国西部的威胁后也迅速赶赴高密，与韩信会师。

田横一直希望凭借齐国自己的力量来击败韩信，并不打算让项羽介入战事。性格刚烈的田横，甚至到最后一刻，宁愿投奔彭越，也不愿归顺项羽。但是现在齐国的主力已经被曹参、灌婴消灭，齐国最能打的田横也已经跑了。田广一人无力独撑大局，他只能向项羽求援，希望依靠西楚国的力量来消灭韩信。

三国会战

汉四年十一月，荥阳正面战场上，项羽还正在和刘邦于广武涧对峙。这个时候，项羽突然接到齐王田广的求援信，希望西楚出兵帮助齐国，赶走韩信。项羽当年在齐国作战十个多月，他深知齐国的重要性。一旦齐国被汉国占领，那么自己后方空虚，彭城随时都会被韩信攻占，而且，现在项羽所能够依靠的盟友只剩下田广一人，如果田广也被韩信消灭，那么自己就真的成为孤家寡人了。齐国必须要救，如果不救，那么这场楚汉战争，项羽就已经算是彻底输了。

---

① 司马迁：《史记》2647页，中华书局1959年版。

楚汉战争史

项羽任项它为主将、龙且为裨将、周兰为亚将[1]，号称二十万大军，立即赶赴胶西郡的高密，与田广会师。现在，在高密附近，聚集了汉、楚、齐三国的主力大军，上一次有三国或以上主力军团作战的时候，还是龙且平定九江国、衡山国之战。

大司马龙且（大概在曹咎死后，龙且被拜为大司马）是西楚政权中除了项羽以外，唯一一个能够独当一面的军事统帅。史书对龙且的记载虽然极为简略，但是他曾经击败项羽手下第一名将英布，平定南方地区。看来这一次，项羽没有像上次成皋之战那样用错了人。

但事实证明，项羽还是看错走眼了。汉国能够独当一面的军事统帅有刘邦、韩信、彭越、英布四人，西楚国仅项羽、龙且二人有这种实力。项羽很清楚刘邦、彭越、英布的军事水准，他相信只有自己才能够击败这三个人。但是项羽一点儿都不了解韩信，他以为韩信只不过是一名普通的军事统帅。既然龙且当初都能打败英布，那么现在这个韩信，龙且应该也能够将其击败。

项羽很快就会为自己的傲慢而感到后悔。

龙且的大军与田广会师后，有人对龙且说："汉军远来与我们交

---

[1]《史记·项羽本纪》云："项王闻淮阴侯已举河北，破齐、赵，且欲击楚，乃使龙且往击之。"（329页）同书《高祖本纪》云："项羽闻韩信已举河北兵破齐、赵，且欲击楚，则使龙且、周兰往击之。"（375页）同书《淮阴侯列传》云："楚亦使龙且将，号称二十万，救齐。"（2620页）由《史记》各条记载以及日后战役的具体进程可知，此战楚齐联军的主帅确实是龙且，而不是项它。但是《汉书·项籍传》记载："（项）羽使从兄子项它为大将，龙且为裨将，救齐。"（1817页）班固写《汉书》，叙楚汉时事，多抄《史记》，或是杂糅《史记》中的不同说法，但是《史记》未曾记载项它参与潍水之战，则班固必有所本，不可轻易否定。我以为，项羽历来不信任异姓将领，特别是龙且这位"骨鲠之臣"，当初陈平施反间计后，项羽已经开始怀疑龙且，只不过龙且善战，此次讨伐韩信，不可不用到龙且罢了。项羽既要让龙且独当一面，又不信任龙且，必须派一人去监督龙且，所以才拜项它为主将。但是项它并不善战，不可能让他指挥龙且与韩信作战，因此具体的战役指挥项羽是让龙且来负责的。《史记》可能是因为项它并不负责具体的战役，于是不载项它，直书龙且为统帅。

第六章 包围大成 鸿沟议和

战,它的锋芒难以抵挡。齐、楚二国在本地作战,士兵容易各自逃散。我们不如深沟高垒,不与韩信作战,再让齐王田广派自己的亲信去招抚已经投降汉国的城邑。这些城邑听说齐王还健在,而且我们又前来支援,一定会背叛汉国。汉军行军二千里,远道而来,齐国的城池纷纷抵抗汉军。这样一来,韩信的军队势必不能得到粮食,可以让他们不战而降。"

不得不说,这位谋士的计策确实是上策,"战争是政治的延续",韩信不仅远道而来,而且偷袭齐国,不得人心。如果这个时候打出田广的旗号,让齐地百姓重演之前齐楚战争的情景,韩信那可就要遭殃了。

但是未曾料到,龙且过分轻敌,居然拒绝了这一上策。龙且说:"我向来了解韩信这个人,此人容易对付啊。我亲率大军救援齐国,如果不打仗就让韩信投降了,那我有什么功劳?现在我只要击败韩信,半个齐国都是我的封地,我们为什么不打呢?"

龙且既决定与韩信作战,遂率兵背靠高密,在潍水东岸布阵。韩信听说龙且要与自己决战,便在潍水西岸布阵。两军隔着潍水列阵。这不免让人想起两个月前的成皋之战,曹咎背靠成皋,在汜水西岸布阵,刘邦则在汜水东岸布阵。才过了短短两个月,历史又要重演了。

龙且打算与韩信一战而定胜负,正巧,韩信也是这么想的。韩信急行军两千里,远道而来,只有马上和龙且决战,并且击败他,这样才能让汉军马上稳定在齐国的统治。

韩信用兵,尤善用水。这次韩信隔着潍水与龙且对峙,不能不让韩信想办法再利用潍水来大做文章。韩信让士兵准备一万多个盛满沙子的大沙袋(搬运沙袋至少需要动用一万多人),在夜晚让士兵秘密搬运这些沙袋到潍水上游,然后将这些沙袋扔进潍水中,使得潍水断流。韩信这么做,到底是什么用意呢?

潍水就是今天的潍河,这条河流流经地区多平原、丘陵,水流较为平缓,而且潍河的年径流量较小,这条河流从军事价值层面来考虑,并没有什么特殊之处,而且当时正值十一月,北方已经是天寒地冻,潍水近岸已经覆盖上冰层。看来，这条河流并不适宜用来水淹龙且。

但是韩信并不只是想要用水淹的方法来对付龙且，他是打算把潍水变为一处战场！潍水这条河流极为特殊，它的质地并不是泥沙，而是石头。在冬天，潍水的年径流量减少，河床裸露，石质的河床就是天然的战场。龙且并不是一个莽夫，他肯定也知道潍水河床的质地是石头，且水流量低，便于军队列阵过河。只有在这种特殊的地形条件下，龙且才敢渡过潍水，前来与韩信决战。韩信要的就是龙且和自己在潍水的河床附近决战，只有这样，韩信才能够发挥自己的计策。

龙且虽然探明了潍水的水文条件，可是他没有注意到潍水上游的状况。韩信在夜晚派一万多名汉军扛着沙袋去堵塞潍水上游，结果龙且对此居然一无所知。我怀疑韩信在龙且的军中也安排了大量的间谍，散发大量的假情报，导致龙且完全没有注意到潍水上游方面，居然有一万多名汉军正在阻断潍水的上游！

第二天一早，韩信、龙且双方都已经摆开阵势，准备在潍水的河床决一死战。韩信率军渡河与龙且作战，假装战败，立即指挥军队向后撤军。龙且大喜，说道："我就知道韩信这个人胆小。"于是，龙且立刻率周兰、留公等人追击韩信。大概是为了防备韩信偷袭，齐王田广的齐军以及一部分楚军（即《史记》所说的"水东军"，就是驻扎在潍水东岸没有渡河的楚军）还留在岸上，没有跟着龙且过河。

就在这时，让龙且这辈子都想不到的事情发生了，在上游的汉军拆除了沙袋，水流瞬间倾泻而来，冲垮了龙且军队的阵型，这个时候韩信的军队早已上岸，并没有受到太大的冲击。事实上，前文已经说过，潍水的流量并不大，就算韩信决堤，那也是淹不死楚军的，但是韩信的目的根本就不是淹死楚军，他一心想的是怎么冲垮楚军的阵型。两军作战，阵型极为重要，如果军队阵型大乱，那么极易被敌军击破。这点儿水流虽然淹不死楚军，却能够扰乱他们的阵型，打乱他们的心理防线。更重要的是，当时是十一月，天寒地冻，寒冷更容易刺激楚军的神经，让他们纷纷畏战。

第六章 包围大成 鸿沟议和

在被突如其来的大水冲击以后，龙且军队的阵型果然被彻底打乱，军队还有大半不能渡过河水，现在楚军根本就不可能摆开阵型，形成有效的战斗力。韩信要的就是这个结果，他指挥曹参、灌婴率军冲击楚军，楚军一触即溃。龙且难以招架汉军的这轮冲锋，在混乱中被汉将丁礼所杀。[①]亚将周兰被灌婴亲自俘虏，同时，灌婴所部俘虏右司马、连尹各一人，还有十位楼烦骑将。渡河的这股楚军基本都被韩信消灭。

潍水之战，可以说是韩信短暂的军事生涯中所指挥的最让人难以捉摸的一场战争，因此有些人曾经质疑过潍水之战的真实性。在笔者看来，韩信的军事能力，并非常人所能及，质疑者以普通军事将领的水准来衡量韩信的水平，这本身就是一种错误的思维方式。

笔者认为，韩信的经典战例是不可复制的，因为他的这些战例无一例外都是受到极其复杂的客观条件的制约，以及韩信的军事水准并不是常人所能达到的。在我看来，不是因为史书的不可信造成今人对韩信作战的不理解，而是史书的挂一漏万造成今人很难读懂韩信，甚至根本无法想象他是怎么打赢的。

潍水之战，在笔者看来，几乎完全不可控制的因素有以下几点：一、尽管当时的河床是基本裸露的，但是韩信半渡而击，并且能够全身而退，实在太过不可思议；二、韩信布置在上游的那一万军队，要如何保证不被龙且的军队发现？如果被发现了又该怎么办？三、韩信如何保证自己在撤退的时候和上游汉军拆除沙袋的时间几乎是同时的？韩信如何保证水流冲下来只会冲到龙且而不是自己？

[①]《史记·高祖功臣侯者年表》乐成侯条载："（丁礼）属灌婴，杀龙且。"（925页）同书《傅靳蒯成列传》载："（灌婴）卒斩龙且。"（2669页）两相对比，可知龙且确实是被灌婴属下丁礼的军队所杀。《史记·曹相国世家》说"（曹参）已而从韩信击龙且于上假密，大破之，斩龙且，虏其将军周兰。"（2027页）这条史料说的是曹参参与了潍水之战，这场潍水之战的战果是龙且战死、周兰被俘，而不是曹参杀龙且、擒周兰。

在上述三点的不可控因素中，最让人不可思议、最难以把握的就是第三点。由于史料记载极为简单，我们现在很可能几乎无法复原韩信为何能够取得这么一场奇迹般的胜利。在笔者看来，韩信可能很早就知道西楚国援军的主帅会是龙且，并且很早就已经针对潍水当地的水文条件进行考察和测试。否则韩信根本不可能在决战的时候，能够如此精准地引诱龙且，并且将其击杀。

龙且一直到死，恐怕都没明白这水是怎么来的，更不明白为什么这水根本冲不到韩信的军队，而只冲了自己的军队。这种想法大概当年的章邯、魏豹和陈馀都有过。

败在韩信手上的人，死得都不冤枉，就算是极其谨慎，也未必就能赢得最终的胜利（章邯就是很典型的例子），更何况是像龙且这般如此傲慢？

战后余波及战役影响

龙且带过去渡河的军队在潍水西岸被曹参、灌婴的军队消灭，在潍水东岸的西楚军队大惊失色，整个部队便不战自溃，作鸟兽散。当时这支"水东军"的指挥官应该是项它[①]，眼见龙且被杀、周兰被俘，项它没有打算继续在齐国与韩信死磕到底，而是带着残余的士兵直接逃跑。

田广眼见西楚这二十万大军在不到半天的工夫内便完全崩溃，大惊失色。田广知道自己不是韩信的对手，不敢与他继续交战，遂率军放弃胶西郡，向南逃至城阳郡，企图从城阳逃至西楚国境内。

[①]潍水之战，西楚的主要统帅是项它、龙且、周兰，龙且、周兰在战役中全部渡河追击，最终一死一俘，只有项它不见踪影，并且在之后还继续活跃在西楚的大后方。因此笔者推测当时的项它并没有和龙且一起渡河，而是和田广一样留在潍水东岸。

第六章　包围大成　鸿沟议和

韩信怎会让田广活着逃出齐国？他立即派一支军队追击田广以及其他的残兵败将。一路上，楚国的士兵们纷纷被俘，田广也逃脱不了被汉军追上的命运。田广被俘后，送到韩信军中，被处死。

在追击田广的同时，韩信派曹参进攻还在即墨郡苟延残喘的田既。田横和龙且这种当世名将都无法抵挡住汉军扩张的步伐，田既又如何能够阻挡？果然，在曹参大军的进攻下，即墨郡被攻下，田既被杀。不久以后，韩信派曹参率领偏师转战各地，齐国七十余城，一一被曹参占领。至此，楚汉战争后期，第三强国齐国彻底灭亡。

潍水之战是楚汉战争后期极其关键的一场战役，由于该战主要由汉、楚、齐这三大强国参与，因此我们分别对这三个国家产生的影响进行分析。

潍水之战中，最大的受益者无疑就是汉国。首先，潍水之战直接导致了齐地归于汉国管辖，韩信正式统一整个北方，"断项羽右臂"的既定战略目标已经彻底完成。现在项羽就是一个站立不稳的独臂战士（说他站立不稳是因为在后方屡受刘邦、彭越、刘贾的来回折腾），汉国已经形成了对西楚的压倒性的战略优势，西楚的灭亡开始进入倒计时状态。

对于西楚国来说，潍水之战对其打击无疑是致命的。首先，韩信在潍水之战，直接斩杀西楚大司马龙且，消灭西楚二十万军队。韩信这一仗，毫不夸张地说，消灭了西楚国大半的军队，短时间内西楚国已经无法恢复自身的军事实力。大司马龙且的死给项羽带来的打击更是致命的，这不仅是少了一位会规劝项羽的"骨鲠之臣"，而且更是少了西楚国内唯一一位能够独当一面的帅才。龙且死后，项羽只能一个人独面刘邦、韩信、彭越、英布，分身乏术。

然后，齐国灭亡，项羽的腹地已经彻底暴露在韩信的眼前。从齐国到彭城，不仅路程短、交通方便，而且沿途几乎无险可守。为了对付刘邦、英布，项羽必须把西楚的主力部队调到广武与之对峙，大后方根本没有多少兵力。韩信只要想破袭西楚国的大后方，那是分分钟的事，项羽根本就无力阻止韩信的军事行动。

当然，潍水之战对齐国也产生了极其剧烈的影响，但是在笔者看来，这种影响是可有可无的。在历下、临淄、嬴下三战后，华无伤被俘，田横逃亡，齐国事实上就已经失去了任何独自抵抗汉国的实力，只能够依靠西楚国的援军来抵抗韩信。就算是韩信被赶走了，齐国从此以后也会丧失独立性，彻底沦为西楚的附庸国，正如龙且在战前所说的那样："今战而胜之，齐之半可得。"[1]在田横被灌婴击败后，齐国的命运就已经注定了。潍水之战虽然是三国会战，但是决定的却是楚汉二国的命运，而不是齐国的命运。

三、三足鼎立？二分天下？

韩信请封齐王

汉四年十一月，当时赵地大概已经安稳下来了，刘邦遂改封代王张耳为赵王，代相张苍迁为赵相。刘邦大概未曾料到，他这个月不仅要封张耳为赵王，还要再封一个人为王。

韩信在潍水之战后不久，派使者向刘邦递交了自己的亲笔书信。信中说："齐人虚伪狡诈，是个反复无常的国家，而且齐国靠近西楚，不设立一个假王（笔者按：即代理的王）镇守齐地，这里就不能够安定下来。希望大王您封我为假王。"

刘邦看到韩信的这番言辞后，勃然大怒，怒骂道："我受困于此，

---

[1] 司马迁：《史记》2621页，中华书局1959年版。

第六章 包围大成 鸿沟议和

日夜盼望着韩信能够发兵来辅佐我，结果现在他居然想自立为王！"

当时张良、陈平在刘邦的身旁，听到刘邦这番话后，陈平赶紧上前踩了刘邦一脚，坐在一旁的张良耳语道[①]："我们现在正处于不利的态势，怎么能够禁止韩信称王呢？不如趁机册封韩信为王，善待他，让他好好在齐国镇守。不然，将有变故。"

刘邦是何等绝顶聪明的人？领悟到张良、陈平的这番提示后，豁然开朗。刘邦用怒骂的语气对使者说："大丈夫平定诸侯，要做就做真的王，为什么要做假王呢？"因此刘邦令人准备好册封的印信和文书，让张良做使者，册封韩信，同时征调韩信的部分军队讨伐西楚。

汉四年二月，张良抵达齐国，韩信正式成为齐王。自此，韩信成为了一方诸侯，他不再是刘邦的直属手下，而是和刘邦平起平坐的诸侯王。有所区别的是，刘邦是诸侯盟主，韩信只是联盟中的一员诸侯。

关于韩信称王的事，很多史学家历来采取否定的态度，批判韩信这是在趁人之危，为日后韩信的惨死埋下了伏笔。其中最具有代表性的就是王夫之在《读通鉴论》中的评价："故齐地甫定，即请王齐，信之怀来见矣。挟市心以市主，主且窥见其心，货已雠而有余怨。云梦之俘，未央之斩，伏于请王齐之日，而几动于登坛之数语（笔者按：数语指的是韩信在"汉中对"中说的"以天下城邑封功臣"）。"[②]

但是如果细究当时的形势，笔者认为不该过分苛责韩信"胁迫"刘邦，主要有如下几方面的原因：

首先，早在汉二年四月，刘邦和张良在"下邑画策"的时候，就已经密定将来要把关东的部分地区"捐"给韩信，事实上已经内定了韩信未来会成为割据一方的诸侯王。就算不论下邑画策，即便是在"汉中对"中，当韩信说"以天下城邑封功臣"的时候，刘邦也并未有任何反

[①] 陈平站在刘邦身后，踩了刘邦一脚；张良坐在旁边，对刘邦耳语。二人的行为举止笔者是采纳李开元先生的精彩分析，详见李开元著《楚亡：从项羽到韩信》198页注①。

[②] 王夫之：《读通鉴论》10-11页，中华书局1975年版。

对意见。

第二，史学家们之所以认为韩信是在"要挟"刘邦，主要是受了司马迁叙事的影响。司马迁在记载这一段的故事中，是这么介绍背景的："当是时，楚方急围汉王于荥阳"[1]。但是事实上，司马迁这段背景介绍是完全错误的。司马迁本人对楚汉荥阳之战的记载有过不少的舛误[2]，说明他并没有完全理清荥阳之战的具体战役进程。韩信请封齐王的时候，刘邦在广武与项羽对峙，当时刘邦已经夺回成皋、敖仓，在战役上已经占据上风了，他的形势既不危急，而且也没有被困于荥阳。司马迁的背景介绍错误，导致后世的史学家对韩信请封齐王的评价也出现了不少的偏差。

第三，韩信请封为王的那一段言辞，并不是客套话，而是切合当时齐国的真实状况。郦食其当初就跟刘邦说过齐人多诈，刘邦也深以为然。汉国如果在齐国不新建一国，稳定人心，齐国将会有不少反抗汉国的叛乱（齐王田横还苟活于人世，依然得到了不少人的支持），这时候封韩信为王，稳定人心，并不过分。

第四，韩信这个时候也和唐初的李世民一样，军功已经达到了"赏无可赏"的地步。刘邦在韩信打完胜仗后，一直都没有封赏韩信。我们具体来看看，韩信在还定三秦之战、围攻废丘之战、京索之战后，被刘邦封为左丞相。但是此后韩信在安邑之战、阏与之战、井陉之战、胁燕、镇抚赵国中，又立下诸多功勋，却一直没有得到任何封赏。直到刘邦修武夺军，才晋升韩信为相国，地位已经高于萧何。如今，韩信在历下破齐，又在潍水消灭龙且二十万齐楚联军，立了盖世奇功。如果刘邦还是要按下韩信的这些功劳，强行不封赏他，那将会带来很多麻烦。

韩信确实贪功，刘邦许久不封赏他，他的心里恐怕或多或少都是有

---

[1] 司马迁：《史记》2621页，中华书局1959年版。
[2] 《史记·项羽本纪》对荥阳之战的记载出现了许多事件重复和时间错误的内容。读者如果不细究《史记》其他传记的内容，以及《汉书》的相关记载，很有可能是一头雾水，甚至搞不清楚荥阳之战的具体战役进程。

第六章 包围大成 鸿沟议和

些不满的,这次请求刘邦封他为"假王",就是韩信内心的真实想法,但韩信并不完全是为了自己的功名利禄,也是为了大局。之前赵、代地区动荡一年,才被平定下来,那时候有张耳可以镇抚,现在齐国有谁能来镇抚?只有韩信才能做到这一点。韩信请封为王,既是为公,也是为私。至于说什么韩信"胁迫"刘邦,这是与史实完全不符合的。

对于刘邦来说,他何尝不知道韩信的功劳已经大到赏无可赏的地步,只能封他为王来安抚他?刘邦当初和张良已经内定韩信将来就是新政权的诸侯王之一。只不过刘邦一直想让韩信直属于自己,这样方便指挥。至于封王,那怎么也要等到项羽死后吧。刘邦没曾料到的是,韩信在杀死龙且后,就已经迫不及待地想要当王了。刘邦生气,并不是因为韩信军功不够,也不是因为韩信"胁迫"自己,而是因为他自己还没有做好准备,更没有想到韩信会这么直接地跟他要爵位。

韩信任齐王,在我看来是当时稳定齐国内政唯一有效的一种方法。韩信既没有胁迫刘邦,刘邦也没有"屈辱地"授予韩信为齐王。韩信日后在云梦被俘,在未央被杀,最根本的原因在于汉初异姓诸侯王国严重威胁到汉帝国的稳定。[②]正如贾谊在《治安策》中所说的那样:"令(韩)信、(彭)越之伦列为彻侯而居,虽至今存可也。"[②]笔者认为,韩信被杀的原因,那要放到汉帝国建立以后进行讨论(哪怕是刘邦,他也一直不忍心杀死韩信,吕后才是杀死韩信的真正凶手),如果要在楚汉战争时就进行讨论,那也应该是日后在固陵之战时没有及时出兵支援刘邦,而不是在这之前的请封齐王事件。

[①]董平均在《西汉分封制度研究——西汉诸侯王的隆替兴衰考略》中明确指出:"这批异姓王一开始就与大一统的专制政治存在着势不两立的矛盾,他们不旋踵即被刘邦消灭,说明汉代大一统的专制政治更前进了一大步。"(首都师范大学2002年博士学位论文,25页)董平均、宋彩霞在《"楚方急围汉王于荥阳"辨析》一文中说:"'云梦之俘,未央之斩',乃是西汉建立后,在'共天下'与'私天下'的矛盾冲突中,刘邦让后者占据了上风,才导致一代王侯人生道路上的悲欢离合!"(《晋阳学刊》2005年06期,78页。)

[②]班固:《汉书》2237页,中华书局1962年版。

武涉说韩信

汉四年十一月，龙且战死，号称二十万的齐楚联军被韩信所歼灭。一向无所畏惧的项羽这次真正感到了害怕，齐国归属汉国，给西楚带来的打击将是致命的。汉四年二月，韩信被正式册封为齐王。项羽得知后，更加惶恐不安，遂令盱台人武涉赶赴齐国，劝说韩信脱离汉国，自立一方。

武涉肩负着项羽的使命，来到齐都临淄，对韩信说："天下人苦于秦朝的暴政已经很久了，因此大家合力讨伐秦朝。秦朝灭亡后，大家按照功劳裂土分封，各自称王，大家休兵罢战。结果现在汉王率军东进，侵占他人的地界，夺取他人的封地。在消灭三秦后，汉王又率军东出函谷关，收整诸侯们的军队向东讨伐西楚，他的意图是不肯侵吞天下所有的土地决不罢休，他的贪心到了这个地步，实在是太过分了！而且汉王这个人不值得信任，他数次落到霸王的手上，是霸王怜悯他才姑且放他一条生路的。可是汉王一旦脱身，就背弃照约，又率军攻打霸王，他这个人是如此不值得信赖啊！"

在武涉极尽个人之能事贬低刘邦后，话锋一转，立即说："现在足下虽然自以为和汉王交情深厚，为他全心全意去作战，可最终还是会被他擒获啊。足下之所以还能够活到今天，那是因为霸王还活在人世上。现在汉王与霸王谁将主宰天下，决定权在您的手上。您向右边站，归顺汉王，那汉王就能够获胜；如果向左边站，归顺霸王，那么霸王就能够获胜。"

"霸王今日如果灭亡了，接下来汉王就要对付足下了。足下与霸王当年有过交情，何不背叛汉国，与西楚联合，然后与汉、楚三分天下，自王一方？如果您放过这个时机，那只能为了汉国讨伐西楚了，一个明

第六章　包围大成　鸿沟议和

智的人，难道是这么做事的吗？"

不得不说，武涉此说，诱惑力确实特别大，一旦韩信选择与项羽联合，那么刘邦统一天下的速度将大大被减缓。

也许是韩信听到武涉说自己与项羽有旧，想起了之前自己在西楚的经历。韩信拒绝了武涉的提议，对他说："我侍奉项王，官职不过是个郎中，地位不过是个执戟的。项王对我言不听、计不从，因此我才背楚归汉。汉王赐给我大将军印，又给我数万士兵让我来统率。天冷的时候，汉王脱下衣服给我穿上，有好吃的饭菜汉王就先给我吃，并且我为汉王献策，他对我是言听计从，因此我才能到今天这个地位啊。汉王如此亲近、信任我，我却要背叛他，这是不祥之兆。我即便到死也绝不变心！希望你能替我谢绝项王的好意。"①

武涉是项羽手下的辩士，虽然他也尽力做到推己及人，站在韩信的角度上游说韩信，但是韩信始终会想起当年他在西楚被项羽冷遇的那段岁月。因此西楚国派来的辩士，无论游说技巧再如何高超，也难以动摇韩信的决心。

根据《太平御览》引《楚汉春秋》的佚文，当时还有一个北郭先生（应该是齐国本地的平民），进献给韩信一条带子，对他说："牛马被人驱使任用。一直到力气用尽了尚且不能卸下它们身上的装置呀！"②北郭先生的言外之意是，如果韩信还是要为刘邦做牛做马，一辈子就都无法摆脱被刘邦驱使，不如趁着这个机会，在齐国割据自立。

《楚汉春秋》全文已佚，《太平御览》只是引用了其中的一句话，我们无从得知韩信是什么反应。不过，不难想见的是，韩信肯定也还是

---

①以上的内容出自《史记·淮阴侯列传》。《艺文类聚·卷六十九》引《楚汉春秋》的佚文对于韩信的回复稍有不同，笔者兹引全文如下："项王使武涉说淮阴侯，信曰：'臣事项王，位不过中郎，官不过执戟，乃去项归汉，汉王赐臣玉案之食，玉具之剑，臣背叛之，内愧于心。'"（1207页）
②《太平御览·卷六百九十六》引《楚汉春秋》佚文言："北郭先生献带于淮阴侯，曰：'牛马为人任用，力尽犹不置其革。'"（第六卷456页）

· 317 ·

谢绝了北郭先生的好意。

　　武涉作为西楚大臣，北郭先生作为齐国的普通百姓，他们都无力劝说韩信自立。看来，要想劝说韩信自立，就只能依靠韩信身边的近臣了。

蒯彻说韩信

　　蒯彻身为韩信身边的谋臣，一直希望通过韩信地位的不断提高来使自己地位晋升。蒯彻知道一旦韩信同意三分天下，那么他就是真正独立的一国之君长，而自己也不再是普通的辩士，而是齐国的重臣。

　　出于这等考虑，蒯彻一日对来拜见韩信，对他说："我曾经学过相面之术。"

　　韩信问道："先生的相面的技术如何？"

　　蒯彻说："一个人的贵贱在于他的骨相，忧喜体现在他的面容，成败体现在他的决断力。从这三个方面进行考虑，万无一失。"

　　韩信大喜，说："好呀，那先生看看寡人的面相如何？"

　　蒯彻显得有些神秘，说道："希望您的随从能够暂时回避一下。"韩信同意了蒯彻的请求，让周围的人都先退下去。

　　等到殿中只剩下韩信、蒯彻二人，蒯彻看了看韩信的脸，又看了看他的背部，这才进言道："我看大王您的面相，不过封侯之位，而且危险而又不安全。但是我看了您的背相，却发现贵不可言啊！"

　　韩信有些不解，问道："为何这么说呢？"

　　蒯彻要的就是韩信的发问，他抓住时机说道："天下在反抗秦朝的时候，无数英雄豪杰振臂高呼，建号称王，天下的士人纷纷如云雾那般集合过来，如鱼鳞那般汇聚，如火花那般迸发。在这个时候，大家所关心的只是灭亡秦朝罢了。"

第六章 包围大成 鸿沟议和

"现在楚汉争霸,让天下不少无罪之人丢失自已的性命,父子的尸骨暴露在田野之中,数不胜数!楚人自彭城出兵,转战千里,一直打到荥阳,他们乘着胜利,如卷席之势那般前进,威震天下。但是楚人的兵锋却受困于京、索之间,被阻挡在成皋以西的山地无法继续前进,已经三年了!

"汉王现在率数十万大军,阻敌于巩、洛之间,凭借山河之险,与西楚作战,一日数次,却没有尺寸之功,以致遭到失败,几乎不能自救!汉王败于荥阳,伤于成皋,又南奔到宛、叶之间,这可以说是智勇俱乏了。将士们的锐气已经因受困于军事要塞而遭挫折,府库内的粮食又已经逐渐缺乏,百姓疲惫不堪,怨声载道,无所依靠。

"在我看来,按照这样的形势,如果不是天下圣贤不能够平息现在的祸患啊。当今汉王和霸王的性命都掌握在您的手上。您帮助汉国那么汉国就会胜利,帮助楚国那么楚国就会胜利。臣愿意披肝沥胆,进献愚昧的计策,就怕您不肯任用啊。大王果真能够听从臣的计策,不如让楚、汉双方都不遭受损害,保全二国,您和他们三分天下,鼎足而立,这样的形势一旦构成,那么谁都不敢先轻举妄动。

"像大王这样的圣贤之人,手下有众多士兵,在强大的齐地割据一方,迫使燕、赵二国服从,率兵攻打楚、汉二国的空虚地带,牵制他们的后方。这个时候顺从百姓的想法,率军西进为百姓请命,届时整个天下都会闻风响应您,谁敢不听从您的号令呢?

"到时候大王您就可以主持分封,分割大国的疆土,削弱强国的势力,众建诸侯。分封好各个诸侯后,天下到时候都会服从您的号令,归顺齐国。那时的齐国,我们先安定国内的局势,然后再出兵控制胶、泗一带的地区,用恩德感召诸侯,让他们都感恩戴德。这样一来,天下诸侯就都会相继来到齐国朝见您了。

"我听闻:'天予弗取,反受其咎;时至不行,反受其殃',臣希望您好好考虑。"

韩信听了蒯彻这一番长篇大论,可是还未动心,他依旧感念刘邦对

· 319 ·

自己的知遇之恩，不忍背叛，韩信说道："汉王对我特别好，他的车会给我坐，他的衣服会给我穿，他的食物会给我吃。我听说，坐别人的车就要想着别人的祸患，穿别人的衣服就要想着别人的忧虑，吃别人的食物就要为他人效死，我怎么可以趋利背义呢？"

蒯彻见韩信还是感念刘邦的恩德，不肯自立，于是继续说道："足下自以为和汉王交好，想要建立万世之功，来报答汉王。臣私下以为这是错误啊。当初张耳、陈馀还是平民百姓的时候，结成刎颈之交，可是后来因为张黡、陈泽之事，反目成仇。后来张耳背叛项王，被陈馀打败，抱头鼠窜，落荒而逃，投奔汉王。汉王后来借兵给张耳，让他东下灭赵。张耳最后在泜水以南将陈馀杀死，陈馀身首异处。这两个人的关系最后被天下人耻笑。张耳与陈馀的交情，可谓是天下中最好的。可是最后，双方都想置对方于死地，这是为什么呢？这就是因为人的欲望太多而导致人心难测啊！"

蒯彻在举完韩信所熟知的张耳、陈馀的例子后，接着说道："现在足下想要用您的忠诚与信义来和汉王交好，但是这一定比不上张耳、陈馀的交情，而你们之间所关系到的事情又比张黡、陈泽的事重要得多。因此臣认为您觉得汉王不会伤及您的性命，这是误解呀。"

"当初越国的大夫文种、范蠡保全将要灭亡的越国，辅佐越王勾践称霸，可是他们功成名就以后却难逃杀身之祸。[①]野兽已经被猎杀殆尽，

---

①范蠡的结局，以往认为是在勾践灭吴后，离开越国，得到善终。但是蒯彻在用典的时候却说范蠡和文种都是"立功成名而身死亡"（2625页）《史记·韩信卢绾列传》中，韩王信写给陈武的信中也提到过"夫种、蠡无一罪，身死亡"（2635页）。根据以往流行的观点，要想解释范蠡和文种"身死亡"只能翻译为"文种身死、范蠡逃亡"。但是钱穆先生在《先秦诸子系年考辨》中，曾经指出："又按范蠡事亦多异说，沈钦韩《汉书疏证》云：'《吕览·悔过》：范蠡流乎江。又《离谓》：范蠡、子胥以此流。《新书·七》：范蠡附石而蹈五湖。'则以为死。"（101页，上海书店1992年版）根据钱穆先生所提供的史料，在战国汉初人们的眼中，范蠡应该是被沉江而死，而不是安全地逃离越国。笔者未曾考证过范蠡的结局，但是考虑到战国汉初人们认为范蠡是被勾践所杀这一因素，遂翻译为"他们功成名就以后却难逃杀身之祸"。

第六章　包围大成　鸿沟议和

那么猎狗也就该被猎人烹杀了。以交情而论，您和汉王比不上张耳和陈馀；以忠诚、信义而论，您比不上文种、范蠡对勾践那样。从这两个例子来看，我就足以用来观察您和汉王了，希望您好好考虑一下。

"更何况臣听闻勇敢、谋略使君主感到威胁的人，那么自己就要遭到危险了，而功勋冠绝天下的人难以得到赏赐。让臣来说说大王您的功劳：足下渡过黄河，俘虏魏豹，擒斩夏说。然后您率兵攻下井陉，诛杀陈馀，攻占赵国，慑服燕国。您又平定了齐国，向南摧毁楚人二十万的军队，向东杀死了龙且，然后派人向西跟汉王报捷。这正是所谓的功勋天下无二，计谋出众，世间少有。

"现在您拥有足以威胁君主的威望，持有已经无法封赏的功劳。您投奔西楚，楚人不信任您；归顺汉国，汉人又要感到恐慌。您带着这么大的威望，是想要到哪里去呢？当一个人处在臣子的位置上却有着震撼君主的声威，名声高于天下所有的人。我私下为您现在的状况感到危险啊！"

听了蒯彻这么一番长篇大论，韩信显然已经有点儿心动了。可是韩信又不敢马上做出决断，自立一方，于是韩信先说："先生先退下去休息一下吧，我将会好好考虑您的建议。"

几日后，韩信依旧没有下定决心要独立于楚、汉之外。蒯彻等不下去了，便又来见韩信，对他说："能够听取意见，是成功的征兆；能够反复考虑事情，就有了成功的机会，不听良言，又不加以谋划，还能够长久平安的人，实在是太少了啊。谋划周到的人，就无法用言辞来扰乱他。反复考虑，做事能没有偏差的，就无法用花言巧语来迷惑他。安于当砍柴喂马的人，就会失去做一国之主的机会。满足于做一名小吏的人，就不能够官至卿相。所以说，办事坚决是智者的体现，做事犹豫不决是成事的障碍。计较细枝末节般的小事，无视整个天下的大局；有判断是非的智慧，但是不敢决断实行，是做任何事情的祸患啊。因此有人才说：'猛虎一旦犹豫不能决断，就不如用蜜蜂、蝎子的毒刺去蜇；千里马要是徘徊不前，就不如劣马悠闲慢行；孟贲这样的勇士一旦狐疑，就不如普通人决断敢行；即使有舜、禹那样的智慧，可是一直闭上嘴巴不说话，那就不如聋哑人用手势来表达意思。'这些言论都是在讲做事要果断实行呀！有功之人向来难以成功，却容易失败，时机难以获得，却容易失去。机会呀机会，一旦过去了就不再回来了，希望您能够仔细思考。"

蒯彻话已经说到这个份儿上了，可是韩信还是犹豫不决。韩信始终不忍心背叛汉王，又自认为自己为汉王立下了汗马功劳，汉王最后一定不会对韩信的齐国动手。思来想去后，韩信最终谢绝了蒯彻的提议，决心佐汉灭楚。

蒯彻和韩信一样，都是极为高傲的人。当初项羽要封赏蒯彻，但是因为项羽不肯用他的谋划，遂离开楚国。现在面对这个"千载难逢"的大好时机，韩信居然不肯用自己的计策，蒯彻自感自己也没有必要继续待在韩信的身边，遂辞别了韩信。

蒯彻是何等聪明的人，他知道韩信一旦死心塌地地跟着刘邦，项羽必败无疑，将来统一天下的将会是刘邦。可是刘邦称帝后，在蒯彻看来，一定会铲除韩信。到时候蒯彻这个撺掇韩信"造反"的人，又岂能善终？于是蒯彻假装自己已经疯了，做了一个巫祝，从此不再做一名辩士。

蒯彻说韩信之语，约占《史记·淮阴侯列传》的五分之一，而且记载脉络极其清晰，对人物的称呼也颇为符合当时的历史背景。《淮阴侯列传》中蒯彻与韩信的对话应该是有本可依，而这个"本"很有可能就是蒯彻本人自己的回忆。

孙家洲在《〈战国策〉记事年限与作者考析》一文中明确指出："《史记》所记汉初游说之辞诚然很多，但所记蒯通之语最为层次分明、个性明显、内容丰富，当不是出自太史公的托造之语，而是摘抄了蒯通的原作。"[①]笔者完全认同孙家洲先生的这一推断。根据孙家洲先生

[①] 孙家洲：《〈战国策〉记事年限与作者考析》，《中国人民大学学报》1993年05期，112页。

的推断，蒯彻曾经参与编辑过《战国策》的某个版本，并把他游说韩信的言辞辑入《战国策》。而蒯彻所编订的这一版本的《战国策》，最后流入皇家秘藏中，被司马迁发现，并录入《史记》。

看来，蒯彻说韩信和笔者之前所说的随何说英布是完全不一样的。随何说英布，是经过汉初纵横家的不断润色，最后形成的一个故事。但是蒯彻说韩信这一情节，正是蒯彻自己的回忆，可信度极高，虽然里面掺杂了一些纵横家常用的夸大的技巧，但是从本质上来说并不会出现过为扭曲事实的状况。因此我们拿蒯彻的这番言论来进行仔细的分析，想必不会离历史真相太过遥远。

既然我们要拿蒯彻的这番言论来仔细分析，那么我们不禁要提出三个问题：蒯彻的这番建议如何？韩信果真能够自立一方吗？韩信为什么不肯自立？

韩信为何不自立于齐？

蒯彻之说，占了《史记·淮阴侯列传》将近五分之一的篇幅。日后韩信被杀前曾说："吾悔不用蒯通之计，乃为儿女子所诈，岂非天哉！"[1]韩信死后，刘邦曾逮捕蒯彻。当刘邦问蒯彻是否曾教韩信谋反时，蒯彻直言："竖子不用臣之策，故令自夷于此，如彼竖子用臣之计，陛下安得而夷之乎？"[2]（按，这些话应该也是司马迁摘录蒯彻的著作）经《淮阴侯列传》这么一渲染，蒯彻之谋在后来引发了不少人的讨论。似乎韩信只要听从蒯彻的言论，三分天下，那么不仅可以保全自己

---

[1] 司马迁：《史记》2628页，中华书局1959年版。
[2] 同上书，2629页。

的性命，甚至独霸天下也尚未可知。

我们现在再来仔细看看蒯彻给韩信谋划的夺取天下的战略方针：

第一，韩信先以齐国作为根据地，胁迫燕国臧荼、赵国张耳听命于自己；

第二，获取燕、赵二国的归附后，韩信便可以率游军分别偷袭楚、汉二国防守空虚的地区，破坏二国的大后方；

第三，待击破楚、汉二国大后方的军队后，韩信亲率主力部队西至荥阳，胁迫楚、汉二国归附；

第四，楚、汉听命于齐国后，韩信以诸侯盟主的态势重新主持分封，让天下人归附韩信。

蒯彻的这番战略规划，事关全国归属之问题。在当时，把视野范围铺得那么广的，只有韩信的"汉中对"和他的战略报告书，以及张良的"下邑画策"可以与之相比。可见蒯彻此人确实有真才实学，不仅是一个纵横家，也是一个能够统摄全局的战略家。

可是我们不得不仔细探究一个问题，这份战略报告的执行力度究竟如何？

很多人往往会把武涉说韩信与蒯彻说韩信混为一谈，这其实是不对的。武涉说韩信，是希望韩信自立，与项羽联盟对付汉国。但是蒯彻的战略布局则是，韩信自立，然后同时进攻刘邦、项羽。

我们乍一听，蒯彻仿佛在痴人说梦。韩信一旦自立，齐国必然是三强中最弱的一国。如果韩信敢同时与楚、汉开战，岂不是自寻死路吗？

但是蒯彻不这么认为，他已经发现，楚汉荥阳之战打到现在，两国的军事动员能力都已经到达极限，百姓怨声载道，二国都有失败的可能。韩信用兵，兵贵神速，他总是在最短的时间内解决战事，绝不打持久战，这么一来，需要供给韩信军队的后勤压力就不会太大，百姓也不会过于痛恨韩信。可以说，那时的韩信，在某种程度上是比刘邦、项羽更得人心的。蒯彻可能正是看到了这一点，才敢保证韩信能够自立，与刘、项抗衡。

蒯彻之战略，先让韩信服燕、赵，是有其自身考虑的。韩信曾在赵地经营一年，深得民心。而且之前韩信听从李左车之谋，迫使燕国归附刘邦，臧荼是惧怕韩信的。凭借韩信的威望，赵、燕二国确实有可能在短时间内倒向韩信。如果韩信真能做到这一步，那么三足鼎立不仅可能，而且成为天下第一强国更是完全有可能实现的。

从这一角度来看，蒯彻确实厉害，他的建议确实有实现的可能。我们之前在介绍齐地的地理状况时就曾说过，据齐地者自守易弱，攻人易强。韩信一旦造反，要想真正自霸一方，非用蒯彻的谋略不可。

韩信乃是楚汉时期最为杰出的军事家，他深谙全局性的战略布局。韩信这样的"内行"，听了蒯彻的这番言论，居然动心了。这说明，韩信自己都信服蒯彻的战略是可操作的，甚是有可能实现的。如果蒯彻只是纸上谈兵，天方夜谭，韩信有可能会先以刘邦厚待自己婉拒，后来又说让自己再多思考几天这样的话吗？

可是，韩信最后为什么还是不肯背叛刘邦呢？在我看来，其中最根本的原因在于，蒯彻完全不知道韩信其实一直有着难言之隐。

我们从韩信北伐西魏到请封齐王为止，重新审视整个韩信北伐的进程，我们会发现，韩信身边始终缺乏足够可靠的嫡系将领与部队。

韩信灭西魏后，部队被大量抽调到荥阳前线，骑将灌婴也南下帮助刘邦。之后刘邦增兵三万，支援韩信。韩信灭代、赵后，刘邦又是抽走一大批军队，同时把曹参也调往荥阳战场。到了修武夺军事件，刘邦干脆直接夺走韩信的兵权，同时调换各位将领的职位，防止这些人成为韩信的心腹。刘邦命令韩信东征齐国，给韩信大量军队，可是这些军队一直都是跟随刘邦征战天下的。这些人都是刘邦的心腹，如果韩信打算自立，那这些人又怎会跟随韩信？

我们只需看看曹参、灌婴二人就知道了。韩信北伐，打遍天下无敌手，部下的执行力度是很重要的。韩信作战，也颇为倚重曹参、灌婴这两员猛将。可是我们知道，曹、灌二人有了威震天下的名声，虽然是跟随韩信征战天下闯荡出来的，可是没有韩信，曹、灌就真的出不了名了吗？如果没有刘邦，曹参可能一辈子都只是一个沛县狱掾，而不是汉国的建成侯、右丞相；如果没有刘邦，灌婴可能一辈子都在睢阳当个小商贩，而不是汉国的昌文侯、御史大夫。刘邦发掘了曹参、灌婴等人的价值，并且让他们身居高位。试想，如果韩信自立，他为了掌控军队，势必要先拉拢曹参、灌婴，可是韩信还能给他们二人什么职务呢？韩信在刘邦这里是赏无可赏，但是曹参、灌婴到了韩信那里，同样也是赏无可赏。韩信既然不能收买曹、灌，又如何能够驱使这两个人去反叛对他们有知遇之恩的刘邦呢？

　　韩信最为致命的不仅仅是他根本无法控制曹参、灌婴这些核心将领，而是他对军队的掌控力根本不够。韩信治军严格，因此才能打造出一支战无不胜的军团出来。可是由于军令如山，发布各种军令时，士兵根本不认韩信，只认他手里的兵符。韩信第一不能够将部队私人化，第二刘邦随时抽调韩信军队，导致他根本不能培养自己核心的军队。因此，韩信的兵符一旦被偷，那么任韩信有再大的本事，他也只不过是一个孤家寡人而已。

　　而且，韩信的兵符真的很容易被偷，修武夺军事件就已经完全证明了这一点。刘邦能够轻而易举地偷走韩信、张耳的兵符，这说明韩信自认为是他自己的近侍、亲信，其实都是刘邦的耳目。韩信善于用间，可是却浑然不觉自己身边的人都是刘邦的间谍，不可不谓是棋差一招啊。

　　韩信一不能得到核心将领的支持，二不能够将自己统率的部队训练为自己的私兵，三自己身边几乎全是刘邦的耳目。在这三点的重压之下，韩信凭什么能够自立呢？只怕韩信刚宣布自立，不到一天的时间内，他的人头就会被刘邦的心腹们砍下，送往广武汉王城内。

　　这并不是笔者在这里妄加揣测。我们只需看看三国后期的一场著名的叛变事件就能够知晓了。曹魏景元五年（公元264年），司徒钟会挟灭蜀之功，打算在蜀地割据自立，但是曹魏的将领及士兵并不愿意服从钟会。当时曹魏军队甚至已经在流传"（钟）会已作大坑，白棓数

第六章　包围大成　鸿沟议和

千，欲悉呼外兵入，人赐白帢，拜为散将，以次椊杀坑中。"①最终还未等司马昭率军平叛，曹魏军队就已经自行哗变，钟会被愤怒的士兵们乱刀砍死。

钟会和韩信一样，不能得到将领与军队的支持。当时司马昭并没有预料到钟会会谋反②，没有像刘邦那样在钟会身边布置一大堆间谍。可是钟会的下场尚且如此悲惨，何况是身边都是刘邦间谍的韩信？他只要一开口，宣布将要谋反，可能马上就要身首异处了。

看来，韩信自立，是一个"非不为也，实不能也"的问题。韩信不像钟会那样利令智昏，他是个很清醒的人。韩信如果是一个对军队有着绝对掌控力的军阀，那么蒯彻的这一番战略，正好是对症下药。可惜韩信并不是军阀，他始终都被汉王刘邦把控着，绝无可能自立。蒯彻虽然是个极其精明的战略家，但是却看不清这层内情，最后也只能无可奈何，佯装自己疯了，离韩信而去。

但是，我们看历史不能够把每个历史人物的行为都"绝对利益化"。这些人物都是有自己的七情六欲的，韩信也有。即便是刘邦这种为了政治利益都能放弃自己家人的政治机器，也是一个特别念旧、重感情的人。刘邦这样的人都有七情六欲，何况是韩信？

韩信是个破落贵族，打小就受尽歧视、欺侮，因此他对别人给予自己的恩惠特别看重。韩信的发迹，是刘邦打破汉国体系内部的正常升迁程序，拔擢他为大将军。可以说，没有刘邦这个"伯乐"，韩信这匹

---

①陈寿：《三国志》792页，中华书局1971年版。

②根据《三国志》《晋书》中不少传记，司马昭及不少大臣似乎在钟会伐蜀之前就已经能够预见到钟会的野心了。但是《晋书·荀勖传》就曾记载："及钟会谋反，审问未至，而外人先告之。帝（笔者按：即司马昭）待会素厚，未之信也。"（【唐】房玄龄 等：《晋书》1153页，中华书局1974年版）看来，司马昭一开始也没有察觉到钟会的野心。仇鹿鸣先生详细考察各条史料，最后指出："在伐蜀之役前，钟会确实已有居功自傲、骄横跋扈的迹象，但若当时已有人预见钟会之反，恐非事实。"（138页，详见仇鹿鸣著《魏晋之际的政治权力与家族网络》，上海古籍出版社2015年版）

"千里马"才能再如何超群,那也是无济于事。无论是谢绝武涉还是蒯彻,韩信始终都以刘邦对自己有恩为由来拒绝。知恩图报、士为知己者死是韩信的处世哲学。也许韩信对刘邦会骄横、会不满,但是要让他真正下决心背叛刘邦,恐怕还是不可能的。

韩信不肯自立,是韩信主观性格与当时客观形势的双重作用下的结果。齐地之不可自立是不以韩信的意志为转移的,如果韩信要想改变这一局势,他可能就要被历史所吞噬。

韩信既然不肯自立,决意完全倒向刘邦,那么三足鼎立的格局也就不可能形成,今后的历史还是楚汉两分天下。在这种形势下,刘邦已经从战略层面上取得了对项羽的压倒性优势,项羽的覆灭只不过是一个时间问题。

四、刘项广武对峙

广武对峙

汉四年(公元前203年)十月,随着项羽大军的回援,刘邦遂至广武与樊哙会师,敖仓大概继续留给周勃坚守。项羽见刘邦大军北奔广武,也奔至广武,与刘邦对峙,楚汉荥阳之战的第三阶段就此拉开序幕。

樊哙在广武已经镇守了整整一年,刘邦称帝后,又因为"(樊)哙坚守有功"[1],给樊哙增加八百户的食邑,可见刘邦对广武之重视。那么,刘邦为什么这么重视广武此地,不仅让樊哙镇守,自己后面还亲自

---

[1] 司马迁:《史记》2657页,中华书局1959年版。

第六章 包围大成 鸿沟议和

到此与项羽对峙呢?

广武,在敖仓城西的三室山(今三皇山)之上,山上有两座山头,一个叫西广武,一个叫东广武,这两座山头被广武涧阻隔,不能从一方直接到达另一方。假如据守在西广武的军队想要攻打东广武的军队,必须绕行数十里,方能与敌人作战。看来,这是一个利于防守的好地方,一旦驻军于此,可以让迫切想要与刘邦决战的项羽望涧兴叹,怪不得刘邦要据守此地。

广武山上有广武城。广武城最早是在秦昭襄王四十三年(公元前264年)筑造的,《史记·范雎蔡泽列传》记载:"昭王四十三年,秦攻韩汾陉,拔之,因城河上广武。"[1]看来在战国末期,广武山上就已经筑城了。刘邦、项羽在广武涧对峙,当也是以秦城作为基础,不用再重新筑造新城。

虽说不用再另造新城,但是广武山上的秦城毕竟也是六十年前筑造的老城了,如今刘、项要在广武山对垒,怎能不重新翻修一遍?刘邦占据西广武,修筑汉王城;项羽则占据东广武,修筑霸王城(又叫楚王城)。刘、项隔着广武涧,开始将近一年的军事对垒。

汉王城、霸王城二址至今尚存,但是由于受到河水冲刷,二城的北墙已经塌入黄河之中,原貌已无从考证。1973年,张驭寰先生对汉、霸二王城进行调研,给我们留下了一份很宝贵的田野考察资料。

汉王城面积较大,东西宽度1200米,南北长度今仅存300米。霸王城较小,东西宽度仅1000米,南北长度今仅存400米。霸王城西南城角是汉、霸二王城的最高点。霸王城西墙紧逼山峰,比起汉王城更为险要,难以攻克。[2]

尽管霸王城较为险要,但是可以说,这对项羽并不是一件好事。

---

[1] 司马迁:《史记》2417页,中华书局1959年版。
[2] 关于汉、霸二王城的详细考察,详见张驭寰先生的《汉王城、楚王城初步调查》,《文物》1973年01期,42-43页。

项羽来到荥阳与刘邦作战，绝不是要据险而守，而是要迅速消灭刘邦军队主力，好让西楚能够顺利控制河南郡。结果现在项羽被迫在东广武筑城与刘邦对峙，自己只能据险自守，而不能与刘邦决战。广武山是刘邦亲自为项羽挑选的一处战场，项羽着了刘邦的套，也在广武与之对峙，这导致了项羽无法发挥自己精锐部队的野战优势，彻底陷入困境之中。

项羽也许是吸取了荥阳之战第二阶段的教训，在第三阶段中，他只打算死守东广武，和刘邦对峙，不愿再轻易率军东征。这给了身在谷城的彭越以大好机会，彭越屡屡骚扰项羽的粮道，项羽的军粮供给时常出现问题。但是项羽不敢再轻易出击，任凭大后方被彭越袭扰。项羽现在既然已经完全放弃了自己的大后方，那么自己必须速战速决，逼迫刘邦出战甚至投降，否则自己就败局已定了。

项羽在荥阳之战的第一、第二阶段，与刘邦打得有来有回，可是到了第三阶段，他已经是黔驴技穷，彻底拿刘邦没有任何办法了。项羽既然在军事谋略上已经无法制服刘邦，他就企图用一些下三烂的手段逼刘邦就范。

项羽想到刘邦的父亲刘太公和妻子吕雉在彭城之战后就被自己俘获，打算利用他们来威胁刘邦。于是项羽令人在楚王城上设置高俎（遗址至唐代尚存，被人称为"项羽堆"，或叫"太公亭"[1]），把刘太公绑到高俎上，吸引刘邦的注意力。

项羽亲自走到高俎上，对对面的刘邦喊话道[2]："你还不投降的话，我就把你爸给煮了！"

项羽果然早已泯灭人性，为了逼迫刘邦就范，不仅拿对方的父亲进行要挟，甚至还要用烹杀这种暴行来惩罚刘邦父亲。

对于刘邦来说，投降是绝对不可能投降的。现在汉国已经完全赢得

---

[1]《史记正义》引《括地志》云："东广武城有高坛，即是项羽坐太公俎上者，今名项羽堆，亦呼为太公亭。"（328页）

[2] 汉、霸二王城距离较近，向对方喊话是完全能听得见的。只是因为广武涧涧深达800米，导致双方无法强攻对面。

第六章 包围大成 鸿沟议和

对项羽的战略优势了,如果刘邦为了父亲打算向项羽投降,只怕自己的亲信会立即叛变,太公可能还安全无恙,但是刘邦自己的性命就不好说了。可是如果刘邦为了政治利益,要"大义灭亲",那可就要真要目睹自己的父亲被敌人活活烹杀了。面对项羽这个真正的流氓,无论走哪条路,对于刘邦来说都是极为被动的。

面对项羽这番要挟,刘邦立即回话道:"我和你当年都受命于楚怀王,约为兄弟,我的父亲就是你的父亲。如果你真要烹杀你的父亲,你别忘了要分我一杯羹啊!"

刘邦这番回复虽然在日后被不少人骂为"流氓",毫无亲情人伦意识,但是事实上,这件事情中真正的流氓,真正灭绝人性的是项羽而不是刘邦。刘邦这一回答,事实上是把皮球踢回项羽的身上,自己反而占据了道义上的优势。项羽要是真的烹杀了刘邦的父亲,那么项羽就是烹杀结拜兄弟的父亲,届时项羽也要名声受损;要是不烹,那项羽就再也拿不出任何可以威胁到刘邦的招数了。

事实上,"吾翁即若翁"这个经典回复并非刘邦自创,而是刘邦活用了齐晋鞌之战后齐国使臣的回复。齐顷公六年(即周定王十四年,公元前593年),晋国郤克出使齐国,觐见齐顷公。齐顷公的母亲萧同叔子听说郤克是瘸子,躲在帷帐后偷看郤克的脚,忍不住哈哈大笑。郤克大怒,发誓要报仇。不久后,齐国使者来到晋国,郤克捉住其中四人,全部处死。两年后(公元前591年),已经官至晋国中军将的郤克率军讨伐齐国,齐晋鞌之战爆发,齐国惨败,齐顷公险些被俘。

事后,齐顷公派宾媚人向晋国求和。郤克开出的其中一个条件是齐国必须交出萧同叔子,宾媚人则说:"萧同叔子非他,寡君之母也。若以匹敌,则亦晋君之母也。"[①]最后郤克权衡利弊,终于没再要求齐国交出萧同叔子。

虽然史书没有记载刘邦是否熟知春秋历史,但是笔者认为,这两

---

① 杜预:《春秋经传集解》643页,上海古籍出版社1978年版。

则历史故事相似性太高，刘邦应该是知道这段故事的，并且加以活学活用，拿宾媚人反驳郤克的话来堵住项羽的嘴巴。

项羽未必知道这么一段典故，但是他知道刘邦现在已经让他骑虎难下了。项羽大怒，就准备把刘太公直接给剁了。项伯当时跟随项羽在广武与刘邦对峙，当他看见项羽居然要杀了自己亲家的父亲，赶忙阻止项羽，对他说："天下的事现在还不可知晓，况且那些志在天下的人往往都顾不得自己的家人，你就算杀了刘太公也没有用处，那只会给你增添祸患罢了。"项伯既是西楚阵营中的亲刘派，又是项氏家族的长辈。现在长辈已经站出来劝说了，向来重视宗族关系的项羽便也就同意了项伯的这番说辞，放了刘太公。

经过这么一闹，项羽总算发现了一个道理，对于刘邦来说，亲人与天下相比，是天下更重要。对于刘邦这种老练的政治家来说，确实没有什么比天下还要宝贵的了。既然如此，项羽便也再找不出刘邦的任何弱点，只能继续漫无目的地和刘邦干耗下去。

有一日，项羽终于忍不住了，直接对刘邦喊话："天下数年扰攘不安，只是因为我们两个人罢了。我愿意与你单挑，一决雌雄，不要再让天下百姓受苦受累了。"

笔者每次读到这段故事都不免惊叹，项羽此时的政治水平比起四年前戏下分封的时候，已经退化特别多了。也许是这四年的时间内，项羽先与田荣、田横兄弟交战，后来又和刘邦、彭越作战，无暇顾及政事，让项羽变得越来越崇拜武力，认为武力就可以解决世上的一切问题。

对于刘邦来说，项羽事实上已经把西楚的家底亮给自己看了。项羽已经无力和刘邦继续对峙下去，只能寻求用统治者单挑的手段来决定胜负。可能项羽以为这样可以炫耀自己的武力，但是在别人看来，这是告诉敌人自己已经快坚持不下去了。

果然，听到项羽说了这一番话，刘邦忍不住就笑了，连连说："我宁愿跟你斗智，绝不和你比武。"

项羽听了刘邦这番话，立即挑出楚军营中的壮士去挑衅汉军。刘

第六章 包围大成 鸿沟议和

邦则挑出汉军其中的一个楼烦骑兵,看到有人挑衅,就将挑衅的士兵射死。楚军连续挑衅三次,那位楼烦骑兵就接连三次射死对方的壮士。

如果说刘邦是"斗智"的典型,那么项羽就是"斗力"的典型。项羽看汉军居然有这么一位善射的骑士,就亲自披甲持戟,要与这位骑兵单挑(当然,这只是气话,项羽总不可能飞过广武涧,来到汉王城单挑)。楼烦骑兵本来想要一箭射死项羽,结果项羽突然瞪大眼睛,怒斥这位骑兵。这位骑兵被项羽吓到了,眼睛不敢正视项羽,手上的弓也无力张开,直接跑回营垒,再也不敢出来。刘邦派人打听西楚那位披甲持戟的壮士是谁,得知是项羽后,也大惊失色。

刘邦走出营帐,隔着广武涧,又和项羽开启新一轮的喊话。项羽故技重施,又让刘邦赶紧过来和自己单挑。刘邦趁势向楚汉双方的士兵们发表了一通演讲,数落了项羽的十大罪状,又一次把自己置于正义的制高点上。刘邦在数落项羽后,还不忘说:"我率领义军和诸侯一起诛杀残暴的贼人,让受过刑的罪人来击杀你项羽。我何苦要来跟你单挑呢?"项羽气不打一处来,弯弓搭箭,一箭射中刘邦的胸口。刘邦虽然疼痛难忍,但是为了鼓舞士气,按住自己的脚,大声喊道:"敌人射中了我的脚趾!"[1]

随后刘邦赶紧撤回帐中,躺下修养。一旁的张良知道,刘邦刚才那番喊话并不足以安定军心。因此张良请求刘邦赶紧忍痛起床,慰劳士兵,不让项羽抓住机会偷袭汉王城。刘邦不独是把天下看得比亲情还重,对他来说,天下甚至比自己的命更重要。因此刘邦同意了张良的请

---

[1] 有学者指出,项羽能这么轻易被刘邦骗过,很可能是因为项羽疑似有先天性白内障。王云度在《楚汉战争散论》中说:"在广武对峙时,项羽伏弩射中汉王,'汉王伤匈,乃扪足曰:虏中吾指!'"居然能骗过项羽,逃脱一死。可见项羽视力明显有障碍,结合项羽被称为'重瞳子'(瞳仁上有一圆点),少时'学书不成',喜学兵法,'又不肯竟学'来看,根据现代医学知识分析,项羽可能患有眼疾,疑似先天性白内障。这对项羽的外观形象和性格都有一定的影响。"(王云度:《楚汉战争散论》,《秦汉研究》2012年,25页)。

求，忍痛起床，巡视军营，总算是安定了人心。

但是因为刘邦这次受伤，又是喊话，又是长时间走动，导致自己的伤愈发严重。刘邦已经无力继续留守在广武城，他带上故塞王司马欣的尸体，在一部分士兵的保卫下，紧急离开汉王城，从汉王城西门出发，赶往成皋（广武估计还是继续留给樊哙镇守）。

刘邦在成皋把伤口养好后，并没有回到广武。刘邦知道，现在荥阳之战已经到了最后的收尾阶段了。现在胜利的天平已经向汉军倾斜，只要自己的大后方不出乱子，项羽就没有什么机会可以打败自己。之前和项羽对峙，刘邦一直无暇回到关中安抚人心，现在项羽刚好给了他一箭，自己则可以趁机回到关中。

刘邦回到关中后，来到了汉都栎阳。栎阳曾经是塞国的都城，司马欣在关中，尤其是在栎阳还是有一定影响力的。刘邦这次特地把司马欣的尸体带回来，令人将他的头砍下，悬挂在栎阳的集市上，供人围观（司马欣此时已经死了一个月左右）。

刘邦来到栎阳后，又亲自慰问栎阳的父老们，并且设酒宴招待他们，向世人展现了他"宽厚长者"的一面，赢得了大家的好感。刘邦待在栎阳整整四天，安抚了关中的人心，进一步巩固了汉国的根据地。在萧何的帮助下，刘邦又在关中招募了一大批军队，随他赶往前线继续和项羽对峙。

汉四年二月，项羽得知韩信当了齐王后，派武涉劝说韩信自立，与楚联合，企图挽回荥阳败局。但是韩信先拒绝了武涉的提议，后来又拒绝了蒯彻称霸天下的战略方针，选择支持刘邦。项羽无奈，只能继续和刘邦对峙下去。

从汉四年二月开始，一直到汉四年七月前，史书整整五个月内没有任何记载。在这将近半年的时间内，大概就还是刘邦继续和项羽在广武对峙下去。也许项羽又曾好几次想要和刘邦单挑，但是都被刘邦驳回去了。后方的彭越，在田横的辅佐下，继续断绝西楚的粮道，让项羽首尾不得相顾。韩信在当了齐王后，也开始不断派出军队支援敌后战场，也玩起了游击战。

在这几个月的时间内，北方战场在韩信的治理下形势一片大好，正面战场上刘邦继续拖住项羽，敌后战场取得越来越大的进展。汉军的胜利成果不断巩固下来，而项羽仿佛是破罐子破摔，除了继续住待在霸王城内和刘邦对骂，就再也没有任何作为了。项羽从战争刚开始的纵横驰骋，到现在的意志消沉，也隐隐反映出西楚的国力由盛转衰。

项羽十大罪

在广武涧对峙时，项羽之所以要朝刘邦射一箭，主要是由于刘邦宣布了他的"十大罪状"。那么刘邦所指出的这"十大罪状"究竟是什么罪状呢，居然会让项羽这么生气？

我们来看看项羽的"十大罪状"：

一、当初刘邦和项羽都接受"先入关中者王"的"怀王之约"，结果项羽背约，让刘邦到蜀、汉地区称王；

二、项羽矫楚怀王诏，杀死卿子冠军宋义，自称"假上将军"；

三、项羽在巨鹿之战击破秦军，解救了赵国，应当回师复命，结果项羽居然劫诸侯军西入关中；

四、楚怀王和众将约定，进入关中后不可烧杀掳掠，结果项羽入关后，烧毁秦朝的宫殿，盗掘秦始皇陵，私自没收秦宫内的财产；

五、项羽杀害了故秦王子婴；

六、项羽在新安诈坑二十万秦军，封章邯、司马欣、董翳为王；

七、项羽让六国君主的将领们在好地方称王，而驱逐故主，这导致臣子们争相叛逆；

八、项羽把义帝赶出彭城，把彭城作为自己的都城；同时，项羽还夺取了韩王韩成的封地，项羽又在梁、楚地区称王，多划给了自己很多的土地；

九、项羽派人在江南暗中杀害了义帝；

十、项羽作为臣子杀死自己的君主，又杀害已降的士兵。在项羽主政期间，执政不公，主持约定不守信用，为天下人所不容，简直是大逆不道。

项羽的这"十条罪状"中，前面九条是项羽具体的罪行，第十条是总说。中井积德曾据此怀疑刘邦是"九罪项王"，而非"十罪"，最后一个"罪十也"可能是衍文。①当然了，不管是九罪还是十罪，这些都不影响我们后面的分析。笔者按照"十罪"的说法，来对这些罪状进行评析。

首先，我们要说明的是，刘邦所说的这"十条罪状"有一些是有夸大的，并不完全是项羽的问题，这集中体现在罪三、罪四。按照"怀王之约"，项羽也是可以争入关中，而不是只要北上救赵的。项羽在巨鹿大捷后，收降章邯、西入关中并没有违背"怀王之约"。至于罪四，且不说这是项羽和诸侯们的共同行动，即便是以"仁义"面貌展现在秦民面前的刘邦，在入关伊始，也掠夺了不少财物。刘邦把咸阳的破坏完全归罪于项羽，是典型的政治抹黑（同时，项羽也未必盗掘过秦始皇陵，应该只是破坏了地面建筑）。

当然，笔者并不打算仔细探究这"十条罪状"究竟是不是抹黑了项羽。笔者在这里只想探讨"十罪项王"所发挥的巨大的政治意义。

李开元先生在探究项羽十大罪时，曾敏锐指出："十大罪中，项羽负'怀王之约'一事，被刘邦列为首罪，其余之九罪，无不直接或间接涉及'怀王之约'……可以说，在整个汉王国时期，'怀王之约'始终为刘邦集团所重视和强调，此事绝非出于偶然，而是有其一贯性和渊源的。对于刘邦集团来说，'怀王之约'乃是其统治以关中为中心的旧秦国的法理依据，也是其否定项羽，强调汉之正当性直接源于怀王之楚的大义名分。"②

---

① 泷川资言：《史记会注考证》卷八58页，文学古籍刊行社1955年版。
② 李开元：《汉帝国的建立与刘邦集团：军功受益阶层研究》132-133页，生活·读书·新知三联书店2000年版。

第六章　包围大成　鸿沟议和

李开元先生所说甚允。刘邦十罪项羽，并不仅仅只是"泼妇骂街"，而是蕴含着刘邦自己的政治考虑。刘邦既是在罪项羽，同时也是在褒自己。刘邦意在宣扬汉国的合法性乃是源于"怀王之约"，是正统；项羽先废"怀王之约"，后又暗杀义帝，是篡逆。项羽勃然大怒，气得打算杀了刘邦，主要原因也在于刘邦直接否定了项羽作为天下共主的身份。

对于当时的人们来说，秦王朝覆灭以后，当时最有资格继承秦王朝政治遗产的乃是楚国。在戏下分封时，楚怀王被尊为义帝，当年的纪年也被改为义帝元年，可见当时由怀王之楚代替秦朝，已经得到了诸侯们的一致共识。但是，谁又该继承楚怀王的政治地位呢？在项羽看来，自己主盟天下，而且在义帝死后，自己则正式当了天下共主（或者说是反汉联盟的盟主）。因此，正统必然在项羽这里。

刘邦集团为了打破项羽的正当地位，证明汉国的法统源于"怀王之约"。在刘邦组建反楚联盟时，就是以为义帝发丧作为借口。现在，刘邦在广武十罪项羽，更是指出项羽曲解、背叛"怀王之约"，又杀害了义帝，根本没有资格继承义帝的政治遗产。而汉国，则是一直坚持着"怀王之约"，更有资格继承义帝的政治遗产。

自从范增死后，西楚就再也没有对政权法统具有深刻理解的人物。项羽面对刘邦的指责，气得哑口无言，直接就要杀了刘邦。这更反映出项羽的无力，也让天下人看出项羽确实没有资格继承义帝的政治遗产。

饶胜文曾经指出："为义帝发丧、布项羽十大罪则把本应非常复杂、分散的矛盾加以简化，使问题变得简单，从而加快了重新整合天下、统一天下的进程。"[①]为什么刘邦的这两条措施会"使问题变得简单"呢？这就是因为树立政权的合法性对刘邦有两大好处：第一是指明项羽是天下共敌，孤立项羽；第二则是在最短的时间内简化社会矛盾，

[①] 饶胜文：《布局天下：中国古代军事地理大势》299-300页，解放军出版社2006年版。

· 337 ·

使得纷繁复杂的天下局势变为楚汉正邪之战。

项羽不明白这个道理，他一直以来做的都是如何激化矛盾。笔者在评析戏下分封的时候已经提及，项羽的一系列举措不是为了缓和矛盾，而是为了激化矛盾，加速新一轮内战的爆发。但是刘邦在秦朝灭亡后则一直致力于缓和社会矛盾，孤立敌人。两相对比，二人高下也就一目了然了。

刘邦十罪项羽以后，导致本就孤立的项羽，在政治上已经彻底输给了刘邦。当项羽气得把箭射在刘邦胸口的那一刻起，他就已经是在承认自己是乱臣贼子，自己不应当继承义帝的政治遗产。

刘邦不过痛在一时，而项羽的痛，一直到他死后的两千多年内都无法化解。崇尚武力者，永远都不会明白"战争是政治的继续"这一条颠扑不破的真理。

五、楚、汉大后方的得失

敌后战场基本完胜

刘、项自从在广武对峙后，项羽就一直待在霸王城内不肯再挪动半步。彭越、田横抓住这个机会（刘贾、卢绾、靳歙这一时期内的动向史书无载，可能回到广武了），屡屡断绝西楚的粮道，而项羽再也不肯轻易回援大后方了，导致西楚大后方的局势在汉四年已经开始呈现出溃败的态势。

汉四年十一月，刘邦派张良前往齐国册封相国韩信为齐王，同时抽调韩信的一部分军队。

韩信被封为齐王后，对刘邦更怀感激之情。当年韩信灭亡西魏后提出的战略报告书中，韩信已经完成了前两步（即北举燕赵和东击齐），

第六章　包围大成　鸿沟议和

现在要开始完成第三步——南绝楚之粮道。

齐地现在已为韩信所据，更兼项羽率主力正在广武与刘邦对峙，彭城附近的军队并不多。更何况经过彭越这几年有计划的"挠楚"，大后方早已经是不堪一击了。在一些原因的共同作用下，韩信认为，不应该只是绝楚之粮道，而是应该把整个西楚的大后方彻底给占据。

可是，现在齐国虽然已经平定，但到处都是反抗力量。韩信当这个齐王，一开始也正是为了要镇抚齐国，因此韩信绝不可能亲自率兵攻占彭城，只能委任于一员可靠的得力战将。韩信手下长期有着独立作战经验的无非就是曹参和灌婴二人。曹参和韩信共事多年，韩信要平定齐地，还需多多仰仗曹参。至于灌婴，他曾经就参加过断楚粮道的军事活动，可以说是相当有经验。因此现在破袭西楚大后方的任务交给灌婴独立领导是再适合不过了。①

---

①韩信派灌婴南下破袭西楚的大后方，乃是学术界的共识。但是施丁先生曾认为灌婴不是被韩信派遣，而是被张良调遣的。当初刘邦让张良册封韩信的时候，曾让张良调走韩信的一部分军队。施丁认为这一部分军队应是灌婴的骑兵部队，史书上确实记载张良调走韩信的部分军队，可是从未明言调的就是灌婴之军，该说不免有些武断。施丁证明灌婴南下非韩信调遣的一个主要证据是："《史记·灌婴列传》云：'齐地已定，韩信自立为齐王，使婴别将击楚。'这是简略的写法，稍欠明确。即使如此，'婴别将'也已说明灌婴骑兵部队扫荡楚大后方及夺取彭城，乃独立行动，并不属于韩信南下大军，也不受韩信指挥。"（施丁：《垓下之战新谈》，《中国社会科学院研究生院学报》2010年05期，125页）笔者认为这一说法有些欠缺，"婴别将"并不能说明灌婴就不受韩信统属，而是独立行动。例如：《史记·曹相国世家》载："（曹参）以假左丞相别与韩信东攻魏将军孙遬军东张，大破之。"（2026页）我们都知道，曹参击败孙遬的东张之战，虽系曹参的独立指挥，可是曹参当时必须接受韩信的领导，而不是曹参独立行动，不需要接受韩信的指挥。又如：《史记·樊郦滕灌列传》云："还定三秦，（樊哙）别击西丞白水北。"（2655页）樊哙虽然是"别击"，但是当时他要服从将军曹参的领导，更要服从战役总指挥刘邦的调遣。并不是樊哙"别击"了，他就不需要听从刘邦的安排。只要细究《史记》，此类记载比比皆是。笔者认为，"别"只能说明这一将领曾经独自领导了一支军队参加过某一军事行动，但并不能说明这员将领就已经是独立的军事统帅，不用受到自己直属领导的指挥了。因此笔者认同大多数学者的看法，当时灌婴必是遵韩信军令，南下作战无疑。

灌婴接到韩信的命令后，遂率领自己的郎中骑兵火速突入西楚国的大后方，务求直接端掉项羽的大本营。灌婴从临淄一路南下，抵达到西楚国薛郡郡治鲁县城北。灌婴曾经就在鲁县之下击败过西楚大将项冠。这次灌婴的对手不是项冠，而是公杲。灌婴与公杲在鲁北作战，大破公杲。接下来，灌婴继续率骑兵南下，遇到了薛郡长的抵抗。灌婴击败薛郡长，并且亲自俘获了一员西楚骑将。至此，西楚国的薛郡彻底被灌婴打穿。

接下来，灌婴一路南下，到达四川郡，在傅阳（今山东枣庄南）再破西楚军。傅阳之战后，灌婴本来可以直接向西南方向进发，直取彭城，但是灌婴并没有这么做，他打算把大后方的西楚军队全部打击，之后再占领彭城，这样才能做到一劳永逸。出于这样的战略考虑，灌婴率骑兵向东南方向出发，来到了四川郡和东晦郡交界的下相（今江苏宿迁市宿迁镇古城村内，此地是项羽的出生地）东南的僮县（今兼有江苏泗洪、睢宁及安徽泗县的一部分），灌婴在这里又击败了西楚军队，然后向西北进发攻破取虑（今安徽灵璧北），又向东南进发攻破徐县（今安徽泗县西北）。自此，四川郡东南部基本全被汉国占领。

徐县就在淮河附近，因此在攻破徐县后，灌婴决定渡过淮河，对西楚的东晦郡发起致命一击。灌婴渡过淮河后，所过之处，众人纷纷投降。灌婴的大军一直到达了广陵（今江苏扬州蜀冈古城）。至此，东晦郡南部基本全被灌婴占领，淮河下游北岸地区，几乎尽从汉军。

身处霸王城内的项羽听闻灌婴居然打穿了薛郡、四川郡，又占领了西楚大半淮北地区的领土，大惊失色。但是这时的项羽一改荥阳之战第二阶段的态度，他决定不再回援。项羽遂令项声、薛公、郯公率兵平定淮北地区的领土。

当时灌婴正待在广陵（地处淮南），随时都有渡过长江攻打会稽郡、故鄣郡的态势。这时灌婴得知项声等人率军南下，便率领骑兵北渡淮河，与西楚援军交战。

项声此人当年曾经同龙且一起参与过平定九江国叛乱的战事，打败

过英布。虽然我们不知道项声在那场战役中究竟发挥了多大的作用,但应该还是有点儿才能的。

灌婴、项声二军在下邳展开了大决战,此战,灌婴大破项声、郯公,斩杀薛公,并攻占下邳。灌婴又率军横穿四川郡,攻下四川郡、九江郡交界的寿春(今安徽寿县)①。

灌婴攻下寿春后,决计追歼西楚溃兵。灌婴遂率兵横穿四川郡,来到薛郡中部的平阳县(今山东邹县),在此处大破西楚国骑兵。至此,整个西楚大后方的军事力量几乎全被灌婴消灭,处于瘫痪状态。西楚统帅项声未见记载,也许已经死于某次战役之中了。

灌婴横扫四方以后,终于决定要彻底占领西楚国的都城彭城。在潍水之战后,西楚主帅项它逃回西楚境内,项羽让项它留守彭城(此时项它官至柱国、砀郡长②)。从史料记载来看,项它此人并无特别突出的才能,甚至是给西楚军拖后腿的(龙且在定陶、彭城、潍水的败绩,都有项它的参与)。汉二年四月彭城之战时,项它已经让彭城失陷过一次,不知项羽这次为何还是让项它留守彭城。

果然,灌婴这次攻打彭城,顺利地将西楚国都给攻占下来,并且俘获了项它。项它一开始并没有投降,但是到了高帝六年(公元前201年),还是投降了汉王朝,被刘邦改姓为刘,一年后(公元前200年)被封为平皋侯。

灌婴攻下彭城后,项羽还是没有离开广武,继续和刘邦对峙。大后方局势糜烂至此,项羽已经无力回天,干脆就不动如山,放弃了彭城。至此,灌婴的这次军事远征以胜利告终。

---

①《史记·樊郦滕灌列传》只记载灌婴攻下下邳,但《汉书·灌婴传》则记载:"(灌婴)下下邳、寿春。"(2082页)《汉书》增《史记》中未见的灌婴之战功,我以为当是有本可依。故笔者暂从《汉书》。

②《史记·樊郦滕灌列传》载:"柱国项佗。"(2670页)按:项佗即项它。《史记·高祖功臣侯者年表》平皋侯条载:"项它,汉六年以砀郡长初从"。(929页)

这次远征，在笔者看来是灌婴军事生涯中最为辉煌的一次战役。灌婴的军事成就与韩信的正确指导是分不开的。虽然史书并未记载韩信在灌婴这次远征中究竟扮演了怎样的角色，但是笔者认为灌婴先消灭西楚主力部队，再占领无险可守的彭城的这一战略，应该是事先韩信针对西楚国的状况制定下来的，灌婴忠实履行了韩信的这一战略方针，遂取得了如此大的战果。

灌婴这次远征，史书并未记载具体的发生时间，笔者认为应该是发生在汉四年二月至八月的这一段时间内。在灌婴这半年的远征中，先后扫荡了西楚国的薛郡、四川郡、东晦郡、砀郡、九江郡。其中，薛郡、东晦郡大半领土被灌婴占领，四川郡几乎全境沦陷。

在这一时期，西楚国的东郡、砀郡依旧受到彭越、田横的不断骚扰，不得安歇。南阳郡在当初刘邦纳袁生之策南下时，已经被汉军攻下大半。在楚汉战争后期，南阳郡的归属未曾被记载，大概全境已经被汉军占领。

至此，西楚国十一郡（项羽灭九江、衡山二国后，占领了九江郡、衡山郡）中，只剩下淮阳郡、衡山郡、会稽郡、故鄣郡未被攻打。而这四郡中，只有一个淮阳郡据有较大的战略价值和政治影响。时局发展至此，西楚的颓势已经无法挽回。

情况还比想象中更要严重，灌婴这半年来的游动作战，已经彻底摧毁了西楚敌后战场的主要军事力量，西楚统帅项它被俘、项声不知所踪。在经过彭越无数次疲扰和韩信的军事打击，敌后战场上汉军也已经取得了完胜。现在四大战场只剩下一个正面战场尚未分出最后的胜负。

汉四年八月汉王令

汉四年八月，天下形势已经完全倒向了刘邦这一方，项羽还是据守

第六章　包围大成　鸿沟议和

在霸王城内负隅顽抗。刘邦为了加快结束战争，接连下达两道王令，修理内政。

第一道王令："初为算赋"；

第二道王令：将阵亡将士们的尸体送还故乡。

关于"算赋"，在史书中正式提到这个名字的仅见一处，即《汉书·高帝纪》中的"（汉四年）八月，初为算赋"[1]。那么这个算赋究竟是什么呢？由于史书记载实在太过简略，就连《汉书·食货志》中都没有对"算赋"进行一些具体的说明，导致现在学者们对于"算赋"有着种种不同的说法。笔者对于算赋并没有进行多少研究，因此只是简单陈述一下自己的观点。

关于算赋的起源，早期学者普遍认为是源自秦孝公十四年（公元前348年）"初为赋"[2]的改革措施。现在有学者指出，秦孝公所推行的"赋"应当是"户赋"，而不是"算赋"[3]。笔者认同这种说法，至今尚未有明确的资料可以证实秦朝就已经出现了真正意义上的算赋。

秦代如果确实未曾出现过算赋，那么刘邦、萧何无疑就是算赋制度的开创者了。那么这个制度究竟是在搞什么呢？如淳注引《汉官旧仪》解释说："《汉仪注》：民年十五以上至五十六出赋钱，人百二十为一算，为治库兵车马。"[4]根据如淳的这一说法，刘邦、萧何推行的这个算赋，要求15-56岁的百姓每人要交给官府120钱（一算），以满足战争的要求。

《汉官旧仪》是东汉时期的著作，可以说"人百二十为一算"确实是符合汉朝制度的，可是笔者认为这一制度必不会是出现在楚汉战争时期。当时楚汉战争已经进入到了最后的阶段，刘邦、萧何需要的不是

---

[1] 班固：《汉书》46页，中华书局1962年版。
[2] 司马迁：《史记》203页，中华书局1959年版。
[3] 朱德贵：《秦汉简牍所见"算赋""口赋"再探讨》，《中国农史》2019年02期，50-53页。
[4] 班固：《汉书》46页，中华书局1962年版。

钱，而是源源不断的人口。如果在这一阶段，刘邦、萧何决定加重盘剥这些因为战争、天灾、徭役使得家境越发贫困的百姓，那么很有可能会激起民变。刘邦是一个比较体察民情的统治者，战争尚未结束，他未必会制定出这样的制度。如果算赋不是要交钱，那么还能交什么呢？

在张家山汉墓出土的《二年律令》中，有过这么一条律文："恒以八月令乡部啬夫、吏、令史相襍案户籍，副臧其廷。"[1]《二年律令》是高后二年（公元前186年）汉王朝施行的法律，距汉四年仅隔17年[2]。笔者认为，《二年律令》中的这条法令，其实就是对汉王四年令中"八月，初为算赋"的具体化。

《二年律令》的这条律文主要讲的是，每年八月，乡部啬夫、吏、令史需要对乡进行户籍统计，统计完后制作成册子，一式两份，分别放在乡、县内。可以看出，这条法律主要就是为了统计各地区的人口及其家庭状况，并不是挨家挨户去收"算钱"。

笔者有一条证据可以将"初为算赋"和"襍案户籍"这两条法令联系起来。唐代李贤在为《后汉书·皇后纪》作注时，曾引用《汉官旧仪》的一句原文："八月初为筭赋，故曰筭人"。李贤引用这句话是为了解释《后汉书》中的这段话："汉法常因八月筭人，遣中大夫与掖庭丞及相工，于洛阳乡中阅视良家童女，年十三以上，二十已下，姿色端丽，合法相者，载还后宫，择视可否，乃用登御。所以明慎聘纳，详求淑哲。"[3]李贤又在"（灵思何皇后）家本屠者，以选入掖庭"一句中引《风俗通义》解释"汉以八月筭人"[4]。从这两段史料中我们可以看出，在"八月筭人"的时候，官员需要到乡中"阅视"。这说明，初为算赋

---

[1] 张家山二四七号汉墓竹简整理小组 编著：《张家山汉墓竹简【二四七号墓】（释文修订版）》54页。

[2] 有些学者认为，《二年律令》应该是汉二年颁布，而非高后二年颁布。关于这一说法，笔者暂且存疑，采用目前的的主流观点——高后二年颁布说。

[3] 范晔：《后汉书》400页。

[4] 同上书，449页，中华书局1965年版。

第六章 包围大成 鸿沟议和

与褚案户籍是一回事。而因为刘邦在八月推行了算赋制度，从此以后，每年"八月筭人"成为了固定的政治制度，延续了整个两汉。

看来，如果初为算赋就是褚案户籍的话，那么"初为算赋"就不可能是要求缴纳"算钱"，而是政府对人口进行的清查活动。臧知非先生说："'八月，初为算赋'的'算'是核实、登记、计算之意，即登记年龄、体貌、身份、田宅等，计算赋役，制作成宅园户籍、年细籍、田比地籍、田命籍、田租籍等簿书；'赋'是赋敛，根据'算'的结果赋取；'为算赋'之'算赋'是动词的名词化，是制作算、赋簿书；因'为算赋'以人为核心，在八月'户时'进行，故谓'八月算人'。"① 笔者认为，臧知非先生对"八月，初为算赋"做了非常恰当的总结，当时"初为算赋"并不是传统意义上的需要缴纳钱的算赋，而是"算人"，即对户籍进行清查。

事实上，"初为算赋"是萧何一直在做的工作。根据《汉书·萧何传》，"（萧何）计户转漕给军"②，其中的"计户"就是统计户口。统计关中地区以及被征服区的户口应该在汉元年四月至八月间展开，到汉二年五月前结束。③

汉二年五月前，萧何已经第一次统计完关中地区的人口以及户口，并且编辑成册，建立了相对完善的傅籍制度。傅籍制度建立以后，萧何开始征发大量著籍人士及"老弱未傅者"赶往前线，支援刘邦。

---

① 臧知非：《"算赋"生成与汉代徭役货币化》，《历史研究》2017年04期，31页。

② 班固：《汉书》2007页，中华书局1962年版。

③ 李开元在其著《汉帝国的建立与刘邦集团：军功受益阶层研究》一书中指出："我们知道，秦汉征收租税以供军用之事，皆是基于户籍实行的，即同传（笔者按：该传指《汉书·高帝纪》，但实际上应该是《汉书·萧何传》）'计户转漕给军'之语所言的情况。又据《后汉书》卷八十六《南蛮西南夷列传》，汉之征兵制度，从刘邦抵汉中就国时就开始实行。征兵制之实行，也是基于户籍进行的。可以推想，汉初的户籍整理，开始于汉二年（前205）四月至八月，即刘邦抵汉中就国时。至迟到汉二年五月，蜀汉关中地区的户籍整理，已经基本完成。"（29页）

在荥阳相持战中，萧何不独是在"转漕"（即通过漕运输送粮食）上为汉国立下汗马功劳，也在"计户"上为汉国做出了巨大的贡献。也许是刘邦、萧何意识到了统计户口、清查人口的重要性，遂决计在建立傅籍制度后，每年都进行相应的清查户口的行动，通过"初为算赋"来配合傅籍制度，二者是相辅相成的。这种"初为算赋"和后来征收20钱或120钱的算赋制度（7—14岁缴纳20钱，15—56岁缴纳120钱）是有很大不同的。

汉四年八月，在刘邦、萧何的共同推动下，"初为算赋"制度正式推行下去。在"八月算人"中，汉王国再一次清查了关中地区和被占领区的户口数。萧何大概也在清查完后，及时更新了傅籍，然后大量征发兵丁赶往广武的汉王城。萧何的工作进行得有条不紊，把"初为算赋"制度给正式推行了下去。在汉元年四月到汉四年八月这四年间，在萧何的大力推动下，汉王国的整个政权结构基本上得到完善，关中也愈发稳固，无坚不摧。因此在日后，鄂千秋才会对刘邦说："萧何常全关中待陛下，此万世功也。"①

在"初为算赋"令颁布后，刘邦又颁布了"军士不幸死者，吏为衣衾棺敛，转送其家"②。刘邦在这道王令中指出：将士如果在战争中不幸战死，政府为每位阵亡战士准备好衣、被、棺材，送回各自的家乡。

在笔者看来，这算得上是楚汉战争时期最为温情的一件故事。楚汉战争不过是两大统治集团之间屠戮的狂欢，百姓们何尝会津津乐道于刘邦、项羽、韩信是怎么征战沙场的？更多的只是想着该怎么在这场"屠戮的狂欢"中苟活下去。

蒯彻曾经对韩信说过："今楚汉分争，使天下无罪之人肝脑涂地，父子暴骸骨于中野，不可胜数……夫（汉王）锐气挫于险塞，而粮食竭

---

① 班固：《汉书》2009页，中华书局1962年版。
② 同上书，46页。

第六章　包围大成　鸿沟议和

于内府，百姓罢极怨望，容容无所倚。"①司马迁在《史记》中曾对广武涧对峙做这般的总结："楚汉久相持未决，丁壮苦军旅，老弱罢转饷。"②从蒯彻和司马迁的这两段话中，我们都可以看出，汉国的主要统治者刘邦、萧何虽然素有宽仁大度、贤德的名声，但是他们实际上却不断役使民力，无数家庭都因为他们而家破人亡。在普罗大众的心目中，这样子的刘邦、萧何，还真不比项羽高尚到哪里去。

刘邦恐怕一直都是很清楚这一点的，其实，刘邦何尝想役使民力？高帝八年（公元前199年），丞相萧何作未央宫。当时，刘邦刚远征回来，看到壮丽的未央宫，大怒道："天下匈匈苦战数岁，成败未可知，是何治宫室过度也？"③在笔者看来，刘邦的宽仁并不是伪装的，如果不是被迫要在荥阳打持久战，他又何必要这么奴役百姓呢？现在项羽败局已定，刘邦也就可以展示出他人道的那一面了。

在古代，阵亡将士的尸体很少会被送回家，最为"人道"的一种做法不过是就地掩埋罢了。这并不是因为军事统帅多么仁慈，只是因为担心战场会因此爆发瘟疫罢了。当然，更大的情况是战场尸体无人掩埋，杜甫在《兵车行》就曾经控诉道："君不见，青海头，古来白骨无人收。"不少百姓送走了自己的孩子们前往战场，但是这些孩子们却一去不复返，他们的尸体陈放在战场上，无人送回。这些家人不知道自己的孩子到底是不是还活在这个世上，他们究竟身在何处？天人永隔是痛苦的，但是家人连孩子的下落都无法寻觅，这是更痛苦的。

现在，刘邦下令，每个阵亡的将士不仅都要辨认清楚，一一送回各自的家，而且还为他们准备了衣衾棺敛，让他们得以入土为安。笔者不学无术，就笔者的阅读范围内，这很可能是中国历史上第一次明确记载的"收骸骨"（以往有思想家提出要厚葬战死的军人，但是未曾明确

---

① 司马迁：《史记》2623页，中华书局1959年版。
② 同上书，376页。
③ 同上书，385页。

记载国家究竟有没有实施过）。在中国古代历史上这虽然不是绝后的，确实是空前的。刘邦的这道王令一经颁布，立刻得到了天下人的热烈响应，史载"天下归心"。

在数个月前，百姓们还不能彻底支持刘邦，但是当这道"收骸骨"的王令颁布后，便得到了"天下归心"这样巨大的效果。

无论在什么时候，真正决定历史走向的都不是刘邦、韩信这些人煊赫的军功，而是天下民心的支持。项羽不恤民力，刘邦宽仁豁达、爱护百姓，这是楚亡汉兴的一个极其重要的原因。

当历史发展到天下归心于刘邦这一步时，项羽再也没有任何翻盘的机会了。

六、楚河汉界

鸿沟议和

当年刘邦和张良在下邑画策时，曾决定开设四处战场，对项羽形成战略包围的态势。截至汉四年七月时，韩信领导的北方战场已经取得完胜，彭越领导的敌后战场已经基本胜利，刘邦领导的正面战场也已经对项羽取得了压倒性的优势。现在，西楚国只剩下在南方战场还在享受龙且当年留下来的胜利果实，占据着优势地位。

现在，三大战场都已经进入了收尾阶段，只剩下南方战场不在汉军的掌控内。一旦南方战场上西楚还占据着优势地位，那么项羽依然可以凭借南方作为依托，还有与汉军回旋的余地。现在，汉军重新开辟南方战场已经是刻不容缓了。

第六章　包围大成　鸿沟议和

在荥阳之战第二阶段时，英布已经至少拥有一万人的军队，并且在巩县之战中，阻挡西楚西进，保护了洛阳的安全。现在到了荥阳之战第三阶段后期，英布大概已经有两三万部众（此为笔者的臆断之辞，并无明确资料可以证明）。不论是从整体的战略局势，还是从英布目前的势力来看，让英布重新开辟南方战场，都是势在必行的。

汉四年七月，刘邦册封故九江王英布为淮南王，让他率部南下，收复九江国、衡山国故地，重新开辟南方战场（故衡山王吴芮应该也随英布南下）。英布在南下前，派亲信前往九江郡招揽旧部，不久以后，九江郡的几座县城便立即响应淮南王英布，起兵反楚。项羽得知英布死灰复燃，遂派大司马周殷（龙且死后，周殷被拜为大司马）南下九江郡，平定南方战场。周殷南下后，驻军于舒县（今安徽舒城），负责平定叛乱。项羽局势本就不容乐观，现在由于南方叛乱，不得已又分兵给周殷平叛，这导致项羽的情况更加糟糕。

八月，燕王臧荼见楚汉战争胜负即将分晓，打算派遣燕国的精锐前往广武支援刘邦。无独有偶，当时的北貉人也决定率兵帮助刘邦。北貉人主要活动于今天的朝鲜南部、韩国北部地区，当时，天下大乱，不少人从中原地区逃到今天的朝鲜半岛避难。[1]因此北貉除了当地的原住民外，也有不少对中原地区有归属感的华夏人。现在楚汉战争胜负即将分晓，北貉人也想在战争中收获一点儿好处，遂也决定派兵支援刘邦。当时燕国、北貉的精锐部队叫作"枭骑"，臧荼等人遂派这支军队南下广武支援刘邦，甚至连燕相昭涉掉尾也受命南下。[2]刘邦得到了燕国、北貉枭骑的帮助，如虎添翼，势力更加强大。[3]项羽、刘邦，实力一消一长，

---

[1]《三国志》云："陈胜等起，天下叛秦，燕、齐、赵民避地朝鲜数万口。"（848页）

[2]《史记·高祖功臣侯者年表》平州侯条载："汉王四年，（昭涉掉尾）以燕相从击籍。"（964页）

[3]刘邦得到的这支"枭骑"，应该是交给齐受统率。据《史记·惠景间侯者年表》平定侯条载："（齐受）以枭骑都尉击项籍。"（982页）

现在刘邦在正面战场上也逐渐形成压倒性的优势，楚汉广武涧对峙的局面即将被打破。

在韩信、彭越的不断打击下，项羽的粮食越来越少；在刘邦、英布、吴芮、臧荼、张耳等人的助力下，项羽的支援越来越少。局势发展至此，项羽也知道自己已经"食少助尽"，可是他依旧不愿意认输。项羽还是打肿脸充胖子，继续坚守在霸王城内，和刘邦对峙。

刘邦明白项羽已经撑不下去了，这个时候虽然还没等到韩信"西与大王会于荥阳"，但是结束战争的时机已经到了。可是刘邦尚不敢轻易发动决战，这倒不全是因为刘邦没有把握仅靠自己一人就能打败项羽，更主要的是因为刘邦的父亲、妻子现在都在项羽的手里。

在这种情况下，刘邦不打算武力结束荥阳之战，而是决定通过谈判讲和的方式来结束荥阳之战。这样项羽既可以保存自己仅存的主力部队不受打击，刘邦又能迎回自己的家人，可谓是两全其美。①

一开始刘邦派出汉国中最有名的辩士陆贾前往霸王城，说服项羽讲和，希望迎回刘太公等人，结果项羽一口回绝。无奈之下，刘邦只能另派一位叫侯公的辩士前往霸王城，结果这回，项羽居然同意和刘邦讲和，结束战争。

陆贾这种天下知名的辩士尚且不能说动项羽，为何侯公能够说动项羽呢？可惜《史记》《汉书》并没有记载侯公是怎么游说项羽的，也许是事涉机密，史官不便记录下来。不过，从史书的只言片语来看，我们大概能够稍微复原侯公是如何说动项羽的。

苏轼曾经作《代侯公说项羽辞》，希望复原当时的历史场景。虽然苏轼的想象确实颇为贴切，但是这篇文章只能算作是一篇优秀的文学创

---

① 施丁先生认为，刘邦决定和项羽讲和的原因并非只是为了家人，而是另有原因，"最大的可能是此次谈判耗时，可使项羽思想麻痹，楚军斗志松懈，又便于灌婴、英布、彭越等将多处对楚进攻。"（施丁：《谈楚汉鸿沟分界》，《军事历史研究》1999年02期，107页）该说虽然缺乏明证，但是颇为符合当时战局发展形势，姑且备为一说。

第六章 包围大成 鸿沟议和

作,而不可作为历史资料看待。

根据《史记·高祖本纪》的记载:"当此时,彭越将兵居梁地,往来苦楚兵,绝其粮食。田横往从之。项羽数击彭越等,齐王信又进击楚。项羽恐,乃与汉王约。"[1]从这段记载来看,项羽之所以会同意谈和,是因为项羽怕了。那么我们仔细来思考一下,侯公游说项羽,一定是着眼于当时的天下形势,对项羽进行劝告。在西楚大后方被汉国打穿的情况下,彭越、韩信确实能轻而易举地就来到广武和刘邦会师。项羽很有可能担心自己被刘、韩、彭围歼于霸王城内,因此感到恐慌,遂决定谈和。

但是我们知道,项羽是何等自负的一个人,他在死前就曾说:"吾起兵至今八岁矣,身七十余战,所当者破,所击者服,未尝败北,遂霸有天下。然今卒困于此,此天亡我,非战之罪也。"[2]从司马迁的记述来看,我们可以看出项羽不仅迷信武力,而且特别讳败。实际上我们从戏下分封讲到了现在,项羽就在田横、刘邦、彭越、英布、刘贾、靳歙身上不断吃瘪,哪里是像韩信那样战无不胜的军事统帅?可是项羽一直不肯承认自己输了,反而认为自己所战必克。侯公在劝说项羽的时候,大概也是抓住了项羽讳败的这个特点,对他不断进行恭维。然后再向项羽阐述韩信、彭越即将和刘邦在广武会师,对项羽实施围剿。

项羽这种自以为自己能战无不胜的人,最大的性格弱点就是惧怕失败。看来史书中所谓的"项羽恐"未必只是项羽自知即将失败,更是他害怕失败,让他"战无不胜"的神话被彻底粉碎。之前来劝说项羽的陆贾可能并没有意识到这一点,所以劝说才会失败。

在项羽决定和汉国握手言和后,楚汉双方开始划分疆界。根据《史记》的记载是:"割鸿沟西者为汉,鸿沟而东者为楚"[3],从这段记载来

---

[1] 司马迁:《史记》377页,中华书局1959年版。
[2] 同上书,334页。
[3] 同上书,331页。

· 351 ·

看，楚汉二国是以鸿沟作为两国的分界线。那么为什么二国要以鸿沟作为楚汉二国的分界线呢？

这主要是因为，当时分隔东西广武的那条广武涧，就是鸿沟中的一段。楚汉隔鸿沟对峙，相持不下，遂直接用鸿沟来作为分界。

可是，如果按照鸿沟分界，楚汉二国的疆界具体该怎么划分呢？如果按照鸿沟分界，"以西属汉"，那也就是说，项羽把南阳郡、淮阳郡大部都割让给汉国（淮阳郡当时并没怎么受到汉国的攻打）。这样的划分并没有什么问题，毕竟项羽战败了嘛，割两郡给汉国很正常。可是当时鸿沟以东的地方，大半都已经被彭越、灌婴给占领了。如果按照"以东属楚"，这些地盘都该让出来，但是事实并非如此。因为签订合约后，项羽并没有回到彭城，而是南下淮阳郡，这说明所谓的"以东属楚"，并不是让灌婴把土地全让给项羽，而是保持现状。鸿沟以东还属于项羽的地盘就继续留给项羽，如果已经被占领了，那就是汉国的地盘。

如果这么看来，楚汉要是真以鸿沟为界，那项羽就等于是自动承认放弃了自己的大后方，西楚仅剩下衡山郡、会稽郡、故鄣郡三郡完好，至于淮阳郡、四川郡、东晦郡、九江郡、东郡、砀郡、薛郡这七郡，只剩下个别领土尚存。

读者看到这里可能就有疑问了，如果是这么划分，那以鸿沟为界根本就不可能是中分天下，而是项羽放弃了自己整个大后方，同时还要割地给刘邦。在这种情况下，项羽也不可能再当所谓的"诸侯盟主"，已经失去了号令天下的能力了。

事实确实如此，为了议和，项羽确实做出了巨大的让步，而且我们可以发现，以鸿沟为界从根本上来说就是随便找一条河流来划界的。如果真的要划界，怎么可能会让项羽的领土变得支离破碎？可见，双方不过是暂时休战，急着结束荥阳之战，随便找一条河流划分国界。

汉四年九月，经过反复的商谈，楚汉双方终于达成停战协议，史称"鸿沟之约"。根据约定，双方暂时休战，不得攻击对方；同时，项羽

第六章　包围大成　鸿沟议和

立即释放关押在霸王城内的汉王家眷及大臣（刘邦大概也要释放关押在汉王城内的西楚战俘）。

约定正式订立后，项羽放归刘太公、吕雉、审食其、韩王信①等人。刘邦大喜，准备册封侯公为平国君，但是侯公不愿接受封赏，遂隐居不肯复见刘邦。同时，刘邦没有责怪韩王信被俘后投降项羽的举动，反而是重新册封他为韩王，一切照旧。

在"鸿沟之约"达成后，楚汉双方士兵皆山呼万岁，这场历时二十五个月的楚汉荥阳之战终于以和平的方式解决。至此，正面战场上汉军取得完胜。现在，四大战场中，只有下南方战场的赢家还不是汉国。

荥阳之战总结

荥阳之战是楚汉战争历史上最为重要的一场战役。它不独是在楚汉战争史上，甚至在世界军事史上也占有重要的地位。

荥阳之战是一场以弱敌强的战役。在战役初期，刘邦因为彭城之战的惨败和关中大饥荒的影响，在一开始处于劣势。那么为什么刘邦最后能以弱敌强，扭转乾坤呢？

最根本的原因在于刘邦的战略布置得当。刘邦意识到仅靠一人之力，根本不可能打败项羽。对付项羽，既要正面打，也要背后打；既要分化西楚的内部，也要打击西楚的盟友；既要消耗敌人的军事实力，也要消耗敌人的经济实力。刘邦的这一整套战略方针，在楚汉战争之前的中国历史上是从来都没有出现过的。

---

①史书未曾记载韩王信是在"鸿沟之约"签订后回到汉军阵营的，只说"信降楚，已而得亡，复归汉"（2632页）。笔者认为，韩王信要回到汉营内，最合理的时间只能是在"鸿沟之约"后，楚汉双方释放战俘的这段时间内。

· 353 ·

当然，除了最重要的这个原因，在笔者看来，还要有另外几个次要原因导致荥阳之战项羽最终走向失败：

（一）汉军完全掌握了项羽的用兵心理，不仅是被刘邦、彭越、英布、张良、陈平等人掌握，甚至还被袁生、郑忠这些汉国的中下层官员所掌握。而项羽完全没有掌握住汉军的用兵特点，不断被汉军的游军调动。

（二）项羽完全没有制定出对抗彭越游击战术的相应方法，不断被彭越调动，同时又无法将其歼灭，遂陷入疲于奔命之中。

（三）项羽作战，必逐刘邦而战。当刘邦南下宛、叶之时，项羽既不攻荥阳之周苛，又不进击巩、洛，而是选择南下与刘邦相持作战，白白错失了打败刘邦的最佳时机。

（四）项羽把大部分兵力投入到正面战场上，导致大后方相对空虚，容易被彭越袭扰；同时，项羽又不甚重视北方战场上的得失，一直到最后的潍水之战，才慌慌忙忙地派出二十万大军，可为时已晚。；

（五）项羽始终不重视后方根据地的建设，与刘邦的态度形成了鲜明的对比。

（六）项羽不仅无法团结大多数，甚至连自己的统治集团也不能够团结。在刘邦、陈平的间谍战下，项羽变得越来越多疑，最后导致统治集团分化，项羽也越发无力与刘邦抗衡。

我们通过以上的几点原因总结了荥阳之战为何会是汉胜楚败的结果，虽然从这些原因中我们看出项羽有种种局限性，但是我始终认为我们不应该过分苛责项羽。因为刘邦的这种战略方针，在楚汉以前的整个中国历史上是从来都没有出现过的。即便是在日后的中国历史上，要做到这点也殊为不易。

后来三国时期的诸葛亮，也有通过几个战场最后合击曹魏的打算。在诸葛亮的战略构思中，蜀汉、东吴、鲜卑、西域都是可以打击曹魏的对象。诸葛亮也联络过东吴（第五次北伐）、鲜卑（第四次北伐）、西域（第一次北伐）与自己协同作战。可是这些势力始终不能够与诸

第六章 包围大成 鸿沟议和

葛亮有着很好的配合，而诸葛亮也不能同时调动这些势力围攻曹魏。因为在中国古代，在交通、通讯技术落后的情况下，是几乎不可能做到把整个战场铺陈在大半个中国，最后逐渐收缩包围网的。连精于用兵的诸葛亮尚且不能与东吴等势力有着很好的配合，我们实在难以想象当年的刘邦、彭越到底是怎么做到密切配合的。

由于史书记载荥阳之战比较混乱，并且常常出现挂一漏万的情况，以至于我们现在很难在技术层面上复原整场战争。虽说无法完全复原，但是我们还是能够很好地对这场战争的意义做出一个总结。

首先，荥阳之战是楚汉战争中历时最长、最具有决定性意义的一场战役。此战之后，楚汉强弱转化，刘邦已经占据了绝对的优势。此后的陈下之战、垓下之战等战役只不过是进行最后的扫尾工作罢了。

然后，荥阳之战出现了中国历史上第一次真正意义上的游击战争。这一战争方式的鼻祖彭越真正地贯彻了伍子胥的"彼出则归，彼归则出"的游击战思想。日后中国不少农民起义军都采用了游击作战的方式来与封建王朝相抗衡。彭越在这一点上，功在千秋。

同时，荥阳之战几乎算是中国古代历史上唯一一次成功地在大半个中国内，多战场同时作战，并且积极配合，最后围歼敌人的经典战例。这种作战方式，在整个中国古代史上几乎是空前绝后的，完全值得人们反复研究、探讨这场战争。

最后，荥阳之战中的四大战场范围，囊括了半个中国，在半个中国的范围内协同作战。能在这么大的范围内协同作战，不仅仅在中国，在此之前的世界军事史上，也从来没有出现过。毫不夸张地说，刘邦、张良、韩信等人所构思出来的灭楚战略思想，在当时的世界上是极其领先的。

因此，在军事科学院主编的《中国军事通史》第五卷中就曾经这么评价荥阳之战和刘邦的战略思想，"他（刘邦）在楚汉战争中首次创立了多战场互相配合的指导艺术。他知道敌强己弱，单纯地正面相撞只能失败，要打败项羽必须有各种力量、各种手段和各个战场的配合，正面战场的主要任务是防御,南方战场的主要任务是牵制,北方战场的主要任务是进攻,敌后战场的主要任务是干扰,还有一个由陈平指导的间谍谋略战场,其主要任务是瓦解楚军的领导集团。正是通过这多种战场、多种手段、多种力量的配合,才取得了战争全局上的优势和胜利。这一战争指导艺术,实为我国战争史上的空前创举,也是人类战争史上的空前创举。"[1]台湾"三军大学"主编的《中国历代战争史》第三册中也明确指出:"刘邦之敌项羽,为中国古代以弱敌强最后转败为胜最典型之例证,洵足为后代作战之楷式焉。"[2]

---

[1]军事科学院编:《中国军事通史》第5卷,70页。
[2]台湾"三军大学"编:《中国历代战争史》第3册,55页。

第七章　垓下决战　天下归一

一、固陵之战

撕毁和约

汉四年九月，"鸿沟之约"签订后，项羽随即引军南下，回到西楚境内。当时西楚国最主要的几处地区分别为彭城、陈、淮南、江东。如果项羽退守淮南、江东，那便是陷自己于死地，而彭城如今已被灌婴攻下。项羽无奈，决计南下陈县，以图东山再起。

当时，项羽身边可用的人还有不少，如令尹灵常、左尹吕清、左尹[①]项伯、大司马周殷、柱国陈婴、司徒吕臣（即吕清子）、陈公利几、将军钟离眜、将军季布、将军周兰[②]等人，军队尚有十数万，还有翻盘的机会。

在鸿沟议和后，刘邦决定引军西归，暂作休整。张良、陈平二人得知刘邦打算履行和约，立刻劝阻道："我们现在已经占领天下大半土

[①] 根据史书的记载，吕清在汉五年的时候是左尹确无疑问，可是我们却不知道项伯当时的官职是什么（左尹是在戏下分封前的官职）？笔者暂称项伯为左尹，希望有新的史料可以破解这个谜团。

[②] 这位周兰在潍水之战时曾被俘虏，后来从齐国内逃出。

地，而且诸侯都已经依附于我们。西楚军队现在疲惫不已，而且已经没有军粮，这正是上天要灭亡西楚的好时机啊，我们不如趁这个机会立即打败西楚。现在如果放走了项羽而不肯追击，这正是养虎遗患啊！"

刘邦打算撤军的原因，史书虽然没有明确的记载，但是笔者推断主要是当时这两年多来，刘邦几乎都在到处征战，一刻都没能够闲下来。现在楚汉之间难得达成和约，刘邦也打算暂时休整一下，但是张良、陈平二人，从大局出发，指出必须趁项羽现在实力不振，迅速将其消灭掉。刘邦是个从谏如流的君主，听了二人这一番谋划后，遂决定撕毁"鸿沟之约"，立即追击西楚。

为了实现围剿项羽的战略目标，刘邦与张良、陈平等人制定了相应的作战方针：

（一）刘邦率画策臣张良、护军中尉陈平、太尉卢绾、太仆夏侯婴、将军周勃、将军樊哙、梁相国郦商、骑都尉靳歙、韩王信等人，挟韩国、燕国、北貉之军队（估计还有赵军），沿着鸿沟南下，不断尾随项羽，在阳夏（今河南太康）、固陵（今河南淮阳西北）一带攻击楚军；

（二）魏相国彭越立即率军游击袭扰西楚的东郡、砀郡，为汉军提供军粮；

（三）淮南王英布、谒者随何立即前往淮南国地界，收复九江郡、衡山郡；

（四）将军刘贾率领一支偏师前往南方，协助英布作战；

（五）诱降西楚大司马周殷，争取南方战场在最短时间内得到完胜；

（六）御史大夫灌婴率部从彭城出发，立刻向西进军与刘邦会师；

（七）齐王韩信、魏相国彭越在接到刘邦的命令后，必须立即带领齐、梁二地的军队赶往固陵；

（八）最终刘邦、韩信、彭越、灌婴四路大军在固陵彻底围歼项羽。

刘邦计划已定，一边召集韩信等人，一边迅速清点主力部队南下

第七章 垓下决战 天下归一

追击。

汉五年（公元前202年）十月，项羽的大军沿着鸿沟南下，来到了阳夏。正好在这时，彭越接到了刘邦的命令，立即率部南下。不过几天的工夫，彭越就连克昌邑（今山东巨野南）附近二十多座城池，占领了大半个东郡、砀郡，两郡几乎被彭越完全控制。彭越在占领这二十多座城池后，让人收割十余万斛谷子，并立即送给刘邦。

彭越第三次大规模挠楚后，终于彻底把东、砀二郡作为稳固的根据地。当时的项羽在阳夏，已经鞭长莫及，无法再次出兵赶走彭越。

刘邦在得到了彭越的军粮后，如虎添翼，加紧追击项羽。当时项羽的军队已经来到了固陵，刘邦在固陵的北部阳夏驻军。汉军将领樊哙击败了阳夏楚将周将军的阻击，俘获四千人。但是刘邦没有继续追击，打算等待韩信、彭越两位诸侯援军来到，再与项羽交战。

可是刘邦当时一直没有等来韩信、彭越的大军，无奈之下，只能硬着头皮率军继续南下。当刘邦的军队来到固陵后，却依旧没有得到韩信、彭越起兵的消息。项羽此时已经听说刘邦撕毁和约，率军追击，勃然大怒，打算一战打退刘邦的追军。

当时韩、彭二人之援军尽管还没有赶来，但是刘邦手上毕竟有汉、韩、赵、燕、北貉五股势力共同组成的诸侯联军，遂与项羽展开正面交锋。结果刘邦未曾料到，在这次交锋中，刘邦又一次被项羽击败（这是项羽人生中最后一场胜仗）。

不过，和彭城之战不同的是，固陵战败后，刘邦的大军不仅没有溃败，反而能够退回汉军营垒之中坚守。这说明经过这几年的磨炼后，刘邦的军事能力又得到了一定的提升。如果固陵之战最后是像彭城之战那般再次溃败，项羽很有可能又要再次扭转历史的走向。

但是刘邦这次没有再给项羽机会，他退到营垒中坚守不战。项羽拿刘邦没有办法，两军遂僵持不下。

就在刘邦、彭越与西楚军队作战时，英布已经赶到了九江郡，和大司马周殷抗衡。周殷的军事能力确实不错，当时他已经收复了军事重镇寿春①，在英布到来后，两军转入相持状态。现在不独是固陵战场上出现了变局，连南方战场上的形势也都不是特别乐观。

反击项羽

在刘邦、英布与敌僵持，韩信、彭越按兵不动的情况下，御史大夫灌婴再次大显神威，再创军功。

在得到刘邦的命令后，灌婴便率军离开彭城，向北攻占四川郡的留县（今江苏徐州西北）、薛郡的薛县（今山东滕州南），然后又回到四川郡，占领留县附近的沛县（今江苏沛县），扫荡了彭城北部的西楚残余势力。

随后，灌婴率军向西南方向奔袭，攻下了砀郡的酂县（今河南永城西），然后向东进击，接连攻下萧县（今江苏萧县东南）、相县（今安徽灵璧西北），基本扫平四川郡的西部。

当初，西楚将领周兰正率部在苦县（今河南鹿邑）、谯县（今安徽亳县）一带游荡。苦、谯二地正在固陵、陈县的东部。项羽让周兰在此驻扎，很明显是要保护自己东部的安全，防止被汉军侧击。

当初在潍水之战时，周兰就已经被灌婴亲自俘虏。这次交锋，周兰还不是灌婴的对手。灌婴击败周兰军，占领苦县、谯县，周兰被俘。至此，固陵、陈县正式暴露在灌婴的眼皮子底下。

刘邦刚刚战败，被困在营内，忧心忡忡。固陵之战前，刘邦曾派人催促彭越赶紧率部前来，结果彭越却说："梁地刚刚被我平定，这里的百姓还畏惧西楚，人心未附。我现在还不能来。"韩信、彭越现在已经都成为了势力强大的一镇诸侯，难以指挥。

---

①根据前文讲述灌婴的军事行动，汉军已经攻占寿春了。可是到汉五年十一月，却出现刘贾军围困寿春的记载，看来寿春应该是被周殷率军收复了。

第七章　垓下决战　天下归一

一日，刘邦问张良："诸侯们不愿意派兵前往，我该怎么办呢？"

张良身为刘邦身旁的第一谋臣，在这段时间内已经明白要用什么方法才能调动这些独立性极强的诸侯了。张良回答道："齐王韩信被立为王，并不是大王您的本意，韩信也颇不放心。彭越本来平定了梁地，军功卓著，一开始大王您因为西魏王魏豹尚在，因此拜彭越为魏相国。现在魏豹已死，而且无后，再说了彭越一直都有当王的意思，可是大王您却迟迟未册封他为王。"

"现在大王可以和这两个国家作出约定：一旦战胜西楚，睢阳以北到谷城的土地，都分封给彭相国，并让他在那里当梁王；从陈县到靠近大海的地区，全都给齐王韩信。齐王韩信的家乡就在楚地，他的本意就是在自己的家乡称王。

"大王能够捐出这些地方，许给韩信、彭越，那么这两个人很快就能过来；即便不能过来，事情的发展也不会令人感到绝望。"

刘邦听到了这一番话后，连连称是，遂派使者分别前往齐、梁二地，许封领土。刘邦虽然极不情愿将这些地区全部都划给韩信、彭越，但是目前的时局是，要想打败项羽，就必须要继续坚持"捐关以东"战略，否则楚汉成败就尚未可知。

韩信、彭越听说刘邦打算把这些地区全都封给他们，大喜，遂对使者表示，自己将立刻率军前往。当时齐地百姓还不完全服从韩信的统治，韩信如果把齐军全部派出，恐怕会有危险。因此，韩信让汉右丞相曹参留在齐国讨平尚不肯服从汉军的人（曹参也因此无缘垓下大决战），自己则率齐国主力赶往固陵。

固陵之战，刘邦被迫分封，将西楚国的广袤领土几乎都分给了韩信、彭越二人（只有南阳郡留给汉国）。其中，彭越之梁国，得东郡、砀郡，辖二郡。韩信之齐国，得淮阳郡、四川郡、薛郡、东晦郡、会稽郡、故鄣郡，再加上原齐国的临淄郡、琅邪郡、即墨郡、胶西郡、济北郡、博阳郡、城阳郡，共辖十三郡。韩信因为这次按兵不动，成为刘、韩、彭、英四人当中的最大赢家。只要项羽一死，那么韩信就能够成为除汉王国以外势力最大的诸侯国。这意味着，楚汉战争结束后，战国中叶"西秦东齐"的天下二强的格局将会再次出现，而这一齐国，从所占区域来看，其国力也将比西楚国更为强大。

刘邦很明显不希望这种格局再次出现，可是现在自己的敌人是项羽，韩信虽然不再是自己的手下，可毕竟还是自己的盟友，主次矛盾还是要分清的。只要韩信、彭越大军一到，项羽的死期就到了。不过，还不等韩信、彭越到来，项羽就决定立即撤兵。

原来，当时的灌婴在攻下苦县、谯县后，项羽军的东翼已经完全暴露在灌婴郎中骑兵的眼皮子底下。项羽随时都有被刘邦、灌婴夹击的可能性。因此，项羽自动解围，准备向南赶紧逃回陈县。

刘邦见项羽自动解围，大喜，遂率军攻打楚军。也许是项羽跑得太过匆忙，以至于西楚军队似乎丧失了反抗能力，被汉军彻底击败。

当时，钟离眛指挥西楚军队与刘邦的追军交战，被汉国郎骑将丁义[1]击败。此战，西楚名将季布（此人曾经"数窘汉王"）大概趁乱逃亡[2]，令尹灵常则直接投降了刘邦[3]。项羽这次南奔竟然直接演变成为大

---

[1]《史记·高祖功臣侯者年表》宣曲侯条载："（丁义）破钟离眛军固陵。"（922页）另据同文汾阳侯条载："（靳强）以郎中骑千人前二年从起阳夏，击项羽，以中尉破钟离眛。"（961页）从表文来看，丁义确实击败了钟离眛，可是靳强的战绩不免令人有些疑问，毕竟没写明在阳夏击败钟离眛。据《汉书·高惠高后文功臣表》汾阳侯条载："（靳强）以郎中骑千人前三年从起栎阳，击项羽，以中尉破钟离眛军。"（606页）《汉书》把"阳夏"修正为"栎阳"，《史记》原文很有可能是"从起栎阳，至阳夏，击项羽"。若果真如此，则靳强也参与了击败钟离眛的战役。

[2]根据《史记·季布栾布列传》的描述，项羽灭亡后，季布逃到濮阳周氏一族匿居。濮阳在今天的河南濮阳，当时为东郡郡治。季布如果是逃到濮阳匿居，那么从固陵到濮阳路程较近。如果是陈下之战后逃亡，我疑北上的路口已经被堵死；如果是垓下之战后逃亡，那也说不通，因为垓下离濮阳太远。但是笔者认为季布在固陵之战后逃亡只能备为一说，并无确凿证据可以证明。

[3]《史记·高祖功臣侯者年表》阳义侯条载："（灵常）以荆令尹汉王五年初从，击钟离眛及陈公利几，破之。"（966页）按：灵常击钟离眛及陈公利几，事在固陵之战后的陈下之战。灵常应该在固陵之战时降汉。

败，一下折损了两位元老。

不过，有惊无险的是，项羽总算安全来到了陈县，与陈公利几会合。可是现在陈县北面的阳夏、固陵，东面的苦县、谯县，已经都被汉军占领，项羽的形势愈发危险。

就在这时，南方战场也发生了巨变。

汉五年十一月，将军刘贾渡过淮河，来到九江郡与英布会师。当时，英布、刘贾军围攻被周殷占领下来的寿春，不久攻克；同时，英布、刘贾又派人诱降周殷。

周殷虽然能征善战，又是"骨鲠之臣"，可是自从陈平施行反间计后，项羽已经逐渐疏远周殷了。周殷在政治上并不得志，现在项羽将要灭亡，已经是人所共知的一件事。同时，英布、刘贾应该还给周殷许诺了不少好处，周殷遂决定投降汉国。

周殷投降后，率领舒县内的军队，北攻九江郡的郡治六县。也许是抵抗比较激烈，城破后周殷在六县内进行了屠城活动，然后北上与英布、刘贾会师。不久，英布、刘贾、周殷又到处作战，终于占领了九江郡、衡山郡大部分地区。南方战场至此彻底结束。

当时临江王共尉本来已经依附汉国，可是见刘邦要对项羽赶尽杀绝，遂举兵反叛。也许就是在这个时候，故衡山王吴芮率兵攻打临江国，占领了临江国的长沙郡、巫黔郡、洞庭郡、苍梧郡。至此，临江国仅剩下南郡一郡在苦苦支撑。[1]

---

[1] 史书并未记载吴芮与共尉之间的战争，甚至连共尉何时反叛都记载得特别模糊。根据《史记·高祖本纪》的记载，共尉是"为项羽叛汉"（380页）。可是并未记载是何时背叛，根据当时的情况推断，应该是刘邦在撕毁"鸿沟之约"后就叛汉归楚了。

在后来临江国灭亡后，刘邦封吴芮为长沙王，长沙国的领土是故临江国的长沙郡、巫黔郡、洞庭郡、苍梧郡。笔者认为，汉初异姓王中，除了楚王韩信外，其他的诸侯王都是亲自把自己的封地给打下来的。即便是楚王韩信，之前他当的齐王，就是因为他占领了齐国全境。笔者认为，吴芮能够受封长沙王，而不是继续当衡山王，主要的原因应该就在于是吴芮亲自率军打下临江国南部四郡。而吴芮与共尉之间爆发战争，最有可能就是在楚汉战争结束的前夕进行的。

二、陈下之战

　　在以往的军史写作中，在固陵之战后往往就直书垓下之战，如《中国历代战争史》《中国军事通史》等著作。可见在早期的楚汉战争史研究中，一直都忽视了从固陵到垓下之间的一场过渡性战役——陈下之战。

　　陈下之战，主要是由一些学者在对垓下的具体方位进行考证时所发现的。这场战役应该是楚汉垓下之战前的一场大规模决战，可是在史书中记载极其稀碎，以至今人难以探寻陈下之战的奥秘。那么为什么司马迁在写《史记》的时候忽略了对陈下之战的详细描写呢？

　　在我看来，这主要和司马迁的写作特点有关系。司马迁并不是一个军事专家，他详细描写战争的细节，主要是为了塑造人物形象，而不是记载一大堆令人难以下咽的军事流水账。也许在陈下之战并没有发生过一些脍炙人口的故事，于是司马迁便草草写过，让后人难以探知这场决战的奥秘。

　　更重要的是，司马迁早年游历中国，并没有来到陈县。也许因为司马迁没有来到这里，无从在这里获得一些关于陈下之战的资料，遂只能简单写过。

　　现在有一部分人认为司马迁是抱着对刘邦的偏见，因此才略而不计此战。由于这种说法现在甚嚣尘上，笔者自感有必要为司马迁说几句话。首先，司马迁从来就没有任何抹黑刘邦的动机和行为。现在人之所以会觉得刘邦的行为是"流氓"，主要是不了解战国时代的"游侠"风气以及当时的市井社会。鸿门宴上刘邦的"为之奈何"是为了突出张良和樊哙，彭城之战的推堕儿女是为了突出夏侯婴。即便是被认为最流氓的"分我一杯羹"，恐怕也并不是抹黑刘邦（毕竟这些事情班固也全部

第七章 垓下决战 天下归一

忠实地写进《汉书》）。其次，司马迁对刘邦的评价极高。他在《史记·太史公自序》中这么说："子羽暴虐，汉行功德；愤发蜀汉，还定三秦；诛籍业帝，天下惟宁，改制易俗。"[1]又在《秦楚之际月表》直呼刘邦是"大圣"[2]。太史公对刘邦评价如此之高，又怎么可能厌恶并抹黑刘邦？司马迁一直是把刘邦塑造成一个在政治、军事上都有卓越成就，并且开创了汉王朝的伟大"圣人"，但是这位"圣人"为了得天下，可以不择手段，可以放弃亲人；同时崇尚武功，鄙视儒生（详见刘邦与陆贾之辩）。这是太史公塑造的一个有血有肉、立体的刘邦。如果简单地认为是抹黑、诬陷，那恐怕太过小看太史公的史德、史才了。

看来，陈下之战被忽略主要是因为司马迁只获得了一些事后战报，而缺乏对战役具体进程进行描写的文本。不过，即使是仅存的这一些战报记录，我们也能大概复原出整场陈下之战的具体进程。

汉五年十一月[3]，项羽南逃至陈县固守。当初战国时期，白起在鄢郢之战大破楚军，楚顷襄王被迫东迁至陈县，以此作为楚国的国都。楚国在东迁后，并未走向消沉，实力依旧强大。[4]现在项羽

---

[1] 司马迁：《史记》3302页，中华书局1959年版。

[2]《史记·秦楚之际月表》云："故（刘邦）愤发其所为天下雄，安在无土不王。此乃传之所谓大圣乎？岂非天哉，岂非天哉！非大圣孰能当此受命而帝者乎？"（760页）当然，值得注意的是，称呼刘邦为"圣"应该是汉代的通则，如汉武帝时期，韩安国曾说："夫圣人以天下为度者也，不以己私怒伤天下之功，故乃遣刘敬奉金千斤，以结和亲，至天下为五世利。"（《汉书》2400页）

[3] 陈下之战的具体时间史书没有记载，笔者是根据当时的战役演进进行推测的。

[4] 田余庆先生在《说张楚》一文说过："楚在郢陈收兵自保，并相机收复了一部分失地，可见郢陈的楚国还拥有相当实力。《战国策·楚策》虞卿谓魏王曰：'夫楚，亦强大矣，天下无敌……。'此事时间在前248年或稍后，晚于秦赵长平之战。'天下无敌'之说虽属夸张，但仍可从中看到，长平战后，楚国实力确居东方各国之冠，为诸侯所重视。所以前241年，楚、魏、赵、韩、卫五国之师合纵攻秦，居纵长地位者是楚国而不是其他国家。五国之师败绩，秦兵反攻迫近郢陈，楚王始东走过淮。以寿春为郢都，郢陈当于此时或稍后入秦之手。虽然如此，郢陈楚人势力并未被秦消灭。从此以后，历秦灭楚之战以至于陈胜入陈而称张楚，楚人反秦的重要事件几乎都与郢陈之地、郢陈之人有关。"（收录于《秦汉魏晋史探微》5-6页）

据守陈县，似乎也希望自己能像楚国先祖那样，在陈县立足，然后复兴楚国。

楚国君臣当初东迁，在陈县立足，"并不是仓促之举，而是有计划和组织的"①。但是现在项羽来到陈县，很明显是临时做出的决断，事前并没有做相应的准备。现在项羽北面是刘邦，东面是灌婴，韩信、彭越、英布的大军已经受命，正在赶往陈县，项羽据守陈县，那就是坐以待毙。

在固陵之战后，刘邦一面指挥汉军赶到陈县，一面前往颐乡（今河南鹿邑东南）和灌婴会师。两支大军会师，在《史记》《汉书》中关于灌婴的传记都记录了这件事，这不可能是一次普通的会师，刘邦、灌婴二人一定召开了一场军事会议，谋划如何围歼项羽于陈县。

我们现在已经不知道陈下之战是汉军挑起的还是西楚军主动出击。不过，笔者认为项羽主动出击的可能性会更高。因为当时韩、彭、英三支主力部队还没有赶到陈县，项羽只需要面对刘邦、灌婴的攻击。项羽在彭城、固陵两场野战中都能够直接打败刘邦，这次再来一次突击，倒也不是完全没有可能再打败刘邦。而刘邦当时经过固陵之战的教训，应该明白了要想消灭项羽，必须等待韩、彭、英大军的到来。因此我认为这场战役应该是项羽主动出城野战。

这场战役，刘邦率领灌婴、樊哙、夏侯婴、靳歙、蛊逢、灵常等人与项羽作战，楚汉双方在陈县城下展开混战。虽然这场战役的规模史书并没有记载，但我们从垓下之战的战役规模来推断，陈下之战的参战人数应该有数十万人之多。

在这场战役中，楚将钟离眜、陈公利几被汉军击败。利几见大势已

---

①具体分析详见张梦晗《败亡与重生："亡秦必楚"的历史探究》，中国社会科学院研究生院2018年博士学位论文，38-41页。

第七章 垓下决战 天下归一

去,遂投降汉军,钟离眜则趁机逃亡。[①]西楚左令尹吕清、司徒吕臣父子见楚军惨败,也跟利几一样,投降刘邦。[②]此战,御史大夫灌婴又立下奇功,其部众斩杀两员楼烦将、八员骑将。项羽见西楚惨败,遂率领残部向东逃窜。陈下之战后,西楚元气大伤,项羽不仅是折损不少士卒,而且他手下的四位"骨鲠之臣"已尽数离开西楚(范增病死、龙且战死、周殷投降、钟离眜逃亡),项羽身边已经无人可用。

陈下之战后,刘邦大破项羽。可惜因为项羽过早出战,在韩信、彭越、英布还没赶到陈县时就杀出重围,最终令刘邦不能在陈县阻截项羽。于是刘邦遂连下几道命令,重新调整作战任务:

一、刘邦亲率汉军主力,带张良、陈平、卢绾、灌婴、夏侯婴、周勃、靳歙、韩王信等人,挟韩、赵、燕、北貉之军,沿着项羽的逃跑路线,追击项羽残军;

二、樊哙、郦商率军北攻薛郡的胡陵,进略楚地;

三、派人告知韩信、彭越、英布,项羽已在陈县战败,立即改道行军;

[①] 钟离眜应该是有参加陈下之战的。《史记·高祖功臣侯者年表》阳义侯条载:"(灵常)以荆令尹汉王五年初从,击钟离眜及陈公利几,破之。"(966页)利几是在陈下之战后投降刘邦的,他与钟离眜一起被击败,应该是在陈下之战发生的事情,因此笔者推测钟离眜可能参与陈下之战。在陈下之战后到项羽自杀前,史书再无对钟离眜的记载,笔者推断钟离眜很有可能是趁乱逃跑了。

另,施丁先生也认为钟离眜在陈下之战后逃亡,他在《再谈陈下之战》一文中写道:"《史记·淮阴侯列传》云:'项羽亡将钟离眜家在伊庐,素与信善。项王死后,亡归信。'所谓'亡将',谓逃亡之将。钟离眜必因在陈下之战中惨败而逃匿。待项羽死后,便去投靠故人韩信。有说钟离眜参与了垓下之战,实在缺乏证据,不足信。"(施丁:《再谈陈下之战》,《中国社会科学院研究生学报》2000年06期,53页注3)

[②] 史书虽然不载吕清、吕臣何时投降,但是依然有迹可循。《史记·高祖功臣侯者年表》新阳侯条记载:"(吕清)以汉五年用左令尹初从,功比堂邑侯,千户。"(905页)又据同传对堂邑侯陈婴的记载,陈婴在投降刘邦后仍立有战功,因此被封为侯。吕清能"功比堂邑侯",说明他在投降后,又参与了讨平项羽的战役而获功。看来,吕清、吕臣父子最有可能是在陈下之战时投降了刘邦。

四、右丞相尹恢留守淮阳郡（应该还负责平定淮阳郡各地的楚军势力）[①]。

陈下之战后，项羽可供逃亡的方向只剩下彭城、淮南、江东。江东太过僻远，不可选择，彭城、淮南又已经被汉军占领，也不能选择，看起来项羽已经走投无路了。不过，在项羽看来，现在还有一条路可以选择，那就是逃到四川郡，重新占领彭城，凭借江淮地区的残部，继续和刘邦周旋。

从事后战役的进程来看，当时项羽是避开了苦县、谯县的汉军占领区，从陈县向东急行军，逃至城父（今安徽亳州东南）。

英布、刘贾、周殷在得到刘邦的消息后，没有继续前往陈县，而是改道赶至城父截击项羽的军队。在城父，项羽和英布的大军展开战斗。城父之战，项羽再次大败，被迫带着残军继续向东逃至垓下（今安徽灵璧东南）。也许是因为城父之战，英布的大军遭到西楚猛烈的抵抗，于是英布在攻下城父之后，便下令屠城。屠城过后，英布继续率军追击项羽。

这时，樊哙、郦商所率领的那支偏师也取得了胜利。樊、郦二人的军队虽然在胡陵遭到抵抗，但是还是将其攻克（胡陵沦陷后樊哙屠城）。之后樊哙、郦商二人的行踪史书没有记载，二人应该没有参加垓下之战，而是留下来扫平薛郡的西楚残余势力（只有鲁县仍不肯投降汉国）。同一时期，尹恢基本上攻克了淮阳郡的所有地区。项羽的西楚国，只剩下四川郡、东晦郡、会稽郡、故鄣郡尚未全境沦陷。

汉五年十二月，刘邦、韩信、彭越、英布等人的大军先后赶赴垓下，他们绝不容许项羽从垓下北逃至彭城。刘邦决定，这次一定要把项羽消灭在垓下，不能让他再逃跑了。

楚汉战争史上的巅峰对决即将上演。

[①]《史记·高祖功臣侯者年表》故城侯条载："（尹恢）以右丞相备守淮阳。"（918页）

三、垓下大决战

垓下

发生于汉五年十二月的垓下之战，是楚汉战争中最后一场大决战。楚汉双方，为了争夺天下，已经打了四年多的仗了，最终胜负即将在这里决定。可是，垓下在哪里呢？

司马迁虽然是较早记录垓下之战的史学家，但是他却没有告诉我们这场决定历史走向的大战到底发生在哪里。一直到东汉时期，班固才在《汉书·地理志》中给我们提供了一个思路，班固这么记载："洨，侯国。垓下，高祖破项羽。"[1]班固这位权威史学家一经记载，此后一千多年间，被大部分学者广泛采纳，视为不刊之论。不过，还是有一些学者提出了一些自己的看法，认为班固记载错了。

目前学术界内，关于垓下的具体方位，主要有以下三种意见：

一、支持班固在《汉书·地理志》中的说法，认为垓下在今天的安徽灵璧境内。

二、认为"垓下"就是"陈下"，历史上的垓下之战与陈下之战不是先后相继的两场战役，而是同一场战役，因此持该说的学者认为垓下就在今天的河南淮阳。

三、支持张守节在《史记正义》中提出的"垓下是高岗绝岩，今犹高三四丈，其聚邑及堤在垓之侧，因取名焉。今在亳州真源县东十里，

---

[1] 班固：《汉书》1572页，中华书局1962年版。

与老君庙相接。"①如果按照张守节的观点,垓下战场大概爆发在楚汉时期的苦县,也就是现在的河南鹿邑。

关于这三种说法,曾经引起了不少争论,现在学术界主要是采纳第一种意见。笔者也是支持《汉书·地理志》当中的说法。我认为,在没有新的硬性证据证明班固写错之前,《汉书·地理志》的说法是最可靠的。

关于第三种说法的"苦县说",支持的人最少,也是比较有问题的一种说法。我们知道,在固陵之战的时候,灌婴的军队就已经占领了苦县、谯县。苦县在垓下之战前已经是汉国的地盘了。项羽如果要跑到那里,等于自动逃进了汉军布置下的包围网,这实在是有些不可思议。

同时,还有一条史料是需要我们重视的,那就是张守节在《史记正义》中说的:"刘贾入围寿州(笔者按:指寿春),引兵过淮北,屠杀亳州、城父,而东北至垓下。"②我们需要注意的是,刘贾在"屠城父"后,是从东北方向行军抵达垓下的。如果垓下真的在苦县,那刘贾应该是向西北进军,而不可能是向东北进军。张守节是最早提出"苦县说"的学者,但是他在自己的著作中却为班固的"灵璧说"做了脚注。因此在笔者看来,"苦县说"是三种说法中可能性最小的,从目前来看也是最没有任何依据的一种观点。

"陈下说",则是经历了一个演化的过程。从一开始认为垓下在陈县境内,演变到认为陈下与垓下是同一个地方,两场战役实则是同一场战役。但是笔者认为,直接认定陈下就是垓下,这种说法还是显得太过大胆了一点儿。事实上,陈下说和苦县说一样,也并不能拿出过硬的证据来证明自己的论点。"陈下说"的核心论点就是,固陵之战后就要爆发垓下之战,这显然是被以往的军史著作影响过深所导致的一个结果。事实上,现在已经有不少人在研究垓下位置的时候,发现了这两场战役

---

① 司马迁:《史记》333页,中华书局1959年版。
② 同上书,332—333页。

中间曾经还有一场陈下之战这场大规模战役，而且史书的记载也可以证明，项羽不是从淮阳突然跑到灵璧的，他中间还曾经过城父，被汉军击败。如果史书没有"屠城父"这一事件，我们确实很难想象项羽要怎么跑到灵璧这个地方的。但是史书毕竟记载下来了，"屠城父"成为了陈下之战与垓下之战之间的线索，有力地反驳了"陈下说"。

更重要的是，施丁先生曾经统计过《史记》中的12篇，其中"所书'陈下'或'陈'者凡6处，书'垓下'者凡13处。《汉书》与《史记》相同的篇章，所书'陈下''陈'及'垓下'大致相同。若是'陈下'误为'垓下'如此之多，那就使人会怀疑司马迁与班固非常草率，《史》《汉》记载不大可信，或会怀疑《史》《汉》的传抄者和印刷者大有问题。偶尔失误，人皆有之。可是，总不会既错又不错，或错的多而不错的少，或在同一篇中记错又不错吧？"①《史记·樊郦滕灌列传》也记载："（灌婴）从击项籍军于陈下……项羽败垓下去也"②，我们很难想象，司马迁会在同一篇传记中，直接混淆"陈"与"垓"二字。③基于这些原因，我认为，陈下说虽然比苦县说靠谱了不少，但是终究离事实有不少的差距。

因此，就现在看来，最为可靠的一种说法无疑是"灵璧说"。"灵璧说"即采纳班固在《汉书·地理志》中的观点，认为垓下在今天的安徽省固镇县濠城镇垓下村的古城遗址。

---

①施丁：《陈下之战、垓下之战是两事——与陈可畏、辛德勇商榷》，《中国史研究》2003年01期，43页。

②司马迁：《史记》2671页，中华书局1959年版。

③卜宪群、刘晓满的《垓下位置研究评议》一文也指出："《史记》所言'会垓下'或'破楚垓下'的是韩信、刘贾、周殷、彭越，与项羽战于'陈'或'陈下'的是灌婴、夏侯婴、樊哙、曲城侯蛊达（笔者按：应为'蛊逢'或'虫达'）、靳歙，并不重叠。这说明，司马迁并未把'垓下'和'陈'或'陈下'混为一谈，垓下之战和陈下之战当是两次不同的战役。再从史料8（笔者按：指《史记·樊郦滕灌列传》中'婴度淮北……下东城、历阳'一文）的记载来看，应是先有'陈下之战'再有'垓下之战'。"（《安徽广播电视大学学报》2010年04期，107页）。

那么，什么是"垓下"呢？《说文解字》对"垓"这么解释："兼垓八极地也。"①八极指八方极远之地。看来，垓下这个地方地形应该是平坦开阔的，能够容纳楚汉的主力部队决战。司马彪在《续汉书·郡国志》中写道："洨有垓下聚。"②郦道元在《水经注》说："洨水又东南流经洨县故城北，县有垓下聚，汉高祖破项羽所在也。"③"聚"是聚落的意思，这里能够形成聚落，说明土地确实极为宽阔，适宜作为战场。看来，楚汉双方应该是在垓下内的垓下聚展开最终的大决战。

当时，项羽背靠洨水（今沱河）建立营垒，这座营垒在后世被称为垓下霸王城。项羽虽然连战连败，但是在这一路上，又不断收整残部，截至战前，已经号称有十万大军，屯住在霸王城内。

同一时期，刘邦、韩信、彭越、英布等人终于在垓下会师，这支诸侯联军人数无考，应该号称有六十万人之多。④这样一来，楚汉双方的总兵力已经达到了惊人的七十万！远超彭城之战中五十九万人的数量（诸侯军五十六万，西楚军三万）。这七十万人将在垓下这片土地上上演楚汉战争史上可考的规模最为庞大，也是最后一场决定性意义的会战。

垓下之战

汉五年十二月，垓下战场，七十万人。

---

① 许慎：《说文解字》286页上，中华书局1963年版。
② 范晔：《后汉书》3427页，中华书局1965年版。
③ 陈桥驿：《水经注校证》712页，中华书局2007年版。
④ 李开元先生经过考证后认为："参加垓下之战的汉及其同盟各诸侯国的军队的总数，大体相当于当时野战军的总动员数，即彭城会战时汉方面军队的数量，约六十万左右。"（详细考证请参见李开元著《汉帝国的建立与刘邦集团：军功受益阶层研究》50-53页）。

第七章 垓下决战 天下归一

项羽虽然只有十万大军,但是当年他仅用三万骑兵就在彭城大破五十六万汉军。十万楚军,似乎已经够用了。

刘邦这次纠集了汉、齐、梁、淮南、赵、韩、燕、故衡山、北貉九国军队(史书虽然没有记载张耳和吴芮派兵参战,但是这种决战时刻,二国应该也要派出军队参战,另外,越人可能也派出军队参战),总共六十万人。刘邦上一次指挥这么多军队,还是在彭城之战的时候。但是自从彭城之战后,刘邦就已经明白他的极限,他无法在战场上自如调动六十万大军作战。

刘邦不仅知道自己无法指挥起六十万大军,他也明白,自己并没有彻底打败项羽的把握。刘邦与项羽从彭城作战至今,虽然熟知项羽是如何行军布阵的,但是一直没有打败项羽军阵的把握。

根据史书的记载,在垓下之战的七年后,淮南王英布叛乱,刘邦御驾亲征。英布作为项羽老将,淮南军的布阵一如当年项羽的军阵,刘邦见到淮南军阵后,感到厌恶。刘邦在七年后面对英布尚且如此,更何况是面对项羽?

刘邦将六十万大军的统兵权交给了齐王韩信。虽然刘邦是反楚联盟的盟主,但是他知道,自己并不能胜任战役总指挥这个任务。如果将兵权交给韩信,那么项羽很有可能就会在此战中被彻底击溃。

史书并没有记载项羽是怎么行军布阵的,殊为可惜。不过,史书倒是为我们详细记载了韩信是如何行军布阵的。

根据《史记·高祖本纪》的记载,韩信在垓下的布阵情况为"淮阴侯将三十万自当之,孔将军居左,费将军居右,皇帝在后,绛侯、柴将军在皇帝后"[1]。那么,韩信的这个阵法有什么奇妙之处呢?

明代茅元仪在《武备志》一书中,将韩信的这个军阵称为"韩信垓下五军阵",并且拿五军阵与三国时期诸葛亮的五军进行对比研究。茅元仪称:"韩信之前有伏,诸葛亮之后有伏。项羽不识韩信之前,司马

---

[1] 司马迁:《史记》378页,中华书局1959年版。

懿不识诸葛亮之后故也。"①

众所周知,诸葛亮在退兵的时候善于设伏以击败敌军。诸葛亮第二次北伐撤军时,设伏斩杀魏将王双;第四次北伐撤军时,又设伏斩杀魏将张郃。这正是茅元仪所说的"后伏",意为在后军设下伏兵,以保证我方能安全撤退,并对敌军造成一定程度上的杀伤。韩信的这个"前伏"也就是在前军设下伏兵,击败敌军。

因此,韩信的"垓下五军阵"的指导思想就是"前伏",通过在前军设下伏兵来摧毁项羽。从这一指导思想出发,韩信将军队划分成六个部分,每个部分各司其职。

茅元仪在《武备志》的"韩信垓下五军阵图"中很好地复原了韩信在垓下之战的布阵情况,具体为:韩信自率三十万大军作为先锋,在先锋军阵的前、左、右各设置军队防护,防止被项羽的骑兵冲击。孔聚(即孔将军)的军队作为左翼军,陈贺(即费将军)的军队作为右翼军,这两翼军队不仅要拱卫韩信的先锋军,同时还承担了"前伏"的重任。韩信为了防止左、右两翼被项羽摧毁,又在二翼的前、后设置军队防护。那么二翼的左右为何不设军防护呢?我猜想一旦二翼左右遭到袭击,二翼的前、后两方军队就能夹击楚军,同时拱卫先锋军的军队也能够游动作战,摧毁楚军。就这样,先锋军、左翼军、右翼军互相配合,构成了垓下会战的主力部队。

汉王刘邦及诸侯军主要构成中军,并不参与实际的作战。中军军阵构成一个四层正方形的结构。在最外层设置重兵防护,第三层则是诸侯军的主力部队,第二层再设置一支重兵拱卫汉王大帐,第一层则是汉王刘邦与诸侯及将领们的驻地。中军只要能够保证不被楚军袭击,能稳定保持军阵,并且防止楚军偷袭韩信先锋军的后背,那么中军阵就算圆满完成了自己的任务。

---

①茅元仪:《武备志》第17册12页,明天启元年刻,清初莲溪草堂修补本。

周勃（即绛侯）的军队作为左候军，陈武（即柴将军）的军队作为右候军，置于中军阵的侧后。为了防止项羽的袭击，左、右二候军在前后也各自设置重兵防护。周勃、陈贺的大军和刘邦的中军一样，也不参与实际的作战任务，只要他们能够保持自己的军阵，不被楚军袭击，那么任务就已经算是完成了。①

从我们对韩信的垓下五军阵的介绍来看，韩信的布阵，把六十万大军切成了六个大方块，看似机械，实则不然。韩信军阵中的六个部分，彼此之间紧密相连，各有协作，六个军队的附近又都设置重兵防护，防止偷袭。韩信如果想要通过"前伏"打败项羽，首先就要保证各军阵之间的阵型不乱，各司其职。

这样一来，项羽如果想要击先锋，则左右两翼可以包抄。项羽想要攻打左右两翼，则两翼重兵和先锋军可以阻击。项羽如果想要袭后，就会受到左候军和右候军的伏击。项羽如果想从正西方向直接袭击中军，就会被中军阻击，并被左候军、先锋军夹击。项羽如果想从正东方向直接袭击中军，就会被中军阻击，并被右候军、先锋军夹击。可以说，韩信的垓下五军阵，可以根据战场实际的变化，不断做出相应的调整。垓下五军阵不是机械死板的，而是极其灵活的。因此，西晋名将马隆在他的《八阵总述》一书中这么评价道："天地前冲，变为虎翼；伏虎将搏，盛其威力；淮阴（笔者按：即韩信）用之，变化无极；垓下之会，鲁公（笔者按：即项羽）莫测。"②

垓下五军阵布置好了之后，楚、汉二国的大决战即将拉开帷幕。

这一年，项羽31岁，韩信27岁。这场大战既是楚汉时期最伟大的两位军事统帅唯一一场对决，也是他们二人人生中指挥的最后一场战役。

---

①何焯认为周勃、陈武的军队有一定的作战任务，二军作为游兵，可绕到楚人之后袭击之。何焯这一观点不能得到史书证实，从后来战争演进来看，周勃、陈武军并未发挥太大的作用。因此笔者不认何焯的观点，但将其见解放于注文，备做一说。

②马隆：《八阵总述》，见《景印文渊阁四库全书》第726册6页上。

对于项羽来说，只要自己能够冲垮韩信的先锋军，那么诸侯军的主力部队就将会像彭城之战那样，自动瓦解。对于韩信来说，自己一定要牢牢把握项羽求战心切的心理，一步步把项羽引到自己的包围圈中，最后彻底消灭之。

仔细回想韩信的每一场经典战役，还定三秦之战、安邑之战、井陉之战、历下之战、潍水之战，无不是韩信首先率军冲击敌人，这次垓下大决战，韩信也和往常一样，亲自指挥先锋军，向前冲击项羽的军阵。

项羽见韩信的大军冲杀过来，自己也亲率大军与韩信作战。根据《史记》的记载，在这一回合的较量中，韩信的军队逐渐出现劣势，并且开始败退。

关于韩信这一退，引发了后世不少评论家的评论。有不少人认为，项羽再次大发神威，把不败统帅韩信给击退了，但是笔者完全不认可这种观点。我认为韩信这一退，和当年与陈馀、龙且对决败退时一样，都是佯败。

笔者前面在分析垓下五军阵时已经提到过了，五军阵的指导思想在于"前伏"，那么怎么才能做到前伏呢？就是韩信作为诱饵与项羽交战，然后佯装战败，诱敌深入，最后两翼包抄项羽。清人何焯说过："项王大敌，虽兵少食尽，致死于我，胜负未可知。先合不利者，骄之使惰也。却者迁延徐退，诱之使疲也。纵则夹击之，使不能前后相救，楚兵横断，故不利也。然后因其乱而以众乘之，项王虽勇，岂能支乎？"[1]何焯这一番评论可谓卓识，完全把握住了韩信本次作战的用兵思路。

根据马隆在《八阵总述》的研究，韩信的先锋军这一冲锋，叫作"天地前冲"。在这一阶段中，先锋军承担着主要作战任务，随着韩信的佯败，阵型就要"变为虎翼"，即左、右二翼开始发挥作用。

韩信率军佯败后，项羽立即率领大军冲锋，打算彻底消灭韩信。

---

[1] 泷川资言：《史记会注考证》卷八62页，文学古籍刊行社1955年版。

第七章 垓下决战 天下归一

项羽被韩信的佯败给迷惑住了，他以为是他再一次大发神威，完全没有想到这是韩信给他设下的圈套。当韩信的军队撤进五军阵中的先锋军阵地时，开始重新摆开阵型。项羽抓住这个时机冲进五军阵打算消灭先锋军，可是他完全没有注意到孔藂、陈贺的左、右二翼军已经开始对项羽形成包抄。

突如其来的孔藂、陈贺军，袭击楚军的左、右翼。经过一番缠斗后，楚军已经开始招架不住。韩信趁着这个机会，重新调整好了先锋军的阵型，率军冲杀楚军。在韩信、孔藂、陈贺的三方围攻下，楚军已经招架不住，开始溃败。项羽见状，立即率残兵撤回垓下霸王城内，坚守不出。

垓下之战，楚军一败涂地，项羽终究无法再复制自己当年在彭城之战中创造出来的军事奇迹。这一仗，决定了楚、汉的命运，西楚彻底失败了。

战后，韩信见项羽坚守不战，便切断楚军的粮道。楚军经垓下一战，已经出现"兵少"的局面，现在被韩信断了粮道，又陷入了"食尽"的困境。

四面楚歌

自从西楚军"兵少食尽"后，韩信料定楚军已经丧失了作战能力。因此韩信指挥六十万大军将垓下霸王城围成数重，务求要将项羽困死。

为了瓦解楚军的战斗力，韩信又采纳了"四面楚歌"之计[①]，打算通过心理战彻底瓦解掉楚军最后的斗志。

[①]虽然史书并未明确记载"四面楚歌"是谁提出来的，但是韩信作为战役总指挥，四面楚歌之计即使不是他提出的，也当是他亲自拍板决定的。

楚汉战争史

一天夜里，四面八方的汉军同时唱起了楚歌。根据东汉时期应劭的说法，这个楚歌叫作《鸡鸣歌》，但是历来人们都是众说纷纭，没有定论，笔者不打算就这个问题做深入探讨，只打算简单评析一下四面楚歌所带来的效应。

楚地的将士跟随项羽征战多年，早就已经厌倦了战争，现在听到四方传来的楚地民歌，他们的心理防线已经开始瓦解。更重要的是，当时的西楚虽然已经陷入绝境，但是还有不少地方服从西楚的统治，项羽还是有回旋余地的。结果现在楚歌到处响起，实在令人怀疑，西楚的地盘是不是都已经被汉军占领了。

项羽在霸王城内，听到了四面八方的楚歌声，不免大惊，说道："汉国难道已经都得到楚国的地盘了吗？怎么楚人会有这么多？"项羽的心理防线现在也开始逐渐走向崩溃的状态。

在这天夜里，也许是太过心烦意乱，项羽躺下睡着后又起床，在大帐内饮酒消愁。项羽征战多年，身边有一位名字叫作虞的美人（即虞姬）[①]，常常跟随在他的身边，得到项羽的宠爱。除了美人，项羽也爱宝马，他有一匹叫作骓的宝马，项羽常常骑着骓行军作战。

现在面对这种绝境，项羽看着虞姬与骓马，不禁悲从中来，说道："力拔山兮气盖世，时不利兮骓不逝。骓不逝兮可奈何，虞兮虞兮奈若何！"也许是悲愤过甚，项羽临时作的这首《垓下歌》一连唱了好几遍，虞姬则在一旁陪着项羽一起唱。项羽身旁的人听到《垓下歌》后，也尽皆低头哭泣。

《垓下歌》唱罢后，一旁的的虞姬也作歌唱道："汉兵已略地，四方楚歌声。大王意气尽，贱妾何聊生！"虞姬此歌，虽然不曾被载入《史记》《汉书》，但是见于《楚汉春秋》佚文，当可信。但是值得注意的是，无论哪一本史书都未曾记载过虞姬唱罢后拔剑自刎，而且甚至

[①]关于虞姬的姓名，史书常有争议。《史记》说虞是名，可是《汉书》却认为虞是姓氏。二书说法不一，未知孰是，统一用虞姬称呼这位美人。

第七章 垓下决战 天下归一

没有任何一本史书交代过虞姬的结局。

不过,根据宋代地理总志《太平寰宇记》在"濠州定远县"条的记载,虞姬有可能是被项羽所杀。该书云:"虞姬冢,在县南六十里,高六丈。即项羽败,杀姬葬此。"[1]根据这条史料,虞姬并未在垓下自杀,而是跟随项羽出逃,一直逃到东城附近,甚至很可能还经历了东城快战。最后大概是项羽自认为不可能摆脱汉军的追击,为了防止虞姬受辱,遂杀虞姬于此,并且将其安葬。

笔者对于这条史料的真实性持有一定的疑问。虽然这则史料很有可能是目前唯一一则记载虞姬结局的史料,但是我们也不能过分轻信、采纳。唐初李泰主编的《括地志》,也确实记载过"虞姬冢",但是方位与《太平寰宇记》不同,该书云:"虞姬墓在濠州定远县东六十里。长老传云项羽美人冢也。"[2]《括地志》认为虞姬冢在定远县东,《太平寰宇记》则认为在定远县南,方位已经出现偏差,不免让人生疑。更重要的是,我们实在很难想象,在这种生死存亡的危急关头,项羽还会带着虞姬一起出逃,而且项羽出逃时曾带了八百骑兵,到东城时仅剩二十八骑。虞姬的骑术真能高于这些追随项羽南征北战的精锐骑兵吗?笔者表示怀疑。

出于这些疑问,我对《太平寰宇记》的这条记载表示怀疑。即便是项羽果真杀了虞姬,我认为也只能是在垓下,而绝不会是在东城。史书并未记载过虞姬的结局,她可能是自刎了,可能是被项羽杀了,甚至也有可能是被汉军凌辱。陆贾与司马迁惜墨如金,不肯为这位女子再多进行一定的描写,引发后人无数的猜想。虽然虞姬的结局无从考证,但是我更愿意相信,当虞姬唱完那句"贱妾何聊生"后,便自刎而死,不被汉军玷污。

虽然"霸王别姬"的这段故事并不完全是史实,但是千百年来,人

---

[1] 乐史:《太平寰宇记》2535页,中华书局2007年版。
[2] 司马迁:《史记》334页,中华书局1959年版。

楚汉战争史

们始终愿意相信，这位西楚霸王身边的女人，和项羽一样，都是性情刚烈之人，最后虞姬殉情，比霸王先走一步。在今天的安徽灵璧虞姬文化园内，尚存虞姬墓。园内尚存一副对联，这样写道："虞兮奈何，自古红颜多薄命；姬耶安在，独留青冢向黄昏"。

项羽唱罢《垓下歌》后，意识到自己决不能就这么被韩信困死，他还要东山再起，重建霸业。在垓下一战中，楚军被斩首八万[①]，现在楚军大概只剩下两万人左右，如果继续坚守下去，项羽一定会被困死在垓下中。因此项羽决定放弃霸王城，向南逃到会稽郡、故鄣郡，以图东山再起。

项羽遂骑上自己的雅马，又点选八百多名强壮的骑兵，趁着夜晚汉军不察之际，直接突破重围，向南奔驰而去。一直到第二天早上，汉军才发现项羽已经逃跑。

齐王韩信得知项羽逃跑后，派灌婴攻打垓下霸王城。项羽已走，霸王城又岂能坚守？于是城内守军出城投降汉军。灌婴共收降左、右司马各一人以及一万二千名楚军，西楚柱国陈婴也在这时投降汉军。[②]霸王城内守军投降后，韩信又派灌婴率领五千骑兵，火速追击项羽。大家都明白，必须在垓下这场战役彻底毁灭项羽，只要项羽不死，天下就一日不得统一。因此灌婴的这五千名骑兵，必须消灭项羽的八百名骑兵。

灌婴、项羽，这两位当时中国最优秀的骑兵指挥官，在最后一战中即将迎来最后的对决。

[①]根据《史记·高祖本纪》的记载："(刘邦)使骑将灌婴追杀项羽东城，斩首八万，遂略定楚地。"我们实在很难相信，光靠灌婴的郎中骑兵，就能消灭十万楚军当中的八万人。我认为所谓的"斩首八万"应该是垓下之战中楚军的战损。可能是由于后来韩信因所谓的"谋反"被杀后，汉朝官方将韩信的这部分功劳直接给移植到灌婴的身上。

[②]《史记·高祖功臣侯者年表》堂邑侯条载："项羽死，(陈婴)属汉。"（887页）项羽死和垓下守军投降是同一时段发生的，我认为陈婴应该是留守在垓下，然后投降汉军。

· 380 ·

四、乌江自刎

在当时，要从垓下逃到江东（即会稽郡、故郭郡）总共有两条道路：一条是垓下——南流淮河——钟离（今安徽凤阳小卞庄古城）——东城（今安徽定远东南）——历阳（今安徽和县）——乌江（今安徽和县乌江镇）——固城湖——胥河——吴县（今江苏苏州）；另外一条是垓下——徐县——盱台——东阳——堂邑（今南京六合）或广陵（今江苏扬州，即江都）沿邗沟过长江。[①]第二条道路中的徐县已经被灌婴攻破，且第二条道路有汉军驻防，项羽仅剩八百多人，无法与汉军力拼，只能选择走第一条道路。

也许是因为高速的急行军让不少骑兵脱离了大部队，也许是淮河冲走了部分骑兵。总之，当项羽渡过淮河时，自己的身边只剩下一百多位骑兵。这个时候，项羽必须抓住一切时间，迅速渡过长江，否则自己必将被灌婴追及。

当项羽逃到阴陵（今安徽滁州武岗镇）时，突然迷路，不知该从哪条道路走。这时候楚军遇到一位田父，问路该怎么走。兴许是平时受尽了西楚国的剥削压迫，现在看到落魄的楚军问路，这位田父就骗项羽说："往左走。"

项羽这时哪里还顾得了这么多，听田父这么一说，便率一百多名骑士赶紧向左逃去，结果项羽的大军竟陷入大泽之中，一时间楚军难以脱身。

[①] 从垓下到江东的路线详见王健《楚汉之际黄淮、江淮间军事交通地理与垓下地点的推定》，《军事历史研究》2011年01期，84页。

就在这时,灌婴的骑兵部队赶到,击败楚骑。项羽不得不率兵向东逃至东城,这时候,项羽身边只剩下二十八名骑兵,可谓是穷途末路。

此时,项羽的骑兵在四隤山上,数千名汉军将这不到三十名的楚军团团围困。项羽自知死期已至,料想自己已经无法逃脱,遂对骑兵们发表一番演讲:"我从起兵到现在已经有八年了,亲自经历过七十多场战斗,我所对抗的敌人全都败亡,所攻打的人全都服从我,还未尝打过败仗,因此我才能够称霸天下。然而今天我困于此处,这是上天要灭亡我,不是战争的罪过啊!今日我决心赴死,愿为大家痛痛快快地战斗。我一定能够三次获得胜利,为大家冲出重围,斩杀敌将,砍倒旗帜,让大家知道这是上天要灭亡我,不是战争的罪过啊!"

项羽知道自己现在已经被四面包围,为了冲出重围,他命令每七名骑兵组成一队,共组成了四队,每队结成一个圆阵,武器向外指,分别布置在前、后、左、右四个方向上。

汉军已经将这二十九个人围成数圈,结果项羽看到这个阵势,不仅没有感到恐惧,反而对骑兵们说:"我为你们斩杀敌人一员将领。"然后项羽命令四个队伍从四个方向冲入汉军,然后再纵马奔上高地。

布置完军令后,项羽便带着其中一队人马冲进汉军的包围圈中,另外三队骑兵也纷纷效仿项羽,冲进汉骑。

项羽边冲入汉军内部,边大声呼喝,汉军无不溃散,然后项羽趁势斩杀汉军的一员骑将。当时,汉军的一员骑将杨喜正在追击项羽。结果未曾料到,项羽突然瞪大眼睛,厉声呵斥杨喜。杨喜及其坐骑俱惊,吓得率其部众连退好几里地。在项羽的反复冲杀之中,汉军骑兵的阵型逐渐被打乱。项羽见自己这一路已经打破汉军的封锁,遂去找到另外一支骑兵队伍,与其会师。

灌婴不愧为杰出的骑兵统帅,阵型虽然已经被项羽冲散,但是又迅速调整了过来。由于项羽已经和其中一支骑兵队会和,现在楚军共有三支队伍。但是灌婴分不出哪支楚军内有项羽,遂效仿项羽,把骑兵分成

第七章 垓下决战 天下归一

三队，分别围困三支骑兵，意图全部歼灭。

项羽见灌婴组成了新阵型，遂率领骑兵队继续奔驰，冲破了灌婴的围困。之后项羽再率军分别冲破了另外两支汉军骑兵队，与楚骑会合。项羽三进三出，共斩杀汉军一员骑都尉，手刃汉军数十人！

灌婴见项羽已经两次冲破了自己组织的阵型，遂下令停止进攻。这时项羽重新清点了自己军中的人数，只阵亡了两员骑兵。项羽不无得意地对骑兵们说："怎么样？"

骑兵们听了项羽此问，皆下马俯首道："果如大王所言。"

东城快战后，项羽趁灌婴暂时解除了围困，遂率二十六名骑兵逃出四隤山，一路逃至乌江。只要项羽能渡过乌江，他就还能以会稽郡和故鄣郡作为根据地，继续抵抗。

灌婴怎会放纵项羽渡过乌江？当项羽离开四隤山后，灌婴就率领他的骑兵部队一路尾随追击项羽。

当时项羽已经打算东渡乌江，乌江亭长已经停船靠岸在等着项羽了。亭长对项羽说："江东虽然小，但是地方千里，民众数十万，也能够在那里称王了。希望霸王赶快渡过乌江。现在这里只有臣有船，汉军即便是到了，也不能渡过去。"

项羽经过一番思忖，也许是想到了他不久前对骑兵们立下的"今日固决死"的许诺，哈哈大笑，对亭长说道："上天打算灭亡我啊，我渡江要干什么呢！况且我当初和江东八千子弟兵渡过长江，向西征战，现在没有一个人活着回来。纵使江东父兄子弟可怜我，还肯奉我为王，我又有什么脸面见他们呢？纵使他们不说什么，难道我项籍内心就不会感到愧疚吗？我知道您是一位长者。我骑这匹骓马已经五年了，所向无敌。我曾经骑着这匹马，日行千里。现在我不忍心杀掉它，我就把它送给您吧。"项羽说罢，遂令二十六名骑兵皆下马步行，持短兵器向汉军发动自杀式冲锋。史书之后再也不曾向我们告知这二十六名骑兵的结局。不过，就当时的情形而言，这二十六名骑兵应该全都战死沙场，无人生还。

项羽向汉军发起最后的冲锋，虽然他身上被骑兵们砍出了十多道伤口，但是他却独自杀死了数百位士兵！自有史书记载以来，还从未有一人能像项羽这般，一次阵斩这么多人。

在乱军之中，项羽回头望见了汉军骑司马吕马童，对他喊道："你不是我的故人吗？"

吕马童听到项羽的呼喊，对同行的另外一位骑将王翳说道："这就是项羽。"

项羽继续对吕马童说："我听说汉王想要用千斤黄金、万户封邑来悬赏我的人头。我就给你一些恩德吧！"说罢，项羽伏剑自刎，终年31岁，共在位四十八个月。

王翳见项羽已死，立即挥刀砍下项羽的头颅。其他汉军骑兵见项羽已死，纷纷争抢项羽的尸体，希望能够得到汉王的封赏，结果自相残杀。为了争抢项羽的尸体，足足死了数十人。到了最后，郎中骑将杨喜、骑司马吕马童、郎中吕胜、郎中杨武各自抢得了项羽的一块尸体。这五个人在刘邦称帝后先后都因"斩杀项羽"被封为侯爵，享尽荣华富贵。

事后多有论者据乌江亭长之语，认为项羽如过江东，则事尚未可知晓。最著名的莫过于南宋李清照的两首诗，分别为"生当作人杰，死亦为鬼雄。至今思项羽，不肯过江东""霸气震神州，凌云志未酬。乌江夜若渡，两汉不姓刘"。因为这些伟大文学作品所带来的影响力，人们不禁就会问，如果当初项羽真的逃到江东，重整旗鼓，是不是就真的"两汉不姓刘"，是不是霸王就要一统天下了呢？

其实，我们只要打开地图，便能一探究竟了。江东北部当时屯住着大量的诸侯联军，灌婴也随时会想办法渡过乌江追击。就算真如乌江亭长所说，汉军渡不过来，那项羽就安全了吗？江东的西部是英布的淮南国，南部是东越人，这两股势力都和项羽有过节儿，他们都想赶紧杀死项羽，得到刘邦封赏。江东的东面就是大海，项羽也不可能在大海上找个海岛度过余生。即便是江东境内，可能也未必有乌江亭长所设想的那么好，当地的百姓也极有可能想杀死项羽向汉王请赏。可以说，自从项

第七章 垓下决战 天下归一

羽在荥阳之战败了以后,他就几乎没有回旋的余地了。项羽拒绝乌江亭长的建议,战斗至最后一刻自刎而死,也算是一个战士的归宿。如果项羽逃到乌江被擒杀,恐怕人们又要做另外一番评论了。

当时,项伯已经投降了刘邦,因为项伯在项羽阵营内为刘邦立下了不少功劳,遂被刘邦厚待,在高帝六年(公元前201年)被封为射阳侯。另外,在第二次彭城之战中被俘的项它于高帝六年投降,被封为平皋侯。在定陶之战中投降刘邦的项襄在高帝十二年(公元前195年)从平英布有功,被刘邦封为桃侯。另外还有一个项氏子弟,名字、事迹皆失载,只知道被刘邦封为玄武侯。射阳侯项缠(项伯)、平皋侯项它、桃侯项襄、玄武侯项氏在投降刘邦后,俱被改姓为刘。刘邦不仅不加罪于这些人,反而善待他们,也可谓是一项仁政了。

那个曾经在彭城之战中放过刘邦的丁固(丁公),在项羽死后拜见刘邦,希望讨得封赏。结果刘邦勃然大怒,说:"丁公作为项羽的臣子却不忠心于他。害得项羽失去天下的,乃是丁公!"刘邦便命人将丁公拖出去斩杀,并说:"我要让后世做臣子的人不要模仿丁公。"

钟离眜逃亡后,隐姓埋名。因为钟离眜与韩信相善,遂投奔韩信。刘邦向来厌恶钟离眜,得知其避难于楚王韩信[①]处,遂令韩信逮捕钟离眜。高帝六年,韩信为了不使刘邦责罚自己,打算逼死钟离眜。钟离眜看出韩信的意图,对他说:"刘邦之所以还不来攻击楚国,是因我在你这里。如果你打算逮捕我来向汉国献媚,那我今天死了,您也即将灭亡了。"钟离眜说罢,又怒斥韩信说:"你不是长者啊!"遂拔剑自刎。

楚将季布在当初曾经"数窘汉王",刘邦极其厌恶季布。在项羽死后,刘邦以千金悬赏季布的人头。季布先匿于濮阳周氏家中,后被卖到鲁县朱家家中。朱家为救季布,游说夏侯婴。夏侯婴被朱家说动,向刘邦求情。刘邦遂赦免季布,并拜他为郎中。汉文帝时期,季布官至河东守。

大司马周殷,失其事迹。在垓下之战后再无关于他的记载,当是

[①] 消灭项羽后,刘邦改齐王韩信为楚王。

· 385 ·

善终。

令尹灵常在汉高帝十二年被汉惠帝封为阳义侯（高帝刘邦于当年四月崩）。高后六年（公元前182年），灵常薨。

左令尹吕清，在高帝六年被封为新阳侯。汉惠帝三年（公元前192年），吕清薨。故西楚司徒、吕清子吕臣嗣爵，于汉文帝前元六年（公元前174年）薨。

柱国陈婴，在降汉后平江东有功，于高帝六年被封为堂邑侯，后为刘邦四弟楚王刘交国相。

陈公利几，在刘邦称帝后被封为侯。高帝六年，利几造反。刘邦御驾亲征，利几战败，不知所踪，当是被杀。

将军周兰，失其事迹，当是被灌婴俘虏后斩杀。

西楚旧臣，只有钟离眜、丁固、周兰、利几四人不得善终，其中利几还是因为造反被杀。其他人都受到了刘邦的恩遇，并未遭到迫害。

五、汉并天下

扫荡残余势力

项羽虽死，但是天下还有数支反抗力量尚未平定。当时，樊哙、郦商虽然已屠胡陵，薛郡大体平定，但是薛郡的鲁县依旧不肯投降。四川郡、东晦郡此前虽被灌婴攻占大半，但还有部分地区仍在负隅顽抗。江东地区，在听说项羽死后，一个叫作壮息的人在浙自立为王。而临江王共尉，此时仍然据守南郡反汉，不肯投降。面对这四股残余势力，刘邦、韩信遂下令：

第七章 垓下决战 天下归一

（一）诸侯联军率众围攻鲁县，讨平薛郡；

（二）将军周勃率偏师讨平四川郡、东晦郡；

（三）降臣陈婴率偏师与御史大夫灌婴会合，共定江东，讨平壮息叛乱；

（四）太尉卢绾、将军刘贾、骑都尉靳歙率领一支偏师南攻南郡，消灭临江国。

说实话，刘邦还是很偏心的。在讨平这四股残余势力中，临江国是最大的肥差，此国国力本身就弱小，要想讨平，并非难事，而且一旦灭了临江国，还能得到独定一国的名声，不仅封邑会增加，说不定还能裂土封王。卢绾在灭秦平楚时功绩本就不显著，现在刘邦特地让卢绾挂为主帅，并且让能征善战的刘贾、靳歙辅佐他，可见刘邦想让自己的这位发小儿独揽这个最大的肥差。

在项羽死后，灌婴乘胜追击，连下东城、历阳，但是他毕竟只有数千骑兵，不可贸然渡过长江。在得到陈婴的支援后，灌婴随同陈婴一起渡过乌江，讨平江东的西楚势力。

渡过长江后，灌婴军攻至会稽郡的郡治吴县。在吴县城下，会稽郡守率军与灌婴展开大战。会稽郡守战败，被灌婴军生擒。之后，陈婴又率军进攻浙江，与自立为王的壮息展开交战，很快就平定了这一股势力。之后，灌婴、陈婴再率军北上，平定了淮北地区的残余势力。至此，灌婴、陈婴仅仅用了不到一个月的时间，就平定了会稽郡、故鄣郡及淮北地区五十二县，江东悉定。

同一时期，周勃也率军平定了四川郡、东晦郡的残余势力，共定二十二县。至此，整个西楚国，只剩下鲁县尚未被攻克。

项羽当年曾经被楚怀王封为鲁公，鲁县就是他的食邑，项羽在这里应该还是颇得人心的。由于鲁县久攻不下，刘邦甚至打算"引天下兵欲屠之"[1]。鲁县的人受儒家思想影响甚深，他们宁愿遵守礼义、为主死

---

[1] 司马迁：《史记》337页，中华书局1959年版。

节，也绝不愿意投降刘邦。鲁县被团团围困，城中的百姓随时都有可能惨遭汉军的屠杀。可是当地的儒生似乎不感觉死亡即将降临在他们的身上，他们还是跟平常一样，讲诵经书、演习礼乐，弦歌之声不绝于耳。一百多年后，司马迁在《史记》发出了这样的感慨："岂非圣人之遗化，好礼乐之国哉？"①

刘邦打算屠城，大概也只是说说而已。毕竟如今天下基本平定，刘邦需要给自己打造一个仁君的好名声，如果大肆屠戮那只会是重蹈项羽的覆辙。于是刘邦让人拿出项羽的人头给鲁县父老观看，示意项羽已死，不要再做无谓的抵抗。鲁县城中百姓见项羽已死，遂开城投降。至此，西楚国全境平定。

鲁县平定后，刘邦率军来到彭越当年的根据地谷城，在这里以鲁公的礼节安葬了项羽。为什么刘邦用的是鲁公的礼节，而不是霸王或者庶民的礼节呢？这主要是因为项羽的这个鲁公乃是楚怀王熊心亲封。庶民不符合项羽的身份，不可采用。霸王乃是项羽自封，如果以霸王礼节安葬项羽，那么就表明汉王朝的政权是沿袭项羽西楚王国的法统，那刘邦就是以臣弑君，这么一来王朝的正统性就无法彰显了。项羽虽然号令天下四年，但是他本质上也只不过是楚怀王的臣子，如用鲁公的礼仪安葬项羽，那就说明汉王朝的合法性是来源于楚怀王的楚国，刘邦是为楚怀王报仇，消灭项羽，继承怀王的天下，合理合法。

根据史书的记载，刘邦不仅仅只是安葬了项羽，甚至亲自为他发丧。在项羽陵前，刘邦号啕大哭。刘邦是个冷血的政治动物，我们固然有极大的理由怀疑这只不过是刘邦的又一次政治作秀，但是我却更愿意相信，再冷血的动物也会有真情流露的那一刻。刘邦、项羽之间，确实是英雄惜英雄，这一刻的痛哭，应该是刘邦难得一次体现出了他作为人的真情。

可是刘邦为什么不把项羽安葬在鲁县，而是谷城呢？我认为这当中有一个很重要的原因，那就是追寻故齐王田横的下落。刘邦肯定知道，

---

①司马迁：《史记》3117页，中华书局1959年版。

第七章　垓下决战　天下归一

田横这一年来一直匿居在谷城中，投靠彭越。现在项羽已死，田横的存在不能不让刘邦忌惮。田横听说刘邦夺取天下，彭越又被立为了梁王，知道现在就算是彭越也不能保全自己。因此田横早早率领还忠心于自己的五百名勇士穿越齐境，逃到海岛上，不肯出来。

我们再把视线转向南郡。卢绾大军来到南郡后，南郡群盗首领、临江国大将黄极中在邔县（今湖北襄阳南欧庙附近）投降汉军。①邔县失守后，临江国门户大开，再也无力阻止汉军。卢绾遂率刘贾、靳歙等人围攻临江国都城江陵。

江陵之战，卢绾、刘贾围城数月，一直不能攻克。高帝五年（公元前202年）五月，江陵终于沦陷。靳歙率军攻入江陵，亲自俘虏临江王共尉，其部又收降临江国柱国、大司马以下共八人。卢绾、刘贾、靳歙令人将共尉送至西汉新都洛阳，当时已经是皇帝的刘邦下令，将共尉处死。至此，临江国灭亡②，天下悉定。

---

①《史记·高祖功臣侯者年表》邔侯条载："（黄极中）以故群盗长（为）临江将，已而为汉击临江王及诸侯。"（965页）史书虽未记载黄极中在何处投降，但还是能够略作一番推断。黄极中在高帝十二年十月被汉惠帝封为邔侯，食邑当在邔县境内。我以为这是汉王朝为了表彰当年黄极中献出邔县之功，故以邔县作为黄极中封邑。惜无史料明证，暂且备做一说。

②《史记·秦楚之际月表》将"汉虏驩（笔者按：即共尉）"一事记为汉五年十二月发生（796页），我疑《月表》记载有误。按：《史记·高祖本纪》载："故临江王驩为项羽叛汉，令卢绾、刘贾围之，不下。数月而降，杀之洛阳。"（380页）根据《本纪》的说法，江陵之战持续了数月之久，绝无可能在十二月就已经沦陷。另据《史记·傅靳蒯成列传》："（靳歙）别定江陵，降江陵柱国、大司马以下八人，身得江陵王（笔者按：此为临江王之误），生致之洛阳，因定南郡。"（2710页）《列传》与《本纪》记载一致，都是将共尉押往洛阳。江陵到洛阳路程不过一个月，且刘邦是在五年五月抵达洛阳。因此笔者认为，临江国必在五年五月灭亡，共尉同月被杀。另，《史记·韩信卢绾列传》载："乃使卢绾别将，与刘贾击临江王共尉，破之。七月还，从击燕王臧荼，臧荼降。"（2637页）如果江陵果真在汉五年十二月就沦陷，卢绾怎么可能在八个月后的五年七月才回去向刘邦述职呢？如果江陵是在五月沦陷，卢绾七月回京述职，那么整个事情就能讲得通了。通过对《史记》的《高祖本纪》《韩信卢绾列传》《傅靳蒯成列传》进行梳理，可证《秦楚之际月表》中汉五年十二月"汉虏驩"有误，当记载五年五月才是。

汉五年十二月，刘邦在谷城为项羽发丧时，齐王韩信已经率军来到梁国境内的定陶，和其他诸侯在当地驻扎下来。刘邦明白，自己虽然是诸侯联盟的盟主，可是在垓下之战中，自己把统兵权交给了韩信。如果按照固陵之战时对韩信的许诺，韩信的齐国共辖有十三郡。现在的韩信有兵有地，又摆脱了曹参、灌婴等人的钳制，其实力甚至可以说比戏下分封前的项羽还要强大许多。刘邦要想稳定汉国的统治，就必须对韩信削地夺兵。可是，如果削地夺兵一旦引起韩信的反抗，那么接下来天下很有可能就要进行一场"汉齐战争"。

刘邦到达定陶后，立即乘车直接驰入齐王军营中，直接夺走韩信的兵权，彻底掌控了全国的军队。

这次定陶夺军，史书记载极其简略，并不像修武夺军那样，记载得那么详实。不过，令人奇怪的是，以韩信的治军水平，又怎么会让刘邦随意驱车驰入呢？由于史书对这件事语焉不详，笔者也不好妄作猜测，再说了，这种帝王心术，司马迁也不大方便做太详细的记载。我们只知道，刘邦再次夺走了韩信的兵权，现在的他，能够号令全天下的兵马，至于在战前对韩信做出的许诺，刘邦也不打算践行了。

汉五年正月，刘邦下王令："楚地已定，义帝亡后，欲存恤楚众，以定其主。齐王信习楚风俗，更立为楚王，王淮北，都下邳。"[1]就这样，齐王韩信被刘邦改为楚王，齐地七郡全部归为汉国直属领土，由右丞相曹参暂时管理。

韩信被削地夺兵后，势力骤减，刘邦心中大患已除，自己也可以把称帝事宜放上议事日程了。

---

[1] 班固：《汉书》51页，中华书局1962年版。

第七章　垓下决战　天下归一

刘邦称帝

　　自从秦始皇首倡帝制，天下不少人都动起当皇帝的心思。比如已经死去的项羽，他立熊心为义帝，正是有取而代之，建号称帝的意图。只不过项羽尚未实施，就陷入楚汉战争的泥潭之中，并身死国亡。现在刘邦已经混一天下，可是只不过是汉王，他虽是诸侯盟主，但是在名分上和韩信、彭越、英布等人相近。如果只是称王，那不足以彰显刘邦的功绩，也不足以明定尊卑。

　　汉五年正月，当时刘邦还在定陶军营内，但是诸侯群臣们已经按捺不住，开始上疏劝进。楚王韩信、韩王信、淮南王英布、梁王彭越、故衡山王吴芮、赵王张敖[1]、燕王臧荼上疏言："先时秦为亡道，天下诛之。大王先得秦王，定关中，于天下功最多。存亡定危，救败继绝，以安万民，功盛德厚。又加惠于诸侯王有功者，使得立社稷。地分已定，而位号比拟，亡上下之分，大王功德之著，于后世不宣。昧死再拜上皇帝尊号。"[2]刘邦看了这七位诸侯的联名上疏，虽然有些动心，但是不免还是要再用一些客套话推辞一番。

　　诸侯王们见状，再次联名上疏："大王起于细微，灭乱秦，威动海内。又以僻陋之地，自汉中行威德，诛不义，立有功，平定海内，功臣皆受地食邑，非私之也。大王德施四海，诸侯王不足以道之，居帝位甚

---

[1] 按《史记·秦楚之际月表》，张耳是在高帝五年七月才病逝的。诸侯劝进刘邦时张耳尚未去世，为何劝进表中的赵王是张敖而不是张耳？史书无载，我们已经难以探寻真相。或许是当时张耳病重，无力治理国政，遂把赵王王位让给了儿子张敖。

[2] 班固：《汉书》52页，中华书局1962年版。

实宜，愿大王以幸天下。"①刘邦看后，也不再推辞，"勉为其难"地答应了诸侯们的劝进。

关于称帝的具体礼仪，刘邦交给当时的大儒叔孙通负责。叔孙通按照秦朝的礼仪给刘邦准备了称帝的具体流程。刘邦看了这一套礼仪，嫌太过麻烦，遂把仪式中有关秦朝的礼仪全部删去，只留下其中比较简便的仪式。叔孙通又和诸侯王们、太尉卢绾（卢绾应该是听说刘邦即将称帝，紧急从江陵前线赶回）商议良辰吉日，最后定在当年的二月甲午日。

高帝五年二月甲午日，刘邦于定陶的氾水之北登坛称帝，建国号汉，尊王后吕雉为皇后，王太子刘盈为皇太子，尊亡母为昭灵夫人。同时，不改元，以当年为高帝五年②，定国都于洛阳。不久，刘邦重新确认了楚王韩信、梁王彭越、淮南王英布、赵王张耳、燕王臧荼、韩王信的地位，同时又封故衡山王吴芮为长沙王，明确七大诸侯国及汉帝国的疆域。另，由于无诸在楚汉战争时有功，被刘邦封为闽越王，在闽中郡称王（越族另一位首领摇可能功劳较小，因此没有被刘邦封王，一直到汉惠帝三年才被惠帝封为东海王）。当时天下只剩下南越武王赵佗割据一隅，不肯臣服刘邦。刘邦因为南越国太过偏远，遂不愿讨伐。至高帝十一年（公元前196年），陆贾出使南越国，赵佗才决定向刘邦称臣。

定陶分封后，当时天下的具体情况大致如下（不计闽越国和南

---

①班固：《汉书》52页，中华书局1962年版。

②西汉的纪年由于经过统治者们的不断改易，遂变得极为复杂。其实，按照当时的情况，准确来说应该是"高帝三年"，这一点曾经得到瓦当铭文"惟汉三年大并天下"的证实。那么为什么"高帝五年"会变成"高帝三年"呢？这是由于刘邦认为自己的合法性是来自楚怀王的楚政权，而不是来自秦始皇的秦帝国，遂把公元前206年、前205年的纪年规定为义帝元年、义帝二年，从公元前204年开始，才正式用汉元年的纪年。因此到了公元前202年，按照当时的纪年法则，那一年应该叫"高帝三年"。但是到了后来，纪年法则被重新更改，汉帝国的统治者不再承认自己的政权来自怀王之楚，而是来自始皇之秦，遂不再把公元前206年称为义帝元年，而是称为汉元年，相应地，公元前202年也只能被改称为高帝五年了。本书为了不使读者感到混乱，遂一律沿用后代统治者改变后的纪年，称为高帝五年。

越国）：

国名	君主	国都	疆域
汉帝国	刘邦	洛阳	河南郡、河上郡、渭南郡、中地郡、陇西郡、北地郡、上郡、巴郡、蜀郡、汉中郡、南阳郡、即墨郡、胶西郡、临淄郡、琅邪郡、城阳郡、济北郡、博阳郡、河东郡、上党郡、河内郡、南郡、代郡、雁门郡、太原郡、云中郡、九原郡
楚王国	韩信	下邳	东晦郡、四川郡、薛郡、淮阳郡、会稽郡、故鄣郡
梁王国	彭越	定陶	东郡、砀郡
淮南王国	英布	六县	九江郡、衡山郡、庐江郡、豫章郡
赵王国	张耳（或张敖）	襄国（？）①	邯郸郡、巨鹿郡、衡山郡、清河郡、河间郡
燕王国	臧荼	蓟县（？）	右北平郡、辽西郡、辽东郡、广阳郡、上谷郡、渔阳郡
韩王国	韩王信	阳翟（？）	颍川郡
长沙王国	吴芮	临湘	长沙郡、巫黔郡、洞庭郡、苍梧郡

---

① "？"指笔者对一些失载的诸侯国国都进行合理的推断，但由于史书阙载，故用"？"表示，暂且存疑。

刘邦虽然称帝，但并不是汉帝国在帝业上的成功，而是在霸业上的成功。刘邦称帝，既不同于秦始皇称帝，也不同于后世任何一位开国皇帝称帝。他不是被自己的统治集团拥戴为皇帝，而是在联盟内部被与他地位同等的诸侯推戴成为皇帝。为什么刘邦会被七大诸侯一致推戴呢？就是因为刘邦"功盛德厚"，因为他"起细微，拨乱世反之正，为汉太祖，功最高"[1]。试想，如果功最高、德最厚的不是刘邦，而是韩信，那么大家会拥戴谁当皇帝呢？那时，皇帝就不会是刘邦，而是韩信了。

因此，刘邦称帝，和历代开国君主称帝在本质上是不一样的。它只不过是意味着日后主宰天下的霸主是汉，而不是楚。刘邦虽然称帝，但是帝业只完成了三分之一（日后还要平异姓王、同姓王），还远远未到终点。

可是为什么刘邦不能建立真正的帝业呢？这不仅仅因为天下并不是以刘邦一人之力而定，还因为大家对贵族血缘的认可。在当时，人们还认为只有贵族才能称王。比如陈婴的母亲在劝陈婴不要称王时就说："自我为汝家妇，未尝闻汝先古之有贵者。今暴得大名，不祥。"[2]为什么秦始皇能够建立绝对专制皇权？这不仅是因为这个天下是秦始皇一人打下来的，更是因为百姓们对嬴政贵族血统的认可。只有贵族才能统治这个天下，这是当时人们的看法。刘邦出身寒微，却能成为天下共主，已经是打破常规，如果要绝对专制，那几乎是不可能的事情。因此，刘邦只能退而求其次，成为诸侯盟主，受到诸侯们的一致推举，当上皇帝（本质上还是诸侯盟主）。

李开元就曾经指出，刘邦的皇权只是"一种新型的相对性有限皇权"[3]，而"在西汉初年，汉帝国是一个在汉朝的政治主导下的有统一的法制的四级制国家联合体。在这个四级制国家联合体的汉帝国中，列侯

---

[1] 司马迁：《史记》298页，中华书局1959年版。
[2] 同上书。
[3] 李开元：《汉帝国的建立与刘邦集团：军功受益阶层研究》143页，生活·读书·新知三联书店2000年版。

第七章 垓下决战 天下归一

拥有对于侯国的统治权,诸侯王拥有对于王国的统治权,皇帝所在的汉朝,兼有对于皇帝直辖地的统治权和对于侯国及王国的政治主导权"①。

尽管汉初皇权孱弱,但是对于当时的刘邦来说,更多的不会是对未来的忧惧,而是沉溺于当下胜利的喜悦。刘邦现在更该考虑的是该怎么着手建设好汉帝国的内政。

汉五年正月,刘邦下王令说:"士兵已经有八年不得休息,百姓实在太过困苦。现在天下一统,我赦免死刑以下的所有犯人。"高帝五年五月,当时所有战事已经全部结束,刘邦下令士兵全部回到家乡。同月,刘邦颁布"高帝五年诏"优宠军功,刘邦集团由一个政治军事集团转化为新型统治阶层,汉初军功受益阶层正式形成。

当时,项羽已死,韩信实力已被削弱,还剩下一个田横避居海岛,尚未服从。刘邦担心田横日后将会作乱,遂派遣使者前往海岛,宣布赦免田横的罪过。田横辞谢道:"臣烹杀了陛下的使臣郦食其,现在听闻他的弟弟郦商是汉国的将领,而且颇有才能。臣内心感到恐惧,不敢奉诏前来,希望当个庶人,就留在海岛上。"

刘邦听闻后,遂下诏给郦商说:"田横就要来洛阳了,谁要是敢动他的人马随从,我就把他们族诛!"之后又派使者持节再到海岛上对田横说:"田横只要来到洛阳,就能够封王,手下可以封侯。如果不来,就要派兵消灭你们。"田横听了这番话,便带其中两位宾客前往洛阳。

田横等三人跟随使者到了距离洛阳三十里的尸乡,田横对使者说:"人臣拜见天子应当先沐浴。"遂停了下来。

这时候,田横对宾客说:"我一开始和汉王都是南面称孤,现在汉王贵为天子,而我作为一个亡国之人还要侍奉他,这个耻辱已经很大了。况且我烹杀了郦商的兄长,现在跟郦商一起侍奉汉王。纵使郦商畏惧天子诏令,不敢杀我,我的内心难道就不感到愧疚吗?更何况陛下想

---

①李开元:《汉帝国的建立与刘邦集团:军功受益阶层研究》254页,生活·读书·新知三联书店2000年版。

要见我的原因，不过是想看看我长什么样罢了。现在陛下就在洛阳，如今砍下我的脑袋，快马奔驰三十里，我的容貌还不会改变，尚能被陛下观看。"说完这番话后，田横拔剑自刎。

田横死后，两位宾客割下田横的首级，跟使者快马飞驰前往洛阳，面见刘邦。刘邦本来就是个好侠义的人，听闻了田横自杀的原因，不禁感慨道："哎呀！能有此言此行，是个了不起的人啊！田儋、田荣、田横兄弟三人，以布衣之身起兵，相继称王，这难道不是贤能的人吗？"说了这番话后，刘邦不禁潸然泪下，拜这两位宾客为都尉，并派遣两千名士兵，以齐王的礼节安葬田横。

等到田横入土为安后，这两名宾客在田横墓旁挖了一个洞，纷纷自刎而死，为田横殉葬。刘邦听闻二人自杀后，大惊，开始感慨田横的宾客都是贤士，对他们的这种游侠作风愈发敬佩。刘邦听闻田横尚有五百名门客还在海岛上，遂又派使者前去征召。使者至后，五百门客听闻田横已死，全部自杀，与田横同死。至此，田齐残余势力终于悉数被消灭，齐地稳定了下来。

田横死后，戍卒娄敬和张良先后劝刘邦迁都长安。经过一番权衡后，刘邦遂迁都长安，汉帝国国都正式确立下来。为了褒奖娄敬，刘邦便将娄敬的姓改为刘，拜为郎中，并给他奉春君这一称号。

高帝五年六月，刘邦在长安宣布大赦天下。至此，楚汉战争的时代逐渐落下历史帷幕，下一阶段汉帝国与异姓王之间的争斗悄然开启。

第八章 何以是汉兴楚亡？

前人的论述

由于《史记》叙事的精彩，楚汉战争一直以来都是中国人津津乐道的一个话题。可是我们似乎很少会深入去探讨，为什么是刘邦夺得了天下，而项羽会走向败亡，甚至是速亡呢？笔者打算先举前人的一些论述，看看他们是怎么看待楚汉兴衰的？

最早探讨、总结项羽为何败亡的是刘邦君臣。在高帝五年五月，刘邦在洛阳南宫大宴群臣时，曾问道："我为何能够拥有天下，项氏又为何会失去天下呢？"

座上的高起、王陵听到刘邦的这番话，纷纷起身说："陛下慢而侮人，项氏仁而爱人。然陛下使人攻城略地，所降下者因以予之，与天下同利也。项羽妒贤嫉能，有功者害之，贤者疑之，战胜而不予人功，得地而不予人利，此所以失天下也。"[①]

刘邦听了高起、王陵的这番分析，说道："公等只知其一，不知其二。运筹帷幄之中，而能决胜于千里之外，我不如子房（即张良）。镇抚国家，安抚百姓，供给前线军队粮食，保证粮道不被断绝，我不如萧何。身率百万之众，战必胜，攻必取，我不如韩信。这三个人，都是人

[①] 司马迁：《史记》381页，中华书局1959年版。

中俊杰，我能够任用他们，这是我夺取天下的原因。项羽有一个范增却不能任用，这是他被我所擒获的原因。"

我们如果对刘邦君臣的这段讨论加以一定的提炼分析，其实，他们认为楚亡汉兴有两大原因：（一）刘邦按军功分封，能与天下同利，项羽与此相反；（二）刘邦任人唯贤，赏罚分明，项羽与此相反。

这两条原因既是刘邦君臣在四年征战中最直接的感受，也是楚亡汉兴的关键原因所在。刘邦君臣的讨论给我们探讨楚亡汉兴的原因提供了一个很好的研究思路。

到了西汉中期，司马迁在作《史记》时，也对楚汉兴亡做出过深入的思考。司马迁在《史记·项羽本纪》篇末的评论中，曾这么说："及羽背关怀楚，放逐义帝而自立，怨王侯叛己，难矣。自矜功伐，奋其私智而不师古，谓霸王之业，欲以力征经营天下，五年卒亡其国，身死东城，尚不觉悟而不自责，过矣。乃引'天之亡我，非用兵之罪也'，岂不谬哉？"①

司马迁对项羽的败亡进行过深入的思考，他认为项羽的败亡自"背关怀楚"时就已经开始。笔者前面在评析戏下体制的时候曾经说过，项羽"背关怀楚"是经过深思熟虑的一个选择，在当时看来，并不能认为项羽就一定是做错了。但是司马迁敏锐地指出了项羽败亡最大的原因是"欲以力征经营天下"，可以说，司马迁抓住了项羽败亡的一个很重要的原因。这条原因，当年刘邦君臣甚至没有探讨出来。司马迁的新发现，又给我们指出了一个很好的思路。

到了东汉初年，班彪曾写了一篇《王命论》进呈隗嚣。在《王命论》中，班彪总结了刘邦成功的六大原因："一曰帝尧之苗裔，二曰体貌多奇异，三曰神武有应征，四曰宽明而仁恕，五曰知人善任使。加之以信诚好谋，达于听受，见善如不及，用人如由己，从谏如顺流，趣时

---

①司马迁：《史记》339页，中华书局1959年版。

第八章 何以是汉兴楚亡？

如向赴。"①

　　班彪开始总结刘邦的人物性格，从刘邦的身上来探究为何刘邦能够夺取天下？但是班彪受限于"天命"的思想束缚，在今天看来，前三个观点完全就是无稽之谈，不足为据。但是班彪后面的三个观点，却又为我们提供一条新的思路，刘邦的个人魅力在楚亡汉兴这一历史进程中曾发挥了极其重要的作用。

　　及至近代，吕思勉先生详细地探讨了楚亡汉兴这一历史问题，他曾这么说过："刘、项成败，汉得萧何以守关中，韩信以下赵、代、燕、齐，而楚后路为彭越所扰，兵少食尽，固为其大原因，然汉何以得萧何、信、越等，而楚亲信如英布、周殷等，且纷纷以叛乎？"接下来，吕思勉先生引刘邦、高起、王陵君臣的讨论，评价道"高祖所言，与高起、王陵所说，其实是一"。然后吕思勉又引韩信、陈平、郦食其提及项羽的性格弱点，继续分析道"盖项氏故楚世家，其用人尤沿封建之世卑不逾尊、疏不逾戚之旧，汉高起于氓庶，则不然也。然是时知勇之士，固不出于世禄之家，此其所以一多助、一寡助乎？然则刘、项之兴亡，实社会之变迁为之矣。"②

　　大家之言，总结甚为精当。吕思勉从刘项之争，观察到了当时的社会变迁，并且指出这是楚亡汉兴的重要原因之一，信矣。钱穆在《国史大纲》的小字部分中说道："项羽、田横之徒皆贵族，而皆不能成事，此可以觇事变。"又在正文部分说："平民政府必然创建，殆为当时历史趋势一种不可抗之进程。"③钱穆与吕思勉都从宏大的历史进程为我们审视楚亡汉兴的原因。在他们看来，当时的贵族政权已经逐渐式微，必将被平民政府取而代之。

　　在新中国成立后，不少学者对项羽的失败进行反思，认为项羽败亡

----

①班固：《汉书》4211页，中华书局1962年版。
②吕思勉：《秦汉史》53-54页，商务印书馆2010年版。
③钱穆：《国史大纲》128页，商务印书馆1996年版。

· 399 ·

的根源在于戏下分封。比如漆侠先生就曾在《秦末农民战争史》一书中指出:"事情的实质就是,迷信自己武力的项羽,妄图把历史的车轮拖回去,从而违反了历史发展的客观规律,因此他也就必然被历史的车轮碾得粉碎。项羽,同古今中外的一切反动派一样,都不能够违背历史逻辑的这一发展,并且亦都不能不在历史逻辑的这一发展中落得这样可耻的下场,让他至死执迷不悟,怨天尤人吧!"①当时很多学者都和漆侠先生一样,认为项羽败亡的根源在于戏下分封,大开历史的倒车,不过,这种观点在现在看来,不宜过分采纳。

20世纪80年代初台湾"三军大学"主编的《中国历代战争史》中,对楚亡汉兴的原因曾做过极为详细的分析,认为出现这一历史现象主要有四大原因:(一)项羽分封大开历史倒车;(二)刘邦能够用才,而项羽不能;(三)刘邦在战略上运用得当;(四)项羽仍然沿袭贵族政治思想,而刘邦则能沿袭秦代政治思想。项羽不知战争需要配合政治、经济、外交等因素,终致失败。最后总结道:"综上以观,战争之成败,首须以政治为主。而政治之主张,又需顺应社会发展之趋势;顺应者成,违逆者败。其次,则在人才之延用;得人才者胜,失人才者败。再次,则为战争优劣形势之争取;居优者胜,处劣者败。然,此三者之运用,又须相互联系而结为一体,始能发挥宏伟之功效。细一检讨刘邦在楚汉战争中,其诸所运用,颇合于此一原则,故终能成功,而统一天下,研究战争者,对此其深加注意焉。"②台湾"三军大学"的这套《中国历代战争史》对楚汉成败的分析不可谓不详尽,虽尚有不少缺憾,但是也颇值得治楚汉史者深思。

1989年,田余庆先生在《说张楚》一文中提出了新的看法。田余庆先生认为:"项羽称帝不成,并不意味着楚不能帝。不过,要夺取帝业,只有楚的名分还不够,还必须据有当年秦灭六国的形势。我们看

---

① 漆侠:《漆侠全集》第一卷,203-204页,河北大学出版社2009年版。
② 台湾"三军大学"编:《中国历代战争史》03册,91页。

第八章 何以是汉兴楚亡？

到，当渊源于楚的汉王刘邦东向与诸侯盟主楚王项羽交锋之时，他确实是不期而然地居于当年秦始皇灭六国的地位。客观形势要求居关中的刘邦之楚消灭居关东的项羽之楚，步秦始皇的后尘，再造帝业。这又出现了反秦而又不得不承秦的问题，出现了以后的汉承秦制，首先而又最根本的是承秦帝制。以帝制为标志，张楚以来历史所呈现的'之'字路走到头了。"田余庆先生在该文的文末总结说："秦楚之际风云诡谲，事态纷纭，它昭示于后人的历史结论，一是非张楚不能灭秦，二是非承秦不能立汉。灭秦和承秦，相反而又相成，其间都有楚作为中介。"①

田余庆先生对"非承秦不能立汉"这一问题虽有阐述，但可惜的是，并未详细论证。陈苏镇先生在《〈春秋〉与"汉道"：两汉政治与政治文化研究》中对"承秦立汉"的问题详加论证。陈苏镇在书中指出："与项氏集团相比，刘邦集团的力量弱小得多。然而刘邦最终却战胜了项羽，建立了汉家帝业。导致这一戏剧性结局的原因无疑是多方面的，而刘邦得以'承秦'是其中最重要的原因之一。所谓'承秦'包括据秦之地、用秦之人、承秦之制等几个方面。据秦之地，使刘邦由楚将变为秦王，从而控制了关中形胜之地。用秦之人，使原以楚人为主的刘邦集团逐渐变为以秦人为主，使汉成为真正的关中政权。承秦之制，特别是根据秦律制定汉律，是刘邦、萧何为争取秦人的支持而在文化上对秦人做出的让步。这些举措使汉朝得以继承秦朝的军国主义体制，从而真正获得了当年秦所拥有的优势。"②经过田余庆、陈苏镇二人的论述，我们对楚亡汉兴问题的探讨进入了新的一个阶段，那就是"承秦"对新王朝的建立有着至关重要的影响。而刘邦能够"承秦"，是他能够击败项羽最为根本的原因。

笔者才疏学浅，见识浅陋，无力做好学术史。本节笔者只是意在通

---

① 田余庆：《秦汉魏晋史探微（重订本）》27—29页，中华书局2011年版。
② 陈苏镇：《〈春秋〉与"汉道"：两汉政治与政治文化研究》38页，中华书局2011年版。

过列举一些比较有代表性的观点，以引出下文的分析。笔者在思考楚汉兴亡这一问题上，主要是参考了以上这些人的观点，方能对此问题有一个比较浅薄的结论。

唯承秦方能立汉

在笔者看来，刘邦能够取得楚汉战争的胜利，最为根本的原因在于刘邦能够承秦制，"非承秦不能立汉"。而"承秦立汉"在笔者看来，就是要用各种手段全面继承秦代的军事体制，运用这种军事体制将整个政权的百姓动员起来，参与楚汉战争。

秦汉时期，政府奖励军功，推动军、国合一，促进社会的军事化。而军事体制的形成，不仅与秦国早期人民的生活方式有关，而且更与商鞅在秦国广泛推行"军功爵制"有关。军功爵制激发了秦国人民内心的兽性，让他们乐于作战、勇于作战。《商君书》就说："民之见战也，如饿狼之见肉，则民用矣。"[1]

刘邦为了恢复"秦代军事体制"，驱秦地百姓为自己而战，采用了"据秦之地""用秦之人""承秦之制"三种手段。

"据秦之地"主要是指据有秦地的山川形势。秦地，南靠秦岭，西临陇山，北近黄土高原，东依晋西南山地，黄河又环抱其间。秦地又居于中国地势第二阶梯，对大部分国土居于第三阶梯的山东诸国，有着天然的地理优势。

事实上，就当时的人而言，对"据秦之地"并没有那么深的认知。比如楚怀王熊心，他就把都城定在彭城，而不是选在关中的咸阳，包括项羽也不太重视关中。项羽不仅不重视关中，反而还要率领诸侯们在关

---

[1] 蒋礼鸿：《商君书锥指》108页，中华书局1986年版。

第八章 何以是汉兴楚亡？

中大搞屠杀来泄愤。即便是刘邦，一开始也并无称帝之心。刘邦急着西进，真的是为了据有帝秦之业，然后一统天下吗？当时的刘邦虽然是楚国宿将，但也仅仅如此罢了。刘邦急着要抢在项羽之前入关，完全是为了实现他的"阶级跃升"，从一个普通的将领一跃而为诸侯王。可以说，当年的刘邦和后来的韩信，简直就是同一种人。他们卖力地千里转战，无非就是为了称王。那么刘邦是什么时候才有称帝野心的呢？恐怕要一直到汉二年（公元前205年）二月，他下令除秦社稷，立汉社稷的时候，才真正定下要称帝的目标，于是才在当年三月为义帝发丧，四月就发动彭城会战。可见，刘邦是在无意之中完成了"据秦之地"的任务。

也许读者会说，刘邦这不就是瞎猫碰上死耗子吗？其实并非如此，须知，历史绝不能采纳"地理环境决定论"。刘邦如果仅仅是据秦之地，那也不可能统一整个中国。须知，之前的秦二世、章邯也都是据秦之地，可还不都走向失败了吗？所以，据秦之地只是基础条件，要想复活秦国的军事体制还有一些新的要求。

"用秦之人"，这一建议事实上最早是萧何、韩信对刘邦提出的。在戏下分封后，萧何曾对刘邦说："愿大王王汉中，养其民以致贤人。"[①]在"汉中对"中，韩信对刘邦说："任天下武勇，何所不诛！"[②]从后来的历史发展来看，刘邦完全采纳了萧何、韩信的建议。刘邦在之国，尤其是在北击三秦后，开始大量任用故秦士卒，尤其到了彭城之战后，由于诸侯军死伤惨重，不少诸侯纷纷叛汉，秦人遂逐渐成为了汉军的主力。

李开元先生在《楚亡》一书中曾经指出，秦朝末年京师军一直留守在关中地区，在刘邦还定三秦后，这支京师军被编入汉军阵营内。在彭城之战后，萧何大量征发关中地区内的"老弱未傅者"前往荥阳前线。在日后，关中地区的兵源成为了汉王国的主力军队（韩信虽然在山西、

[①] 班固：《汉书》2006-2007页，中华书局1962年版。
[②] 司马迁：《史记》2612页，中华书局1959年版。

河北地区也征发了不少人南下荥阳，但是终究还是不如萧何）。李开元在《汉帝国的建立与刘邦集团》一书中说："汉不但尽征关中之兵役适龄者，且更及于未成年者和超龄者，推想其数量，前后或有数十万之众。可以说，从数量上看，在楚汉战争中，旧秦国籍士卒，已经构成了汉军的主要部分。"①虽然未有史料能够证明萧何确实征发了数十万军队，不过，就当时的情况而言，李开元先生的这个说法还是比较符合实际的。

可是如果只据有了地理优势和好战的秦人，那也未必能够全面复活秦国的军事体制。须知，在商鞅变法以前，秦人也据有关中，也颇为好战。可是在商鞅变法之前，秦国并未对另外六国形成较为明显的优势。看来，刘邦还需要像秦孝公、商鞅那样，推动制度上的革新，真正做到"汉承秦制"。

关于刘邦"承秦之制"的具体问题，笔者在本书第二章中的"汉中改制"一节已经有详细的论述，这里就不再赘述。在萧何改革政制、韩信改革军制后，汉王国恢复了秦国的军事体制，战争机器开始运作起来。

只有在刘邦真正做到了"据秦之地""用秦之人""承秦之制"后，刘邦的汉政权才真正"据有当年秦灭六国的形势"。

与天下同利

对于刘邦的功侯们来说，楚亡汉兴的根本原因并不在于"承秦"。为何？因为他们只负责征战天下，并没有参与到实际的政治建设当中。在他们的眼里，刘邦之所以能够打败项羽，就是能够"与天下同利"。就笔者个

---

① 李开元：《汉帝国的建立与刘邦集团：军功受益阶层研究》171页，生活·读书·新知三联书店2000年版。

第八章 何以是汉兴楚亡？

人看来，刘邦"与天下同利"确实是他能够夺取天下极其重要的因素。那么何谓"与天下同利"呢？其实说的就是刘邦能够与功臣们"共天下"。

高帝十二年（公元前195年）三月，刘邦下诏："吾立为天子，帝有天下，十二年于今矣。与天下之豪士贤大夫共定天下，同安辑之。其有功者上致之王，次为列侯，下乃食邑。而重臣之亲，或为列侯。皆令自置吏，得赋敛，女子公主。为列侯食邑者，皆佩之印，赐大第室。吏二千石，徙之长安，受小第室。入蜀汉定三秦者，皆世世复。吾于天下贤士功臣，可谓亡负矣。其有不义背天子擅起兵者，与天下共伐诛之。布告天下，使明知朕意。"[1]

在这封诏书中，刘邦亲口说他是"与天下之豪士贤大夫共定天下，同安辑之"，而不是自己一个人平定天下。在这种情况下，天下不是刘邦一人的天下，而是整个"豪士贤大夫"们的天下。李开元先生说："天下乃是刘邦与刘邦集团的所有成员共同打下来，共同所有的，当然应该共同公平地分配。这就是所谓共同打天下，共同坐天下，共同创业，共同所有之'共天下'的理念。"[2]董平均也说："从广义上讲，'共天下'就是刘邦君臣共同分割天下的土地；从狭义上讲，'共天下'就是他们共同支配天下的权益。"[3]

既然刘邦选择通过"共天下"来击败项羽，那么像项羽那样进行大规模的王国分封就是历史的必然了。

关于刘邦采纳分封，众建王国，吕思勉先生曾评论说："封建者，过时之制也。"[4]可是我们研究历史切不可一刀切，需要放到具体的历史时空限制下，具体问题具体分析。我们知道，秦末汉初那段时间属于

---

[1] 班固：《汉书》78页，中华书局1962年版。
[2] 李开元：《汉帝国的建立与刘邦集团：军功受益阶层研究》140页，生活·读书·新知三联书店2000年版。
[3] 董平均：《西汉分封制度研究——西汉诸侯王的隆替兴衰考略》18页，首都师范大学2002年博士学位论文。
[4] 吕思勉：《秦汉史》84页，商务印书馆2010年版。

"后战国时代"。当时的社会主流意识是倾向于以往王国并立，而不是"大一统的帝国模式"。如果刘邦不肯与功臣们"共天下"，恐怕他在荥阳之战的时候便已经被项羽消灭了。采纳分封并不是刘邦的本心，只是被他当作统一天下的一种手段。可是如果刘邦不采纳这种手段，违逆了当时的社会意识，又岂能击败项羽？

刘邦的这种分封不是西周时期的分封，和项羽一样，刘邦也是要以军功为标准进行分封。可是不同的是，项羽的分封并不能完全依据军功，而是带有自己强烈的主观色彩，因此"戏下体制"甫一推行，便造成天下大乱的后果。

项羽分封，目的在于"乱中取胜"，将天下搅乱，自己再以武力一统天下，名正言顺地成为楚帝。刘邦的分封，目的则在于"拨乱反正"，即结束战争，恢复秩序。而刘邦如果想要恢复秩序，就不可避免地要站在豪族和军功阶层这边。

为什么我们会这么说呢？笔者曾经指出，从秦二世元年到高帝五年这八年的战争中，虽然曾有学者笼统地称之为"秦末农民战争"，可是真正体现了农民战争性质的，只有陈胜称王的那短短半年。陈胜死后，"革命"的主导权就落在六国旧贵族的手上，他们利用百姓对秦政的痛恨，恢复自己在战国时代的特权。可以说，在陈胜死后，就没有真正意义上的"农民起义"，有的只是山东旧贵族和秦王朝统治阶级的一番较量。在秦朝灭亡后，经过齐楚战争、还定三秦等诸多历史事件后，局势逐渐转变为刘邦、项羽两大军事政治集团的对抗，那么这两个人到底在争夺什么呢？无非就是在争夺对天下的控制，究竟是要"汉帝"还是要"楚帝"。我们可以把楚汉战争定性为是一场统治阶级间的内战。既然是统治阶级间的内战，那么刘邦至少要得到统治阶级内部大部分人的支持。

在当时特殊的历史条件下，所谓的统治阶级无非就是山东六国旧贵族和新兴的军功阶层。项羽得到这两大利益阶层的支持了吗？并没有。项羽主持戏下分封明显就是要和旧贵族决裂，靠向新兴的军功阶层。可

第八章 何以是汉兴楚亡？

是项羽拉拢到军功阶层了吗？也没有。项羽在戏下分封时并没有真正做到按照军功分封，这直接让他失去了田荣、陈馀、彭越等人的支持。在日后的楚汉战争中，项羽又不能够及时弥补这一失误，拉拢军功阶层。在楚国之外，项羽烹杀王陵之母，导致王陵彻底倒向刘邦。在楚国之内，项羽又中了陈平的反间计，猜忌范增、钟离眜、龙且、周殷等"骨鲠之臣"。到最后，项羽能信任的只剩下项伯、项它、项声这些项氏子弟了。失去了六国贵族和军功阶层的支持，项羽的失败也就成为了必然。

反观刘邦，他一直都很注意拉拢六国旧贵族和军功阶层。刘邦很注重对六国旧贵族的拉拢，比如他就大力重用韩国旧贵族张良和韩王信，又比如他一度采纳郦食其的想法，要立六国之后为王。即便是在楚汉战争结束后，刘邦不仅没有问责楚国旧贵族项伯、项它、项襄等人，反而册封他们为侯。刘邦虽然没有完全支持六国旧贵族，但是比起项羽，刘邦的这些举措还是赢得了旧贵族们的好感。再说军功阶层，刘邦不倒向旧贵族的重要原因就是，他意识到了只有依靠军功阶层，自己才能够真正击败项羽。刘邦在整个楚汉战争期间，大力支持韩信、彭越、英布在三个战场上的工作，又极其信任曹参、灌婴、樊哙、周勃、郦商等大将，只要一有战功，就升官、进爵、增食邑。在固陵之战的时候，刘邦更是把西楚国其中六郡全部划给了韩信，以获得韩信对自己的支持。如果换成项羽，不要说是划六个郡给韩信了，就是要增加曹参、灌婴这些人的食邑，恐怕项羽都要思前想后，不舍得封赏。

刘邦在得到了六国旧贵族和军功阶层的普遍支持后，事实上他已经得到了当时中国统治阶级的广泛支持了。在这种情况下，项羽与刘邦争斗，反倒是势单力孤。只是因为项羽善于在战争中造势，才让我们有一种项羽处处占优的错觉。

虽然刘邦所谓的"与天下同利"不过是"与统治阶级同利"而已，但是刘邦也极其重视百姓的生产生活。这一点在"约法三章"和处理关中大饥荒时尤为明显。刘邦为了赢得战争，大力剥削民众，但是他还是比较重视百姓的，不会把他们逼到死路上去。在战争结束前夕，更是下令将战争中的死难者转输回家，一举获得天下人的支持。

可是项羽一直都没有想着要去怎么获得人心，他在关中，就在关中屠杀；他在齐地，就在齐地屠杀。甚至项羽回军收复失地，还打算屠尽外黄的成年男子（外黄是西楚领土）。项羽这种迷信武力，不懂得延揽人心，实在是短视。项羽不仅不能和统治阶级同利，也无法和天下百姓同利，只能和一小撮项氏宗族同利。可笑的是，即便是项氏宗族，也不完全支持项羽，项伯从鸿门宴开始就已经逐步倒向刘邦。连项氏宗族都无法完全支持项羽的事业，真正站在项羽这边的又有几个人呢？

战略布局

刘邦也许在具体的战役指挥上确实不如项羽，但是在战略整体布局上，项羽却是完全不如刘邦的。笔者在这里所说的刘邦的战略布局，主要指的是"为义帝发丧"和"捐关以东"战略。

"为义帝发丧"是刘邦在楚汉战争爆发伊始，下的第一步好棋。事实上，这步棋完全是项羽让给刘邦的。笔者曾指出，项羽最大的失误就是简单地把义帝的事当成项氏的家事，轻易将他杀死，而完全不顾及义帝的政治地位。在这种情况下，项羽自己等于主动放弃了"政治大义"这面旗帜，拱手送给刘邦。

刘邦比项羽更富有远见，他对义帝并没有什么特殊的感情。不过，刘邦知道，义帝是个死人，并不会站出来指控刘邦在鸿门宴倒向项羽，背叛了自己。只要刘邦以义帝作为号召，树立起政治大义的旗帜，将自己置于道德制高点，把项羽置于乱臣贼子的地位，再以武力作为要挟，那么就会出现天下诸侯或从汉，或中立的局面，最后的事实证明刘邦这一战略布局是完全正确的。在后来广武涧对峙期间，刘邦又通过"十罪项羽",进一步深化了这一战略,利用"怀王之约",直接否定了项羽天下共主的地位。刘邦的这两个步骤,向天下人展示自己是正义的一方,而项羽是邪恶的,这场战争不是统治阶级内部的战争,而是一场正邪之战。刘邦通过这般巧妙的布局,简化了当时的主要矛盾,一举占尽优势地位。

但是我们会发现,"为义帝发丧"这一战略并没有直接推动刘邦打败项羽,这是为什么呢?根本的原因在于一开始刘邦打算以一人之力统一天下,忽视了自己应该"与天下同利"。在彭城惨败后,刘邦在下邑及时吸取教训,和张良共同提出了"捐关以东"战略,从而逐步扭转乾坤。

在"捐关以东"战略中,刘邦负责正面战场,韩信负责北方战场,彭越负责敌后战场,英布负责南方战场。四大战场,各司其职。刘邦主要是牵制住项羽主力,不断调动项羽主力军队,使其疲于奔命,逐渐丧失战斗力。彭越主要是破袭项羽的大后方以及运输粮道,使西楚的大后方陷入瘫痪之中,支持正面战场上的刘邦的战斗。韩信则是负责断项羽之右臂,通过武力征服的方式打破项羽对刘邦的合纵,让项羽逐步变为失去诸侯支持的孤家寡人。英布主要是负责牵制西楚第二主力,同时断项羽之左臂,防止项羽在南逃的时候逃入淮南负隅顽抗。最后的事实证明,只有刘邦、韩信、彭越、英布四人互相配合,互相支持,才能够消灭项羽。这四个人中,只要有一个人想要抛开大家,单打独斗,都不免招致失败的下场。

因此,在楚汉战争中,"为义帝发丧"是政治上的战略,在政治上孤立、弱化项羽。"捐关以东"战略则是军事上的战略,在军事上孤立、弱化项羽。如果只是在政治上打击项羽,项羽可以利用自己在军事上的天才一举扭转局势。如果只是在军事上打击项羽,项羽也不至于完败,尚有回旋的余地。只有在这两个方面互相配合,做持久战之准备,才能让项羽在战略上逐步走向完败,并在最后走向灭亡。

同时,在战略布局上,我们也切不可忽视韩信的"汉中对"为刘邦带来的巨大贡献。韩信在"汉中对"中，早已向刘邦指出，项羽在"勇悍仁强"均胜于刘邦的情况下，绝不可能在短时间就被消灭，消灭项羽是一个长时间、持久的作战任务。

刘邦在彭城之战后，忠实地履行了韩信在"汉中对"中为自己做出的规划，不断造势，逐步弱化项羽。项羽虽"勇"，但不过是匹夫之勇，只要调动起项羽的好胜之心，就能够让项羽越发崇拜武力，丧失心智。项羽虽"悍"，但是他凭借着自己的"悍"，多所屠杀。刘邦用自己的豁达、仁德收获了民心，让项羽的"悍"越发变成劣势。项羽虽"仁"，但那不过是妇人之仁。刘邦做到了"与天下同利"，又采纳了陈平的反间计，让项羽变得疑神疑鬼。与刘邦相比，项羽的这种为人处世上的小仁小义也变得假惺惺起来，无法得到士人的归附。项羽虽"强"，但是在荥阳之战后期，经过四大战场的联合压制，项羽也不再强大。

刘邦在荥阳之战中巧妙地利用各种手段，让项羽的"勇悍仁强"逐步走到了项羽的反面，不断弱化对手，壮大自己，最后才有了在固陵之战、陈下之战、垓下之战连续打击项羽，迫使项羽乌江自刎，无颜面对江东父老。

从上面的这一系列分析，"为义帝发丧""捐关以东"战略、"汉中对"中的"持久战"思想，三套战略连续打击项羽，导致项羽表面上节节胜利，实际上是次次失败。项羽在战略上的不重视，或者说不甚了了，是他在政治、军事斗争上最后走向失败的重要原因。

重视根据地建设

一个政权，如果没有稳固的根据地，那么这一政权注定是不能长久的。我们别看彭越也是到处流动作战，但是他的根据地一直都特别稳

第八章 何以是汉兴楚亡？

定，初期是巨野泽附近，中期是黄河边上，后期是谷城。无论遇到什么打击，彭越的根据地始终都是安然无恙。因此不论项羽如何攻击彭越，彭越不仅没有遭受到什么损失，而且势力还得到了更大的发展。①

不独是彭越重视根据地的建设，刘邦也特别在意根据地建设。刘邦初期不过是楚怀王帐下的一名武将而已，要说他有多了解内政治理，或者明白根据地建设的重要性，那恐怕都有些过度解读了。但是自从萧何收整文书，并且在后来劝刘邦"养其民以致贤人，收用巴蜀，还定三秦"后，刘邦逐渐有了根据地建设这一意识。加上刘邦身边有萧何这样精通内政治理的人辅佐，根据地建设一点儿都没有落下。

从史书残存的记载来看，楚汉战争时期，刘邦、萧何在关中、巴蜀地区进行了政治制度、法律制度、军事制度、赋役制度、郊祀制度、基层管理制度、行政区划制度等方面的改革。刘邦、萧何又出台了一些惠民政策，争取到了百姓们的支持，如刚入关时，就宣布"约法三章"；关中大饥荒时，鼓励百姓"就食巴蜀"；在战争结束前夕，又宣布将死难战士的尸体输送回家。

其实在当时，刘邦主要负责行军作战，至于内政治理主要都是由萧何负责进行的。君臣二人，一武一文，分工明确，各司其职。萧何的功绩是刘邦集团内的任何人，包括韩信都无法比拟的。司马迁在《史记》中这么评价萧何："楚人围我荥阳，相守三年；萧何镇抚山西，推计踵兵，给粮食不绝，使百姓爱汉，不乐为楚。"②即便是因为魏豹反叛而导致汉国大后方受到巨大威胁的时候，在萧何治理下的关中依旧十分稳定，前线并没有出现缺粮的情况。关中的百姓们因为萧何的治理，完全

---

①《汉书·高帝纪》中收录了一份刘邦册封彭越为梁王的诏书，该诏书说："魏相国建城侯彭越勤劳魏民，卑下士卒，常以少击众，数破楚军，其以魏故地王之，号曰梁王，都定陶，"（51页）这份诏书说彭越"勤劳魏民，卑下士卒"，我们可以从史书的吉光片羽中得出一个结论：彭越极其注重敌后根据地建设，这是项羽无法破解他的游击战术的根本原因。

②司马迁：《史记》3311页，中华书局1959年版。

· 411 ·

拥护刘邦与他的汉王国。这使得在荥阳之战中，刘邦与项羽作战，完全没有任何后顾之忧，如果前线战局不利，随时都能逃回关中修整兵力。可以说，在刘、萧的管理下，只要关中还在，不管前线败得多么惨，项羽都没有办法彻底消灭刘邦。

刘邦、萧何、彭越等人是如此地明白根据地建设的重要性，即便是韩信、张耳、英布，也特别明白。韩信在井陉之战灭亡赵国后，就一直停留在赵国，和张耳一起镇抚赵国，在安定好赵国的形势后，他才动兵讨伐齐国。因为如果赵国一旦有动乱，韩信的粮道就将要被断绝，这对他消灭齐国是极为不利的。至于英布，在九江国灭亡后，他居然只要派亲信到九江国境内，就能立即得到一批旧部的响应，可见英布在九江国当地是比较得人心的，他的根据地建设工作也做得相当到位。

从上面的这些分析可以看出，这些反楚联盟阵营内部的重要人物，他们对于根据地建设都是极其重视的，并且做出来的效果也比较不错。可是反观项羽，他的后方治理如何呢？一言以蔽之：完全放弃。

虽然现存的西楚史料极其稀少，根本不了解项羽究竟是怎么治理大后方的，甚至连项羽出征的时候，究竟是谁坐镇彭城都完全不了解，但是我们还是能够从中得到一些线索。

我们作为事后的观察者，总会说彭城一马平川，无险可守，要想占领下来并非难事。可是地理上的劣势绝不是造成西楚大后方丧失反抗能力的原因。笔者至今难以想象，灌婴、靳歙的骑兵部队，居然在楚汉战争期间，能够扫荡大半个西楚的大后方。这说明项羽在大后方基本上并没有留下太多的军队，或者只是在个别城市设立军事据点。整个大后方的军事防御能力是特别差劲儿的，因此彭越等人一旦出兵袭扰，项羽必然要立即带军队回去与之作战。

西楚国的内政治理，史书完全没有记载，可是根据蒯彻在劝韩信三分天下时的说法，西楚的内政治理绝不可能比刘邦、萧何要好。我们看后面灌婴扫荡整个西楚国大后方，也并没有遭到过特别顽强的抵抗。只

第八章 何以是汉兴楚亡？

有一个鲁县一直抵抗到了最后，才被史书大书特书。史书记载尽管挂一漏万，但是我们还是能够管中窥豹，得出一些结论。

我们到现在可以发现，项羽既不重视内政建设，在大后方也没有构建起军事防线。为什么项羽会这么做呢？我认为这可能与项羽迷信武力的性格有关。项羽虽然定了彭城作为自己的国都，可是他真正的国都其实是在军营。这确实很符合一个军人所应有的气质，可是这不是一个政治家所应该做出的决断。忽视后方的结果就是，项羽的后方不断被彭越、刘贾、靳歙、灌婴等人骚扰，导致项羽不得不率军回去讨伐这些人。这么一来，项羽就被刘邦、彭越来回调动，疲于奔命。我们从来都没见过刘邦在关中、河南之间来回作战，却看到了项羽在河南、江淮之间来回作战，而这，正是不重视后方根据地建设的差距。

项羽放弃了根据地建设，等于他默认要将自己陷入一种疲于奔命、永无宁日的态势；刘邦重视根据地建设，在前线作战时，只需要考虑项羽一人，而不用顾忌关中又出了什么乱子。刘、项二人对根据地建设的不同态度，是楚亡汉兴的重要原因。

刘、项对待人才的态度

关于对刘邦、项羽二人如何对待手下的人才，陈平曾经对刘邦有过一番特别独到的分析："项王为人，恭敬爱人，士之廉洁好礼者多归。至于行功爵邑，重之，士亦以此不附。今大王慢而少礼，士廉洁者不来；然大王能饶人以爵邑，士之顽钝嗜利无耻者亦多归汉。诚各去其两短，袭其两长，天下指麾则定矣。"[1]

陈平对于刘邦、项羽二人手下人才的构成可以说是极其了解。为

---

[1] 司马迁：《史记》2055页，中华书局1959年版。

什么陈平会有这样的断言呢？陈平非常明白"天下熙熙，皆为利来；天下攘攘，皆为利往"的那一套道理，他知道大家之所以肯拼死为刘邦卖命，是因为刘邦能够"与天下同利"，因此那些有才能的人都能够来到刘邦这里。反观项羽，他不能够"与天下同利"，不舍得进行分封，那么他身边的人才就会慢慢地流失掉。

陈平不愧为和张良齐名的智者，他抓住了问题的核心。天下有才之士跟随刘邦，其实无非就是为了一个利字。韩信当年在"汉中对"中就说："以天下城邑封功臣，何所不服！"如果不能够封侯拜相、裂土称王，谁还愿意天天过着这种刀尖舐血的事情呢？

当然，陈平只说了最为根本的原因，刘邦能够得人心，能够有这么多人归附，其实是多种因素的共同叠加。笔者认为主要有以下几点因素：

（一）刘邦精通御下之术，这点其实从他对待韩信、英布二人的做法就足以看出。刘邦在修武、定陶两次直接夺走韩信的军权，而韩信从来没有做过任何反抗，束手就擒；英布归顺刘邦后，先是被刘邦冷落，然后看到自己房舍的待遇和刘邦一样，又喜不自胜，情愿归附。类似的例子还有很多。从这些事情我们可以看出，刘邦的御下之术是非常高明的，高明到让人能够心甘情愿地为自己卖命。韩信在拒绝武涉、蒯彻等人的建议时，就是一直考虑到刘邦对自己的知遇之恩，不忍背叛。

（二）刘邦从善如流，能够听得进谏言。樊哙多次进谏刘邦，甚至在刘邦称帝后，因为刘邦十余日不曾出宫，直接带着大臣排闼而入，苦谏刘邦。刘邦并没有因为樊哙擅自闯入宫内，对其加以处罚，反而是虚心地接受了樊哙的谏言。

（三）刘邦面对大臣对自己的指责，并不会发怒。比如刘邦称帝后，有一次骑在御史大夫周昌的脖子上，问他："我是什么样的君主？"周昌直接来了一句："陛下就是夏桀、商纣那样的君主。"即便是脾气再好的皇帝，听到周昌的这句话，恐怕都要发怒。结果刘邦居然只是一笑置之。史书说刘邦这个人性情豁达，所言非虚。也正因为如

第八章 何以是汉兴楚亡？

此，大臣们才敢对刘邦直言相告。如果换作是项羽，周昌这么一说，恐怕就要被项羽烹杀了。

（四）刘邦善于用人，能够让各类人才各司其职，而不会有不相适应的感觉。韩信善于统率千军万马，他就是汉国仅次于刘邦的第二统帅。萧何善于治民，就让他坐镇大后方。张良、陈平善于设谋、制定战略，就让他们跟随在刘邦身边，为刘邦出谋划策。曹参、灌婴、樊哙、周勃、郦商善于执行统帅命令，完成作战任务，就给他们下达命令，然后放手让他们去打仗。郦食其、陆贾能言善辩，就让他们到各个诸侯国进行游说。夏侯婴善于驾车，就让他亲自统率车兵，并为刘邦驾车。我们现在看起来好像让手下各司其职并没有什么难的，可是我们站在领导者的角度，如果刘邦让曹参担任第二统帅，让张良镇守关中，让萧何出使列国，让韩信冲锋陷阵，那历史还会是我们看到的这个样子吗？那就不是了。会用人既体现了刘邦的领导水平，也让这些人才们乐于为刘邦所用，尽心尽力地为刘邦做事。

（五）即使手下的人才犯过一些严重的错误，刘邦也还是不计前嫌，继续任用他们。例如郦食其当初提出分封六国旧贵族为诸侯王，桡楚之权。在张良借箸后，刘邦虽然痛骂郦食其是竖子，可是后来郦食其继续为刘邦献谋划策，刘邦还是能够虚心接受。

（六）刘邦能够放心地放权给手下，而不会无端猜忌不肯放权。根据史书的记载，在楚汉京索之战后，刘邦曾一度怀疑萧何，导致萧何将家中的男丁悉数送往前线参战，才打消了刘邦的疑虑。尽管刘邦曾经这么疑忌过萧何，可是他一直放心地让萧何坐镇关中。韩信也一样，刘邦也许曾经猜忌、怀疑过韩信，但是他始终让韩信独当一面，并没有因为怀疑韩信，就把他留在荥阳，随自己作战。有疑心是很正常的，但是刘邦最终没有被疑心带偏，而是继续信任手下的这一大批人才，这是他能够得到人才归附的重要原因。

（七）刘邦虽然是汉王，但是由于他出身于社会底层，能够清醒认识并且发掘出底层人民的潜力，同时又善于网罗旧贵族当中的一些人才,这样一来,各个阶层的人才就都被刘邦发掘出来并加以使用。

从以上这几点可以看出,在刘邦之前或之后的历代统治者,都很少有人能够完全具备以上这几点。正是因为刘邦具备了以上这么多因素,所以在汉初时期我们才会发现有那么多光耀千古的文臣武将。有人说:"综观历史,用人犹如刘邦之魄力者,殊不多观。故历史中,人才有如刘邦之盛者,亦遂罕见也。"[1]这个评价应该说是完全客观的。

反观项羽,他受制由于传统的"卑不逾尊、疏不逾戚"的熏陶,只信任项氏宗族和自己的妻族,对于外姓的谋臣、将领并不能做到真正的信任。韩信、陈平、英布等人,在最早都是项羽的手下,可是后来纷纷归顺了刘邦。即便是张良,一开始也因为韩成的缘故,客居彭城。王陵、彭越虽然是一方诸侯,但是都活跃在西楚的领土内,是有拉拢过来的可能的。可是到最后,这些人全部都倒向了刘邦,而不是项羽,最大的原因就是项羽不能完全做到信任手下的人才。

同时,项羽又不肯真正分权给外姓将领。龙且虽说没有完全独当一面的才能,但是在英布叛乱后,他已经是西楚唯一能够充台面的名将了,可是项羽一直不肯让他彻底独掌兵权,不断用项氏子弟随他出征,掣肘龙且。项羽一让人独当一面,就开始疑神疑鬼,凡事亲力亲为,西楚人才日益凋零而不自知。这么一比,刘邦、项羽对待人才的态度那就已经高下立判。即便项羽再如何"礼遇"士人,可是那也仅仅是礼遇而已,而不是真正的信任、重用。

这一情况发展到楚汉战争后期,局势已经变成了天下群雄在刘邦的带领下合力围剿项羽一个人,项羽就算有三头六臂,又如何能够应付得过来?

---

[1] 台湾"三军大学"编:《中国历代战争史》03册,89页。

第八章　何以是汉兴楚亡？

刘邦、项羽二人的作用

历史的进程，并不只是通过政治、经济、军事等几个因素简单推进的，人在历史进程中的作用也发挥着极为重要的作用。普列汉诺夫就曾说过："社会规律没有人们的中介，正如自然规律没有物质的中介，同样很少能够实现。"①个人的作用在大部分的历史进程中并不能起到决定性的作用，但是他们却极大地影响了历史的演进。

我们探讨个人在历史上的作用，要先把具体的历史人物放置在具体的历史时空条件下进行研究，才能得出一些比较确切的结论。我们首先要知道，刘邦、项羽是生活在秦末汉初这一中国历史上特殊的"后战国时代"的人物，然后才能进行接下来的分析。

我们该怎么评估刘邦在楚汉战争时期发挥的巨大作用呢？普列汉诺夫给了我们评估的两条标准："为了使一个拥有某种才能的人凭借这种才能获得对事变进程的重大影响，必须具备两个条件。第一，他的才能应当使他成为比其他人更符合这个时代的社会需要……第二，现存的社会制度不要阻碍具有恰恰是当时所需要和有益处的那种特点的人物的道路。"②

刘邦的才能比其他人更符合这个时代的需要吗？答案是肯定的。我们前面已经探讨过，刘邦能够和当时的"统治阶级同利"，又能兼顾到广大人民群众的利益。在当时，统治阶级迫切希望从这场全国大内战中攫取自己的利益，百姓则希望能够摆脱战乱。在这种情况下，社会矛盾

---

① 普列汉诺夫：《论个人在历史上的作用问题》60页，商务印书馆2010年版。
② 同上书，46页。

无比剧烈，只有一位卓越的政治家才能够解决这一系列的问题。如果我们称项羽为激化矛盾者，那么就不妨称刘邦为解决矛盾者。由于受到秦政的盘剥和秦末战乱的波及，人们普遍要求解决、缓和社会矛盾，而不是想方设法去激化社会矛盾，自己好从中取利。

那么现存的社会制度阻碍了刘邦吗？很明显并没有。事实上，正是因为天下大乱，刘邦才能够一展拳脚。如果这个天下还是秦始皇的，那刘邦终其一生也不过是个亭长，或者只是在芒砀山落草的一名"盗贼"而已。刘邦本不具有改变历史个别面貌的能力，但是到了秦末战争，到了楚汉战争，他已经成长为一员独当一面的大将，甚至成为了反楚联盟的盟主，在这个时候，刘邦才能够发挥他的才能，推动历史进程。

如果当时统领反楚联盟的不是刘邦，而是田荣，或者是陈馀，项羽还会在最后连战连败，被逼到乌江自刎吗？恐怕不会。不仅不会，项羽还有可能会取得胜利，天下还有可能再多打很多年，社会生产会再被大规模地破坏。刘邦的个人作用加速了西楚的灭亡，保证了社会的安定。

刘邦的个人作用加速了楚亡汉兴，同理，项羽的存在也加速了楚亡汉兴。项羽喜好屠城、滥杀，同时又多疑、刚愎自用、不听忠言，这些性格上的缺点都是项羽覆灭的重要原因。正如刘邦所说的："项羽有一范增而不能用，此其所以为我擒也。"[1]

同时，戏下分封中，项羽为了让自己个人利益最大化，挑动了全面内战。从那一刻起，项羽实际上就逐渐走上孤家寡人的道路了。项羽的作为不能得到天下人的认可，只要时机成熟，他就会被天下人所抛弃。项羽心中念念不忘的"楚帝梦"也不可能真正实现。

"领导人物的个人特点决定历史事变的个别外貌，并且偶然性的因素，就我们所指的意义说，在这些事变的进程中始终起着某种作用，这种进程的方向归根到底是由所谓的一般原因决定的，即事实上是由生产

---

[1] 司马迁：《史记》381页，中华书局1959年版。

力的发展以及这种发展所决定的人们在社会经济的生产过程中的相互关系来决定的。"①尽管刘邦、项羽的个人特点并不能对整个楚亡汉兴造成决定性的影响,但是正因为他们的存在,才加速了汉王朝的兴起与西楚的覆灭。

总结

通过以上的分析,我们大概就能够得出为什么会出现汉兴楚亡这一历史现象。笔者的这些分析虽然不能说是完备的,或者完全准确无误的,不过,还是可以视作一个阶段性的总结,与诸君共享。

(一)刘邦、萧何等人通过改制,全面承袭旧秦国的制度,复活了秦国的军国主义体制,完全做到了"据秦之地""用秦之人""承秦之制",真正据有了当年秦统一六国的形势。这是刘邦能够击败项羽最为根本的原因(楚汉战争从某种意义上讲可以算是第二次秦灭六国之战)。

(二)刘邦能够"与天下同利",确立"共天下"的政治体制,从而一举获得了六国旧贵族和广大的军功阶层的支持。刘邦、萧何又通过各种政策得到了广大人民群众的支持。项羽既不能获得统治阶层的支持,又不能得到人民群众的信任,完全是独夫民贼。"与天下同利"是汉国能够消灭西楚的极其重要的因素。

(三)汉国先后实行了"汉中对"持久战思想、为义帝发丧、"捐关以东"战略。这三套战略共同组合起来,从政治和军事上对项羽造成了全面的打击。项羽不能在战略上破解这三道枷锁,而是寄希望于通过局部战役的胜利来获取战略上的优势,最后必然招致失败。

---

①普列汉诺夫:《论个人在历史上的作用问题》51页,商务印书馆2010年版。

（四）反楚联盟中，刘邦、萧何、韩信、彭越、英布、张耳等人都极其注重根据地建设，保证己方根据地与粮道的安全。反楚联盟中的这些领袖都深知，只有具备稳定的根据地，才能稳扎稳打，与项羽抗衡。项羽不重视大后方建设，粮道数次被绝，这种漠视根据地的行为，是项羽失败，乃至速败的重要原因。

（五）刘邦善于识才、用才，同时又能够做到用人不疑、疑人不用，两个政权的较量，不仅是军事、政治、经济的较量，同时也是人才储备的较量。项羽不明白这个道理，他对于外姓人才颇多猜忌，只信任项氏宗族，最后一个个人才纷纷离开西楚，项羽成为了孤家寡人。人才储备上的失败是项羽在楚汉战争后期军事上连连失利的一个尤为重要的因素。

（六）刘邦、项羽二人在性格上的优缺点也在一定程度上影响了楚汉战争的进程，加速了战争的结束。

最后，我们要注意，楚汉战争在本质上只不过是统治阶级内部的一场混战，决定谁最后能继承秦帝国和义帝的遗产。楚汉战争不仅仅只是军事上的较量，同时也是政治、经济、外交、人才储备等全方位的较量。项羽迷信武力，希望通过"斗力"来击败刘邦，而忽视了其他能够影响战争全局的因素，最后被刘邦击败时，还大喊什么："此天之亡我，非战之罪也！"项羽直到乌江自刎，都还是没能明白他到底输在了哪里。

陈馀、田荣、田横为什么失败了？

在楚汉战争时期，除了刘邦、项羽二人外，实力强劲者还有代王陈馀、齐王田荣、齐王田横三人。这三个人也都是有实力参与到天下争霸中，与刘项共争的豪杰，可是这三个人为什么最后纷纷失败了呢？

陈馀的失败，并不是一件偶然的事情。就算当年陈馀在井陉之战能够吞掉韩信这支军队,难道赵国就能高枕无忧了吗?井陉之战陈馀即使获胜,本质上也不过就是再多苟延残喘几年罢了。为什么笔者会这么认为呢?

陈馀的赵国(再加上代国),是楚汉战争时期的第三强国,北方最强大的国家。可是这个国家的领袖陈馀,他的思维还停留在战国时代,只想偏安一隅,做一方霸主。看着刘邦、项羽、田荣三人,一会儿反汉,一会儿反楚,陈馀也就左右横跳。这种思维我们不能说简单地用鼠目寸光,或者背信弃义来概括。事实上,这是很典型的战国君主的思考方式。当时的天下已经进入到了"后战国时代",不是你死,就是我活,大家都想在最短的时间内置对方于死地。可是陈馀只想安安心心地守着家里的那一亩三分地,并不参与中原争霸。因此,最后陈馀必然是要被刘邦所消灭的。即使陈馀不被刘邦消灭,等到项羽灭了刘邦后,也要来收拾陈馀。

同时,我们也要看到,陈馀其实面临着很大的外部压力,导致他也无力介入中原争霸。根据《汉书·匈奴传》的记载:"(匈奴)侵燕、代"[①],从这段记载我们可以看出,匈奴确实频频入寇,侵扰陈馀的封地代国。这是陈馀所面临的外部威胁。

除了外部威胁,陈馀也有内部威胁。关于陈馀的内部威胁,史书并没有留下只言片语,不过还是有迹可循。从后来陈馀、李左车之间的高层对话能轻易被韩信、张耳掌握看来,汉军留在赵国内的间谍应该是赵国的高级官员。我们知道,当年陈馀是发动南皮侯国的军队以及齐国的偏师,赶走了时为常山王的张耳的。在赵国国内,应当还留有不少张耳的亲信,这一批人是反对陈馀的,并且在井陉之战中,及时将军事情报提供给韩信、张耳。我们完全可以想见,如果陈馀有心介入中原争霸,也很有可能会先遭到内部张耳旧部的阻挠。

当然,军事打击是陈馀败亡的直接原因。如果只是上述的三个因

---

① 班固:《汉书》3750页,中华书局1962年版。

素，陈馀未必会在汉三年十月就身死泜水，为天下笑。韩信在井陉之战那一番令人叹为观止的军事操作，直接导致了陈馀的覆灭。而刘邦的南路军偏师的北征，直接烧了陈馀的后院。即便是陈馀在井陉之战战胜了韩信，但是河内郡、邯郸已然丢失，也不能再有什么作为了。

可以说，陈馀的覆灭是多种因素共同造成的结果。最根本的原因在于陈馀统治下的赵国、代国，还是停留在战国时代的思维，无所作为。最直接的原因在于韩信、刘邦的军事打击。同时，陈馀又受到外部匈奴的侵扰、内部张耳旧部的反抗。陈馀的悲剧结局早已注定。

如果说陈馀只是简单停留在战国时期的思维，导致了他的覆灭。可是齐王田荣却没有停留在战国时期的思维，反而主动打破了项羽的戏下体制，与陈馀、彭越、刘邦等人结成反楚联盟。从田荣的作为上看，他和刘邦、项羽一样，都是志在天下的人，为何田荣最后也失败了呢？

笔者当初在讨论齐楚战争的起因时说过，田荣反楚，是不得不这么做。田荣消灭了田市、田都、田安的势力，已经是向项羽公开宣战。而按照齐国的地理形势，如果田荣不肯有所作为，那么就要被动遭到项羽挨打。与其被动挨打，不如主动出击，这是田荣作为一个军人的主观思路。

可是，这也仅仅只是田荣的主观思路罢了。齐国百姓其实是不愿意被田荣绑上反对项羽的战车的。当年在田儋领导下，齐国走上了反秦的道路。可是齐人反秦，仅仅只是为了复国而已，而不是志在天下。陈苏镇先生就曾指出："齐人赞成反秦，但无意于亡秦，目的只是复国。故齐叛秦自立比赵、燕、魏、韩来得坚决，也来得顺利，但既不接受楚为纵长，也不积极参与灭秦。这一现象恐不能全从田儋兄弟身上索解，齐地下层社会对反秦战争的态度应当是更为基本的原因。史称田儋兄弟'能得人'，这意味着他们熟悉齐人的心态，了解齐人的愿望。在秦末纷乱局面中，他们的抱负和行事应当是齐人意愿的反映。"[1]这番见解同

---

[1] 陈苏镇：《〈春秋〉与"汉道"：两汉政治与政治文化研究》21页，中华书局2011年版。

样适用于田荣时期的齐人。齐人只希望偏安一隅，可是田荣却想要把他们绑上战车，跟他一起作战。因此田荣的这一做法招致了齐人的不满，最后田荣也就是在齐国境内的平原县被齐人杀死。违背齐人的意愿可以算得上是田荣覆灭的根本原因。

同时，田荣在政治上的举措是比较不得人心的。田荣为了网罗齐地的士人，凡是不愿追随自己的，便劫持过来。田荣与项羽为敌，本身就已经让齐人普遍不满他的统治，现在这么一来，齐国的士人也不会全心全意帮助田荣，这加速了田荣的失败。

当然，还有一个最直接的原因就是，田荣在军事上确实远远不如项羽，所以在成阳之战后，田荣再也无力翻盘，被齐人所杀。

那么深得齐国人支持的田横又为什么最后走向失败呢？

田横吸取了哥哥田荣失败的教训，在齐国复兴后，保境安民。齐国表面上支持项羽，可是实际上却是坐观楚汉争霸，并没有实际介入战争中。如果说田荣违背了齐人的意愿是田荣失败的根本原因，那么可以说，田横顺应了齐人的意愿也是田横失败的根本原因。齐人不像秦人那样有着深厚的军国主义传统，他们本质上并不好战，只想维持战国时代的现状。齐人的这种想法，或许适应于战国初中期，但是绝不适应于战国后期及楚汉争霸时代。逆是亡，顺亦是亡。

同时，田横的失败还有另外两方面的原因。首先是因为郦食其的游说，导致齐国解除防备，轻易被韩信袭破。第二就是田横的军事才能确实远不如韩信。当田横对韩信形成合围之势时，却被韩信轻易化解。这两点原因都直接造成了田横最后的失败。

陈馀、田荣、田横，这三人都是楚汉战争时期比较有实力的一方诸侯，可是由于种种原因的限制，他们最后都不可避免地走向了失败。

也许，这就是历史的必然。最后的舞台只能是留给汉国、西楚国这两个有实力争夺天下领导权的国家了。

附录　楚汉战争大事月表

汉元年（义帝元年）　公元前206年

十月	秦	秦王子婴降刘邦，秦亡
	楚	项羽率诸侯兵进入叁川郡
		刘邦入咸阳，接受子婴的投降
		刘邦还军霸上
	赵	赵相张耳军从项羽
	齐	
	魏	魏王魏豹引精兵从项羽
	燕	
	韩	韩申徒张良、将军韩信军从刘邦入咸阳
十一月	楚	项羽于新安坑杀二十万秦军降卒
		刘邦"约法三章"，萧何保存图书
		项羽率军进入函谷关
	赵	
	齐	
	魏	

附录　楚汉战争大事月表

	燕	
	韩	
十二月	楚	项羽驻兵鸿门，刘邦驻兵霸上
		刘邦、项羽于鸿门宴讲解
		项羽杀秦王子婴，在咸阳展开屠杀
		项羽开始主持分封
		项羽谋划分楚为四国
		项羽谋划分秦为四国
	赵	项羽谋划分赵为二国
	齐	项羽谋划分齐为三国
	魏	项羽谋划分魏为二国
	燕	项羽谋划分燕为二国
	韩	项羽谋划分韩为二国
正月	楚	项羽尊楚怀王熊心为义帝，天下诸侯皆尊其为义帝
		正式改元为义帝元年
		项羽将楚国分为西楚国、衡山国、临江国、九江国四国
		项羽将秦国分为雍国、塞国、翟国、汉国四国
	赵	项羽将赵国改名为常山国
		项羽将赵国分为常山国和代国二国
	齐	项羽将齐国分为齐国、胶东国、济北国三国
	魏	项羽将魏国改名为西魏国
		项羽将魏国分为西魏国和殷国二国
	燕	项羽将燕国分为燕国和辽东国二国
	韩	项羽将韩国分为韩国和河南国二国
二月	楚	楚义帝被项羽迁至郴县
	西楚	项羽自立为西楚霸王
	汉	汉国立，刘邦任汉王

		刘邦欲攻项羽，被萧何劝阻
	雍	雍国立，章邯任雍王
	常山	常山国立，张耳任常山王
	齐	田都代田市任齐王
	西魏	西魏国立，魏豹继续任西魏王
	燕	臧荼代韩广任燕王
	韩	韩成继续任韩王
	九江	九江国立，英布为九江王
	临江	临江国立，共敖为临江王
	衡山	衡山国立，吴芮为衡山王
	塞	塞国立，司马欣为塞王
	翟	翟国立，董翳为翟王
	代	代国立，故赵王赵歇任代王
	胶东	胶东国立，故齐王田市任胶东王
	济北	济北国立，田安为济北王
	殷	殷国立，司马卬为殷王
	辽东	辽东国立，故燕王韩广任辽东王
	河南	河南国立，申阳为河南王
三月	楚	楚国都于郴县
	西楚	西楚国都于彭城
	汉	汉国都于南郑
	雍	雍国都于废丘
	常山	常山国都于襄国
	齐	齐国都于临淄
	西魏	西魏国都于平阳
	燕	燕国都于蓟
	韩	韩国都于阳翟
	九江	九江国都于六

	临江	临江国都于江陵
	衡山	衡山国都于邾
	塞	塞国都于栎阳
	翟	翟国都于高奴
	代	代国都于代
	胶东	胶东国都于即墨
	济北	济北国都于博阳
	殷	殷国都于朝歌
	辽东	辽东国都于无终
	河南	河南国都于洛阳
四月	楚	
	西楚	罢兵，之国
	汉	罢兵，之国
		汉王刘邦从张良议，烧绝所过栈道
		刘邦拜治粟都尉韩信为大将军，韩信提出"汉中对"
		刘邦让丞相萧何、大将军韩信主持汉中改制事务
		刘邦、韩信开始筹谋还定三秦
	雍	罢兵，之国
	常山	罢兵，之国
	齐	罢兵，之国
	西魏	罢兵，之国
	燕	罢兵，之国
	韩	罢兵，韩王韩成为项羽扣押，更为穰侯，不能之国
	九江	罢兵，之国
	临江	罢兵，之国
	衡山	罢兵，之国
	塞	罢兵，之国
	翟	罢兵，之国

	代	罢兵，之国
	胶东	齐将田荣不肯遣故齐王田市（胶东王）之国
	济北	罢兵，之国
	殷	罢兵，之国
	辽东	故燕王韩广不肯之国
	河南	罢兵，之国
五月	楚	
	西楚	
	汉	
	雍	
	常山	
	齐	齐相田荣反叛，击走齐王田都，田都降西楚
	西魏	
	燕	
	韩	
	九江	
	临江	
	衡山	
	塞	
	翟	
	代	
	胶东	胶东王田市惧项羽，从临淄出逃，之国
	济北	
	殷	
	辽东	故燕王韩广不肯之国
	河南	
六月	楚	
	西楚	

附录 楚汉战争大事月表

	汉	
	雍	
	常山	南皮侯陈馀开始准备反抗常山王张耳
	齐	齐将田荣自立为齐王
		齐王田荣赐彭越将军印,令其攻济北、西楚
		田荣开始拉拢陈馀、刘邦,组建反楚联盟
		田荣拨齐军支持陈馀,反抗张耳
	西魏	
	燕	
	韩	
	九江	
	临江	
	衡山	
	塞	
	翟	
	代	
	胶东	田荣杀田市,胶东国国亡,国历时五月,田市为王二十四月
	济北	
	殷	
	辽东	故燕王韩广不肯之国
	河南	
七月	楚	
	西楚	齐将彭越南略楚地
	汉	
	雍	
	常山	
	齐	彭越灭济北国,田荣统一三齐

		彭越南略楚地
	西魏	
	燕	
	韩	项羽杀韩王韩成
	九江	
	临江	
	衡山	
	塞	
	翟	
	代	
	济北	齐将彭越击杀济北王田安，济北国国亡，国历时六月
	殷	
	辽东	故燕王韩广不肯之国
	河南	
八月	楚	
	西楚	项羽令萧公角出兵攻打彭越，战败
		项羽决定北征齐国
		九江国发兵数千助西楚国伐齐
	汉	刘邦从韩信计，出陈仓故道，袭击雍国；韩信走褒斜道，充作疑兵
		汉军在陈仓、好畤连破章邯
		汉军在壤乡、景陵连破三秦军
		汉军攻下栎阳，俘虏塞王，灭塞国
		郦商等人率军征翟国，朱轸俘虏翟王董翳，灭翟国
		刘邦于故塞国地置渭南郡、河上郡
		刘邦于故翟国地置上郡
	雍	章邯在陈仓、好畤被连续击败，被迫奔至废丘固守
		雍军在壤乡、景陵连续被汉军击败

常山

齐　彭越击败萧公角

西魏

燕　燕王臧荼击杀辽东王韩广，统一燕国

韩　项羽立郑昌为韩王，抵御汉军

　　张良遗项羽书，使项羽无西征意，谋求东征

九江　项羽遣人于九江国征兵，九江王英布称病不往，仅遣
　　　数千人助西楚

临江

衡山

塞　塞军在壤乡、景陵连续被汉军击败

　　栎阳失陷，塞王司马欣出降，塞国国亡，国历时七月

翟　翟军在壤乡、景陵连续被汉军击败

　　高奴失陷，翟王董翳出降，翟国国亡，国历时七月

代

殷

辽东　辽东王韩广为燕王臧荼所杀，辽东国亡，国历时七
　　　月，韩广为王三十七月

河南

九月　楚

西楚　西楚发兵至阳夏，阻汉薛欧、王吸、王陵军

汉　刘邦遣薛欧、王吸、王陵出兵，欲迎刘太公、吕雉等
　　人，不得

雍　雍王章邯坚守废丘，汉兵围困废丘

常山

齐

西魏

燕

韩
九江
临江
衡山
代
殷
河南

汉二年（义帝二年） 前205年

十月	楚	义帝遇难，义帝称帝凡十月，共在位三十月，无后，国除
	西楚	项羽弑楚义帝
	汉	刘邦接纳故常山王张耳
		刘邦至陕，镇抚关外父老，筹谋东征
		刘邦东征，灭河南国
		刘邦令韩太尉韩信灭韩王郑昌
	雍	雍王章邯坚守废丘，汉兵围困废丘
	常山	陈馀击败常山王张耳，张耳降汉，常山国更名为赵国
	赵	赵歇复为赵王
	齐	
	西魏	
	燕	
	韩	张良西奔入秦，归汉王
		韩太尉韩信攻韩国，韩王郑昌降

	九江	九江王英布奉项羽令，遣将击杀楚义帝熊心
	临江	
	衡山	
	代	代王赵歇复王于赵
	殷	
	河南	河南王申阳降汉，河南国国亡，国历时九月
十一月	西楚	
	汉	汉王刘邦立韩太尉韩信为韩王
		刘邦西还，将都城从南郑迁至栎阳
		刘邦下令"以万人若一郡降者，封万户"
		刘邦下令修缮河上郡要塞
		刘邦下令"故秦苑囿园池，令民得田之"，逐步恢复关中地区生产力
	雍	雍王章邯坚守废丘，汉兵围困废丘
		汉将靳歙拔雍国陇西郡，章平败走
	赵	
	齐	
	西魏	
	燕	
	韩	故韩太尉韩信受封为韩王，从汉
	九江	
	临江	
	衡山	
	代	
	殷	
十二月	西楚	
	汉	
	雍	雍王章邯坚守废丘，汉兵围困废丘

	赵	代王陈馀留赵国，任相，辅佐赵王赵歇
	齐	
	西魏	
	燕	
	韩	
	九江	
	临江	
	衡山	
	代	赵王赵歇立陈馀为代王，陈馀留于赵国，令代相夏说总理国事
	殷	
正月	西楚	项羽于成阳击败田荣、彭越 项羽屠齐国
	汉	汉得雍王弟章平，大赦罪人
	雍	雍王章邯坚守废丘，汉兵围困废丘 汉将郦商拔雍国北地郡 雍王弟章平为汉军所俘
	赵	
	齐	齐王田荣为项羽所击败，败走平原，平原民杀田荣 齐降西楚，后项羽屠灭齐国，齐人复叛
	西魏	
	燕	
	韩	
	九江	
	临江	
	衡山	
	代	
	殷	

二月	西楚	
	汉	刘邦下令"除秦社稷,立汉社稷"
		刘邦施民以恩德,赐民爵
	雍	雍王章邯坚守废丘,汉兵围困废丘
	赵	
	齐	项羽立田假为齐王
	西魏	
	燕	
	韩	
	九江	
	临江	
	衡山	
	代	
	殷	
三月	西楚	项羽杀齐王田假
		项羽闻殷王司马卬叛,令陈平西征,陈平胜,被拜为都尉
		殷国复亡,项羽将诛杀平殷国将吏,陈平惧,降汉
	汉	刘邦从临晋出兵,西魏国降汉
		汉军灭殷国
		陈平降汉,刘邦令其监诸将
		刘邦为楚义帝发丧,发告称"愿从诸侯王击楚之杀义帝者"
		反楚联盟建立,刘邦任盟主,天下诸侯除雍国外,或从汉,或中立
	雍	从楚
		雍王章邯坚守废丘,汉兵围困废丘
	赵	从汉

· 435 ·

		赵国遣兵助汉
	齐	从汉
		齐将田横于城阳叛乱，击走齐王田假，田假奔西楚
	西魏	从汉
		西魏王魏豹率兵从刘邦
	燕	中立
	韩	从汉
		韩王信率兵从刘邦
	九江	中立
	临江	中立①
	衡山	从楚
	代	从汉
		代国遣兵助汉
	殷	殷王司马卬降汉，西楚将陈平击降殷王
		刘邦复发兵，击降殷王，殷国亡，国历时十四月
四月	西楚	刘邦统率诸侯联军连破楚军，拔彭城
		项羽闻刘邦攻陷彭城，选三万骑兵驰援，大破刘邦
		故塞王司马欣、故翟王董翳降西楚
		项羽发兵追击汉军
		项羽闻九江国叛，派项声、龙且攻九江国，自己率军攻下邑
	汉	刘邦分兵三路东进伐楚
		故齐将彭越在外黄加入反楚联盟
		曹参、丁复率众攻下彭城

---

①按：史料几乎没有记载临江国，但是临江国在当时的站队应该是经历了一个中立——从楚——从汉——从楚的过程，可是史料阙载，笔者不好臆断，遂全部标为中立。

刘邦入彭城，置酒高会
彭城之战，汉军惨败，刘太公、吕氏被俘，故殷王司马卬战死
刘邦前往下邑，投靠吕泽，收整残兵，驻军于砀
刘邦于下邑提出"捐关以东"战略，张良完善之，并推荐韩信、彭越、英布三人
刘邦派随何说服英布叛西楚

雍	从楚

雍王章邯坚守废丘，汉兵围困废丘

赵	从汉，后从楚

赵国背汉，夺汉河内郡

齐	从汉

田横拥立田广为齐王，田横任齐相，总揽国政
项羽离开齐国，田横趁机收复失地

西魏	从汉

西魏王魏豹率兵从刘邦
刘邦拜彭越为魏相国，令其率兵略定梁地

燕	中立，后从楚
韩	从汉

韩王韩信率兵从刘邦

九江	中立，后从汉

随何到达九江国，劝说英布从汉，英布叛西楚
项声、龙且率西楚军攻九江国

临江	中立
衡山	中立，后从汉

吴芮随英布叛楚从汉

	代	从汉，后从楚
五月	西楚	西楚与汉战于京、索间，西楚败绩

	汉	刘邦西入荥阳，萧何征兵支援刘邦
		刘邦改组郎中骑兵，提拔李必、骆甲，令灌婴统领郎中骑兵
		灌婴率郎中骑兵与楚骑战于京、索间，击败西楚军
		刘邦筑甬道，以取敖仓之粟
		刘邦拜陈平为护军中尉，尽护诸将①
	雍	从楚
		雍王章邯坚守废丘，汉兵围困废丘
	赵	从楚
	齐	从楚
		田横与项羽达成和解，齐楚战争结束
	西魏	从汉
	燕	从楚
	韩	从汉
	九江	从汉
		项声、龙且率西楚军攻九江国
	临江	中立
	衡山	从汉
	代	从楚
六月	西楚	
	汉	刘邦回都城栎阳
		壬午日，刘邦立嫡长子刘盈为太子，大赦罪人
		刘邦令"诸侯子在关中者皆集栎阳为卫"
		汉军水灌废丘，下废丘，灭雍国
		刘邦令"祠官祀天地、四方、上帝、山川，以时祠之"

---

① 陈平任护军中尉一事，《史记》《汉书》均无明确时间，《前汉纪》《资治通鉴》均认为事在汉二年五月，今从二书。

刘邦派关中士卒驻守边塞

关中发生大饥荒，米价大涨，人相食，汉王令饥民前往蜀、汉渡荒

雍　　从楚

汉军水灌废丘，废丘沦陷，朱轸俘虏章邯

雍王章邯自杀，雍国亡，国历时十七月

赵　　从楚

齐　　从楚

西魏　从汉

燕　　独立，与楚和

韩　　从汉

九江　从汉

项声、龙且率西楚军攻九江国

临江　独立，与楚和

衡山　从楚

代　　独立，与楚和

七月　西楚

　　　汉

赵　　从楚

齐　　从楚

西魏　从楚

魏豹回到西魏，绝河津，叛汉从楚

燕　　从楚

韩　　从汉

九江　从汉

项声、龙且率西楚军攻九江国

临江　中立

衡山　从汉

	代	从楚
八月	西楚	楚汉荥阳之战爆发
		项羽侵夺汉甬道
		项羽派项它领军助西魏
	汉	刘邦离开栎阳，前往荥阳，楚汉荥阳之战爆发
		刘邦令萧何"守关中，侍太子，治栎阳。为令约束，立宗庙、社稷、宫室、县邑"，许萧何便宜行事
		郦食其劝魏豹复归汉无果
		刘邦拜韩信为左丞相，统兵讨伐西魏
	赵	从楚
	齐	从楚
	西魏	从楚
		魏豹拒绝降汉，以柏直为大将，准备抵御汉军
	燕	从楚
	韩	从汉
	九江	从汉
		项声、龙且率西楚军攻九江国
	临江	中立
	衡山	从汉
	代	从楚
九月	西楚	项羽侵夺汉甬道
	汉	韩信佯做准备渡过蒲津，令曹参渡过平阴津
		汉军在东张、安邑大破西魏
		曹参于武垣生擒魏豹，后于平阳生擒魏豹母、妻、子，汉灭西魏
		韩信向刘邦请兵三万，希望"北举燕、赵，东击齐，南绝楚之粮道，西与大王会于荥阳"，刘邦允诺，遣张耳率军北上支援韩信

	赵	从楚
	齐	从楚
	西魏	从楚
		西魏在东张、安邑被汉军击败
		魏豹于武垣被俘,降汉,西魏国亡,国历时二十月,魏豹为王三十八月
	燕	从楚
	韩	从汉
	九江	从汉
		项声、龙且率西楚军攻九江国
	临江	中立
	衡山	从汉
	代	从楚
后九月	西楚	项羽侵夺汉甬道
	汉	韩信、张耳率兵伐代,擒斩代相夏说
		韩信令曹参平代地,率主力欲东征赵国
	赵	从楚
	齐	从楚
	燕	从楚
	韩	从汉
	九江	从汉
		项声、龙且率西楚军攻九江国
	临江	中立
	衡山	从汉
	代	从楚
		代相夏说被汉军所杀

汉三年　前204年

十月　　西楚　项羽侵夺汉甬道
　　　　　　　项羽闻韩信破赵、彭越于梁地数次作乱，分兵攻打
　　　　汉　　韩信、张耳于井陉之战大破赵军，赵歇、陈馀逃
　　　　　　　陈馀、赵歇先后被杀，汉灭代国、赵国
　　　　　　　汉王刘邦亲自出征赵国，定赵国南部地区
　　　　　　　甲戌日，有日食
　　　　　　　韩信遣使前往燕国，燕王臧荼决意从汉
　　　　赵　　从楚
　　　　　　　赵歇、陈馀于井陉之战为汉所败
　　　　　　　赵歇逃至襄国，为汉军所杀，赵国亡，国历时四十八月
　　　　齐　　从楚
　　　　　　　田广、田横拒绝从汉
　　　　燕　　从楚，后从汉
　　　　　　　汉使前往燕国游说，臧荼决意从汉
　　　　韩　　从汉
　　　　九江　从汉
　　　　　　　项声、龙且率西楚军攻九江国
　　　　临江　中立
　　　　衡山　从汉
　　　　代　　从楚
　　　　　　　代王陈馀于泜水战死，代国亡，陈馀为王十四月

附录　楚汉战争大事月表

十一月　西楚　项羽侵夺汉甬道
　　　　汉　　癸卯日，有日食
　　　　齐　　从楚
　　　　燕　　从汉
　　　　韩　　从汉
　　　　九江　从汉
　　　　　　　项声、龙且率西楚军攻九江国
　　　　临江　中立
　　　　衡山　从汉
　　　　代　　从汉
　　　　　　　故常山王张耳受封为代王，张苍任代相
十二月　西楚　项羽侵夺汉甬道
　　　　　　　西楚灭九江国、衡山国
　　　　汉　　汉军乏食
　　　　　　　郦食其请立六国之后，张良反对
　　　　　　　刘邦从陈平议，行反间计
　　　　　　　英布归汉
　　　　齐　　从楚
　　　　燕　　从汉
　　　　韩　　从汉
　　　　九江　从汉
　　　　　　　项声、龙且率西楚军攻九江国
　　　　　　　英布战败，九江国亡，国历时二十四月
　　　　临江　中立
　　　　衡山　项羽侵夺衡山国地，衡山王吴芮被贬为番君，衡山国
　　　　　　　亡，国历时二十四月
　　　　代　　从汉
正月　　西楚　项羽侵夺汉甬道

· 443 ·

	汉	汉军乏食
	齐	从楚
	燕	从汉
	韩	从汉
	临江	中立
	代	从汉
二月	西楚	项羽侵夺汉甬道
	汉	汉军乏食
	齐	从楚
	燕	从汉
	韩	从汉
	临江	中立
	代	从汉
三月	西楚	项羽侵夺汉甬道
	汉	汉军乏食
	齐	从楚
	燕	从汉
	韩	从汉
	临江	中立
	代	从汉
四月	西楚	西楚绝汉甬道，围荥阳
		项羽从范增言，拒绝刘邦请和
		项羽中反间计，疏远范增、钟离眛、龙且、周殷
		范增告老，欲回彭城，背发疽而死
	汉	刘邦欲与西楚讲和，"割荥阳以西者为汉"，被拒
		陈平反间计生效，逼走范增
	齐	从楚
	燕	从汉

	韩	从汉
	临江	中立
	代	从汉
五月	西楚	纪信被项羽烧杀
		西楚攻占成皋
		项羽闻刘邦在宛，南下，刘邦坚守不战
		彭越第一次挠楚，杀薛公
		项羽闻薛公战死，令终公守成皋，自己率兵攻打彭越
	汉	刘邦逃出荥阳，前往成皋，而后进入武关
		周苛、枞公杀魏豹
		刘邦从袁生（一说辕生）议，南下宛、叶，与英布一同作战
		彭越渡睢，击杀楚将薛公
		刘邦闻项羽东击彭越，北上击破终公，收复成皋
	齐	从楚
	燕	从汉
	韩	从汉
	临江	中立
	代	从汉
六月	西楚	项羽击走彭越，西攻荥阳
		项羽破荥阳，杀周苛、枞公，俘虏韩王信，围困成皋
		韩王信降西楚
		刘邦逃离成皋，西楚攻占成皋
		西楚西征巩县，战败①

---

① 关于巩县之战的具体爆发时间史书没有明确的记载。不过，可以肯定的是巩县之战一定爆发在刘邦弃成皋后。《史记》将此事放于刘邦夺韩信兵之前。故此事当发生在汉三年六月至七月间，因而笔者将此事置于汉三年六月。

	汉	荥阳、成皋沦陷
		刘邦、夏侯婴等逃出成皋，向北至修武夺韩信军，令张耳"北收兵赵地"。同时，刘邦任韩信为汉相国，准备攻打齐国
		汉军于巩县击败西楚军
	齐	从楚
	燕	从汉
	韩	从汉，后从楚
		荥阳沦陷，韩王信被俘，降西楚，国除①
	临江	中立
	代	从汉
七月	西楚	
	汉	有星孛于大角
		刘邦得韩信军，复振
	齐	从楚
	燕	从汉
	临江	从汉
		临江王共敖薨
	代	从汉
八月	西楚	彭越第二次挠楚，夺西楚十七城
	汉	刘邦驻军小修武，坚守不战
		刘邦令卢绾、刘贾率兵渡过白马津入楚地，辅佐彭越
		彭越军攻下睢阳、外黄等十七城
	齐	从楚

---

①按：《史记·韩信卢绾列传》云："及楚败荥阳，（韩王）信降楚，已而得亡，复归汉，汉复立以为韩王。"（2632页）刘邦在后来"复立"韩王信为韩王，说明之前他已经被刘邦或项羽除王号了，而韩王信要被除王号，只有可能是因为荥阳之战投降项羽。

	燕	从汉
	临江	中立
		故临江王共敖子共尉立，为第二任临江王
	代	从汉
九月	西楚	项羽令大司马曹咎守成皋，亲自率兵东征彭越
		项羽收复失地
		汉刘邦从郦食其计，攻取敖仓，并令其说服齐王田广，与汉联合
	齐	从楚
	燕	从汉
	临江	中立
	代	从汉

汉四年　前203年

十月	西楚	汉取成皋，曹咎、司马欣、董翳自杀
		项羽闻曹咎死，率兵解荥阳之围，亦驻军于广武
		齐王田广遣使请西楚援救
		项羽令龙且率兵支援齐国
	汉	韩信从蒯彻计，袭击齐国
		刘邦收复成皋，围钟离眜于荥阳
		刘邦率军驻于广武，就敖仓食
		刘邦十罪项羽
		刘邦因箭伤，入成皋养伤
	齐	从楚，后从汉，复从楚

田广纳郦食其言，罢历下兵守战备，从汉

韩信袭齐，田广怒，烹杀郦食其

田广率兵东走高密，田横逃至博城

田横自立为齐王，被汉军击败，投奔彭越

燕　从汉

临江　中立

代　从汉

十一月　西楚　楚汉于广武对峙

汉军大破西楚，龙且战死

汉　楚汉于广武对峙

韩信大破龙且，杀龙且，俘杀田广，汉灭齐国

刘邦病愈，西入武关，至都城栎阳，停留四日，安抚关中父老

刘邦枭故塞王司马欣首级示众

刘邦在栎阳停留四日后，带关中兵东出至广武

韩信遣使请刘邦封其为假齐王，刘邦允封韩信为齐王

赵　从汉

汉王刘邦改代王张耳为赵王

齐　从楚

齐王田广被汉军俘杀，齐国亡，国历时六十五月，田广为王二十一月

燕　从汉

临江　中立

十二月　西楚　楚汉于广武对峙

汉　楚汉于广武对峙

赵　从汉

燕　从汉

临江　中立

正月	西楚	楚汉于广武对峙
	汉	楚汉于广武对峙
	赵	从汉
	燕	从汉
	临江	中立
二月	西楚	楚汉于广武对峙
		项羽遣武涉至齐，说服韩信自立，遭拒（？）[①]
	汉	楚汉于广武对峙
		刘邦派张良至齐，册封韩信为齐王，并征其兵击楚
		刘邦封曹参为左丞相
	赵	从汉
	齐	从汉
		汉相国韩信受封为齐王
		韩信拒绝武涉、蒯彻的建议，决心从汉
		灌婴奉韩信令，率军南下开始进攻西楚大后方（？）[②]
	燕	从汉
	临江	中立
三月	西楚	楚汉于广武对峙
	汉	楚汉于广武对峙
	赵	从汉
	齐	从汉
	燕	从汉
	临江	中立
四月	西楚	楚汉于广武对峙

[①]此事发生的时间史无明文，只知此事是在龙且死后发生的，且《史记》将其放于韩信称齐王后。笔者只能将其暂放于汉四年二月。

[②]史书未载灌婴伐楚的具体时间，笔者认为灌婴这次远征应从汉四年二月一直持续到当年的八月。

	汉	楚汉于广武对峙
	赵	从汉
	齐	从汉
	燕	从汉
	临江	中立
五月	西楚	楚汉于广武对峙
	汉	楚汉于广武对峙
	赵	从汉
	齐	从汉
	燕	从汉
	临江	中立
六月	西楚	楚汉于广武对峙
	汉	楚汉于广武对峙
	赵	从汉
	齐	从汉
	燕	从汉
	临江	中立
七月	西楚	楚汉于广武对峙
	汉	楚汉于广武对峙
	赵	从汉
	齐	从汉
	燕	从汉
	淮南	从汉
		汉王刘邦立英布为淮南王
	临江	中立
八月	西楚	楚汉于广武对峙
		西楚军军粮将尽
		项羽拒绝释放刘邦家属

　　　　　　项羽听从侯公之议，同意释放刘邦家属

　　　　　　楚汉鸿沟议和，中分天下，以西属汉，以东属楚

　　　汉　　楚汉于广武对峙

　　　　　　汉国"初为算赋"

　　　　　　北貉人、燕国率枭骑支援汉国

　　　　　　刘邦下令"军士不幸死者，吏为衣衾棺敛，转送其家"。自此，四方归心于汉

　　　　　　刘邦遣陆贾至西楚军营，请放刘邦家属，项羽拒绝

　　　　　　刘邦遣侯公说服项羽，项羽同意释放刘邦家属

　　　　　　楚汉鸿沟议和，中分天下，以西属汉，以东属楚

　　　赵　　从汉

　　　齐　　从汉

　　　燕　　从汉

　　　　　　燕王臧荼派燕枭骑助汉

　　　淮南　从汉

　　　临江　中立

九月　西楚　楚汉于广武对峙

　　　　　　项羽释放刘邦家属

　　　　　　项羽撤兵，楚汉荥阳之战结束

　　　汉　　楚汉于广武对峙

　　　　　　太公、吕氏等归汉，军皆称万岁，刘邦封侯公为平国君

　　　　　　项羽撤兵，楚汉荥阳之战结束

　　　　　　张良、陈平劝刘邦毁盟，追击项羽，刘邦同意

　　　赵　　从汉

　　　齐　　从汉

　　　燕　　从汉

　　　韩　　从汉

　　　　　　韩王韩信复归，汉王刘邦复以信为韩王[①]（？）
　　淮南　从汉
　　临江　中立

汉五年（高帝五年）　前202年

十月　　西楚　彭越第三次挠楚，夺昌邑等二十余城
　　　　　　汉追击西楚至阳夏南
　　　　　　西楚于固陵破汉
　　　　　　项羽解固陵围，南下奔至陈县
　　　　汉　　彭越基本占领东郡、砀郡，并将昌邑附近粮食送给刘邦
　　　　　　刘邦追击项羽至阳夏南，刘邦与韩信、彭越约期伐楚，二人不至
　　　　　　刘邦派刘贾出兵协助英布
　　　　　　西楚于固陵破刘邦，刘邦坚守
　　　　　　刘邦许封彭越为梁王，彭越出兵
　　　　　　刘邦将西楚六郡（除东郡、砀郡、南阳郡）封给韩信，韩信出兵
　　　　　　刘邦追击项羽至陈
　　　　赵　　从汉
　　　　齐　　从汉

[①]韩王信回归时间史无明文，不过，笔者推测韩王信当时和刘太公、吕氏等人一同回归汉营。

附录　楚汉战争大事月表

			齐王韩信出兵支援刘邦，曹参留齐国平定残余势力
		燕	从汉
		韩	从汉
		淮南	从汉
		临江	中立
十一月		西楚	西楚大司马周殷降汉
			西楚军于陈下大败，项羽先逃到城父，后逃至垓下
		汉	汉军于陈下大破项羽，追击西楚军至垓下
			天下反楚诸侯大会于垓下
		赵	从汉
		齐	从汉
		燕	从汉
		韩	从汉
		淮南	从汉
			英布与刘贾会师，围困寿春
			周殷降汉，以舒屠六，迎接英布
			英布屠城父，与刘贾等人北上与刘邦会师
		临江	中立
十二月		西楚	西楚军被围于垓下
			项羽于垓下为韩信所破
			汉军四面楚歌，项羽大骇，连夜点八百人逃出垓下
			项羽逃至乌江旁，不愿渡江，自刎而死，西楚国亡，国历时四十八月
		汉	汉军围项羽于垓下
			垓下决战，汉王刘邦将军队指挥权暂时交给韩信
			灌婴率军追击项羽，斩项羽，汉灭西楚国
			刘邦率兵下鲁
			刘邦于谷城为项羽发丧，以鲁公礼葬之

		刘邦下令"诸民略在楚者皆归之"
		刘邦还至定陶,夺韩信军
		周勃、灌婴等人发兵平定西楚各地
		刘邦派卢绾、刘贾讨伐临江国
	赵	从汉
	齐	从汉
		齐王韩信统兵与项羽决战于垓下,西楚大败
		刘邦于定陶夺韩信军权
	燕	从汉
	韩	从汉
	淮南	从汉
	临江	中立,后叛汉
		临江王共尉不愿降汉,汉发兵击之
		汉围共尉于江陵
正月	汉	汉并天下,诸侯臣属汉
		刘邦追尊亡兄刘伯为武哀侯
		刘邦下令"其赦天下殊死以下"
		故衡山王吴芮劝进
		群臣劝进
		刘邦同意称帝
	楚	刘邦改封齐王韩信为楚王,都下邳
		楚王韩信劝进
	赵	赵王张敖劝进(张耳尚未薨)
	梁	刘邦正式册封彭越为梁王,都定陶
		梁王彭越劝进
		故齐王田横惧为刘邦所诛,逃至岛上
	燕	燕王臧荼劝进
	韩	韩王信劝进

	淮南	淮南王英布劝进
	临江	汉围共尉于江陵
二月	汉	甲午,刘邦即位于氾水之南
		刘邦尊汉王后吕雉为皇后,汉太子刘盈为皇太子,追尊亡母为昭灵夫人
		刘邦封故越王无诸为闽越王,王闽中故地,都东冶
		刘邦定洛阳为汉帝都
	楚	
	赵	
	梁	
	燕	
	韩	刘邦与韩王信剖符,王颍川
	淮南	
	长沙	刘邦封故衡山王吴芮为长沙王
	临江	汉围共尉于江陵
三月	汉	
	楚	
	赵	
	梁	
	燕	
	韩	
	淮南	
	长沙	
	临江	汉围共尉于江陵
四月	汉	
	楚	
	赵	
	梁	

	燕	
	韩	
	淮南	
	长沙	
	临江	汉围共尉于江陵
五月	汉	兵皆罢归家
		汉灭临江国，至此，楚汉战争正式结束
		刘邦颁布"高帝五年诏"
		刘邦君臣论汉何以得天下，楚何以失天下
		刘邦定萧何功第一，曹参功第二
		刘邦下诏召田横，田横于路自杀，刘邦哭，以王礼葬之
		娄敬、张良劝刘邦都于长安，刘邦同意
		刘邦离开洛阳，驾幸长安，遂定都于长安
	楚	兵皆罢归家
	赵	兵皆罢归家
	梁	兵皆罢归家
	燕	兵皆罢归家
	韩	兵皆罢归家
	淮南	兵皆罢归家
	长沙	兵皆罢归家
	临江	靳歙破江陵，俘杀共尉，临江国亡，国历时五十三月
六月	汉	壬辰日，刘邦宣布大赦天下
	楚	
	赵	
	梁	
	燕	
	韩	
	淮南	
	长沙	

参考文献

基本文献

[1] 司马迁：《史记》，中华书局1959年版
[2] 班固：《汉书》，中华书局1962年版
[3] 范晔：《后汉书》，中华书局1965年版
[4] 陈寿：《三国志》，中华书局1971年版
[5] 房玄龄等：《晋书》，中华书局1974年版
[6] 姚思廉：《梁书》，中华书局1973年版
[7] 司马光：《资治通鉴》，中华书局1956年版
[8] 杜预：《春秋经传集解》，上海古籍出版社1978年版
[9] 杨丙安：《十一家注孙子校理》，中华书局2012年版
[10] 蒋礼鸿：《商君书锥指》，中华书局1986年版
[11] 许维遹：《吕氏春秋集释》，北京市中国书店1985年版
[12] 傅亚庶：《孔丛子校释》，中华书局2011年版
[13] 王利器：《盐铁论校注（定本）》，中华书局1992年版
[14] 朱谦之：《新辑本桓谭新论》，中华书局2009年版
[15] 黄晖：《论衡校释（附刘盼遂集解）》，中华书局1990年版
[16] 许慎：《说文解字》，中华书局1963年版

[17] 任乃强：《华阳国志校补图注》，上海古籍出版社1987年版

[18] 陈桥驿：《水经注校证》，中华书局2007年版

[19] 欧阳询等：《艺文类聚》，上海古籍出版社1965年版

[20] 李昉等：《太平御览》，河北教育出版社1994年版

[21] 乐史：《太平寰宇记》，中华书局2007年版

[22] 苏轼：《东坡志林》，中华书局1981年版

[23] 茅元仪：《武备志》，明天启元年刻，清初廉溪草堂修补本

[24] 王夫之：《读通鉴论》，中华书局1975年版

[25] 顾祖禹：《读史方舆纪要》，中华书局2005年版

[26] 仇池石：《羊城古钞》，清嘉庆十一年镌，听松阁藏板

[27] 梁玉绳：《史记志疑》，中华书局1981年版

[28] 台湾商务印书馆：《景印文渊阁四库全书》，台湾商务印书馆1986年版

[29] 睡虎地秦墓竹简整理小组编：《睡虎地秦墓竹简》，文物出版社1990年版

[30] 张家山二四七号汉墓竹简整理小组编著：《张家山汉墓竹简【二四七号墓】（释文修订版）》，文物出版社2006年版

[31] 【日】泷川资言：《史记会注考证》，文学古籍刊行社1955年版

今人著作

（1）陈苏镇：《〈春秋〉与"汉道"：两汉政治与政治文化研究》，中华书局2011年版

[2] 陈直：《史记新证》，中华书局2006年版

[3] 郭沫若主编：《中国史稿地图集》，中国地图出版社1996年版

[4] 后晓荣：《秦代政区地理》，社会科学文献出版社2009年版

[5] 翦伯赞：《秦汉史》，北京大学出版社1999年版

[6] 军事科学院编：《中国军事通史》，军事科学出版社1998年版

[7] 劳榦：《秦汉简史》，中华书局2018年版

[8] 李开元：《汉帝国的建立与刘邦集团：军功受益阶层研究》，生活·读书·新知三联书店2000年版

[9] 李开元：《秦崩：从秦始皇到刘邦》，生活·读书·新知三联书店2015年版

[10] 李开元：《楚亡：从项羽到韩信》，生活·读书·新知三联书店2015年版

[11] 李硕：《南北战争三百年：中国4-6世纪的军事与政权》，上海人民出版社2018年版

[12] 林剑鸣：《秦汉史》，上海人民出版社2003年版

[13] 吕思勉：《秦汉史》，商务印书馆2010年版

[14] 马非百：《秦集史》，中华书局1982年版

[15] 钱穆：《先秦诸子系年考辨》，上海书店1992年版

[16] 钱穆：《国史大纲》，商务印书馆1996年版

[17] 仇鹿鸣：《魏晋之际的政治权力与家族网络》，上海古籍出版社2015年版

[18] 饶胜文：《布局天下：中国古代军事地理大势》，解放军出版社2006年版

[19] 饶胜文：《大汉帝国在巴蜀：蜀汉天命的振扬与沉坠》，中国文史出版社2016年版

[20] 台湾"三军大学"编：《中国历代战争史》，军事译文出版社1983年版

[21] 谭其骧：《中国历史地图集》，中国地图出版社1982年版

[22] 谭其骧：《长水集（上、下）》，人民出版社1987年版

[23] 谭其骧：《长水粹编》，河北教育出版社2000年版

[24] 田余庆：《秦汉魏晋史探微（重订本）》，中华书局2011年版

［25］童书业：《春秋左传研究》，上海人民出版社1980年版

［26］王子今：《秦汉交通史稿》，中共中央党校出版社1994年版

［27］王子今：《秦汉史：帝国的成立》，中信出版集团2017年版

［28］漆侠：《漆侠全集》，河北大学出版社2009年版

［29］辛德勇：《历史的空间与空间的历史》，北京师范大学出版社2005年版

［30］辛德勇：《建元与改元：西汉新莽年号研究》，中华书局2013年版

［31］辛德勇：《海昏侯刘贺》，生活·读书·新知三联书店2016年版

［32］阎步克：《士大夫政治演生史稿》，北京大学出版社2015年版

［33］阎步克：《波峰与波谷：秦汉魏晋南北朝的政治文明（第二版）》，北京大学出版社2017年版

［34］严耕望：《两汉太守刺史表》，北京联合出版公司2020年版

［35］杨宽：《西周史》，上海人民出版社2003年版

［36］杨宽：《战国史》，上海人民出版社2018年版

［37］余英时：《余英时文集》，广西师范大学出版社2004年版

［38］周振鹤：《西汉政区地理》，人民出版社1987年版

［39］【俄】普列汉诺夫：《论个人在历史上的作用问题》，商务印书馆2010年版

［40］【日】西嶋定生：《秦汉帝国：中国古代帝国之兴亡》，社会科学文献出版社2017年版

今人论文

（1）白效咏：《楚汉社会各阶层利益诉求与楚汉战争胜负研究》，《浙江学科》2015年01期

[2] 卜宪群、刘晓满：《垓下位置研究评议》，《安徽广播电视大学学报》2010年04期

[3] 曹家齐：《刘邦分封与西汉统一政权的建立和巩固》，《徐州师范学院学报》1993年01期

[4] 陈金霞：《论〈史记〉"鸿门宴"真相》，《社科纵横》2012年05期

[5] 陈堃：《西汉河南郡军事地理研究——以高帝至武帝时期为中心》，复旦大学2011年硕士学位论文

[6] 陈立柱：《"垓下之战遗址高层讨论"学术研讨会综述》，《中国史研究动态》2011年02期

[7] 崔建华：《楚汉战争中的"五诸侯"再讨论》，《渭南师范学院学报》2019年07期

[8] 邓飞龙：《论项羽调整各路诸侯的疆域及其意图》，《浙江海洋学院学报（人文科学版）》2016年01期

[9] 董平均：《西汉分封制度研究——西汉诸侯王的隆替兴衰考略》，首都师范大学2002年博士学位论文

[10] 董平均、宋彩霞：《"楚方急围汉王于荥阳"辨析》，《晋阳学刊》2005年06期

[11] 冯岁平：《汉王刘邦在汉中诸史实考辨》，《秦都咸阳与秦文化研究——秦文化研究会会议论文集》

[12] 龚鹏九：《梅鋗封十万户侯辨》，《江汉论坛》1982年01期

[13] 龚鹏九：《梅鋗的生平和居地》，《武陵学刊》1996年04期

[14] 郭丛：《楚汉之际至汉初代国辖域及相关问题》，《中国历史地理论丛》2019年03期

[15] 郭秀琦：《灌婴攻陷彭城献疑》，《阴山学刊》2000年01期

[16] 韩大强：《"项羽死于何地"研究综述》，《信阳师范学院学报（哲学社会科学版）》2010年02期

[17] 韩国磐：《汉高祖除秦苛法质疑》，《求索》1992年06期

[18] 胡一华、毕春英：《分封是刘邦战胜项羽的一个重要原因》，《求是学刊》1985年02期

[19] 胡中友：《项羽垓下溃围南逃乌江路线考——兼与冯其庸先生商榷》，《江淮文史》2012年02期

[20] 黄永美：《汉初刘邦分封异姓王原因新探》，《唐都学刊》2009年01期

[21] 靳生禾、谢鸿喜：《阏与古战场考察报告》，《中国历史地理论丛》1996年01期

[22] 靳生禾、谢鸿喜：《汉赵井陉之战古战场考察报告》，《华南理工大学学报》2012年01期

[23] 晋文：《秦代确有算赋辨——与臧知非先生商榷》，《中国农史》2018年05期

[24] 李爱军：《汉初韩信略定山西河北古战场遗址及进军路线考》，《晋阳学刊》2012年06期

[25] 李昊林：《秦鄣郡非"故鄣郡"辨正》，《中国历史地理论丛》2019年03期

[26] 李开元：《论〈史记〉叙事中的口述传承——司马迁与樊他广和杨敞》，《司马迁与史记论集》2006年

[27] 李开元：《项羽攻齐和奇袭彭城的路线——兼论楚军彭城大胜的原因》，《秦汉研究》2015年

[28] 李斯：《项羽"都江都"考论——从"西楚霸王"名号说起》，《秦汉研究》2013年

[29] 李兴斌：《项羽败亡之军事地理原因》，《军事历史研究》1990年02期

[30] 李宗慈：《从分封和翦灭异姓诸侯王看汉初"武人政治"出现的原因》，《郑州航天工业管理学院学报（社会科学版）》2011年06期

[31] 梁向明：《汉代算赋口赋及其演变》，《固原师专学报》1991年

01期

[32] 刘德增：《板橙、座次与合餐——秦汉坐席、座次与分餐纠正》，《民俗研究》2014年06期

[33] 鲁毅：《"奉项婴头而窜"正解》，《文献》1996年02期

[34] 罗庆康：《简析刘邦时期的漕运》，《益阳师专学报》1998年03期

[35] 马彪：《敖仓与楚汉战争》，《北京师范大学学报》1987年01期

[36] 孟祥才：《辩士蒯通简论》，《山东大学学报（哲学社会科学版）》2005年02期

[37] 秦开凤：《汉代算赋定额的探讨》，《晋阳学刊》2004年04期

[38] 琴载元：《反秦、楚汉战争时期历法继承问题——以〈史记·秦楚之际月表〉的分析为主》，《陕西理工学院学报（社会科学版）》2017年01期

[39] 琴载元：《从"秦人"到"汉人"的转换——汉初南郡编户问题之一》，《唐都学刊》2017年02期

[40] 任刚、李岩：《〈史记〉项羽形象对〈楚汉春秋〉的接受——以〈楚汉春秋〉佚文为视角》，《渭南师范学院学报》2019年01期

[41] 邵张彬：《楚汉诸侯封地考》，《渭南师范学院学报》2015年第11期

[42] 沈颂金：《秦代漕运初探》，《中国经济史研究》2000年04期

[43] 施丁：《陈下之战与垓下之战》，《中国社会科学院研究生院学报》1998年06期

[44] 施丁：《谈楚汉鸿沟分界》，《军事历史研究》1999年02期

[45] 施丁：《再谈陈下之战》，《中国社会科学院研究生院学报》2000年06期

[46] 施丁：《陈下之战、垓下之战是两事——与陈可畏、辛德勇商榷》，《中国史研究》2003年01期

[47] 施丁：《垓下之战新谈》，《中国社会科学院研究生院学报》

2010年05期

[48] 宋洁：《"约法三章"新证——兼证"汉承秦制"之开端》，《文史》2019年04期

[49] 宋娜：《论秦末汉初时期的"大丈夫"观念与功业分封思想》，《贵州社会科学》2015年08期

[50] 孙家洲：《〈战国策〉记事年限与作者考析》，《中国人民大学学报》1993年05期

[51] 孙家洲：《汉初以丞相、相国统兵考》，《军事历史》1998年06期

[52] 孙家洲：《楚汉"复封建"述论》，《贵州社会科学》1990年06期

[53] 孙家洲：《从楚汉之争看〈孙子兵法〉在逐鹿天下中的作用》，《新疆大学学报（哲学·人文社会科学版）》2017年04期

[54] 孙忠印、王宏波：《掩空击虚由蜀汉出——"明修栈道暗度陈仓"辨析》，《秦汉研究》2012年

[55] 王宏波：《〈后汉书·虞傅盖列传〉"使郦商别定陇右"辨正》，《秦汉研究》2014年

[56] 王宏波：《陇山、陇道及其兵谋军略释例》，《陇山文化发展论集》2015年

[57] 王健：《楚汉之际黄淮、江淮间军事交通地理与垓下地点的推定》，《军事历史研究》2011年01期

[58] 王云度：《楚汉战争散论》，《秦汉研究》2012年

[59] 王子今：《秦汉"甬道"考》，《文博》1993年02期

[60] 王子今：《论西楚霸王项羽"都彭城"》，《湖湘论坛》2010年05期

[61] 汪少华：《与余英时先生论鸿门宴的座次尊卑》，《华东师范大学学报（哲学社会科学版）》2001年01期

[62] 汪受宽：《〈史记〉〈汉书〉项羽本传对读记——以项羽自刎

地点考释为中心》,《信阳师范学院学报（哲学社会科学版）》2009年01期

[63] 辛德勇：《汉〈杨孟文石门颂〉堂光道新解——兼析灙骆道的开通时间》,《中国历史地理论丛》1990年第01期

[64] 徐日辉：《项羽"二十八骑"突围考》,《渭南师范学院学报》2017年09期

[65] 徐卫民、方原：《项羽定都彭城的原因及利弊》,《湖南行政学院学报》2010年06期

[66] 徐业龙：《韩信破魏之战及其对楚汉战争的影响》,《渭南师范学院学报》2016年21期

[67] 晏波：《刘邦赴汉中所过栈道新解》,《史林》2010年02期

[68] 颜岸青、张金铣：《关于楚汉之争几个问题的新思考》,《安徽史学》2014年04期

[69] 杨霄：《汉初武都大地震与汉水上游的水系变迁之管见——与周宏伟先生商榷》,《历史地理》2016年02期

[70] 杨震：《汉霸二王城的初步调查及其思考》,《金田》2012年08期

[71] 余从荣：《试探汉代军费的筹措》,《五邑大学学报（社会科学版）》2001年04期

[72] 臧知非：《秦汉"傅籍"制度与社会结构的变迁——以张家山汉简〈二年律令〉为中心》,《人文杂志》2005年01期

[73] 臧知非：《"算赋"生成与汉代徭役货币化》,《历史研究》2017年04期

[74] 赵玉良：《对韩信被诛原因之异见》,《上海师范大学学报（哲学社会科学版）》1992年03期

[75] 赵志强：《秦汉地理丛考》,陕西师范大学2013年博士学位论文

[76] 赵志强：《楚汉之际西魏国疆域考》,《中国历史地理论丛》2014年02期

［77］周宏伟：《汉初武都大地震与汉水上游的水系变迁》，《历史研究》2010年04期

［78］周思佟：《刘邦集团军功爵制考论》，福建师范大学2011年全日制研究型研究生硕士学位论文

［79］张柏青、余恕诚《项羽死于乌江辨》，《历史研究》2010年02期

［80］张建国：《试析汉初"约法三章"的法律效力——兼谈"二年律令"与肖何的关系》，《法学研究》1996年01期

［81］张梦晗《败亡与重生："亡秦必楚"的历史探究》，中国社会科学院研究生院2018年博士学位论文

［82］张庆路：《〈史记正义〉"代王耳"史事发覆》，《渭南师范学院学报》2019年10期

［83］张新斌：《敖仓史迹研究》，《中国历史地理论丛》2003年01期

［84］张新斌：《荥阳相持与垓下对决——汉兴过程中两个关键时段的历史解读》，《宿州学院学报》2011年09期

［85］张驭寰：《汉王城、楚王城初步调查》，《文物》1973年01期

［86］张子侠：《刘邦数项羽"十罪"考评》，《淮北煤师院学报》1992年第4期

［87］周运中：《楚汉决战之垓下在今灵璧县考》，《宿州学院学报》2011年06期

［88］朱德贵：《秦汉简牍所见"算赋""口赋"再探讨》，《中国农史》2019年02期

［89］朱引玉：《项羽死地之争的研究以及对"身死东城"的解释》，《巢湖学院学报》2012年05期

［90］左言东：《楚国官制考》，《求索》1982年01期

后 记

有很多人问过我："你为什么会对历史感兴趣？"同很多男孩儿一样，我对历史的兴趣也是源于《三国演义》。

那年我七岁，在电视上看到了央视版《三国演义》的大结局，看到姜维拔剑自戕时，颇受震撼，由此我就喜欢上了历史。还记得那年，我去新华书店买了两本书，一本《史记》，一本《三国演义》。

这本《史记》倒是值得好好说道说道。当时我买的是"白文版"的《史记》。我当时在想，我才七岁，肯定看不懂文言文，应该先读读白话文版的。结果一翻才知道，原来所谓的"白文"，指的不是白话文，而是不注不译不删节的原文（虽然那本《史记》删了表）。当时我叫苦不迭，感觉自己吃了没文化的亏。但是我又转念一想，既然已经买了，那就硬着头皮读下去吧。后面一翻，虽然不可能做到全部看懂，但是我大概的意思我还是能搞清楚的。就这么硬着头皮读下去，愈发觉得历史（或者说是历史故事）有趣，自此沉迷于历史中不可自拔。

说实话，我都没有想到，我对历史的热爱，从一年级开始，会一直延续到现在，从来没有想过要放弃对这门学科的追求。即使是后面我一度放下史书，大量阅读哲学著作，我心里装的还是历史学。在我心里，历史是第一位的，其他别的什么学科，即使再受我的青睐，也只能排在第二位。

有时候我在想，到底是什么力量支撑着我这么喜欢历史？我打个比方，就像一个男生对一个女生一见钟情，但是如果没有别的什么原因支撑着这段恋情继续发展，单靠那"一瞥"，是无法支撑起未来的生活的。那是什么因素支撑着我对历史的热爱呢？

我想了很久，始终想不明白这个问题。我不相信"以史为鉴"这套说辞，同时，我也不是单纯喜欢看故事。后来我想通了，可能是两个原因：一是认识自己；二是认识这个世界。

我们自以为了解自己，可是我们至今连"意识""思维"究竟是什么都还搞不清楚。我们也自以为了解世界，可实际上，自然科学一直在推陈出新，刷新我们对这个世界的新认知。我们对自己是无知的，对世界也是无知的。我很认可苏格拉底说的，要承认自己的无知。我想，每个人都渴望从无知变成有知，这是一个过程，学习就是这么一个过程。而我学习历史，就是想要知道我们的这个世界究竟是怎么变成今天这个样子的？我想要更好地认识这个世界、了解这个世界。我也想要通过历史了解我们的祖先，从祖先身上看到我们的影子，从某一个侧面间接地思考我们自己。

我认为，历史学不管研究的是断代史，还是通史，或者是专门史，它的着眼点一定是这个社会的发展变迁。即便研究的是人物史，它也是要受到这条规律的限制的。因为"人是社会关系的总和"，没有孤立存在的人。不论是王公贵胄，还是平民百姓，只要脱离了社会，他们就什么也不是。所以我时常在思考，网上对于各种历史人物的争吵，真的有必要吗？他们为了某个历史人物，甚至还划分出不同的阵营，党同伐异，这是不是违背了历史研究的基本出发点？这种现象完全不利于历史学的健康普及，我希望，我们能着眼于社会去认识人，去研究某个曾经发生过的事件、现象或者思想，而不是停留在无休止的漫骂中。

我的这部楚汉战争史，就是以社会变迁为出发点，来叙述这段历史的。我用"后战国时代"为这段历史定下一个基本的背景概念，以陈胜—熊心—项羽—刘邦的政治理念为其中一条线索进行叙事，另一条线索则是按照时局发展进行叙事（即所谓的时间顺序）。所谓的"楚汉战

后 记

争",其实就是项羽所建立的"戏下体制",从建立到崩溃,再到最后刘邦建立新的体制的过程。楚汉战争不是简单地由几场战役组成的一次长达四年的全国性大内战,它的发展受到多种历史因素的制约,单纯地着眼于战争本身来讨论战争,对我们历史思维的提升并没有任何帮助。从陈胜的"兴灭国"到熊心的"继绝世",到项羽建立"戏下体制",再到"戏下体制"的崩溃,爆发了一场四年的全国性大内战,最后刘邦结束了由于"戏下体制"的崩溃而造成的无序的霸权争夺,建立了新的分封体制(刘邦的分封理念正是源自于项羽的"戏下体制"),暂时稳定了天下,完成了三分之一的帝业(帝业的彻底完成要到汉景帝中元五年的王信封侯事件)。

关于楚汉战争这段历史,以往很多人会认为项羽的举措是"倒退的",是逆流而行的,而刘邦则是顺应了历史潮流的发展。一个是退步的,一个是进步的,所以进步的打败了退步的。这种将"进步"与"退步"进行简单的二元对立比较,可以说明一些个别的历史现象,但是无助于我们全面认知整个历史事件的原貌。就现在来看,项羽的"戏下体制"并不是什么复古,也不是什么倒退。刘邦分封原则则是直接根源于项羽的。如果项羽是因为倒退而灭亡,那么刘邦走了项羽的老路,为何没有灭亡?

我认为,在历史惯性的作用下,秦始皇建立的中央集权的专制政府稳定运行不过只有短短的11年,它无法改变国民对于战国时代社会的认同。就好比法兰西第一共和国推翻了君主制,可是最后取代共和国的是君主制;克伦威尔推翻了斯图亚特王朝,建立了英吉利共和国,可是最后推翻英吉利共和国的却是斯图亚特王朝。秦王朝、法兰西第一共和国、英吉利共和国,这些政权,或者说根源于这些政权深处的新理念,它们运作的时间尚短,还不能得到国民或者社会的普遍认可,一旦"夭亡",旧制度的复辟将是不可避免的。只不过,经过新社会的改造,旧社会的完全复辟已经是不可能的了。无论是项羽、刘邦,还是法国的拿破仑、路易十八、英国的查理二世,最后都没有能够完全复辟旧制度。

在历史惯性与剧烈的新旧社会变迁的交织作用下，新出现的那个"过渡时期"，我们一定要清楚地认识到它的复杂性，不能简单地用进步或者退步来概括。历史是极其复杂的一门学科，任何一个时代，都不是简单地用二元对立就能进行概括的。

本书虽然是以社会变迁为突破口进行解题的，但是作为一场历时四年之久的全国性大内战，本书的主要叙事角度只能是军事斗争。本书叙述每场主要的军事斗争，读者都能清楚地看到我是按照一定的范式进行写作的——战前双方的军事部署、主要战役地点的地理情况介绍、具体的作战进程、战后影响。我始终相信，只有按照这种范式进行写作，才有可能把每场主要战役讲清楚。作为一部战争史，如果最主要的几场战争没有讲清楚，那么这部著作将是失败的。

从初中一年级到现在，我与楚汉战争这段历史已经打了六年的交道了，虽然这一过程是断断续续的，但是毕竟我为这段历史曾经写了三稿，倾注了许多的心力。我从来不认为我的书是完美的，我相信这本书一定还会有很多纰漏、错误，因为世上没有任何事物是"绝对完美"的。我希望，我的这部著作虽然谈不上多好，但是如果它能给读者带来一些享受，对楚汉战争这段历史能有一些新的思考，这就足够了。

任何著作的完成，从来都不是光靠一个人就能够完成的。没有大家的支持，是不足以支撑我写成这篇著作的。我在这里要感谢一些对我写成此书有过帮助的人——

我最该感谢的是司马迁。感谢太史公的《史记》让我对楚汉史如此热忱。如果不是因为《史记》，我想我绝不会花如此大的心力去研究楚汉战争史。同时，我也要感谢司马迁在《史记》中记载了大量关于楚汉战争的史实，如果没有这些史实，如今我们对于楚汉战争的印象只会更加模糊，更难以进行研究。

我还要感谢田余庆教授和李开元教授。我与这两位教授素不相识，但不可否认的是，他们的著作为本书的写作提供了重要的思想基础。田余庆教授的《说张楚》、李开元教授的《汉帝国的建立与刘邦集团：军

后 记

功受益阶层研究》为本书的写作奠定了理论框架，尤其是李开元先生提出的"后战国时代"的概念，更是为本书定下了基本的背景概念。在此向二位教授表达敬意。

当初为寻找出版社感到困惑的时候，郑云鹏先生向我推荐了中国书籍出版社的王志刚老师。王志刚老师为本书的出版费了不少的心力，本书书名最终的确定，还有出书的具体工作，都是王志刚老师负责的。没有王志刚老师，我的这部著作就始终只不过是一部"史稿"，而不能成为真正的"专著"。再次特别感谢郑云鹏先生和王志刚老师。

我在网上认识了不少的网友，他们有时候经常与我对楚汉史进行一些讨论，我大有收获。他们中的不少人一直鼓励我进行写作、出版本书。可以说，这部书的成形，也有他们的功劳在内。如果没有他们长久以来的关心、支持，我可能并没有多少写作的勇气。同时，我也要向他们致以歉意，我的第一稿当初毕竟影响了部分人，让他们不自觉地有了一些错误的观念，我至今想起来，仍有愧疚之心。

我在这里还要感谢我的两位好朋友——蔡伊琳和王欢，如果没有她们，这本书大概不会那么快成形。我们互相鼓励对方读书，用一个叫"Forest"的app约束自己，少玩儿手机。正是和她们不断进行这种"种树"活动，我才得以仅用50天就完成本书的全部写作。在我写作的过程中，以及写作完成后，她们也给予我极大的鼓励和信心。我时常在想，最好的学习环境大概就是几个志同道合的人在一起，向着各自的目标不断奋斗。本书是从这种环境中孕育出来的，何其美哉！

我的父母长辈也为这本书的形成出了一份力。他们从未干涉我对历史的追求，这对于我历史思维的形成与历史知识的积累起到了至关重要的影响。他们在得知我要写作此书后，常常关心我写作的进度，并且对我进行鼓励。

此外，还有不少同学也对我出版本书进行了大力支持，在这里我就不一一指出表示感谢了。他们对我的鼓励与对出书进度的关切，也给我带来了极大的激励，在此一并感谢他们的关心。

从小学一年级到现在，我已经读了近13年的历史了，它已经成为我人生当中不可缺失的一部分。大学本科专业不是历史学专业，一直被我认为是我人生中（尽管我现在还不满20岁）最大的遗憾之一。我没能接受正规的历史思维培养和历史写作训练，一切都只能靠我自己通过自学，不断寻找一些治史方法。这部书稿就是形成于这种带有很大局限性的自学环境。在今后的日子里，我要争取不断增长自己的史学才干与见识，尽量挤出更多的时间来弥补我的一些短板、巩固我的长处。我坚信，人没有最好，只有更好，人生的发展就像一条斜射线那样，它有起点，有过程，是不断发展的，却永远没有终点。

郑光霖

2020年6月8日于福建泉州